기초부터 다지는
# ElasticSearch
운영 노하우

# 기초부터 다지는 ElasticSearch 운영 노하우:
## 기본 개념부터 클러스터 구축, 실무 활용 시나리오까지

**초판 1쇄 발행** 2021년 1월 11일 **2쇄 발행** 2022년 6월 2일 **지은이** 박상헌, 강진우 **펴낸이** 한기성 **펴낸곳** (주)도서출판 인사이트 **편집** 정수진 **본문 디자인** 최우정 **제작·관리** 이유현, 박미경 **용지** 월드페이퍼 **출력·인쇄** 예림인쇄 **후가공** 이레금박 **등록번호** 제2002-000049호 **등록일자** 2002년 2월 19일 **주소** 서울시 마포구 연남로5길 19-5 **전화** 02-322-5143 **팩스** 02-3143-5579 **이메일** insight@insightbook.co.kr **ISBN** 978-89-6626-290-8 책값은 뒤표지에 있습니다. 잘못 만들어진 책은 바꾸어 드립니다. 이 책의 정오표는 http://blog.insightbook.co.kr에서 확인하실 수 있습니다.

프로그래밍 인사이트

기초부터 다지는 **ElasticSearch** 운영 노하우

기본 개념부터 클러스터 구축, 실무 활용 시나리오까지

박상헌 · 강진우 지음

인사이트

# 차례

## 7장　클러스터 성능 모니터링과 최적화　　　205

## 8장　분석 엔진으로 활용하기　　　249

# 부록 B 스냅샷 생성과 복원하기      489

# 부록 C ElasticSearch 7.x에서 변경된 사항      497

# 서문

ElasticSearch는 루씬(Lucene) 라이브러리 기반의 오픈 소스 검색 엔진으로, 쉬운 설치와 사용법에 힘입어 금세 인지도 높은 오픈 소스 계열에 합류했다. 특히 쿠버네티스 기반의 컨테이너 환경으로의 전환이 가속화되면서 빠르고 안정적으로 로그를 수집하고 조회할 수 있는 시스템이 필요해졌고, ElasticSearch가 좋은 대안으로 함께 각광받기 시작했다.

우리가 ElasticSearch를 처음 접하게 된 시기도 그 즈음이었다. 2016년경 ElasticSearch 2.x 버전을 처음 사용해보면서 뛰어난 활용성과 확장성에 놀랐던 기억이 있다. RPM 명령을 통한 빠른 설치와 Rest API를 통한 쉬운 사용 덕분에 다른 오픈 소스들에 비해 진입 장벽도 낮았다. 설치와 사용이 쉬운 만큼 사내에서도 ElasticSearch를 사용하려고 하는 개발자들이 늘어났고, 그만큼 문제도 많이 발생하기 시작했다. 무엇보다 경험 많은 엔지니어가 없었기 때문에 어떤 사양의 서버를 사용할 것인지, 클러스터를 어떻게 구성할 것인지에 대한 적절한 결정이 어려웠다. 이는 불필요하게 높은 사양의 서버 구매로 인한 비용 증가, 잦은 장애 발생에 따른 로그 유실 등 여러 가지 문제를 일으켰다.

이와 같은 문제를 해결하고자 경험과 노하우를 바탕으로 사용 용도에 적합한 클러스터를 구성할 수 있는 엔지니어의 필요성이 대두되었고 시스템 엔지니어링 파트에서 업무를 맡게 되었다.

개발자가 아닌 시스템 엔지니어로서 ElasticSearch 지원 업무를 시작한다는 것은 어려운 일이었다. 무엇보다 배경 지식이 모자랐다. 자바 개발에 익숙하지 않았기 때문에 코드를 보는 것도 어려웠고, JVM과 GC의 동작 원리 등 ElasticSearch를 이해하기 위해 필요한 필수 지식이 부족했다. 그래서 처음에는 시행착오도 많이 겪었다. ElasticSearch 클러스터를 잘못 구성해서 제대로 된 성능을 내지 못하기도 하고, 미숙한 트러블 슈팅으로 인해 중요 로그가 유실되는 등 다양한 어려움을 겪었다.

하지만 그 시간들을 이겨내면서 지금까지 축적한 운영 경험과 노하우는 어디에 내놓아도 부끄럽지 않은 수준이라고 생각한다. 서비스의 다양성만큼 각각의 서비스에서 원하는 ElasticSearch 클러스터의 용도도 다양했고, 그로 인해 발생하는 숱한 이슈를 해결해온 과정은 부족할 순 있지만 부끄럽진 않은 결과물이다. 그리고 이제 이 책을 통해서 우리가 겪었던 경험과 노하우를 독자들과 나누려 한다. 우리가 겪어본 시행착오들을 공유함으로써 많은 사람들이 같은 어려움을 겪지 않기를 바란다. 맨 처음 시작점에서 우리가 그랬듯이 ElasticSearch를 구축하고 운영하는 과정에서 어려움을 겪고 있는 분들에게 이 책이 조금이라도 도움이 되길 희망한다. 그리고 가능하다면 ElasticSearch를 시작하고자 하는 분들에게 이 책이 의미 있는 첫걸음이 되길 바란다.

## 이 책의 대상 독자

이 책은 ElasticSearch 클러스터를 구축하고 운영하고자 하는 개발자, 데브옵스 엔지니어, 시스템 엔지니어를 대상으로 한다. ElasticSearch의 설치부터 운영까지의 모든 과정을 담고 있기 때문에 ElasticSearch에 대한 사전 경험이나 지식이 없어도 읽을 수 있다. 하지만 이 책에서 다루고 있는 환경이 리눅스 기반이기 때문에 리눅스 환경에 친숙하거나 리눅스 명령어를 알고 있다면 조금 더 따라 하기 쉬울 것이다.

## 이 책의 구성

이 책은 크게 4개의 파트로 구성되어 있다.

첫 번째 파트는 ElasticSearch를 시작하기 위한 과정을 다루고 있다. 1장에서는 ElasticSearch의 특징을 알아보고 설치하는 과정을 다룬다. 리눅스 환경에서 ElasticSearch를 설치하는 방법을 RPM으로 설치하는 방법, DEB로 설치하는 방법, 소스 코드를 통해서 설치하는 방법으로 세분하여 살펴본다.

2장에서는 Rest API를 통해 ElasticSearch가 어떤 일들을 할 수 있는지 살펴본다. ElasticSearch의 진입 장벽을 낮춘 것 중 하나가 Rest API 라고 할 수 있다. 2장에서는 Rest API를 이용해서 문서 색인, 조회, 검색 등 ElasticSearch의 기본적인 동작들을 알아본다. 3장에서는 기본적인 모니터링 시스템을 구성하여 ElasticSearch의 이상 동작 여부를 확인하고 성능 지표들을 확인하는 방법에 대해서 살펴본다. ElasticSearch를 처음 접한다면 1장부터 시작하는 것을 추천한다.

두 번째 파트에서는 ElasticSearch 운영과 관련한 내용을 다룬다. 4장에서는 ElasticSearch 운영을 위해 반드시 알아야 할 기본 개념을 정리한다. 인덱스, 타입, 세그먼트 등등 ElasticSearch를 구성하는 요소들의 개념을 알아본다. 5장에서는 ElasticSearch를 클러스터로 구축하기 위한 과정을 살펴본다. ElasticSearch의 가장 큰 특징이 바로 클러스터 구조인데, 클러스터를 어떻게 구축해야 안정적으로 ElasticSearch를 운영할 수 있을지 알아본다. 6장에서는 ElasticSearch 클러스터 운영과 관련한 다양한 내용을 살펴본다. 버전 업그레이드를 위해 롤링 업그레이드를 진행하는 방법, 샤드를 의도적으로 다르게 배치하는 방법 등 운영 중에 발생할 수 있는 다양한 상황에 대처하는 방법을 다룬다. 어느 정도 ElasticSearch를 다뤄본 경험이 있다면 4장부터 시작하는 것을 추천한다.

세 번째 파트에서는 ElasticSearch의 활용 방안과 성능 수치를 확인하는 과정을 다룬다. 7장에서는 ElasticSearch에서 클러스터의 상태를 모니터링하고 각각의 지표를 수집하는 방법, 지표를 해석하는 방법을 설명한다. 3장에서는 지표를 확인하는 방법을 다뤘다면 7장에서는 이런 지표들을 어떻게 수집하는지, 그리고 이 지표들이 무엇을 의미하는지에 대해서 살펴본다. 8장에서는 ElasticSearch를 분석 엔진으로 활용하는 방법을 설명한다. Filebeat, Logstash, Kibana와 함께 구성된 Elastic Stack 에코 시스템을 통해 로그 수집 및 분석 시스템을 구축하고 이중화를 통해 안전성을 높이며 수집된 데이터를 시각화하는 방법에 대해서 다룬다. 9장에서는 ElasticSearch를 검색 엔진으로 활용하는 방법에 대해서 살펴본다. ElasticSearch를 로그 수집 및 분석 시스템으로도 사용하지만 기본적으로는 검색 엔진으로 많이 사용한다. ElasticSearch가 문서를 색인할 때 분석의 기본이 되는 inverted index가 무엇인지 알아보고 정확한 결과를 얻기 위한 쿼리 작성 방법, 그리고 색인과 검색 결과에 많은 영향을 미치는 analyzer에 대해서 설명한다.

마지막으로 네 번째 파트는 ElasticSearch의 성능과 관련된 내용을 다루고 있다. 10장에서는 ElasticSearch의 색인 성능을 최적화하기 위한 방법을 다룬다. 기본 설정을 그대로 사용해도 충분히 좋은 색인 성능을 보여주지만 색인 성능을 조금 더 높일 수 있는 다양한 방법이 있다. 이에 대해서 설명한다. 11장에서는 같은 맥락으로 ElasticSearch의 검색 성능을 최적화하기 위한 방법을 다룬다. 12장에서는 ElasticSearch 클러스터 구축 과정을 시나리오를 기반으로 클러스터를 구축할 때 고려해야 할 사항들을 살펴본다. 여기에서 제시하는 시나리오들은 실제로 사내에서 구축해 본 클러스터들로, 클러스터를 구축할 때 어떤 것들을 고려해야 하는지 몰라서 어려움을 겪는 분들에게 도움이 될 만한 내용이다.

부록 A에서는 curator를 이용해서 클러스터를 관리하는 방법에 대해서 다룬다. 오래된 인덱스를 지우거나, 스냅샷을 생성하는 등 매일매일 진행해야 하는 작업들을 curator를 통해서 정의하고 자동으로 실행시키는 방법을 설명한다.

부록 B에서는 AWS S3에 ElasticSearch의 스냅샷을 저장하는 방법에 대해서 다룬다. 다양한 리포지터리 중 가장 대중적으로 사용되고 있는 AWS의 S3을 이용할 것이다.

부록 C에서는 ElasticSearch 7.x 버전에서 달라진 점에 대해서 살펴본다. 책을 쓰고 있는 지금도 ElasticSearch의 버전은 매우 빠르게 올라가고 있다. 집필 당시에는 ElasticSearch 6.x 버전이었지만 지금은 7.x 버전까지 버전업이 이루어졌다. 하지만 ElasticSearch를 이해하기 위한 본질적인 부분은 변하지 않았고 몇 가지 환경 설정만 바뀌었다. 그 내용을 다룬다.

## 감사의 말

바쁘신 와중에도 시간을 내어 리뷰해 주신 김준기, 우원재, 송주영, 홍현덕, 이권수, 이승우, 금도원, 이상훈 님께 감사드리며 편집하시느라

고생해주신 정수진님, 그리고 또 한 번 책을 낼 수 있는 기회를 주신 한기성 사장님께도 감사드린다. 그리고 항상 믿음으로 지켜봐 주시고 사랑해 주시는 어머니 이경자님, 장모님 박금자님, 장인어른 김윤희님과 옆에서 응원해주고 할 수 있다는 용기를 북돋워 주는 저의 아내 김아름, 사랑하는 아들 준후, 딸 지안이에게 감사의 인사를 전한다.

무엇보다 이 모든 여정을 함께 해준 공동 저자 박상헌님께 가장 큰 감사의 인사를 전한다. 2016년 어느 날, 시작할까 말까 망설이고 있던 나에게 ElasticSearch 구축 업무를 적극 지원해 주겠다던 그 말이 없었다면 아마 여기까지 오지 못했을 것이다.

강진우

책을 쓰기 시작한 시기에는 6 버전이 최신이었는데, 마지막 변경점까지 반영하고 나니 현재 7.9 버전이 서비스 중이다. ElasticSearch의 빠른 버전업을 따라가며 그 변경점을 계속해서 체크하다가는 책을 출간하지 못할 것 같은 느낌마저 들었다. 그렇게 이 책을 집필한 지도 벌써 2년이라는 시간이 흘렀다. 그 시작 시점에 강진우님이 ElasticSearch를 함께 운영해보자고 했던 때가 생각난다. 이미 많은 준비가 되어 있던 강진우님과 함께 일할 수 있었던 것은 내 인생에 큰 행운 중 하나였다고 생각한다. 이 자리를 빌어 다시 한번 감사의 말씀을 전한다. 그리고 함께 수백 개의 클러스터를 운영하면서 책 리뷰에도 참여해주신 우제민님, 박제웅님, 회사 컨퍼런스에서 연이 닿아 꼼꼼히 책 내용을 검수해주신 ElasticSearch Korea 한상욱님, 항상 아낌없는 지원으로 든든한 힘이 되어주시고 책 리뷰까지 참여해 주신 허명주님께도 감사드린다. 마지막으로 항상 믿음과 사랑을 보내주시는 어머니 배명자님, 장모님 노수기님, 장인어른 천종복님과 세상에서 가장 사랑하는 우리 딸 박소윤, 이 책을 집필하는 긴 시간 동안 옆에서 고생하며 힘이 되어준 사랑하는 아내 천하진님께 감사의 마음을 전한다.

박상헌

# 1장

# ElasticSearch 훑어보기

이번 장에서는 ElasticSearch가 무엇인지 알아보고, 설치하는 방법에 대해서 살펴보자. 특히 리눅스 주요 배포판에서 RPM, DEB로 설치하는 방법과 tar 파일을 통해서 설치하는 방법을 설명할 것이다.

## 1.1 ElasticSearch란

ElasticSearch는 루씬(Lucene) 기반의 오픈 소스 검색 엔진이다. JSON 기반의 문서를 저장하고 검색할 수 있으며 문서들의 데이터를 기반으로 분석 작업도 할 수 있다. 이번 절에서는 ElasticSearch의 몇 가지 특징을 알아볼 것이다.

| 항목 | 특징 |
| --- | --- |
| 준실시간 검색 엔진 | 실시간이라고 생각할 만큼 색인된 데이터가 매우 빠르게 검색됨 |
| 클러스터 구성 | 한 대 이상의 노드를 클러스터로 구성하여 높은 수준의 안정성을 이루고 부하를 분산할 수 있음 |
| 스키마리스 (schemaless) | 입력될 데이터에 대해 미리 정의하지 않아도 동적으로 스키마를 생성할 수 있음 |
| Rest API | Rest API 기반의 쉬운 인터페이스를 제공하여 비교적 진입 장벽이 낮음 |

표 1.1 ElasticSearch의 특징

ElasticSearch는 준실시간성 검색 엔진이라고 할 수 있다. 준실시간성 검색 엔진이란 실시간에 준하는 수준의 검색을 제공한다는 의미이다. 문서를 입력하자마자 검색하는 것은 불가능하더라도 1초의 시간이 흐른 후에는 검색할 수 있기 때문이다. 그림 1.1과 같은 경우를 생각해 보자. {"title":"test"}라는 JSON 문서를 입력하면 해당 문서는 우선 메모리에 저장된다. 그리고 1초 후에 샤드(shard)라는 ElasticSearch 데이터 저장 공간에 저장되고 이 이후에는 쿼리를 통해서 해당 문서를 검색할 수 있게 된다.

 그림 1.1에서도 볼 수 있는 것처럼 준실시간성은 refresh_interval이라는 파라미터의 영향을 받는다. 해당 파라미터를 조절하면 특정 시간 이후에 검색할 수 있게 변경할 수 있으며 이에 대해서는 뒤에서 더 자세히 다룰 예정이다.

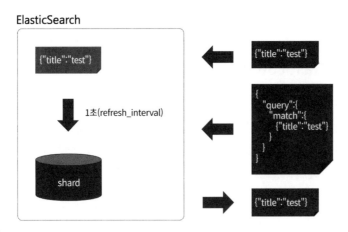

그림 1.1 준실시간성 검색 엔진의 특징

다음으로 클러스터 구성에 대해서 살펴보자. 클러스터란 여러 대의 컴퓨터 혹은 구성 요소들을 논리적으로 결합하여 전체를 하나의 컴퓨터 혹은 하나의 구성 요소처럼 사용할 수 있게 해주는 기술이며, 이를 이용해서 ElasticSearch도 그림 1.2처럼 1개 이상의 노드를 묶어서 하나의 클러스터로 구성할 수 있다.

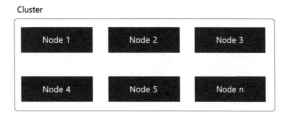

그림 1.2 클러스터 구성

클러스터로 구성하면 높은 수준의 안정성을 얻을 수 있고 부하를 분산
시킬 수 있다. Node 1에 문제가 생겨도 해당 노드만 클러스터에서 제외
시키고 나머지 노드들로 클러스터의 구성을 유지할 수 있기 때문에 노
드 한 대에 문제가 생겼다고 해서 전체 클러스터가 멈춰서 서비스가 정
지되는 일은 발생하지 않는다(그림 1.3).

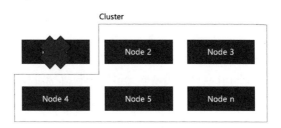

그림 1.3 클러스터 장애 발생 시

 클러스터 구성에서 높은 수준의 안정성을 보장하기 위한 프라이머리와 레플리
카 샤드에 대해서는 4장에서 더 살펴볼 것이다.

클러스터를 구성하고 있는 모든 노드는 메시 형태[1]로 요청을 주고받기
때문에 어떤 노드에서도 색인/검색 작업을 처리할 수 있다(그림 1.4).
RDBMS처럼 마스터 역할을 하는 서버만 요청을 처리할 수 있는 구조가

---

**1** 메시 형태란 모든 구성 요소가 서로 논리적으로 연결되어 있어서 다른 노드들과 직접적으
로 통신할 수 있는 네트워크 형태를 의미한다. ElasticSearch의 클러스터를 구성하는 노드
들 역시 메시 형태로 구성되어 있기 때문에 각각의 노드가 직접 통신할 수 있으며, 이를 통
해 노드들 간의 부하 분산을 구현할 수 있다.

아니기 때문에 클러스터 내의 노드가 많아질수록 부하를 분산시킬 수 있다.

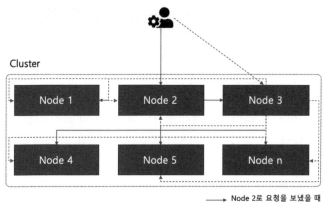

Cluster

| Node 1 | Node 2 | Node 3 |

| Node 4 | Node 5 | Node n |

⟶ Node 2로 요청을 보냈을 때
⤏ Node 3로 요청을 보냈을 때

그림 1.4 부하 분산

다음은 스키마리스(schemaless)이다. 스키마리스는 문서를 입력하기에 앞서 문서에 어떤 필드를 저장할 것인지 사전에 정의하지 않아도 된다는 의미다. MySQL과 같은 RDBMS는 테이블을 만들고 테이블에 입력할 데이터의 각각의 필드를 미리 정의해 두어야 한다. 예를 들어 회원 정보를 입력하고자 한다면, 회원 정보를 입력할 테이블을 만들고 회원 정보로 어떤 것들을 입력할지 미리 정의해야 한다. 정의하지 않은 필드를 입력하면 해당 데이터는 에러를 일으키면서 저장되지 않는다. 하지만 ElasticSearch는 입력된 문서의 스키마를 미리 정의할 필요가 없다. 그림 1.5처럼 회원 정보를 입력하기 위해 users라는 인덱스를 생성한 다음 문서를 입력하면 스키마(mapping 정보)를 미리 입력하지 않아도 자동으로 해당 문서를 분석한 후 문서의 내용에 맞는 스키마를 동적으로 생성한다.

 인덱스, mapping, 스키마 등의 개념은 4장에서 다룬다. 지금은 이런 특징이 있다는 것만 알고 넘어가자.

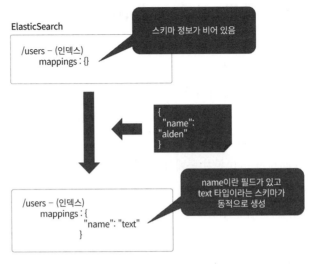

그림 1.5 스키마리스 특징

또한 초반에 입력하던 정보와 최근에 입력한 정보 사이에 새로운 필드가 추가될 경우에도 미리 정의할 필요가 없다. ElasticSearch가 새로운 필드에 대한 스키마를 자동으로 만든다.

마지막 특징으로 ElasticSearch는 Rest API 기반의 인터페이스를 지원하기 때문에 어떤 언어로도 클라이언트를 만들 수 있다. 또한 curl과 같은 리눅스의 기본 도구들을 통해서도 간편하게 통신할 수 있기 때문에 사용하기 위한 진입 장벽이 낮은 편이다.

ElasticSearch는 검색 엔진으로서의 기능뿐 아니라 입력된 문서들을 다양한 방식으로 분석할 수 있는 분석 엔진으로서의 역할도 할 수 있다. 이를 바탕으로 현재 ElasticStack이라는 로그 수집/분석 시스템이 전세계적으로 활발하게 사용되고 있다. ElasticSearch를 분석 엔진으로 사용하는 방법은 8장 "분석 엔진으로 활용하기"에서, 검색 엔진으로 사용하는 방법은 9장 "검색 엔진으로 활용하기"에서 자세히 살펴볼 것이다.

다음 절에서는 ElasticSearch를 설치해 보고, 2장과 3장에 걸쳐 기본적인 사용법을 알아보자.

## 1.2 RPM으로 ElasticSearch 설치하기

ElasticSearch는 다양한 방법으로 설치할 수 있다. 먼저 RPM을 통해서 ElasticSearch를 설치하는 방법을 살펴보자. RPM은 리눅스에서 제공하는 레드햇 기반의 패키지 설치 매니저이다. 간단한 명령을 통해서 ElasticSearch를 설치할 수 있고 ElasticSearch 실행과 중지를 위한 스크립트도 만들어 주기 때문에 편리하다.

먼저 ElasticSearch 공식 홈페이지에서 필요한 설치 파일을 다운로드 한다. RPM으로 설치할 것이기 때문에 RPM 링크를 클릭한다. 설치 환경은 CentOS 7 이상이다.[2]

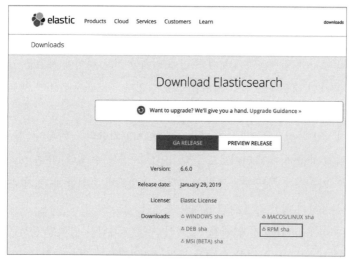

그림 1.6 RPM 버전 다운로드

다운 받은 파일을 rpm 명령으로 설치한다(코드 1.1).

**코드 1.1 RPM 파일로 설치하기**

```
[user@server src]# sudo rpm -ivh ./elasticsearch-6.6.0.rpm
warning: ./elasticsearch-6.6.0.rpm: Header V4 RSA/SHA512 Signature, key
ID d88e42b4: NOKEY
```

---

2  최신 버전은 *https://www.elastic.co/downloads/elasticsearch*에서 다운 받을 수 있다.

```
Preparing...                          #############################
[100%]
Creating elasticsearch group... OK
Creating elasticsearch user... OK
Updating / installing...
   1:elasticsearch-0:6.6.0-1          #############################
[100%]
### NOT starting on installation, please execute the following
statements to configure elasticsearch service to start automatically
using systemd ❶
 sudo systemctl daemon-reload
 sudo systemctl enable elasticsearch.service
### You can start elasticsearch service by executing
 sudo systemctl start elasticsearch.service
Created elasticsearch keystore in /etc/elasticsearch
```

> 🛈 만약 자바가 설치되어 있지 않다면 다음과 같이 에러가 발생한다.
>
> ```
> [user@server src]# sudo rpm -ivh ./elasticsearch-6.6.0.rpm
> warning: ./elasticsearch-6.6.0.rpm: Header V4 RSA/SHA512
> Signature, key ID d88e42b4: NOKEY
> Preparing...                          ##################
> ############ [100%]
> could not find java; set JAVA_HOME or ensure java is in PATH
> error: %pre(elasticsearch-0:6.6.0-1.noarch) scriptlet failed,
> exit status 1
> error: elasticsearch-0:6.6.0-1.noarch: install failed
> ```
>
> 이럴 경우 자바를 먼저 설치해야 한다. yum 명령을 통해서도 설치할 수 있다.
>
> ```
> [user@server src]# sudo yum install java
> ```

CentOS 7 이상은 systemd를 사용하기 때문에 ElasticSearch 프로세스를 떠우기 위한 스크립트 역시 systemd 스크립트로 제공된다(❶). RPM으로 설치한다면 rpm 명령 한 줄로 ElasticSearch에 대한 설치 작업이 끝난다. RPM으로 설치했을 때 자동으로 생성되는 디렉터리들은 표 1.2와 같다.

| 항목 | 내용 |
| --- | --- |
| /etc/elasticsearch | ElasticSearch의 환경 설정과 관련된 파일들이 모여 있는 디렉터리이다. elasticsearch.yml 파일과 jvm.options 파일 등이 있다. |
| /usr/share/elasticsearch/bin | ElasticSearch의 실행을 위한 바이너리 파일이 모여 있는 디렉터리이다. systemd에서 실행시키는 bin/elasticsearch와 플러그인 설치 시 사용하는 bin/elasticsearch-plugin 파일 등이 있다. |
| /var/log/elasticsearch | 디폴트로 설정되는 로그 파일 저장 디렉터리이다. elasticsearch.yml 파일에 다른 디렉터리를 지정한다면 이 디렉터리는 빈 디렉터리가 된다. |
| /var/lib/elasticsearch | 디폴트로 설정되는 힙 덤프 생성 디렉터리이다. ElasticSearch 프로세스가 비정상적으로 종료되거나 힙 덤프 생성을 요청했을 때 이 디렉터리에 생성된다. |
| /var/run/elasticsearch | 디폴트로 설정되는 프로세스 ID 저장 디렉터리이다. ElasticSearch 프로세스가 실행된 후 해당 프로세스의 ID가 elasticsearch.pid라는 파일로 저장된다. |

표 1.2 RPM 설치 시 기본 디렉터리

환경 설정 파일의 디렉터리와 환경 설정 파일의 내용에 대해서는 4장에서 더 자세히 살펴보고 이번 절에서는 간단하게 설치와 실행까지만 살펴본다. systemctl 명령으로 ElasticSearch 프로세스를 실행시켜 보자.

코드 1.2 systemctl로 ElasticSearch 실행시키기

```
[user@server src]# sudo systemctl start elasticsearch
```

실행시키면 코드 1.2와 같이 아무런 출력 결과 없이 끝난다. 제대로 실행되었는지 확인하기 위해 systemctl status 명령을 사용해 보자(코드 1.3).

코드 1.3 systemctl status로 ElasticSearch 실행 확인하기

```
[user@server src]# sudo systemctl status elasticsearch
* elasticsearch.service - Elasticsearch
   Loaded: loaded (/usr/lib/systemd/system/elasticsearch.service;
disabled; vendor preset: disabled)
   Active: active (running) since Mon 2019-02-18 18:21:27 KST; 50s ago
     Docs: http://www.elastic.co
 Main PID: 18450 (java)
   CGroup: /system.slice/elasticsearch.service
```

```
         |-18450 /bin/java -Xms1g -Xmx1g -XX:+UseConcMarkSweepGC -XX:
CMSInitiatingOccupancyFractio...
           `-18530 /usr/share/elasticsearch/modules/x-pack-ml/platform/
linux-x86_64/bin/controller
```

systemctl status 명령으로 실행 여부를 확인했다면 curl 명령으로 잘 동작하는지 확인할 수 있다. 기본 설정 파일 그대로이기 때문에 ElasticSearch는 9200번 포트로 실행된다.

**코드 1.4 curl로 ElasticSearch 실행 확인하기**

```
[user@server ~]# curl -s http://localhost:9200
{
  "name" : "HVgG95D", ❶
  "cluster_name" : "elasticsearch", ❷
  "cluster_uuid" : "nOxLlPMXSgOX47lKvMyjzA",
  "version" : {
    "number" : "6.6.0", ❸
    "build_flavor" : "default",
    "build_type" : "rpm", ❹
    "build_hash" : "a9861f4",
    "build_date" : "2019-01-24T11:27:09.439740Z",
    "build_snapshot" : false,
    "lucene_version" : "7.6.0",
    "minimum_wire_compatibility_version" : "5.6.0",
    "minimum_index_compatibility_version" : "5.0.0"
  },
  "tagline" : "You Know, for Search"
}
```

curl 명령을 통해서 9200 포트에 요청을 날리면 코드 1.4와 같이 요청을 처리한 노드의 이름(❶), 클러스터의 이름(❷), 노드의 ElasticSearch 버전(❸), 설치된 형태(❹) 등의 간략한 정보를 볼 수 있다. ElasticSearch는 기본적으로 클러스터로 동작하기 때문에 노드의 이름과 클러스터의 이름이 따로 노출된다.

마지막으로 systemctl 명령으로 ElasticSearch 프로세스를 종료시켜 보자.

**코드 1.5 systemctl 명령으로 ElasticSearch 종료하기**

```
[user@server ~]# sudo systemctl stop elasticsearch
```

실행시켰을 때와 마찬가지로 아무 결과도 출력하지 않는다. systemctl status 명령으로 종료되었는지 확인할 수 있다.

**코드 1.6 systemctl status로 종료 확인하기**

```
[user@server ~]# sudo systemctl status elasticsearch
* elasticsearch.service - Elasticsearch
   Loaded: loaded (/usr/lib/systemd/system/elasticsearch.service;
disabled; vendor preset: disabled)
   Active: inactive (dead)
     Docs: http://www.elastic.co
```

다음 절에서는 데비안 기반의 배포판을 DEB 패키지로 설치하는 방법을 살펴보자.

## 1.3 DEB로 설치하기

DEB는 데비안 계열의 리눅스 배포판에서 사용하는 패키지 관리 시스템이며 보통 우분투 배포판에서 많이 사용한다. RPM 설치 때와 마찬가지로 공식 홈페이지에서 DEB 파일을 다운 받는다.

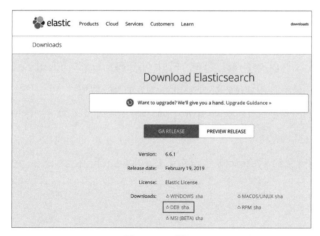

그림 1.7 DEB 다운로드

다운 받은 파일을 dpkg 명령으로 설치한다(코드 1.7).

### 코드 1.7 dpkg 명령으로 설치하기

```
user@server :/usr/local/src# sudo dpkg -i ./elasticsearch-6.6.0.deb
(Reading database ... 135042 files and directories currently
installed.)
Preparing to unpack ./elasticsearch-6.6.0.deb ...
/usr/bin/java
Creating elasticsearch group... OK
Creating elasticsearch user... OK
Unpacking elasticsearch (6.6.0) ...
Setting up elasticsearch (6.6.0) ...
Created elasticsearch keystore in /etc/elasticsearch
Processing triggers for systemd (229-4ubuntu21.16) ...
Processing triggers for ureadahead (0.100.0-19) ...
```

 자바가 미리 설치되어 있지 않다면 DEB로 설치할 때도 에러가 발생한다. 자바
를 먼저 설치하고 진행하자.

```
user@server :~# sudo apt-get install default-jdk
```

설치 후 자동으로 생성되는 디렉터리는 RPM으로 설치했을 때와 같다
(표 1.2 참고). Ubuntu 16.04 이후 버전도 systemd를 사용하기 때문에
systemctl 명령으로 실행할 수 있다(코드 1.8).

### 코드 1.8 systemctl 명령으로 ElasticSearch 실행하기

```
user@server :~# sudo systemctl start elasticsearch
```

마찬가지로 출력 결과가 없기 때문에 systemctl status 명령으로 실행
결과를 살펴보자(코드 1.9).

### 코드 1.9 systemctl status 명령으로 실행 결과 살펴보기

```
user@server :~# sudo systemctl status elasticsearch
● elasticsearch.service - Elasticsearch
   Loaded: loaded (/usr/lib/systemd/system/elasticsearch.service;
disabled; vendor preset: enabled
   Active: active ❶ (running) since Wed 2019-02-20 15:52:38 KST; 4s ago
     Docs: http://www.elastic.co
```

```
 Main PID: 19764 (java)
    Tasks: 17
   Memory: 1.0G
      CPU: 5.474s
   CGroup: /system.slice/elasticsearch.service
           └─19764 /usr/bin/java -Xms1g -Xmx1g -XX:+UseConcMarkSweepGC
-XX:CMSInitiatingOccupancyF

Feb 20 15:52:38 server  systemd[1]: Started Elasticsearch.
```

active(❶) 상태로 나오며 정상적으로 실행되었음을 알 수 있다. 이번
에도 curl 명령으로 동작을 확인해 보자(코드 1.10).

**코드 1.10 curl로 elasticsearch 실행 확인하기**

```
user@server :~# curl -s http://localhost:9200
{
  "name" : "7PmrMPy",
  "cluster_name" : "elasticsearch",
  "cluster_uuid" : "GYMC8egnSzqKetVONXl-Tw",
  "version" : {
    "number" : "6.6.0",
    "build_flavor" : "default",
    "build_type" : "deb", ❶
    "build_hash" : "a9861f4",
    "build_date" : "2019-01-24T11:27:09.439740Z",
    "build_snapshot" : false,
    "lucene_version" : "7.6.0",
    "minimum_wire_compatibility_version" : "5.6.0",
    "minimum_index_compatibility_version" : "5.0.0"
  },
  "tagline" : "You Know, for Search"
}
```

RPM을 설치할 때와 마찬가지로 몇 가지 정보와 함께 build_type이 rpm
이 아니라 deb임을 볼 수 있다(❶).

이번에도 systemctl 명령을 통해서 ElasticSearch 프로세스를 종료시
켜 보자(코드 1.11).

**코드 1.11 systemctl stop**

```
user@server :~# sudo systemctl stop elasticsearch
```

RPM과 DEB를 통해 설치하면 실행 및 종료를 위한 systemd 스크립트도 자동으로 생성되고, 업그레이드를 위해 상위 버전을 설치할 때도 간편하다.

이제 마지막으로 패키지가 아닌 tar 파일을 이용해서 설치하고 실행하는 방법에 대해서 살펴보자.

## 1.4 tar 파일로 설치하기

RPM, DEB 외에 tar 파일로도 설치/실행할 수 있다. 하지만 앞의 두 가지 방법에 비해 조금 더 불편하다. 그렇다면 어떤 경우에 tar 파일로 설치를 진행할까? 보통 2개 이상의 서로 다른 버전의 ElasticSearch를 운영한다거나 한 노드에 2개 이상의 ElasticSearch 프로세스를 띄울 경우에 tar로 설치하면 도움이 된다. 서로 다른 버전을 다른 위치에 설치하고 관리할 수 있기 때문이다. 그럼 tar 파일을 이용해서 설치하는 방법을 살펴보자.

tar 파일 역시 다운로드 페이지에서 다운 받을 수 있다(그림 1.8).

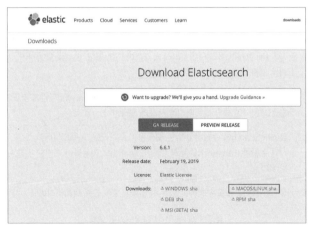

**그림 1.8 tar 파일 다운로드**

tar 파일을 다운 받은 후 압축을 풀면 다음과 같이 디렉터리가 생성된다 (코드 1.12).

**코드 1.12 tar 파일 다운 후 압축 해제**

```
[user@server ~]$ tar xvfz ./elasticsearch-6.6.1.tar.gz
elasticsearch-6.6.1/
elasticsearch-6.6.1/lib/
elasticsearch-6.6.1/lib/elasticsearch-6.6.1.jar
elasticsearch-6.6.1/lib/elasticsearch-x-content-6.6.1.jar
elasticsearch-6.6.1/lib/elasticsearch-cli-6.6.1.jar
... (중략) ...
[user@server ~]$ ls
elasticsearch-6.6.1  elasticsearch-6.6.1.tar.gz
```

elasticsearch-6.6.1 디렉터리로 이동한 후 디렉터리를 살펴보자.

**코드 1.13 디렉터리 살펴보기**

```
[user@server elasticsearch-6.6.1]$ ls
bin config lib LICENSE.txt logs modules NOTICE.txt plugins
README.textile
```

각 디렉터리의 역할을 표 1.3에 정리해 놓았다.

| 항목 | 내용 |
|---|---|
| bin | ElasticSearch 실행을 위한 바이너리 파일들이 모여 있는 디렉터리이다. |
| config | 환경 설정을 위한 파일들이 모여 있는 디렉터리이다. |
| lib | ElasticSearch 실행을 위한 외부 라이브러리들이 모여 있는 디렉터리이다. 확장자가 jar 형태인 자바 라이브러리 파일들이 모여 있다. ElasticSearch의 기본이 되는 루씬 라이브러리도 여기에 포함되어 있다. |
| logs | 디폴트 로그 저장 디렉터리이다. config/elasticsearch.yml 파일에 별도의 위치를 기재했다면 해당 디렉터리에 로그가 저장된다. |
| modules | ElasticSearch를 구성하고 있는 모듈들이 모여 있는 디렉터리이다. 노드 간의 통신을 구현한 transport 모듈 등 ElasticSearch의 기능들이 구현된 것을 모듈이라고 한다. |
| plugins | 설치한 플러그인을 구성하고 있는 파일들이 모여 있는 디렉터리이다. |

표 1.3 tar 설치 시 디렉터리의 역할

우선 아무것도 설정하지 않고 실행해 보자. 실행은 bin/elasticsearch 파일을 통해서 진행한다.

**코드 1.14 tar로 설치 후 ElasticSearch 실행하기**

```
[user@server bin]$ ./elasticsearch
[2019-02-21T18:43:15,002][INFO ][o.e.e.NodeEnvironment     ] [ZNUmMc7]
using [1] data paths, mounts [[/ (userfs)]], net usable_space [46.1gb],
net total_space [49.9gb], types [userfs]
[2019-02-21T18:43:15,006][INFO ][o.e.e.NodeEnvironment     ] [ZNUmMc7]
heap size [990.7mb], compressed ordinary object pointers [true]
... (중략) ...
 [2019-02-21T18:43:17,118][INFO ][o.e.p.PluginsService     ] [ZNUmMc7]
loaded module [x-pack-deprecation]
[2019-02-21T18:43:17,118][INFO ][o.e.p.PluginsService     ] [ZNUmMc7]
loaded module [x-pack-graph]
... (중략) ...
[2019-02-21T18:43:22,917][DEBUG][o.e.a.ActionModule       ] [ZNUmMc7]
Using REST wrapper from plugin org.elasticsearch.xpack.security.
Security
[2019-02-21T18:43:23,182][INFO ][o.e.d.DiscoveryModule    ] [ZNUmMc7]
using discovery type [zen] and host providers [settings]
[2019-02-21T18:43:24,084][INFO ][o.e.n.Node               ] [ZNUmMc7]
initialized
[2019-02-21T18:43:24,084][INFO ][o.e.n.Node               ] [ZNUmMc7]
starting ...
[2019-02-21T18:43:24,244][INFO ][o.e.t.TransportService   ] [ZNUmMc7]
publish_address {127.0.0.1:9300}, bound_addresses {127.0.0.1:9300}
[2019-02-21T18:43:27,311][INFO ][o.e.c.s.MasterService    ] [ZNUmMc7]
zen-disco-elected-as-master ([0] nodes joined), reason: new_master
{ZNUmMc7}{ZNUmMc7kQXSsPxHplZ_tuA}{lnaXgsnuRDu-dvbQpjpygg}{127.0.0.1}
{127.0.0.1:9300}{ml.machine_memory=3973226496, xpack.installed=true,
ml.max_open_jobs=20, ml.enabled=true}
[2019-02-21T18:43:27,317][INFO ][o.e.c.s.ClusterApplierService]
[ZNUmMc7] new_master {ZNUmMc7}{ZNUmMc7kQXSsPxHplZ_tuA}{lnaXgsnuRDu-
dvbQpjpygg}{127.0.0.1}{127.0.0.1:9300}{ml.machine_memory=3973226496,
xpack.installed=true, ml.max_open_jobs=20, ml.enabled=true}, reason:
apply cluster state (from master [master {ZNUmMc7}{ZNUmMc7kQXSsPxHplZ_
tuA}{lnaXgsnuRDu-dvbQpjpygg}{127.0.0.1}{127.0.0.1:9300}{ml.machine_
memory=3973226496, xpack.installed=true, ml.max_open_jobs=20,
ml.enabled=true} committed version [1] source [zen-disco-elected-as-
master ([0] nodes joined)]])
[2019-02-21T18:43:27,384][INFO ][o.e.h.n.Netty4HttpServerTranspo
rt] [ZNUmMc7] publish_address {127.0.0.1:9200}, bound_addresses
{127.0.0.1:9200}
[2019-02-21T18:43:27,384][INFO ][o.e.n.Node               ] [ZNUmMc7]
started ❶
[2019-02-21T18:43:27,404][WARN ][o.e.x.s.a.s.m.NativeRoleMappingStore]
[ZNUmMc7] Failed to clear cache for realms [[]]
... (후략) ...
```

압축을 풀어주고 간단하게 실행 파일을 실행하는 것만으로 ElasticSearch 프로세스가 시작된다(). 하지만 이 상태는 프로세스를 포어그라운드 형태로 실행시킨 것으로, 터미널에서 다른 입력을 하지 못하는 상태이다.

> ✓ 프로세스의 실행 상태는 포어그라운드와 백그라운드 형태로 나뉜다. 포어그라 운드는 직접 실행하는 형태, 백그라운드는 데몬의 형태로 동작한다고 이해하면 된다.

ctrl+c를 누르면 프로세스는 종료되고 ElasticSearch 실행도 함께 종료 된다.

**코드 1.15 포어그라운드 형태의 ElasticSearch 종료하기**

```
^C[2019-02-21T18:46:33,986][INFO ][o.e.x.m.p.NativeController]
[ZNUmMc7] Native controller process has stopped - no new native
processes can be started
[2019-02-21T18:46:33,987][INFO ][o.e.n.Node               ] [ZNUmMc7]
stopping ...
[2019-02-21T18:46:34,007][INFO ][o.e.x.w.WatcherService   ] [ZNUmMc7]
stopping watch service, reason [shutdown initiated]
[2019-02-21T18:46:34,294][INFO ][o.e.n.Node               ] [ZNUmMc7]
stopped
[2019-02-21T18:46:34,294][INFO ][o.e.n.Node               ] [ZNUmMc7]
closing ...
[2019-02-21T18:46:34,309][INFO ][o.e.n.Node               ] [ZNUmMc7]
closed
```

그래서 tar 방식으로 설치한 경우에는 -d 옵션을 붙여서 RPM, DEB로 설치했을 때와 같이 데몬의 형태로 동작하게 해주어야 한다(코드 1.16).

**코드 1.16 -d 옵션을 추가해서 실행하기**

```
[user@server bin]$ ./elasticsearch -d
```

-d 옵션을 추가하면 코드 1.16과 같이 아무런 출력 결과 없이 실행이 완 료된다. 이번에도 curl 명령을 통해서 동작 여부를 확인해 보자.

**코드 1.17 curl 명령으로 실행 여부 확인하기**

```
[user@server bin]$ curl -s http://localhost:9200
{
  "name" : "ZNUmMc7",
  "cluster_name" : "elasticsearch",
  "cluster_uuid" : "nS7TRFT9Se-SGxbizCorlQ",
  "version" : {
    "number" : "6.6.1",
    "build_flavor" : "default",
    "build_type" : "tar", ❶
    "build_hash" : "1fd8f69",
    "build_date" : "2019-02-13T17:10:04.160291Z",
    "build_snapshot" : false,
    "lucene_version" : "7.6.0",
    "minimum_wire_compatibility_version" : "5.6.0",
    "minimum_index_compatibility_version" : "5.0.0"
  },
  "tagline" : "You Know, for Search"
}
```

이번에는 tar로 설치, 실행되었음을 확인할 수 있다(❶). tar로 설치할 경우 RPM, DEB에 비해 어떤 장점이 있을까? RPM, DEB의 경우는 이미 정의해 놓은 위치에 파일이 들어가지만, tar 형태로 설치하면 원하는 위치에 파일을 넣을 수 있다. 하지만 더 큰 장점은 tar 형태로 설치하면 하나의 서버에서 다수의 ElasticSearch 노드를 띄울 때 RPM, DEB에 비해 더 쉽게 설정할 수 있다는 점이다.

이에 대해서 조금 더 살펴보자. 두 개의 ElasticSearch 프로세스를 하나는 9200번 포트로, 나머지 하나는 9201번 포트로 띄워볼 것이다. tar로 압축을 해제한 디렉터리의 이름을 rename 명령으로 바꾼다(코드 1.18).

**코드 1.18 rename으로 디렉터리 이름 변경하기**

```
[user@server ~]$ rename elasticsearch-6.6.1 elasticsearch-6.6.1-node-01
./elasticsearch-6.6.1
[user@server ~]$ ls
elasticsearch-6.6.1-node-01  elasticsearch-6.6.1.tar.gz
```

그리고 tar 파일의 압축을 한 번 더 해제하고 생성된 디렉터리 이름을 rename으로 바꾼다(코드 1.19).

**코드 1.19 tar 파일 압축 해제 후 디렉터리 이름 변경하기**

```
[user@server ~]$ tar xvfz ./elasticsearch-6.6.1.tar.gz
elasticsearch-6.6.1/
elasticsearch-6.6.1/lib/
elasticsearch-6.6.1/lib/elasticsearch-6.6.1.jar
... (중략) ...
elasticsearch-6.6.1/logs/
elasticsearch-6.6.1/plugins/
[user@server ~]$ rename elasticsearch-6.6.1 elasticsearch-6.6.1-node-02
./elasticsearch-6.6.1
[user@server ~]$ ls
elasticsearch-6.6.1-node-01  elasticsearch-6.6.1-node-02
elasticsearch-6.6.1.tar.gz
```

이렇게 하면 ElasticSearch 6.6.1 버전을 가지고 있는 디렉터리가 elasticsearch-6.6.1-node-01과 elasticsearch-6.6.1-node02, 이렇게 두 개가 만들어진다. 먼저 elasticsearch-6.6.1-node-02 디렉터리에 들어가서 config/elasticsearch.yml 파일의 내용을 코드 1.20과 같이 수정한다.

**코드 1.20 elasticsearch.yml 파일 수정**

```
# --------------------------------- Network ---------------------------
#
# Set the bind address to a specific IP (IPv4 or IPv6):
#
#network.host: 192.168.0.1
#
# Set a custom port for HTTP:
#
http.port: 9201 # 주석 해제 및 9200을 9201로 수정
#
# For more information, consult the network module documentation.
... (후략) ...
```

코드 1.20과 같이 수정하여 elasticsearch-6.6.1-node-01에 있는 ElasticSearch는 9200번 포트로, elasticsearch-6.6.1-node-02에 있는 ElasticSearch는 9201번 포트로 실행시킬 수 있다. 마지막으로 각각의 디렉터리에 들어가서 -d 옵션을 이용해 ElasticSearch를 실행해 보자.

**코드 1.21 ElasticSearch 실행하기**

```
[user@server ~]$ ls
```

```
elasticsearch-6.6.1-node-01  elasticsearch-6.6.1-node-02
elasticsearch-6.6.1.tar.gz
[user@server ~]$ cd elasticsearch-6.6.1-node-01/
[user@server elasticsearch-6.6.1-node-01]$ cd bin/
[user@server bin]$ ./elasticsearch -d
[user@server bin]$ cd ../../
[user@server ~]$ ls
elasticsearch-6.6.1-node-01  elasticsearch-6.6.1-node-02
elasticsearch-6.6.1.tar.gz
[user@server ~]$ cd elasticsearch-6.6.1-node-02/
[user@server elasticsearch-6.6.1-node-02]$ cd bin/
[user@server bin]$ ./elasticsearch -d
```

curl을 이용해서 9200번, 9201번 포트에서 각각 응답이 오는지 확인한
다(코드 1.22).

### 코드 1.22 curl 명령으로 응답 여부 확인하기

```
[user@server ~]$ curl -s http://localhost:9200
{
  "name" : "ZNUmMc7",
  "cluster_name" : "elasticsearch",
  "cluster_uuid" : "nS7TRFT9Se-SGxbizCorlQ",
  "version" : {
    "number" : "6.6.1",
    "build_flavor" : "default",
    "build_type" : "tar",
    "build_hash" : "1fd8f69",
    "build_date" : "2019-02-13T17:10:04.160291Z",
    "build_snapshot" : false,
    "lucene_version" : "7.6.0",
    "minimum_wire_compatibility_version" : "5.6.0",
    "minimum_index_compatibility_version" : "5.0.0"
  },
  "tagline" : "You Know, for Search"
}
[user@server ~]$ curl -s http://localhost:9201
{
  "name" : "59lo4V_",
  "cluster_name" : "elasticsearch",
  "cluster_uuid" : "nS7TRFT9Se-SGxbizCorlQ",
  "version" : {
    "number" : "6.6.1",
    "build_flavor" : "default",
    "build_type" : "tar",
```

```
        "build_hash" : "1fd8f69",
        "build_date" : "2019-02-13T17:10:04.160291Z",
        "build_snapshot" : false,
        "lucene_version" : "7.6.0",
        "minimum_wire_compatibility_version" : "5.6.0",
        "minimum_index_compatibility_version" : "5.0.0"
    },
    "tagline" : "You Know, for Search"
}
```

두 포트 모두 정상적으로 응답하는 것을 볼 수 있다. 우선은 이렇게 다수의 ElasticSearch 노드를 띄울 수 있다는 것만 알아두고 구체적인 환경 설정을 통한 클러스터 구성은 4장에서 자세히 살펴볼 것이다.

## 1.5 마치며

이번 장에서는 ElasticSearch가 무엇인지, 그리고 RPM, DEB, tar를 이용해서 어떻게 설치하고 실행하는지 살펴보았다. 다음 장에서는 이렇게 설치한 ElasticSearch에 간단하게 문서를 입력하고, 조회하고 검색하는 기본적인 동작을 살펴볼 것이다. 이를 통해서 ElasticSearch를 이용해 무엇을 할 수 있는지, 어떻게 사용하는지를 익힐 수 있다. Elastic Search 클러스터를 구성하는 방법과 설치, 운영을 위해 알아야 할 다양한 개념들에 대해서는 4장 "ElasticSearch 기본 개념"에서 더 자세히 살펴볼 것이다.

이번 장에서 살펴본 내용을 정리하면 다음과 같다.

1. ElasticSearch는 준실시간성을 가지고 있으며 클러스터로 구성하여 안정적으로 운영할 수 있고, 스키마를 미리 정의할 필요가 없으며 Rest API 기반의 간편한 인터페이스를 제공해 주는 검색 엔진이다.

2. RPM, DEB, tar로 설치를 진행하려면 각 배포판에 맞는 자바를 설치해 두어야 한다.

3. tar를 통한 설치는 RPM, DEB에 비해 복잡하지만 다수의 ElasticSearch 노드를 실행시킬 수 있다는 장점이 있다.

# 2장

# ElasticSearch 기본 동작

1장에서는 ElasticSearch를 설치하는 방법과 curl 명령을 통해서 잘 실행되고 있는지 확인하는 방법을 살펴보았다. 이번 장에서는 curl 명령을 활용해서 ElasticSearch의 기본 동작들(색인, 검색, 조회 등)을 살펴보고 ElasticSearch에서 무엇을 할 수 있는지 알아볼 것이다. 이번 장에서 다루게 될 내용은 다음과 같다.

- 문서를 색인하고 조회, 삭제하는 방법
- 인덱스를 생성하고 삭제하는 방법
- 문서를 검색하고 문서의 내용을 바탕으로 분석하는 방법

## 2.1 문서 색인과 조회

ElasticSearch는 JSON 형태의 문서를 저장할 수 있으며 스키마리스이기 때문에 문서를 색인하기 위해 정형화된 문서의 스키마를 미리 정의할 필요가 없다. 우선 코드 2.1을 살펴보자.

코드 2.1 문서 색인하기

```
[user@server~]$ curl -X PUT "localhost:9200/user/_doc/1?pretty" -H
'Content-Type: application/json' -d'
> {
```

```
>    "username": "alden.kang"
> }
> '
{
  "_index" : "user",
  "_type" : "_doc",
  "_id" : "1",
  "_version" : 1,
  "result" : "created",
  "_shards" : {
    "total" : 2,
    "successful" : 1,
    "failed" : 0
  },
  "_seq_no" : 0,
  "_primary_term" : 1
}
```

코드 2.1은 curl을 이용한 한 줄의 명령이지만, 내부적으로는 인덱스를 생성하고 문서를 색인하고 문서와 관련된 스키마를 만드는 등 많은 작업을 한다. 이에 대해서 조금 더 살펴보자.

먼저 코드 2.1 curl 명령의 의미를 살펴보자. 다음은 코드 2.1을 통해서 진행한 문서 색인 API의 예이다.

```
curl -X PUT "lacalhost:9200/user/_doc/1?pretty" -H 'Content-Type: application/json' -d'
           ❶                        ❷   ❸   ❹
{
    "username": "alden.kang"
}
```

❶ REST API의 메서드이다. 새로운 문서를 입력할 때는 PUT, 기존 문서를 수정할 때는 POST, 삭제할 때는 DELETE, 조회 시에는 GET을 사용한다. 각각의 경우에 대해서는 이번 절에서 살펴볼 것이다.

❷ 문서를 색인할 인덱스 이름이다. 인덱스는 문서를 저장하는 가장 큰 논리적인 단위를 의미하며, 같은 성격의 문서들을 하나의 인덱스에 저장하게 된다.

❸ 문서의 타입 이름이다. ElasticSearch 5 버전 이하에서는 멀티 타입을 지원해서 하나의 인덱스 안에 다양한 타입의 데이터를 저장할 수

있었지만 ElasticSearch 6 버전 이상에서는 하나의 인덱스에 하나의 타입만 저장할 수 있게 설계가 변경되었다(4.2 "인덱스와 타입" 참조).

❹ 문서의 ID이다. ID는 인덱스 내에서 유일해야 하며, 같은 ID가 입력되면 해당 문서를 수정한다고 인식한다.

✓ 인덱스, 타입, ID 등 다양한 용어들이 등장했다. 우선은 이런 용어들이 존재한다는 것만 알고 넘어가자. 용어에 대한 자세한 설명은 4장에서 살펴볼 예정이다.

즉, 코드 2.1의 API는 user라는 인덱스에 _doc 타입으로 1번 문서를 색인해달라는 요청이며, 색인할 데이터는 { "username": "alden.kang" } 문서라는 것을 알 수 있다. 그럼 색인 요청을 받은 후에 ElasticSearch 안에서는 어떤 일이 발생할까?

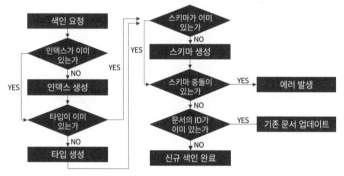

**그림 2.1** 색인이 일어나는 과정

그림 2.1의 과정을 천천히 살펴보자. 문서 색인 요청을 받은 ElasticSearch는 문서를 색인하여 저장할 인덱스가 이미 생성되어 있는지, 아니면 새로 생성해야 하는지를 확인한다. 그리고 인덱스가 존재하지 않는다면 해당 인덱스를 생성한다. 인덱스 생성 후에 타입이 존재하는지 확인한다. 타입이 존재하지 않는다면 타입도 생성한다. 그 후 스키마가 존재하는지 확인한다. 스키마가 없다면 스키마를 생성하고 스키마가 있다면 스키마와 색인 요청된 문서 사이의 충돌이 있는지 확인한다. 이 과정은

매우 중요하다. 기존에 숫자 형태로 정의된 필드에 문자 형태의 값이 들어오면 스키마 충돌이라고 판단하고 에러를 출력한다. 에러가 출력되면 해당 문서는 색인되지 않는다.[1]

마지막으로 동일한 ID를 가진 문서가 있는지를 확인한다. 만약 동일한 ID의 문서가 있다면 해당 문서의 내용을 수정하고, 그렇지 않다면 신규로 색인을 완료한다. 이와 같은 과정을 통해서 ElasticSearch는 인덱스, 타입, 스키마를 정의하지 않아도 문서를 색인할 수 있다.

이번엔 코드 2.1에서 색인한 문서를 조회해 보자. 조회에는 GET 메서드를 사용하고 문서의 ID를 입력하면 된다.

**코드 2.2 문서 조회하기**

```
[user@server~]# curl -X GET "localhost:9200/user/_doc/1?pretty"
{
  "_index" ❶ : "user",
  "_type" ❷ : "_doc",
  "_id" ❸ : "1",
  "_version" : 1,
  "_seq_no" : 0,
  "_primary_term" : 1,
  "found" : true,
  "_source" ❹ : {
    "username" : "alden.kang"
  }
}
```

조회 시에는 해당 문서의 메타데이터가 함께 나오는데, 메타데이터에는 어떤 인덱스에 있는지(❶), 어떤 타입인지(❷), 그리고 문서의 ID는 무엇인지(❸)가 포함된다. 문서의 내용은 _source에 포함된다(❹).

이번엔 코드 2.1에서 색인한 문서를 삭제해 보자. 색인된 문서는 DELETE 메서드를 이용해서 삭제할 수 있다.

**코드 2.3 문서 삭제하기**

```
[user@server~]# curl -X DELETE "localhost:9200/user/_doc/1?pretty"
```

---

[1] 충돌이 일어난 필드만 제외하고 나머지 필드를 저장하는 옵션이 별도로 존재하지만, 지금은 일반적인 상황에 대해서만 이야기할 것이다.

```
{
  "_index" : "user",
  "_type" : "_doc",
  "_id" : "1",
  "_version" : 2,
  "result" : "deleted", ❶
  "_shards" : {
    "total" : 2,
    "successful" : 1,
    "failed" : 0
  },
  "_seq_no" : 1,
  "_primary_term" : 1
}
```

result를 보면 정상적으로 삭제되었음을 볼 수 있다(❶). 삭제 후에 조회해 보면 코드 2.4와 같은 결과가 나온다.

**코드 2.4 삭제된 문서 조회하기**

```
[user@server~]# curl -X GET "localhost:9200/user/_doc/1?pretty"
{
  "_index" : "user",
  "_type" : "_doc",
  "_id" : "1",
  "found" : false
}
```

코드 2.1부터 2.4까지 문서를 색인하고 조회하고 삭제하는 기본적인 동작을 살펴보았다. 이번엔 이 과정을 조금 더 풀어서 인덱스의 생성, 문서 색인, 수정 등의 과정을 한 단계씩 다시 진행해 보자.

먼저 인덱스를 생성하고 문서를 색인해 보자. 생성 후에는 cat API를 이용해서 정상적으로 생성되었는지 확인할 것이다.

**코드 2.5 인덱스 생성 및 확인하기**

```
[user@server~]# curl -X PUT "localhost:9200/contents?pretty"
{
  "acknowledged" : true,
  "shards_acknowledged" : true,
  "index" : "contents"
}
```

```
[user@server~]# curl -s http://localhost:9200/_cat/indices?v
health status index     uuid                     pri rep docs.count docs.deleted store.size pri.store.size
yellow open    contents ua0G1ecnStG4IlfH5-iXfQ   5   1         0            0        1.1kb          1.1kb
yellow open    user     fbf_6zSET2aTE9WZv8RTgQ   5   1         1            0        4.5kb          4.5kb
```

그리고 코드 2.6과 같이 문서를 색인해 보자.

### 코드 2.6 문서 색인하기

```
[user@server~]# curl -X PUT "localhost:9200/contents/_doc/1?pretty" -H
'Content-Type: application/json' -d'
> {
>    "title": "How to use ElasticSearch",
>    "author": "alden.kang"
> }
> '
{
  "_index" : "contents",
  "_type" : "_doc",
  "_id" : "1",
  "_version" : 1,
  "result" : "created", ❶
  "_shards" : {
    "total" : 2,
    "successful" : 1,
    "failed" : 0
  },
  "_seq_no" : 0,
  "_primary_term" : 1
}
```

문서의 ID를 1로 색인했고 정상적으로 색인되었음을 알 수 있다. 특히
❶과 같이 created라고 표현한 것을 기억하자. 이 상태에서 문서의 내
용을 바꾼 후 ID를 1로 똑같이 입력하면 어떻게 되는지 확인해 보자(코
드 2.7).

### 코드 2.7 문서 수정하기

```
[user@server~]# curl -X PUT "localhost:9200/contents/_doc/1?pretty" -H
'Content-Type: application/json' -d'
> {
>    "title": "How to use ElasticSearch",
>    "author": "alden.kang, benjamin.butn"
```

```
> }
> '
{
  "_index" : "contents",
  "_type" : "_doc",
  "_id" : "1",
  "_version" : 2,1❶
  "result" : "updated", ❷
  "_shards" : {
    "total" : 2,
    "successful" : 1,
    "failed" : 0
  },
  "_seq_no" : 1,
  "_primary_term" : 1
}
```

코드 2.6에서 나온 응답과 비슷하지만 두 가지가 바뀌었다. _version 값
이 1에서 2로 바뀌었고(❶),result가 created에서 updated로 바뀌었다
(❷). 이렇게 동일한 ID로 문서를 넣으면 문서가 수정된다. 코드 2.8은
스키마 정보를 확인하는 코드이다.

**코드 2.8 스키마 확인하기**

```
[user@server~]# curl -s http://localhost:9200/contents/_mappings?pretty
{
  "contents" : {
    "mappings" : {
      "_doc" : {
        "properties" : {
          "author" ❶ : {
            "type" : "text",
            "fields" : {
              "keyword" : {
                "type" : "keyword",
                "ignore above" : 256
              }
            }
          },
          "title" ❷ : {
            "type" : "text",
            "fields" : {
              "keyword" : {
                "type" : "keyword",
```

```
              "ignore_above" : 256
            }
          }
        }
      }
    }
  }
}
```

코드 2.8을 보면 코드 2.6을 통해 색인한 문서에 있는 것처럼 author
(❶)와 title(❷) 필드가 정의되었고 둘 다 문자열 형태의 타입으로 정
의된 것을 볼 수 있다. 이번엔 새로운 필드를 가진 문서를 색인해 보자
(코드 2.9).

**코드 2.9 새로운 필드 색인하기**

```
[user@server~]# curl -X PUT "localhost:9200/contents/_doc/2?pretty" -H
'Content-Type: application/json' -d'
> {
>   "title": "How to use Nginx",
>   "author": "alden.kang, benjamin.butn",
>   "rating": 5.0
> }
> '
{
  "_index" : "contents",
  "_type" : "_doc",
  "_id" : "2",
  "_version" : 3,
  "result" : "created",
  "_shards" : {
    "total" : 2,
    "successful" : 1,
    "failed" : 0
  },
  "_seq_no" : 2,
  "_primary_term" : 1
}
```

기존에 있던 title과 author 필드 외에 rating 필드를 추가했고, 정상적
으로 색인되었다. 그리고 스키마 정보를 보면 rating 필드가 동적으로

스키마에 추가되었다. 이를 통해 기존에 스키마가 정의되어 있다 하더라도, 새로운 필드가 추가되면 동적으로 해당 필드가 색인되고 스키마도 추가로 정의된다는 것을 알 수 있다.

**코드 2.10 동적 스키마 변경**

```
[user@server~]# curl -s http://localhost:9200/contents/_mappings?pretty
{
  "contents" : {
    "mappings" : {
      "_doc" : {
        "properties" : {
          "author" : {
            "type" : "text",
            "fields" : {
              "keyword" : {
                "type" : "keyword",
                "ignore_above" : 256
              }
            }
          },
          "rating" : {
            "type" : "float" ❶
          },
          "title" : {
            "type" : "text",
            "fields" : {
              "keyword" : {
                "type" : "keyword",
                "ignore_above" : 256
              }
            }
          }
        }
      }
    }
  }
}
```

rating 필드는 실수형으로 입력되어서 float 타입(❶)으로 정의되었다. 이번엔 동적으로 생성된 스키마와 다른 타입의 데이터가 입력될 경우에 어떻게 되는지 살펴보자.

**코드 2.11 필드 충돌**

```
[user@server~]# curl -X PUT "localhost:9200/contents/_doc/3?pretty" -H
'Content-Type: application/json' -d'
> {
>   "title": "How to use Apache",
>   "author": "alden.kang, benjamin.butn",
>   "rating": "N/A"
> }
> '
{
  "error" : {
    "user_cause" : [
      {
        "type" : "mapper_parsing_exception",
        "reason" : "failed to parse field [rating] of type [float]" ❶
      }
    ],
    "type" : "mapper_parsing_exception",
    "reason" : "failed to parse field [rating] of type [float]",
    "caused_by" : {
      "type" : "number_format_exception",
      "reason" : "For input string: \"N/A\""
    }
  },
  "status" : 400
}
```

코드 2.10을 보면 rating 필드는 실수형 타입으로 동적 스키마가 생성되었고 코드 2.11에서는 rating 필드에 문자열 형태의 "N/A" 값으로 색인을 시도했지만 타입이 맞지 않아 실패했다(❶). 이 에러가 그림 2.1에서 설명한 스키마 충돌로 인한 에러이다. 스키마 충돌 에러는 로그 수집 시 최초에 들어온 로그의 필드가 중간에 형태가 바뀌는 경우에 주로 발생한다. 그리고 이 에러가 발생하면 해당 로그는 색인이 되지 않기 때문에 로그 유실이 발생할 수 있다. ElasticSearch가 스키마리스라고 하는 것은 스키마 정의가 아예 없다는 뜻이 아니고 미리 스키마를 정의하지 않아도 동적으로 정의할 수 있다는 의미이다. 따라서 중간에 필드 형태가 바뀌는 것까지 알아서 잡아주는 것은 아니다.

마지막으로 문서를 삭제해보자. 삭제 시에는 ID가 필요하며 Rest API의 DELETE 메서드로 삭제한다.

코드 2.12 문서 삭제하기

```
[user@server~]# curl -s http://localhost:9200/contents/_doc/1 -XDELETE
{"_index":"contents","_type":"_doc","_id":"1","_
version":3,"result":"deleted","_shards":{"total":2,"successful":1,"fail
ed":0},"_seq_no":2,"_primary_term":1}
```

## 2.2 문서 검색하기

이번 절에서는 색인된 문서를 검색하는 과정을 살펴보자. 검색과 관련된 다양한 옵션과 쿼리들은 9장 "검색 엔진으로 활용하기"에서 자세히 살펴보고, 이번 절에서는 검색 엔진으로서의 ElasticSearch의 기능만 간단하게 살펴볼 것이다. 먼저 코드 2.13과 같이 테스트를 위한 데이터를 색인해 보자.[2]

코드 2.13 테스트 데이터 색인하기

```
[user@server~]# wget https://raw.githubusercontent.com/benjamin-btn/ES-
SampleData/master/sample02-1.json -O books.json
[user@server~]# curl -H "Content-Type: application/json" -XPOST "localhost:
9200/books/_doc/_bulk?pretty&refresh" --data-binary "@books.json"
{
  "took" : 412,
  "errors" : false,
  "items" : [
    {
      "index" : {
        "_index" : "books",
        "_type" : "_doc",
        "_id" : "1",
        "_version" : 1,
        "result" : "created",
        "forced_refresh" : true,
        "_shards" : {
          "total" : 2,
          "successful" : 1,
          "failed" : 0
        },
        "_seq_no" : 0,
        "_primary_term" : 1,
        "status" : 201
```

---

2   이 데이터들은 9장에서도 재활용할 것이기 때문에 미리 색인해 두면 좋다.

```
        }
      },
  ... (후략) ...
```

총 10개의 데이터를 색인했다. 먼저 모든 데이터를 검색하는 풀 스캔
쿼리를 날려보자.

**코드 2.14 풀 스캔 쿼리**

```
[user@server~]# curl -X GET "localhost:9200/books/_search?q=*&pretty"
{
  "took" : 27, ❶
  "timed_out" : false,
  "_shards" : {
    "total" : 5, ❷
    "successful" : 5,
    "skipped" : 0,
    "failed" : 0
  },
  "hits" : {
    "total" : 10, ❸
    "max_score" : 1.0,
    "hits" : [
      {
        "_index" : "books",
        "_type" : "_doc",
        "_id" : "5",
        "_score" : 1.0,
        "_source" : {
          "title" : "Kubernetes: Up and Running",
          "authors" : "Joe Beda, Brendan Burns, Kelsey Hightower",
          "publisher" : "O'Reilly Media, Inc.",
          "release date" : "2017/09",
          "ISBN" : "9781491935675",
          "topics" : "Google / Information Technology / Operations",
          "description" : "Legend has it that Google deploys over two
billion application containers a week. How's that possible? Google
revealed the secret through a project called Kubernetes, an open source
cluster orchestrator (based on its internal Borg system) that radically
simplifies the task of building, deploying, and maintaining scalable
distributed systems in the cloud. This practical guide shows you how
Kubernetes and container technology can help you achieve new levels of
velocity, agility, reliability, and efficiency.",
          "rating" : 5.0,
  ... (후략) ...
```

코드 2.14를 보면 q=*라는 파라미터를 볼 수 있는데 q는 쿼리를, *은 모든 단어를 의미한다. 검색하면 검색 결과와 함께 메타데이터를 확인할 수 있다. 가장 중요한 메타데이터는 검색에 소요된 시간(❶), 검색에 참여한 샤드의 개수(❷), 그리고 검색 결과의 개수(❸)이다. 코드 2.14의 예제에서는 각각 3ms가 소요되었으며 총 5개의 샤드가 검색에 참여했고, 10개의 결과가 검색되었다. 이번엔 풀 스캔이 아니라 특정 문자가 포함된 문서를 검색해 보자.

**코드 2.15 특정 문자열 찾기**

```
[user@server ~]# curl -X GET "localhost:9200/books/_
search?q=elasticsearch&pretty"
{
  "took" : 2,
  "timed_out" : false,
  "_shards" : {
    "total" : 5,
    "successful" : 5,
    "skipped" : 0,
    "failed" : 0
  },
  "hits" : {
    "total" : 1,
    "max_score" : 1.4599355,
    "hits" : [
      {
        "_index" : "test_data",
        "_type" : "book",
        "_id" : "5",
        "_score" : 1.4599355,
        "_source" : {
          "title" : "Elasticsearch Indexing",
          "authors" : "Hüseyin Akdoğan",
          "publisher" : "Packt Publishing",
          "release date" : "2015/12",
          "ISBN" : "9781783987023",
          "topics" : "Solr",
          "description" : "Improve search experiences with
ElasticSearch's powerful indexing functionality — learn how with this
practical ElasticSearch tutorial, packed with tips!"
        }
      }
```

```
    ]
  }
}
```

코드 2.15는 elasticsaearch라는 문자열이 포함된 문서를 찾기 위한 검색 예제이다. 1개의 문서를 찾았음을 알 수 있다. 이번엔 평점이 5.0인 문서들을 찾아보자(코드 2.16).

**코드 2.16 rating 기준으로 검색하기**

```
[user@server~]# curl -X GET "localhost:9200/books/_search?pretty" -H
'Content-Type: application/json' -d'
> {
>   "query": {
>     "match": {
>       "rating": 5.0
>     }
>   }
> }
> '
{
  "took" : 5,
  "timed_out" : false,
  "_shards" : {
    "total" : 5,
    "successful" : 5,
    "skipped" : 0,
    "failed" : 0
  },
  "hits" : {
    "total" : 4,
    "max_score" : 1.0,
    "hits" : [
      {
        "_index" : "books",
        "_type" : "_doc",
        "_id" : "5",
        "_score" : 1.0,
        "_source" : {
          "title" : "Kubernetes: Up and Running",
          "authors" : "Joe Beda, Brendan Burns, Kelsey Hightower",
          "publisher" : "O'Reilly Media, Inc.",
          "release date" : "2017/09",
          "ISBN" : "9781491935675",
```

```
        "topics" : "Google / Information Technology / Operations",
        "description" : "Legend has it that Google deploys over two
billion application containers a week. How's that possible? Google
revealed the secret through a project called Kubernetes, an open source
cluster orchestrator (based on its internal Borg system) that radically
simplifies the task of building, deploying, and maintaining scalable
distributed systems in the cloud. This practical guide shows you how
Kubernetes and container technology can help you achieve new levels of
velocity, agility, reliability, and efficiency.",
        "rating" : 5.0, ❶
        "reviews" : 33
      }
    },
... (후략) ...
```

코드 2.16을 보면 우리가 원했던 것처럼 rating 이라는 필드의 값이 5.0
인 문서(❶)를 찾은 것을 볼 수 있다.

이번엔 범위를 기준으로 쿼리해 보자. 책에 대한 리뷰가 10개 이상인
책들을 검색한다(코드 2.17)

### 코드 2.17 범위 쿼리

```
[user@server~]# curl -X GET "localhost:9200/books/_search?pretty" -H
'Content-Type: application/json' -d'
> {
>   "query": {
>     "bool": {
>       "must": { "match_all": {} },
>       "filter": { ❶
>         "range": {
>           "reviews": {
>             "gte": 10
>           }
>         }
>       }
>     }
>   }
> }
> '
{
  "took" : 33,
  "timed_out" : false,
  "_shards" : {
    "total" : 5,
```

```
      "successful" : 5,
      "skipped" : 0,
      "failed" : 0
    },
  "hits" : {
    "total" : 4,
    "max_score" : 1.0,
    "hits" : [
      {
        "_index" : "books",
        "_type" : "_doc",
        "_id" : "5",
        "_score" : 1.0,
        "_source" : {
          "title" : "Kubernetes: Up and Running",
          "authors" : "Joe Beda, Brendan Burns, Kelsey Hightower",
          "publisher" : "O'Reilly Media, Inc.",
          "release date" : "2017/09",
          "ISBN" : "9781491935675",
          "topics" : "Google / Information Technology / Operations",
          "description" : "Legend has it that Google deploys over two
billion application containers a week. How's that possible? Google
revealed the secret through a project called Kubernetes, an open source
cluster orchestrator (based on its internal Borg system) that radically
simplifies the task of building, deploying, and maintaining scalable
distributed systems in the cloud. This practical guide shows you how
Kubernetes and container technology can help you achieve new levels of
velocity, agility, reliability, and efficiency.",
          "rating" : 5.0,
          "reviews" : 33
        }
      },
... (후략) ...
```

코드 2.17의 쿼리는 필터가 적용되었음을 볼 수 있다(❶). 필터와 쿼리
는 조금 다른데, 쿼리가 문자열 안에 특정 문자가 포함되었는지 아닌지
를 확인하는 과정이라면 필터는 예/아니오로 구분하는 방식이다. 구체
적으로 예를 들어보면 성별이 남자인지 여자인지를 찾기 위해서는 남자
인가 아닌가(YES or NO)의 방식으로 검색하지만, 서울특별시에 사는
사람들을 찾기 위해서는 주소에 서울특별시라는 단어가 들어가 있는지
를 검색하는 것과 같다. 자세한 차이점은 9장 "검색 엔진으로 활용하기"

에서 살펴볼 것이다. 지금은 검색의 종류에는 쿼리와 필터 두 가지 종류가 있다는 정도만 알면 된다.

## 2.3 문서 분석하기

마지막으로 문서 분석 방법을 살펴보자. 앞에서는 입력된 문서에 특정 문자가 들어있는지 검색하거나 특정 조건을 만족하는 문서를 검색했는데, ElasticSearch에서는 이런 검색 작업을 바탕으로 분석 작업도 할 수 있다. 예를 들어 서울에 살고 있는 사람이 몇 명인지, 아니면 특정 기술을 가지고 있는 사람이 몇 명인지 등의 통계를 만들어낼 수도 있다. 이런 분석 작업을 aggregation이라고 부르며 역시 search API를 기반으로 진행된다.

그럼 간단한 예제로 우리가 입력한 책들 중에서 topics에 어떤 단어가 가장 많이 나오는지 세어보자.

**코드 2.18 topics에 나오는 단어 빈도 세기**

```
[user@server ~]# curl -X GET "localhost:9200/books/_search?pretty" -H
'Content-Type: application/json' -d'
> {
>   "size": 0,
>   "aggs": {
>     "group_by_state": {
>       "terms": {
>         "field": "topics.keyword"
>       }
>     }
>   }
> }
> '
{
  "took" : 1,
  "timed_out" : false,
  "_shards" : {
    "total" : 5,
    "successful" : 5,
    "skipped" : 0,
    "failed" : 0
  },
```

```
"hits" : {
  "total" : 10,
  "max_score" : 0.0,
  "hits" : [ ]
},
"aggregations" : {
  "group_by_state" : {
    "doc_count_error_upper_bound" : 0,
    "sum_other_doc_count" : 0,
    "buckets" : [
      {
        "key" : "Web Servers",
        "doc_count" : 3
      },
      {
        "key" : "Hadoop",
        "doc_count" : 2
      },
      {
        "key" : "Chef",
        "doc_count" : 1
      },
      {
        "key" : "Cloud Computing / Java",
        "doc_count" : 1
      },
      {
        "key" : "Google / Information Technology / Operations",
        "doc_count" : 1
      },
      {
        "key" : "Python",
        "doc_count" : 1
      },
      {
        "key" : "Solr",
        "doc_count" : 1
      }
    ]
  }
}
}
```

코드 2.18을 보면 우리가 보유하고 있는 10권의 책 데이터에 Web

Servers라는 토픽이 가장 많이 포함되어 있음을 알 수 있다. 이런 형태의 분석 작업은 사용자의 트렌드 분석에 사용할 수 있다. 이번엔 토픽별로 평균 몇 개의 리뷰가 생성되어 있는지 살펴보자(코드 2.19).

**코드 2.19 토픽별 평균 내기**

```
[user@server~]# curl -X GET "localhost:9200/books/_search?pretty" -H
'Content-Type: application/json' -d'
> {
>   "size": 0,
>   "aggs": {
>     "group_by_state": {
>       "terms": {
>         "field": "topics.keyword"
>       },
>       "aggs": {
>         "average_reviews": {
>           "avg": {
>             "field": "reviews"
>           }
>         }
>       }
>     }
>   }
> }
> '
{
  "took" : 12,
  "timed_out" : false,
  "_shards" : {
    "total" : 5,
    "successful" : 5,
    "skipped" : 0,
    "failed" : 0
  },
  "hits" : {
    "total" : 10,
    "max_score" : 0.0,
    "hits" : [ ]
  },
  "aggregations" : {
    "group_by_state" : {
      "doc_count_error_upper_bound" : 0,
      "sum_other_doc_count" : 0,
```

```
"buckets" : [
  {
    "key" : "Web Servers",
    "doc_count" : 3,
    "average_reviews" : {
      "value" : 8.666666666666666
    }
  },
  {
    "key" : "Hadoop",
    "doc_count" : 2,
    "average_reviews" : {
      "value" : 13.0
    }
  },
  {
    "key" : "Chef",
    "doc_count" : 1,
    "average_reviews" : {
      "value" : 14.0
    }
  },
  {
    "key" : "Cloud Computing / Java",
    "doc_count" : 1,
    "average_reviews" : {
      "value" : 9.0
    }
  },
  {
    "key" : "Google / Information Technology / Operations",
    "doc_count" : 1,
    "average_reviews" : {
      "value" : 33.0
    }
  },
  {
    "key" : "Python",
    "doc_count" : 1,
    "average_reviews" : {
      "value" : 9.0
    }
  },
  {
    "key" : "Solr",
    "doc_count" : 1,
```

```
      "average_reviews" : {
        "value" : 1.0
      }
    }
  ]
}
}
}
```

평균적으로 가장 많은 리뷰를 보유하고 있는 토픽은 Google/Information Technology/Operations임을 알 수 있다. 이런 종류의 분석 역시 사용자의 트렌드를 분석하는 용도로 활용할 수 있다.

코드 2.18과 2.19를 통해서 분석 작업의 예를 볼 수 있는데 보통 분석 작업은 직접 쿼리를 생성하기보다는 Kibana 혹은 Grafana와 같은 시각화 툴을 사용한다. 이런 시각화 툴을 통해 분석하는 작업은 8장 "ElasticStack으로 활용하기"에서 살펴볼 것이다.

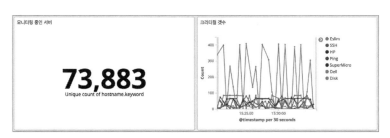

그림 2.2 분석 작업의 예

그림 2.2는 Kibana를 통해 분석하는 예제이다. 그림처럼 로그를 수집한 후 로그의 총 개수를 세거나, 로그의 유형별 개수를 세는 용도로 활용한다. 분석 작업은 경우에 따라 매우 많은 양의 힙 메모리를 필요로 한 수 있기 때문에 시가화 툴을 사용해 분석할 때에는 조심해야 한다. 특히 분석 작업을 하기 위한 데이터 시간 범위를 지나치게 크게 잡으면 ElasticSearch 클러스터 전체가 응답 불가에 빠질 수 있다.

> ✓ Kibana를 통해 확인하다 보면 우측 상단에 시간 범위를 정할 수 있는데 무심코 몇 개월 범위로 늘리면 앞서 이야기한 클러스터의 응답 불가 현상으로 이어질 수 있다.

그림 2.3 Kibana의 시간 범위 설정

## 2.4 마치며

이번 장에서는 ElasticSearch의 기본 동작들을 살펴보았다. ElasticSearch 를 통해서 JSON 형태의 문서를 색인하고, 조회하고, 특정 조건에 맞는 문서들을 검색하고, 통계를 내는 등의 작업을 할 수 있다. 이런 기능을 바탕으로 사용자의 데이터를 저장한 후 검색 용도로 사용하거나, 로그 를 수집한 다음 Kibana, Grafana 등의 시각화 툴을 이용해 유의미한 분 석 작업을 진행할 수 있다. ElasticSearch를 좀 더 다양하게 활용하는 방 법은 8장 "분석 엔진으로 활용하기"와 9장 "검색 엔진으로 활용하기"에서 더 살펴보자.

이번 장에서 살펴본 내용은 다음과 같다.

1. ElasticSearch는 JSON 형태의 문서를 색인, 조회, 검색, 분석할 수 있다.
2. 문서를 색인하기 위해 인덱스, 타입, 스키마 등을 미리 정의해둘 필 요는 없다.
3. 이미 정의해 놓은 스키마와 다른 형태의 데이터가 입력되면 에러가 발생하며, 해당 문서는 기본적으로 색인되지 않는다.
4. 쿼리를 이용해 문서를 검색할 수 있으며 aggregation이라고 부르는 분석 작업을 통해 문서의 통계 작업 등을 할 수 있다.

# 3장

B o t t o m  U p  **E l a s t i c S e a r c h**

# ElasticSearch 모니터링

1장과 2장을 통해 ElasticSearch를 설치하는 방법과 기본 동작인 문서 색인, 조회, 검색, 분석에 대해 알아보았다. ElasticSearch를 잘 사용하기 위해서는 ElasticSearch 상태를 모니터링하는 것이 필수다. 이번 장에서는 오픈 소스인 Head와 프로메테우스, 그리고 X-Pack을 이용해서 클러스터를 모니터링하는 방법에 대해서 알아보고, 각 모니터링 툴의 장단점도 함께 살펴보자.

## 3.1 Head를 이용해서 모니터링하기

먼저 Head에 대해서 살펴보자. Head는 클러스터의 상태를 한눈에 살펴볼 수 있는 유용한 모니터링 도구 중 하나이다. Head는 클러스터의 여러 정보를 웹 UI를 통해 확인할 수 있도록 해준다. 특히 Head의 가장 큰 장점 중 하나는 샤드 배치 정보를 시각적으로 확인할 수 있다는 것이다. 이를 통해서 샤드 분배가 특정 노드에 치중되었다거나, 배치가 안 된 샤드가 있는 등 샤드 분배와 관련된 문제가 발생했을 때 유용하게 사용할 수 있다.

소스 코드는 *https://github.com/mobz/elasticsearch-head*를 통해 확인할 수 있으며, git 명령으로 다운 받아 설치할 수 있다(코드 3.1).

**코드 3.1 git 명령을 이용한 Head 소스 코드 다운로드**

```
[root@ip-172-31-3-154 local]# git clone https://github.com/mobz/
elasticsearch-head.git
Cloning into 'elasticsearch-head'...
remote: Enumerating objects: 10, done.
remote: Counting objects: 100% (10/10), done.
remote: Compressing objects: 100% (10/10), done.
Remote: Total 4347 (delta 0), reused 3 (delta 0), pack-reused 4337
Receiving objects: 100% (4347/4347), 2.49 MiB | 382.00 KiB/s, done.
Resolving deltas: 100% (2417/2417), done.
[root@ip-172-31-3-154 local]# cd elasticsearch-head/
[root@ip-172-31-3-154 elasticsearch-head]# ls
Dockerfile         README.textile                    grunt_fileSets.js          proxy
Dockerfile-alpine  _site                             index.html                 src
Gruntfile.js       crx                               package.json               test
LICENCE            elasticsearch-head.sublime-project plugin-descriptor.properties
```

git을 통해 소스 코드를 다운 받은 후 폴더를 열면 package.json 파일을
볼 수 있다. 이 파일에는 npm(node package manager)이 Head를 설
치하기 위해 필요한 패키지들이 나열되어 있다. 먼저 코드 3.2와 같이
npm을 설치해보자.

**코드 3.2 npm 설치**

```
[root@ip-172-31-3-154 elasticsearch-head]# yum -y install npm
Loaded plugins: fastestmirror
Loading mirror speeds from cached hostfile
epel/x86_64/metalink                              | 4.1 kB     00:00
 * base: d36uatko69830t.cloudfront.net
 * epel: d2lzkl7pfhq30w.cloudfront.net
 * extras: d36uatko69830t.cloudfront.net
 * updates: d36uatko69830t.cloudfront.net
base                                              | 3.6 kB     00:00
epel                                              | 4.7 kB     00:00
extras                                            | 2.9 kB     00:00
updates                                           | 2.9 kB     00:00
(1/3): epel/x86_64/updateinfo                     | 1.0 MB     00:00
(2/3): epel/x86_64/primary_db                     | 6.8 MB     00:00
(3/3): updates/7/x86_64/primary_db                | 1.3 MB     00:00
Resolving Dependencies
--> Running transaction check
---> Package npm.x86_64 1:3.10.10-1.6.17.1.1.el7 will be installed
--> Processing Dependency: nodejs = 1:6.17.1-1.el7 for package: 1:npm-
    3.10.10-1.6.17.1.1.el7.x86_64
```

```
--> Running transaction check
---> Package nodejs.x86_64 1:6.17.1-1.el7 will be installed
--> Finished Dependency Resolution

Dependencies Resolved

================================================================
 Package      Arch         Version                   Repository   Size
================================================================
Installing:
 npm          x86_64       1:3.10.10-1.6.17.1.1.el7   epel        2.5 M
Installing for dependencies:
 nodejs       x86_64       1:6.17.1-1.el7             epel        4.7 M

Transaction Summary
================================================================
Install  1 Package (+1 Dependent package)

Total download size: 7.2 M
Installed size: 26 M
Downloading packages:
(1/2): nodejs-6.17.1-1.el7.x86_64.rpm          | 4.7 MB   00:00
(2/2): npm-3.10.10-1.6.17.1.1.el7.x86_64.rpm   | 2.5 MB   00:00
----------------------------------------------------------------
Total                                  21 MB/s | 7.2 MB
00:00
Running transaction check
Running transaction test
Transaction test succeeded
Running transaction
  Installing : 1:nodejs-6.17.1-1.el7.x86_64                  1/2
  Installing : 1:npm-3.10.10-1.6.17.1.1.el7.x86_64           2/2
  Verifying  : 1:npm-3.10.10-1.6.17.1.1.el7.x86_64           1/2
  Verifying  : 1:nodejs-6.17.1-1.el7.x86_64                  2/2

Installed:
  npm.x86_64 1:3.10.10-1.6.17.1.1.el7

Dependency Installed:
  nodejs.x86_64 1:6.17.1-1.el7

Complete!
```

npm 설치 후 package.json 파일을 참조하여 필요로 하는 패키지들을 설치한다(코드 3.3).

**코드 3.3 Head 설치**

```
[root@ip-172-31-3-154 elasticsearch-head]# npm install

... (중략) ...

> phantomjs-prebuilt@2.1.16 install /usr/local/elasticsearch-head/node_
modules/phantomjs-prebuilt
> node install.js

PhantomJS not found on PATH
Downloading https://github.com/Medium/phantomjs/releases/download/
v2.1.1/phantomjs-2.1.1-linux-x86_64.tar.bz2
Saving to /tmp/phantomjs/phantomjs-2.1.1-linux-x86_64.tar.bz2
Receiving...
  [==============================-------] 82%
Received 22866K total.
Extracting tar contents (via spawned process)
Removing /usr/local/elasticsearch-head/node_modules/phantomjs-prebuilt/lib/phantom
Copying extracted folder /tmp/phantomjs/phantomjs-2.1.1-linux-x86_64.
tar.bz2-extract-1589613885840/phantomjs-2.1.1-linux-x86_64 -> /usr/
local/elasticsearch-head/node_modules/phantomjs-prebuilt/lib/phantom
Writing location.js file
Done. Phantomjs binary available at /usr/local/elasticsearch-head/node_
modules/phantomjs-prebuilt/lib/phantom/bin/phantomjs

> core-js@2.6.11 postinstall /usr/local/elasticsearch-head/node_modules/core-js
> node -e "try{require('./postinstall')}catch(e){}"

elasticsearch-head@0.0.0 /usr/local/elasticsearch-head
├─┬ grunt@1.0.1
│ ├── coffee-script@1.10.0
│ ├─┬ dateformat@1.0.12
│ │ ├── get-stdin@4.0.1
│ │ └─┬ meow@3.7.0
│ │   ├─┬ camelcase-keys@2.1.0
│ │   │ └── camelcase@2.1.1
│ │   ├── decamelize@1.2.0
│ │   ├─┬ loud-rejection@1.6.0
... (후략) ...
```

node의 버전에 따라 몇몇 경고 메시지가 보이지만 실행에는 큰 영향이 없으니 무시해도 된다. 설치가 완료되면 코드 3.4와 같이 Head를 실행해 보자.

**코드 3.4 Head 실행하기**

```
[root@ip-172-31-3-154 elasticsearch-head]# npm run start

> elasticsearch-head@0.0.0 start /usr/local/elasticsearch-head
> grunt server

Running "connect:server" (connect) task
Waiting forever...
Started connect web server on http://localhost:9100
```

Head를 실행하면 프로세스가 9100번 포트를 통해 사용자의 접속을 처리할 수 있게 대기 중임을 확인할 수 있다. 여기까지 실행하면 웹 브라우저를 통해 Head에 접속할 수 있다. 그림 3.1은 브라우저를 통해 Head에 접속한 화면이다.

웹 브라우저를 통해 Head에 접속하면 가장 먼저 [overview] 탭을 보여준다. 탭 상단에 Head가 연결할 클러스터의 주소를 입력할 수 있는 영역이 보이는데, 이 영역에 클러스터의 주소를 입력하면 된다. 최초 실행 시에는 확인할 클러스터의 주소가 localhost:9200으로 설정되어 있기 때문에 [overview] 탭에 아무것도 보이지 않는다.

그림 3.1 웹 브라우저를 통한 Head 접속

Head를 통해 클러스터의 노드에 접근하려면 접근하려는 클러스터에서도 접근 허용을 위한 설정 작업이 필요하다. 코드 3.5와 같이 접속하려는 클러스터의 노드에 있는 elasticsearch.yml 파일에 CORS 허용을 해주어야 한다.

**코드 3.5 클러스터 CORS 설정**

```
http.cors.enabled: true ❶
http.cors.allow-origin: "*" ❷
```

❶ CORS 설정이 활성화되었다.

❷ CORS 설정을 통해 접근할 수 있는 사이트를 지정한다. *은 모든 사이트에서 접근 가능함을 의미한다..

> ☑️ CORS는 Cross-Origin Resource Sharing의 약자로 웹 애플리케이션이 사용 중인 도메인이 아닌 외부 도메인에서의 리소스 호출 허용 여부를 결정하기 위해 사용되는 기술 중 하나이다. 자세한 내용은 본 책의 범위를 벗어나므로 다음 사이트를 참고하자.
> *https://en.wikipedia.org/wiki/Cross-origin_resource_sharing*

코드 3.5와 같이 elasticsearch.yml 파일을 설정하고 ElasticSearch 애플리케이션을 재시작하면 해당 클러스터에 연결할 수 있다. 그림 3.2는 Head를 통해서 ElasticSearch 클러스터에 연결한 모습이다.

Head를 통해 ElasticSearch 클러스터에 연결하면 [Connect] 버튼 오른쪽에 클러스터명(mytuto-es)과 클러스터의 상태(green)가 표시된다.

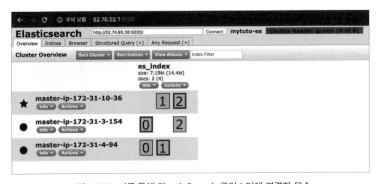

그림 3.2 Head를 통해 ElasticSearch 클러스터에 연결한 모습

[Overview] 메인에서는 클러스터를 구성하는 노드들의 이름과 인덱스 이름, 인덱스를 구성하는 샤드와 인덱스에 저장된 문서의 건수를 살펴볼 수 있다. 또한 노드와 인덱스에 [Info]와 [Action] 버튼을 두어 기본 정보와 간단한 동작들을 수행할 수 있도록 했다.

> ☑️ 여기서 살펴본 노드나 인덱스, 샤드 등에 대한 자세한 개념은 4장에서 다룬다.

보통 상단의 주소 입력 창에서 ElasticSearch 클러스터 노드에 IP:9200 형태로 접근하는데 http://52.76.52.1:9100/index.html?base_uri= http://52.74.95.38:9200과 같이 URL에 대상 클러스터 정보를 포함시켜 호출할 수도 있다.

이제 Head의 [Overview] 탭에서 제공하는 기능들을 살펴보자. 먼저 노드의 [Info] 버튼을 클릭하면 드롭다운 메뉴가 나타난다.

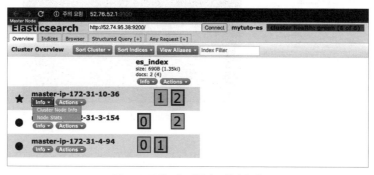

그림 3.3 노드의 Info 버튼의 드롭다운 메뉴

그 중 [Cluster Node Info]를 클릭하면 해당 노드의 호스트명과 아이피, 그리고 여러 가지 설정을 확인할 수 있다(그림 3.4).

그림 3.4 Head를 통해 확인한 노드의 Cluster Node Info 내용

[Node Stats]를 클릭하면 노드의 기본 정보와 클러스터에서 수행된 동작들의 통계 정보를 확인할 수 있다(그림 3.5).

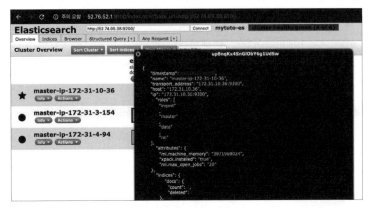

그림 3.5 Head를 통해 확인한 Node Stats 정보

하지만 이 값은 stats API를 통해서 확인할 수 있는 값을 그냥 보여주는 것이어서 클러스터가 어떤 상태인지, 어느 정도의 성능을 보여주고 있는지 확인하기 어렵다.

다음으로 노드의 [Actions] 버튼을 클릭하면 드롭다운 메뉴가 나타난다(그림 3.6). 하지만 [Shutdown] 메뉴는 동작하지 않는다. 프로세스의 종료는 가급적이면 시스템에 접근하여 실행하는 것이 로그나 클러스터 상태를 살피기에 좋다.

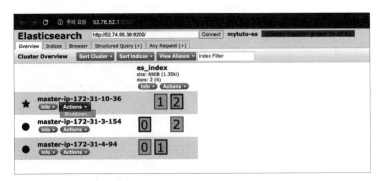

그림 3.6 노드의 Actions 버튼 드롭다운 메뉴

다음으로 인덱스의 버튼들을 살펴보자. 인덱스의 [Info] 버튼을 클릭하면 [Index Status] 버튼과 [Index Metadata] 버튼이 드롭다운으로 나타난다(그림 3.7).

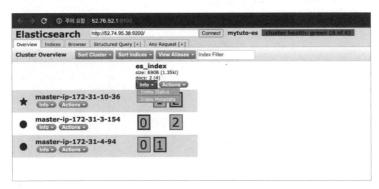

그림 3.7 인덱스의 Info 버튼 드롭다운 메뉴

[Index Status]를 클릭하면 해당 인덱스의 문서 개수나 삭제된 문서 개수, 사이즈, 해당 인덱스를 대상으로 수행한 동작들의 통계 정보를 보여준다. 이 값도 그림 3.5에서 살펴본 것처럼 단순한 수치이기 때문에 특별히 유의미한 정보는 아니다.

그림 3.8 Head를 통해 확인한 Index Status 정보

그림 3.9는 인덱스의 [Index Metadata]를 클릭했을 때의 화면이다. 인덱스의 open/close 여부와 함께 인덱스를 구성하는 정보인 settings, mappings, aliases 정보를 보여준다. 해당 정보는 인덱스가 어떻게 구성되어 있는지 한눈에 확인할 때 유용해서 자주 사용한다.

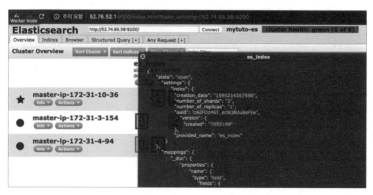

그림 3.9 Head를 통해 확인한 인덱스의 Index Metadata 정보

마지막으로 인덱스의 [Actions] 버튼을 클릭하면 그림 3.10과 같이 [New Alias], [Refresh], [Flush] 등의 드롭다운 메뉴를 볼 수 있다. Head 에서 제공하는 기능을 이용해서 앞으로 살펴보게 될 인덱스 alias, refresh, forcemerge, close, delete 등 인덱스에 수행할 수 있는 다양한 작업들을 직접 진행할 수 있다.

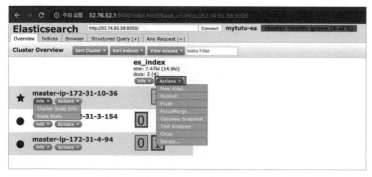

그림 3.10 인덱스의 Actions 버튼 드롭다운 메뉴

Head는 [Overview] 탭 외에 4개의 탭을 더 제공한다. [Indices] 탭은 클러스터 내에 생성한 인덱스의 이름과 크기, 문서의 개수를 요약하여 보

여준다(그림 3.11). [Overview] 탭에서도 살펴볼 수 있는 정보지만 인덱스가 많아지면 한눈에 전체 인덱스를 보기 어렵기 때문에 [Indices] 탭을 활용하면 편리하다.

그림 3.11 Head의 Indices 탭

[Browser] 탭은 생성한 인덱스와 타입, 문서의 필드에 해당하는 내용들을 확인할 수 있다(그림 3.12). 검색 API를 사용하지 않고도 인덱스 내에 어떤 문서들이 어떤 타입으로 생성되어 있는지 하나씩 확인할 수 있다.

그림 3.12 Head의 Browser 탭

[Structured Query] 탭은 특정 인덱스를 선택하여 간단하게 쿼리를 해볼 수 있는 탭이다(그림 3.13). 드롭다운 메뉴에서 항목들을 선택하고 [Search] 버튼을 누르면 원하는 검색 결과를 확인할 수 있다.

그림 3.13 Head의 Structured Query 탭

[Any Request] 탭에서는 Head에 연결시킨 클러스터에 쿼리를 요청할
수 있다(그림 3.14).

그림 3.14 Head의 Any Request 탭

앞에서 살펴본 [Structured Query]는 구조화된 검색 쿼리만 요청할 수
있는 반면, [Any Request] 탭에서는 다양한 요청을 전달할 수 있다. 기
본으로는 POST 메서드로 _search API를 호출하도록 되어 있다. 하단의
[Request] 버튼을 클릭하면 정의한 사항들을 클러스터에 요청한다. 기
본으로 설정된 사항 외에 요청 형태를 바꾸면 그림 3.15와 같이 색인도
가능하다.

그림 3.15 Any Request 탭을 통한 색인

그림 3.15를 보면 인덱스 이름 head_test를 클러스터 URL 뒤에 추가하였고, _doc 타입에 POST 메서드로 msg가 Request By Any Request Tab이라는 문서를 색인했다. 이렇게 search API뿐 아니라 클러스터에 다양한 API를 호출해서 볼 수 있기 때문에 API 기반으로 값을 확인할 때 도움이 된다.

## 3.2 프로메테우스를 활용한 클러스터 모니터링

ElasticSearch는 6.3 버전부터 X-Pack의 베이직 라이선스를 기본으로 탑재하여 라이선스를 규칙적으로 갱신하지 않아도 모니터링 기능을 사용할 수 있다. 하지만 그 이전 버전의 경우 베이직 라이선스가 무료라 하더라도 1년에 한 번씩 갱신해야 하기 때문에 클러스터의 노드 대수가 많다면 모니터링 기능을 사용하기 어려운 것이 사실이다. 1년에 한 번 클러스터의 모든 노드를 재시작해야 하기 때문이다. 또한 모니터링 데이디 자체를 클러스터에 쓰기 때문에 노드의 개수가 많은 내규모 클러스터라면 색인 성능에 영향을 줄 수도 있다. 이번 절에서는 오픈 소스 기반의 모니터링 시스템인 프로메테우스에 대해 살펴보자.

프로메테우스(Prometheus)는 데이터를 시간의 흐름대로 저장할 수 있는 시계열 데이터베이스의 일종이며, 수집된 데이터를 바탕으로 임계치를 설정하고 경고 메시지를 받을 수 있는 오픈소스 모니터링 시스템이다. 프로메테우스는 그림 3.16과 같은 컴포넌트들로 구성되어 있다.

프로메테우스는 각종 메트릭을 저장하는 TSDB(Time Series Data Base)의 역할을 하는 Prometheus Server가 중앙에 있다. 각종 지표들을 Exporter라는 컴포넌트를 통해서 가져올 수도 있고 Push Gateway를 통해서 입력할 수도 있다. 그리고 각 항목에 대해 임계치를 설정하여 Alert Manager를 통해서 경고 메시지를 받을 수도 있다. 이번 절에서는 Prometheus Server와 Exporter를 설정해 보고 프로메테우스에 쌓인 데이터들을 Grafana를 통해서 시각화하는 과정을 살펴볼 것이다.

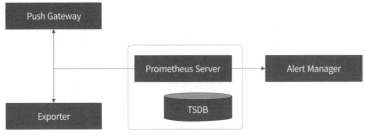

그림 3.16 프로메테우스의 컴포넌트 구성

 프로메테우스는 ElasticSearch 외에도 많은 시스템을 모니터링할 수 있는 Exporter를 제공해 준다. 그래서 Redis, Memcached 등 다양한 시스템의 메트릭을 수집하고 모니터링할 수 있다. 자세한 사항은 *https://prometheus.io/docs/instrumenting/exporters/*를 참고하자.

먼저 Prometheus Server부터 설치해 보자. 공식 홈페이지[1]에서 본인의 환경에 맞는 바이너리를 선택해서 다운 받는다. 여기서는 [Operation System]은 Linux, [Architecture]는 amd64로 선택했다.

---

1  *https://prometheus.io/download*

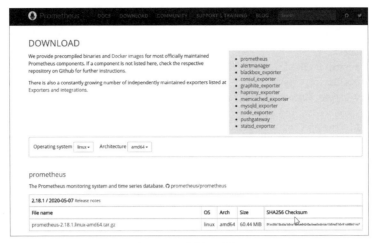

그림 3.17 프로메테우스 다운로드

다운로드한 후 /usr/local/ 디렉터리로 압축 파일을 복사해서 압축을
풀면 코드 3.6과 동일한 이름의 디렉터리가 생성된다.

**코드 3.6 프로메테우스 파일 압축 해제**

```
[root@prometheus-test001 local]# ls
bin  games   java      lib    libexec
prometheus-2.6.0.linux-amd64.tar.gz  share
etc  include  jdk-11.0.1  lib64  prometheus-2.6.0.linux-amd64  sbin
```

prometheus-2.6.0.linux-amd64 디렉터리에 들어가면 다음과 같은 파일
들을 볼 수 있다(코드 3.7).

**코드 3.7 프로메테우스 디렉터리의 파일들**

```
[root@prometheus-test001 prometheus-2.6.0.linux-amd64]# ls
LICENSE  NOTICE  console_libraries  consoles  data  prometheus
prometheus.yml  promtool
```

이 중에 prometheus.yml 파일이 환경 설정 파일이며, 다양한 항목을 설
정할 수 있다. 우선 코드 3.8과 같이 설정해보자.

**코드 3.8 prometheus.yml 파일 설정**

```
# my global config
global:
  scrape_interval:     15s
  evaluation_interval: 15s
  # scrape_timeout is set to the global default (10s).

# Alertmanager configuration
alerting:
  alertmanagers:
  - static_configs:
    - targets:
      # - alertmanager:9093

# Load rules once and periodically evaluate them according to the
global 'evaluation_interval'.
rule_files:
  # - "first_rules.yml"
  # - "second_rules.yml"

# A scrape configuration containing exactly one endpoint to scrape:
# Here it's Prometheus itself.
scrape_configs: ❶
  - job_name: 'elasticsearch' ❷

    # metrics_path defaults to '/metrics'
    # scheme defaults to 'http'.

    static_configs:
    - targets: ['prometheus-test002.domain.com:9108'] ❸
```

가장 중요한 부분은 ❶로 표시한 부분이다. Prometheus Server가 메트릭을 가져올 항목을 정의한다. 여러 개의 풀링 항목을 정의할 수 있으며, 여기서는 job_name이 elasticsearch이고(❷) prometheus-test002.domain.com 서버의 9108 포트(❸)를 통해 데이터를 가져오도록 정의했다. 이제 Prometheus Server를 실행해 보자.

**코드 3.9 Prometheus Server 실행하기**

```
[root@prometheus-test001 prometheus-2.6.0.linux-amd64]# ./prometheus
--config.file=prometheus.yml
```

다음으로 Exporter를 실행해보자. ElasticSearch를 위한 Exporter는 여러 가지가 있는데 그중 가장 많이 사용하는 elasticsearch_exporter[2]를 사용할 것이다.

**코드 3.10 Exporter 다운로드**

```
[root@prometheus-test002 src]# wget https://github.com/justwatchcom/
elasticsearch_exporter/releases/download/v1.0.4rc1/elasticsearch_
exporter-1.0.4rc1.linux-amd64.tar.gz
```

바이너리를 다운로드해서 압축을 풀면 실행 파일이 있는 디렉터리가 생성된다. 코드 3.11과 같이 모니터링하고자 하는 클러스터의 URL을 넣고 −es.all −es.indices 옵션을 추가해서 실행하면 된다.

**코드 3.11 Exporter 실행하기**

```
[root@prometheus-test002 elasticsearch_exporter-1.0.4rc1.linux-amd64]#
./elasticsearch_exporter -es.uri http://elasticsearch.domain.com:9200
-es.all -es.indices
level=info ts=2019-01-24T13:47:24.467233018Z caller=main.go:95
msg="starting elasticsearch_exporter" addr=:9108
```

실행 후 curl을 통해서 메트릭을 잘 가져오는지 테스트해본다(코드 3.12).

**코드 3.12 Exporter 실행 검증하기**

```
[root@prometheus-test002 elasticsearch_exporter-1.0.4rc1.linux-amd64]#
curl -s http://localhost:9108/metrics | more
# HELP elasticsearch_breakers_estimated_size_bytes Estimated size in
bytes of breaker
# TYPE elasticsearch_breakers_estimated_size_bytes gauge
elasticsearch_breakers_estimated_size_bytes{breaker="accounting",cluster
="thirdeye-log",es_client_node="true",es_data_node="false",
es_ingest_node="true",es_master_node="true",host="10.42.224.164",name="
elasticsearch-master13"} 0
elasticsearch_breakers_estimated_size_bytes{breaker="accounting",cluster
="thirdeye-log",es_client_node="true",es_data_node="false",
es_ingest_node="true",es_master_node="true",host="10.61.242.67",name="e
lasticsearch-master11"} 0
```

---

2  해당 프로젝트는 *https://github.com/justwatchcom/elasticsearch_exporter/releases*에서 다운 받을 수 있다.

```
elasticsearch_breakers_estimated_size_bytes{breaker="accounting",cluster
="thirdeye-log",es_client_node="true",es_data_node="false",
es_ingest_node="true",es_master_node="true",host="10.61.242.93",name=
"elasticsearch-master12"} 0
elasticsearch_breakers_estimated_size_bytes{breaker="accounting",cluster
="thirdeye-log",es_client_node="true",es_data_node="true",
es_ingest_node="true",es_master_node="false",host="10.41.106.154",name=
"elasticsearch-data02"} 3.08763719e+08
elasticsearch_breakers_estimated_size_bytes{breaker="accounting",cluster
="thirdeye-log",es_client_node="true",es_data_node="true",
es_ingest_node="true",es_master_node="false",host="10.41.106.212",name=
"elasticsearch-data01"} 3.00088752e+08
```

코드 3.12와 같이 출력된다면 정상적으로 설정된 것이다. 여기까지 설
치와 실행이 끝났으면 Prometheus Server는 자동으로 Exporter를 통해
서 메트릭을 수집하고 있을 것이다. 이제 마지막으로 Grafana와 연동해
서 수집된 데이터들을 시각화해보자.

Grafana의 설치도 매우 간단하다. 공식 홈페이지에서 자신의 환경에
맞는 파일을 다운로드한다. 여기서는 레드햇 리눅스에 설치할 것이기
때문에 RPM 파일을 다운로드한다.

그림 3.18 Grafana 다운로드

주소를 복사한 후 서버에서 wget 명령을 통해서 다운로드한다.

**코드 3.13 Grafana 다운로드**

```
[root@prometheus-test002 src]# wget https://dl.grafana.com/oss/release/
grafana-5.4.2-1.x86_64.rpm
[root@prometheus-test002 src]# rpm -ivh ./grafana-5.4.2-1.x86_64.rpm
```

RPM 파일을 다운로드하고 rpm -ivh 명령을 통해서 설치하면 /etc/
grafana 디렉터리가 생성된다. grafana.ini 파일로 환경을 설정한다(코
드 3.14).

**코드 3.14 Grafana 환경 설정하기**

```
[server]
# Protocol (http, https, socket)
;protocol = http

# The ip address to bind to, empty will bind to all interfaces
http_addr = 0.0.0.0 ❶

# The http port  to use
http_port = 3000 ❷
```

❶ Grafana가 외부의 요청을 받기 위해 사용할 IP 주소이다. 0.0.0.0
으로 설정하면 내부에서의 호출과 외부에서의 호출을 모두 받을 수
있다. 기본값은 127.0.0.1이지만 127.0.0.1로 설정할 경우 서버 외
부에서의 호출이 불가능해지기 때문에 0.0.0.0으로 설정하는 것이
좋다.

❷ Grafana가 사용하게 될 포트 번호이다.

설정이 끝나면 Grafana를 실행한다. Grafana를 실행한 후 가장 먼저 데이
터 소스를 설정해야 한다. 데이터 소스는 Grafana가 시각화할 데이터를
저장해 놓은 곳을 의미한다. 첫 화면에서 Configuration을 클릭하고 [Data
Sources] 탭을 클릭한 다음 [Add data source]를 클릭한다(그림 3.19).

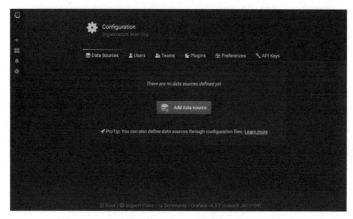

그림 3.19 DataSource 추가

추가 가능한 여러 개의 DataSource 중에서 [Prometheus]를 클릭한다
(그림 3.20).

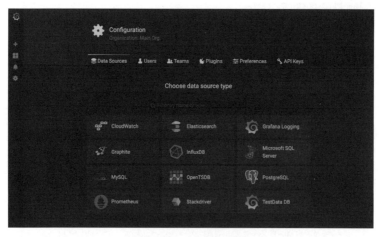

그림 3.20 Prometheus 선택

[Settings] 탭에서 환경에 맞게 설정값을 넣고 [Save & Test] 버튼을 클릭
한다. [Datasource is working] 이라는 메시지가 나오면 정상적으로 추
가된 것이다(그림 3.21).

그림 3.21 환경 설정과 저장하기

이제 마지막으로 Exporter에서 제공하는 Grafana 대시보드를 추가해보자. 왼쪽에서 ■■을 누르고 [Import]를 선택한다.

그림 3.22 대시보드 가져오기

Import 화면에서 JSON 파일을 업로드해도 되고 Exporter에서 제공해주는 JSON 파일을 복사해서 붙여 넣어도 된다. Exporter를 다운 받은

github에서 대시보드 JSON 파일이 위치한 곳을 찾을 수 있다.[3]

JSON 파일의 내용을 붙인 후 [Load] 버튼을 클릭한다.

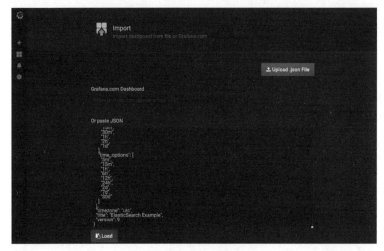

그림 3.23 JSON 붙여넣기

그림 3.24처럼 보이면 정상적으로 로딩된 것이다. [Import] 버튼을 클릭한다.

그림 3.24 대시보드 저장하기

[Import] 버튼 클릭 후 홈으로 돌아가면 우리가 생성한 대시보드가 나온

---

3  JSON 파일의 위치는 *https://github.com/justwatchcom/elasticsearch_exporter/blob/master/examples/grafana/dashboard.json*을 참고하자.

다. 해당 대시보드를 클릭하면 프로메테우스를 통해 수집한 데이터들을 볼 수 있다(그림 3.25).

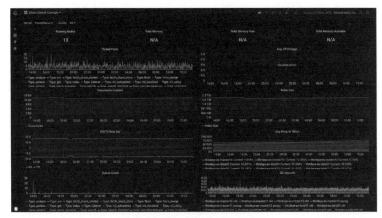

그림 3.25 클러스터 모니터링 대시보드

대시보드를 통해 전체 문서의 수, 인덱스들의 데이터 크기, 평균 힙 메모리 사용량 등 클러스터의 상태를 알 수 있는 다양한 정보를 확인할 수 있다. 이 값들의 수집 방법과 의미는 7장에서 더 자세히 살펴볼 것이다.

이렇게 오픈 소스를 통해서도 모니터링 시스템을 구축할 수 있다. 이제 마지막으로 X-Pack을 활용하여 모니터링 시스템을 구축해 보자.

## 3.3 X-Pack 모니터링 기능을 활용한 클러스터 모니터링

이번 절에서는 X-Pack의 모니터링 기능을 활용해서 클러스터를 모니터링하는 방법을 살펴볼 것이다. X-Pack의 모니터링 기능은 베이직 라이선스로 활용할 수 있으며, 베이직 라이선스는 무료로 사용할 수 있다. 6.3 이전 버전은 1년에 한 번 베이직 라이선스를 재활성화하기 위해 클러스터의 노드를 전부 재시작해야 하지만, 관리하고 있는 클러스터와 노드의 수가 적다면 X-Pack 모니터링 기능을 활용하는 것도 좋은 방안이다.

ElasticSearch 6.3 버전부터는 X-Pack이 기본으로 탑재되어 있기 때문에 별도로 설치할 필요가 없다.

X-Pack 모니터링을 사용하기 위해서는 먼저 Kibana 설치가 필요하다. Kibana는 ElasticSearch에 저장된 로그를 검색하거나 그래프 등으로 시각화할 때 활용하는 도구이다. 사실상 ElasticSearch의 웹 UI와 같은 역할을 하는 도구라고 생각하면 된다. ElasticSearch에 저장된 문서 조회, 간단한 검색 요청, 데이터 분석을 통한 시각화 작업 모두 Kibana에서 한다. Kibana를 통해서 할 수 있는 문서 조회와 시각화 작업 등은 8장에서 더 자세히 살펴보고, 이번 절에서는 설치 방법과 모니터링에 활용하는 방법에 대해서 살펴보자.

 Kibana는 8장 "ElasticStack으로 활용하기"에서도 사용하기 때문에 미리 설치해 두는 것이 좋다.

Kibana는 공식 홈페이지에서 다운로드할 수 있다. 꼭 이 책과 같은 버전을 사용할 필요는 없다. 이번 절에서는 6.4.2 버전을 다운 받아서 진행할 것이다.

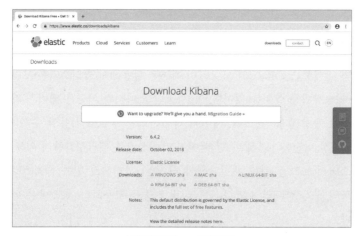

그림 3.26 Kibana 다운로드

다운 받은 Kibana를 코드 3.15와 같이 설치해 보자.

**코드 3.15 Kibana 설치하기**

```
[root@alden-test003 src]# rpm -ivh ./kibana-6.4.2-x86_64.rpm
warning: ./kibana-6.4.2-x86_64.rpm: Header V4 RSA/SHA512 Signature, key
ID d88e42b4: NOKEY
Preparing...                          ###############################
[100%]
Updating / installing...
   1:kibana-6.4.2-1                    ###############################
[100%]
```

설치하면 /etc/kibana 디렉터리가 자동으로 생성되며 디렉터리 안에
kibana.yml이라는 환경 설정 파일이 들어 있다. 환경 설정 파일의 항목
들 중 대부분은 그대로 사용해도 되지만 아래 두 항목은 반드시 환경에
맞춰서 바꿔 주어야 한다.

| 항목 | 내용 |
| --- | --- |
| server.host | Kibana가 외부의 접근을 처리하기 위한 IP 주소를 지정한다. 외부에서 접근할 수 있도록 하려면 기본값인 127.0.0.1이 아닌 0.0.0.0으로 설정한다. |
| elasticsearch.url | Kibana가 접근해서 문서를 조회하거나 시각화하는 등의 작업을 하게 될 ElasticSearch 클러스터의 주소를 입력해 준다. |

**표 3.1** kibana.yml에서 수정해야 할 환경 설정 항목들

실제 파일 내용은 코드 3.16과 같이 바꿔준다.

 kibana 7.x 버전부터 elasticsearch.url 대신 elasticsearch.hosts 설정이 사용된다.

**코드 3.16 kibana.yml 파일 변경하기**

```
server.host: "0.0.0.0"
elasticsearch.url: "http://elasticsearchserver:9200"
```

실행하면 5601번 포트를 리스닝하는 것을 확인할 수 있다.

**코드 3.17 kibana 실행 확인**

```
[root@alden-test003 log]# netstat -nlp | grep 5601
tcp        0      0 0.0.0.0:5601            0.0.0.0:*
LISTEN     6403/node
```

이제 5601 포트를 웹 브라우저로 열어보면 그림 3.27과 같은 화면을 볼
수 있다.

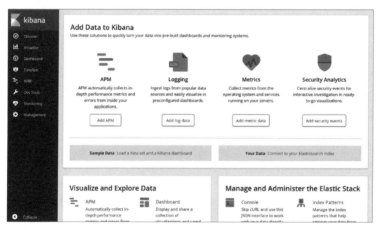

**그림 3.27 Kibana 초기 화면**

Kibana를 설치하고 접속한 다음 왼쪽의 [Monitoring] 탭을 클릭하면 현
재 모니터링 상태에 대한 안내 메시지가 나온다. [Turn on monitoring]
버튼을 클릭한다(그림 3.28).

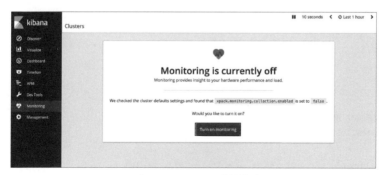

**그림 3.28 Monitoring 탭 첫 화면**

모니터링을 설정하고 있다는 메시지가 나타난 후 잠시 기다리면 그림
3.29와 같은 화면으로 자동으로 바뀐다.

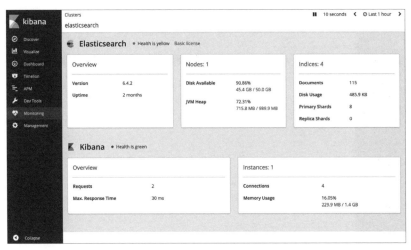

그림 3.29 Monitoring 첫 화면

[Monitoring]에서는 클러스터의 Health 상태, 노드의 개수, 인덱스 개수
등을 볼 수 있다. ElasticSearch의 [Overview]를 클릭하면 초당 발생하
는 색인의 양, 그리고 성능을 의미하는 Latency 등 클러스터의 전체 정
보를 간략하게 볼 수 있다(그림 3.30).

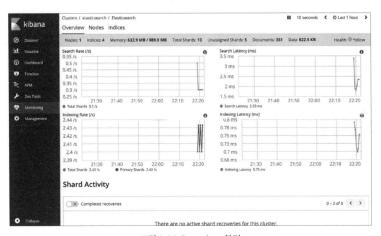

그림 3.30 Overview 화면

[Nodes]에서는 클러스터를 구성하고 있는 노드들의 CPU 사용량, 메모리 사용량 등의 정보를 확인할 수 있다. 또한 노드에 샤드가 고르게 분배되고 있는지 여부도 확인할 수 있다(그림 3.31).

그림 3.31 Nodes 화면

노드의 이름을 클릭하면 노드의 세부 정보를 볼 수 있다(그림 3.32). 'JVM Heap' 영역에서 힙 메모리의 최대치와 현재 사용량을 확인할 수 있으며 그래프의 형태에 따라 힙 메모리가 부족한지 여부를 알 수 있다.

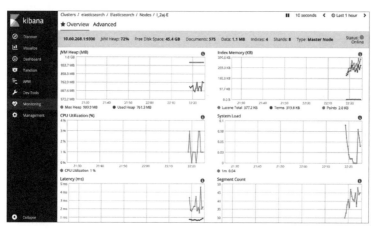

그림 3.32 Nodes의 Overview

[Advanced]에서는 더 자세한 정보를 볼 수 있다(그림 3.33) 여기에서 가장 중요한 건 GC(Garbage Collection) 관련 지표이다. 7장 "클러스터 성능 모니터링"에서 다루겠지만, old GC는 시스템의 성능에 영향을 줄 수 있는 매우 중요한 정보이고 old GC Duration이 길면 그만큼 시스템 이 느려지기 때문에 중요하게 모니터링해야 한다.

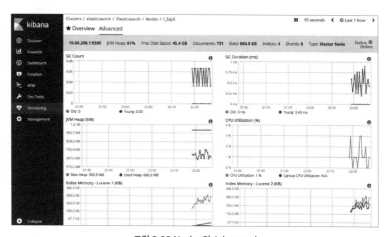

그림 3.33 Nodes의 Advanced

[Indices]에서는 인덱스별로 발생하는 색인의 양을 확인할 수 있다(그림 3.34). 쌓고 있는 데이터가 로그의 형태일 때 색인하면 안 되는 인덱스 도 색인하고 있지 않은지 등을 확인할 수 있다.

그림 3.34 Indices 화면

인덱스의 이름을 클릭하면 세부 정보를 볼 수 있다(그림 3.35). 여기에 서는 인덱스의 데이터가 힙 메모리를 어느 정도 차지하고 있는지를 확인할 수 있다. 하단에 위치한 'Shard Legend'를 보면 해당 인덱스의 샤드들이 어떤 노드에 배치되어 있는지, 그리고 unassigned 상태의 샤드는 없는지 한눈에 살펴볼 수 있어서 노드 간 샤드의 불균형 파악에 도움이 된다.

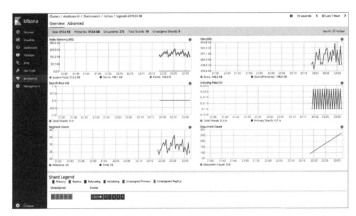

그림 3.35 Indices의 Overview

[Advanced]에서는 데이터 타입별로 메모리를 얼마나 차지하고 있는지 확인할 수 있다(그림 3.36). 예를 들어 'Terms'와 같은 데이터 타입이 메모리를 많이 차지한다면 힙 메모리 자체를 늘려야 할 수 있다. X-Pack을 이용한 모니터링은 프로메테우스와 마찬가지로 주요 항목들에 대한 시각적인 확인이 가능하지만, 프로메테우스를 통해서 확인할 수 있는 것보다 훨씬 다양하고 많은 정보를 세세하게 알 수 있다.

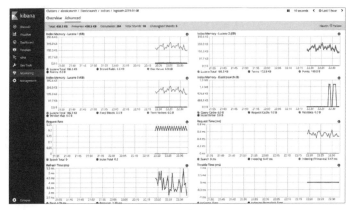

그림 3.36 Indices의 Advanced

지금까지 살펴본 각각의 모니터링 시스템에 따른 장단점은 표 3.2와 같다. 각자의 환경에 따라 적당한 모니터링 시스템을 선택해서 구축하면 된다.

| 모니터링 시스템 | 장점 | 단점 |
|---|---|---|
| Head 모니터링 | 클러스터의 전반적인 동작 상태를 확인할 수 있다. | 성능 지표 등은 확인하기 어렵다. |
| 프로메테우스 모니터링 | 다량의 클러스터를 운영하고 있을 때 구축하기 수월하다. | 확인할 수 있는 정보량이 X-Pack 모니터링에 비해 상대적으로 적다. |
| X-Pack 모니터링 | 모니터링 시스템 중 가장 많은 정보를 확인할 수 있다. | 6.3 이전 버전이라면 Basic 라이선스를 해마다 갱신해야 하며, 색인 성능에 영향을 줄 수 있다. |

표 3.2 모니터링 시스템별 장단점

특히 X-Pack을 통한 모니터링은 모니터링 정보를 .monitoring-YYYY.mm.dd 패턴의 인덱스에 기록하기 때문에 간혹 클러스터의 크기가 너무 큰 경우(노드의 수가 많거나 샤드 혹은 인덱스의 수가 많은 경우) 색인 성능에 영향을 줄 수 있다.

 X-Pack 모니터링의 경우 모니터링 전용 클러스터를 구축할 수도 있다. 이 경우에는 기존 클러스터의 색인 성능에 영향을 주지 않는다.

## 3.4 마치며

이번 장에서는 Head, 프로메테우스, X-Pack을 이용한 모니터링 시스템을 살펴봤다. 이 모니터링 시스템들에서 볼 수 있는 다양한 지표들이 어떤 의미인지는 7장에서 자세히 알아볼 것이다. 여기에서는 각각의 모니터링 시스템을 설치하고 사용하는 방법과 장단점을 파악해서 자신에게 필요한 모니터링 시스템이 어느 것인지 판단하면 된다. 이번 장에서 살펴본 내용을 정리하면 다음과 같다.

1. Head 모니터링은 클러스터의 전반적인 동작 상태를 확인하기에 용이하지만 성능 지표 등의 자세한 정보는 확인하기 어렵다.

2. 프로메테우스 모니터링은 다량의 클러스터를 운영하고 있을 때 구축하기 수월하지만, 확인할 수 있는 정보량이 X-Pack 모니터링에 비해 상대적으로 적다.

3. X-Pack 모니터링은 모니터링 시스템 중 가장 많은 정보를 확인할 수 있지만, 6.3 이전 버전의 경우 Basic 라이선스를 해마다 갱신해야 하며, 클러스터의 규모가 클수록 모니터링 데이터를 기록하기 위한 인덱스의 색인이 필요하기 때문에 색인 성능에 영향을 줄 수 있다.

# 4장

# ElasticSearch 기본 개념

지금까지 ElasticSearch 설치 및 기본 동작과 Elasticsearch 운영을 위한 모니터링 시스템 구성에 대해서 알아 보았다. 이번 장에서는 Elastic Search를 구성하는 기본 개념들에 대해서 알아보자. 이번 장에서 다룰 내용은 다음과 같다.

- 클러스터와 노드의 의미
- 인덱스와 타입의 의미
- 샤드와 세그먼트의 의미
- 매핑(Mapping)의 역할과 의미

## 4.1 클러스터와 노드의 개념

먼저 클러스터와 노드에 대해서 살펴보자. 클러스터란 여러 대의 컴퓨터 혹은 구성 요소들을 논리적으로 결합하여 전체를 하나의 컴퓨터, 혹은 하나의 구성 요소처럼 사용할 수 있게 해주는 기술이다. 마찬가지로 ElasticSearch 클러스터 역시 여러 개의 ElasticSearch 프로세스들을 논리적으로 결합하여 하나의 ElasticSearch 프로세스처럼 사용할 수 있게 해준다. 그리고 이때 클러스터를 구성하는 하나하나의 ElasticSearch 프로세스를 노드라고 부른다. 즉, 여러 개의 ElasticSearch 노드를 마치 하나의 ElasticSearch처럼 동작하게 하는 것이 ElasticSearch 클러스터라고 할 수 있다.

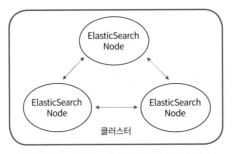

그림 4.1 ElasticSearch 클러스터와 노드의 관계

그림 4.1의 클러스터는 총 3개의 노드가 하나의 클러스터를 구성하고 있는 모습이다. 3개의 노드가 마치 하나의 ElasticSearch처럼 동작하기 때문에 클러스터를 구성하고 있는 노드 중 어느 노드에 API를 요청해도 동일한 응답과 동작을 보장받을 수 있다. 또한 ElasticSearch 클러스터는 하나의 노드를 이용해도 단일 노드로 구성된 클러스터로 동작한다. 하지만 대부분 하나 이상의 노드를 이용해서 클러스터를 구성하며, 사용자의 요청을 클러스터 단위로 처리한다.

단일 노드로 클러스터를 구성했을 때 장애 발생

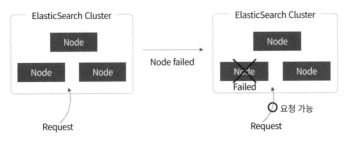

여러 개의 노드로 클러스터를 구성했을 때 장애 발생

그림 4.2 노드의 개수에 따른 장애 발생 후 상황

그렇다면 왜 단일 노드로 클러스터를 구성하지 않을까? 그림 4.2를 보자. 하나의 노드로 클러스터를 구성했을 때 해당 노드에 장애가 발생하면 ElasticSearch 클러스터에 접근할 수 없는 요청 불가 상태가 된다. 반면에 다수의 노드로 클러스터를 구성하면 하나의 노드에 장애가 발생해도 다른 노드에 요청할 수 있기 때문에 안정적으로 클러스터를 유지할 수 있고 이를 통해서 높은 수준의 안정성을 보장할 수 있다.

이렇게 다수의 노드로 구성된 ElasticSearch 클러스터는 고유의 클러스터 이름과 UUID(Universally Unique Identifier)를 가진다. 그리고 이 두 가지 고유한 속성을 통해 클러스터 내에 속한 노드들이 서로 동일한 클러스터 내에 있음을 인식하고 클러스터링된다. curl 명령을 이용해서 각각의 노드에서 해당 노드가 속한 클러스터의 정보를 확인할 수 있다(코드 4.1).

코드 4.1 클러스터 정보 확인하기

```
[root@cluster ~]# curl localhost:9200
{
  "name" : "elasticsearch", ❶
  "cluster_name" : "my-elasticsearch", ❷
  "cluster_uuid" : "680Dns66RPKthRNwmENNcw", ❸
  "version" : {
    "number" : "6.6.0",
    "build_flavor" : "default",
    "build_type" : "rpm",
    "build_hash" : "a9861f4",
    "build_date" : "2019-01-24T11:27:09.439740Z",
    "build_snapshot" : false,
    "lucene_version" : "7.6.0",
    "minimum_wire_compatibility_version" : "5.6.0",
    "minimum_index_compatibility_version" : "5.0.0"
  },
  "tagline" : "You Know, for Search"
}
```

❶ 클러스터에 속한 노드들 중 현재 요청에 응답한 노드의 이름이다. 클러스터가 다수의 노드로 구성되어 있다면 노드별로 이 값은 달라질 수 있다.

❷ 클러스터의 이름이다. 클러스터에 속한 모든 노드들은 클러스터 이름이 같다. 새로운 노드를 클러스터에 추가하기 위해서는 같은 이름을 사용해야 한다. 만약 이름이 다른 노드가 클러스터에 합류하려고 하면 에러가 발생한다.

❸ 클러스터의 UUID이다. 이 값 역시 클러스터에 속한 모든 노드가 동일한 값을 가진다. 이 값은 클러스터가 최초 생성될 때 자동으로 생성되는 것으로 사용자가 지정하는 것은 아니다.

☑ 클러스터를 구축하는 내용은 5장에서 다룰 예정이다.

다음으로 노드에 대해서 살펴보자. 앞서 이야기한 것처럼 노드는 클러스터를 구성하는 논리적인 ElasticSearch 프로세스 하나를 의미한다. 노드도 클러스터와 마찬가지로 각각의 고유한 노드 이름과 UUID가 있고, 역할에 따라 여러 가지 노드로 구분할 수 있다(표 4.1).

| 노드 역할 | 설명 |
| --- | --- |
| 마스터(Master-eligible) | 클러스터 구성에서 중심이 되는 노드. 클러스터의 상태 등 메타데이터를 관리한다. |
| 데이터(Data) | 사용자의 문서를 실제로 저장하는 노드 |
| 인제스트(Ingest) | 사용자의 문서가 저장되기 전 문서 내용을 사전 처리하는 노드 |
| 코디네이트(Coordinate) | 사용자의 요청을 데이터 노드로 전달하고, 다시 데이터 노드로부터 결과를 취합하는 노드 |

표 4.1 ElasticSearch 노드의 역할

표 4.1과 같이 노드가 할 수 있는 역할은 총 4가지이며, 각각 하나의 역할만 할 수 있는게 아니라 한 번에 여러 개의 역할을 할 수 있다. 각각의 역할을 조금 더 자세히 살펴보자.

먼저 마스터 노드는 클러스터의 메타데이터를 관리하는 역할을 하며 반드시 한 대 이상으로 구성해야 한다. 클러스터 내의 모든 노드는 현재 노드의 상태, 성능 정보, 자신이 가지고 있는 샤드의 정보를 마스터 노드에 알린다. 마스터 노드는 이런 정보들을 수집하고 관리하면서 클러스터의 안정성을 확보하기 위해 필요한 작업들을 진행한다.

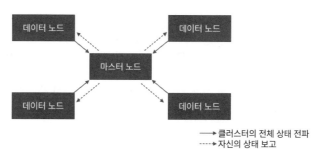

**그림 4.3 마스터 노드의 역할**

데이터 노드는 사용자가 색인한 문서를 저장하고, 검색 요청을 처리해서 결과를 돌려주는 역할을 한다. 또한 자신이 받은 요청 중 자신이 처리할 수 있는 요청은 직접 처리하고, 다른 데이터 노드들이 처리해야 할 요청은 해당 데이터 노드에 전달한다. 이때 어떤 데이터 노드로 요청을 전달할 것인지는 마스터 노드를 통해 받은 클러스터의 전체 상태 정보를 바탕으로 한다.

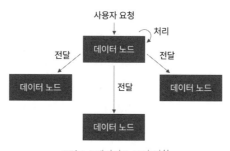

**그림 4.4 데이터 노드의 역할**

인제스트 노드는 사용자가 색인하길 원하는 문서의 내용 중 변환이 필요한 부분을 사전에 처리한다. 데이터 노드에 저장하기 전에 특정 필드의 값을 가공해야 할 경우 유용하게 동작한다.

**그림 4.5 인제스트 노드의 역할**

코디네이트 노드는 실제 데이터를 저장하고 처리하지는 않지만, 사용자의 색인이나 검색 등 모든 요청을 데이터 노드에 전달하는 역할을 한다. 문서를 저장하지 않는 데이터 노드라고도 생각할 수 있다.

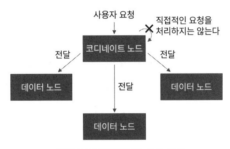

**그림 4.6 코디네이트 노드의 역할**

이때 꼭 유념할 부분이 있다. 클러스터 내에서 메타데이터를 관리하는 마스터 노드는 한 대라는 것이다. 이 부분이 헷갈릴 수 있는데 마스터 노드는 마스터 역할이 가능한 노드와 실제 마스터 역할을 하는 노드 이렇게 두 가지로 구분된다고 이해하면 된다. 만약 클러스터를 구축할 때 3대의 마스터 역할 노드를 구성한다면 그중 한 대만 실제 메타데이터를 관리하는 역할을 수행하고, 나머지 두 대는 현재 동작하고 있는 마스터 노드에 장애가 발생했을 때 새로운 마스터가 될 수 있는 마스터 후보 노드가 된다.

 마스터 후보 노드들은 마스터 노드로부터 지속적으로 클러스터 운영에 필요한 데이터를 전달받기 때문에 항상 같은 메타 데이터를 유지하고 있다. 그래서 마스터 노드에 장애 발생해서 새로운 마스터 노드가 선출되어도 중단 없이 서비스를 이어갈 수 있다.

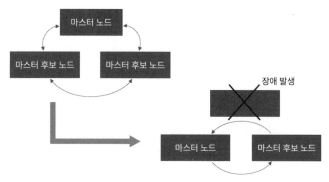

그림 4.7 마스터 노드와 마스터 후보 노드의 관계

또한 각각의 노드는 그림 4.8과 같이 하나의 역할만 하는 것이 아니라 동시에 다양한 역할을 할 수도 있다.

그림 4.8 다양한 역할을 수행하는 노드들로 구성된 클러스터

ElasticSearch를 테스트 용도가 아닌 실제 서비스에서 사용하려면 클러스터를 구성할 때 역할에 따라 노드의 개수를 결정해서 클러스터를 구성해야 한다.

## 4.2 인덱스와 타입

인덱스는 사용자의 데이터가 저장되는 논리적인 공간을 의미하며 타입은 인덱스 안의 데이터를 유형별로 논리적으로 나눠 놓은 공간을 의미한다. 보통 인덱스와 타입에 대해 이야기할 때 RDBMS와 비교하기도 한다(표 4.2).

| ElasticSearch | RDBMS |
| --- | --- |
| 인덱스 | 데이터베이스 |
| 타입 | 테이블 |

**표 4.2 RDBMS와 ElasticSearch 비교**

ElasticSearch의 인덱스는 RDBMS의 데이터베이스, 타입은 테이블과 비슷한 개념으로 볼 수 있다. 하지만 RDBMS에서는 데이터베이스 안에 여러 개의 테이블을 가질 수 있는 것과 달리 ElasticSearch는 6.x 버전 이후로는 하나의 인덱스에 하나의 타입만 가질 수 있다. 그래서 타입을 RDBMS의 테이블과 비교했을 때 딱 들어맞진 않지만 문서들을 논리적으로 한 번 더 나눈다는 의미에서 테이블과 비교해서 이해하면 된다.

nginx 웹서버에서 발생하는 접속 로그를 수집한다고 가정해 보자. 먼저 접속 로그를 저장할 인덱스가 필요할 것이다. 인덱스의 이름은 자유롭게 만들 수 있지만 nginx-access-log-2019.05.07과 같은 의미 있는 이름으로 짓는 것이 해당 인덱스에 있는 로그 데이터들의 생성 날짜, 유형 등을 짐작할 수 있기 때문에 나중에 정보를 파악하는 데 유리하다. 그리고 해당 인덱스에 쌓이게 될 문서들의 타입명이 필요할 것이다. ElasticSearch 6.x 이후로는 단일 타입만을 허용하기 때문에 큰 이슈가 없다면 _doc을 타입명으로 사용하게 된다. 따라서 nginx 웹서버에서 발생하는 접속 로그는 nginx-access-log-YYYY.MM.DD 형태의 인덱스에 _doc이라는 타입명으로 저장된다.

사용자에게 영화와 책에 대한 검색 엔진을 구축한다고 가정해 보면 각각의 문서를 저장할 인덱스가 필요할 것이다. 영화와 책은 서로 다른 형태의 JSON 문서를 가지게 되기 때문에 인덱스도 분리하는 것이 좋다. 영화와 관련된 문서는 movies라는 인덱스에, 책과 관련된 문서는 books 인덱스에 저장한다. 이번에도 타입명은 _doc 타입명을 사용하게 될 것이다. 따라서 영화와 관련된 문서는 movies 인덱스에 _doc이라는 타입명으로, 책과 관련된 문서는 books 인덱스에 _doc이라는 타입명으로 저장된다.

인덱스의 이름은 클러스터 내에서 유일해야 하며, 동일한 이름의 다른 인덱스를 만들 수는 없다. 인덱스에 저장된 문서들은 앞 절에서 배운 데이터 노드들에 분산 저장된다(그림 4.9).

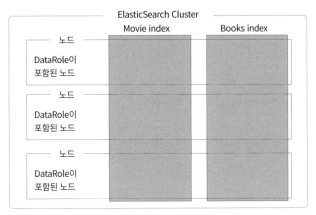

그림 4.9 노드에 문서를 분산하여 저장하는 인덱스

이번 절을 마치기 전에 멀티 타입에 대해서 조금 더 살펴보자. Elastic Search 6.x 이후의 버전은 하나의 인덱스에 하나의 타입만을 사용하도록 하고 있지만, 버전 5.x까지는 하나의 인덱스에 여러 개의 타입을 사용할 수 있었기 때문에 그림 4.10과 같이 인덱스 내에서 타입이 논리적으로 분리될 수 있다.

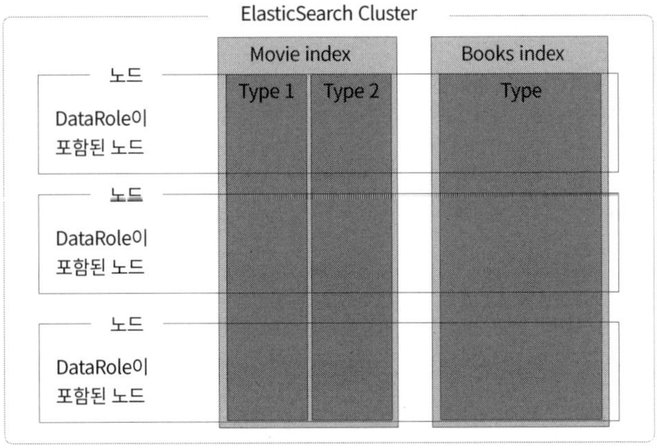

그림 4.10 인덱스를 구성하는 타입

그러면 왜 6.x 버전부터는 멀티 타입을 허용하지 않게 된 걸까? 멀티 타입을 허용하지 않게 된 이유 중 하나는 인덱스에 존재하는 서로 다른 타입에서 동일한 이름의 JSON 문서 필드를 만들 수 있어서 의도치 않은 검색 결과가 나타나는 문제가 발생했기 때문이다.

예를 들어 코드 4.2와 같이 test_index라는 인덱스에 test_type1, test_type2라는 타입을 만들고 문서를 각각 하나씩 색인했다고 가정해 보자.

**코드 4.2 하나의 인덱스에 두 개의 타입을 색인하는 경우**

```
[root@ip-172-31-1-37 ~]# curl -H 'Content-Type: application/json'
-XPOST "http://localhost:9200/test_index/test_type1?pretty" -d '
{
  "name": "elasticsearch",
  "type_name": "test_type1"
}
'
{
  "_index" : "test_index",
  "_type" : "test_type1",
  "_id" : "AWpzMGuKKs3l0pC--hyf",
  "_version" : 1,
  "result" : "created",
  "_shards" : {
    "total" : 2,
    "successful" : 1,
    "failed" : 0
  },
  "created" : true
}
[root@ip-172-31-1-37 ~]# curl -H 'Content-Type: application/json'
-XPOST "http://localhost:9200/test_index/test_type2?pretty" -d '
{
  "name": "elasticsearch",
  "type_name": "test_type2"
}
'
{
  "_index" : "test_index",
  "_type" : "test_type2",
  "_id" : "AWpzMKEZKs3l0pC--hyg",
  "_version" : 1,
```

```
  "result" : "created",
  "_shards" : {
    "total" : 2,
    "successful" : 1,
    "failed" : 0
  },
  "created" : true
}
```

test_index라는 인덱스에 test_type1과 test_type2 이렇게 두 개의 타입을 만들었고 각각에 문서를 색인했다. 두 문서는 서로 다른 타입이지만 색인된 JSON 문서에는 name이라는 같은 이름의 필드가 존재한다.

그리고 코드 4.3과 같이 test_index에 검색을 요청해 보자.

**코드 4.3 멀티 타입에서 검색을 요청했을 경우**

```
[root@ip-172-31-1-37 ~]# curl -XGET "http://localhost:9200/test_index/_
search?q=name:elasticsearch&pretty" ❶
{
  "took" : 4,
  "timed_out" : false,
  "_shards" : {
    "total" : 5,
    "successful" : 5,
    "skipped" : 0,
    "failed" : 0
  },
  "hits" : {
    "total" : 2,
    "max_score" : 0.2876821,
    "hits" : [
      {
        "_index" : "test_index",
        "_type" : "test_type1", ❷
        "_id" : "AWpzMGuKKs3l0pC--hyf",
        "_score" : 0.2076021,
        "_source" : {
          "name" : "elasticsearch",
          "type_name" : "test_type1"
        }
      },
      {
        "_index" : "test_index",
        "_type" : "test_type2", ❸
```

```
        "_id" : "AWpzMKEZKs3l0pC--hyg",
        "_score" : 0.2876821,
        "_source" : {
          "name" : "elasticsearch",
          "type_name" : "test_type2"
        }
      }
    ]
  }
}
```

❶ ElasticSearch는 검색할 때 인덱스의 이름을 대상으로 검색한다.

❷ test_type1 타입에서 문서가 검색되었다.

❸ test_type2 타입에서 문서가 검색되었다.

코드 4.3을 보면 하나의 인덱스에 타입 두 개가 독립적으로 존재하지만, 양쪽 타입에 모두 name이라는 필드가 있어서 의도하지 않은 타입에서 문서가 검색되는 것을 볼 수 있다. 이런 문제 때문에 6.x 버전부터는 하나의 인덱스에 하나의 타입만 지원하게 되었다.

이 책에서는 하나의 인덱스에 타입이 하나만 있는 단일 타입을 기준으로 설명할 것이다.

또한 ElasticSearch에서는 _doc이라는 이름으로 타입을 사용하도록 권고하며, 이후에는 _doc이라는 이름으로 고정될 예정이다. 하지만 5.x 버전에서는 '_'(언더바)를 사용하여 타입을 생성할 수 없다. 코드 4.4는 5.x 버전의 ElasticSearch 클러스터에 _doc이라는 이름의 타입으로 인덱스 생성을 시도한 예제이다.

**코드 4.4 5.x 버전에서 타입의 이름을 _doc으로 생성하는 경우**

```
[user@server~]# curl -XPOST "localhost:9200/mappingtype/_doc?pretty" -H
'Content-Type: application/json' -d'
{
  "version": 5,
  "comment": "Do not use under-bar"
}
'
{
  "error" : {
```

```
    "root_cause" : [
      {
        "type" : "invalid_type_name_exception",
        "reason" : "Document mapping type name can't start with '_', found: [_doc]"
      }
    ],
    "type" : "invalid_type_name_exception",
    "reason" : "Document mapping type name can't start with '_', found: [_doc]"
  },
  "status" : 400
}
```

코드 4.4를 보면 매핑 타입이 '_'(언더바)로 시작하여 인덱스를 생성하지 못한 것을 볼 수 있다. 5.x 버전을 사용하는 사용자는 매핑 타입을 정의할 때 이 점을 유념해야 한다. 또한, 앞에서 이야기한 것처럼 6.x 버전부터는 멀티 타입을 사용할 수 없기 때문에 멀티 타입을 정의하면 다음과 같이 에러가 발생한다(코드 4.5).

**코드 4.5 6.x 버전에서 여러 개의 매핑 타입을 정의하는 경우**

```
[user@server~]# curl -X PUT "localhost:9200/multimappings/type1 ❶
/1?pretty" -H 'Content-Type: application/json' -d'
> {
>   "comment": "This is mapping type 1"
> }
> '
{
  "_index" : "multimappings",
  "_type" : "type1",
  "_id" : "1",
  "_version" : 1,
  "result" : "created",
  "_shards" : {
    "total" : 2,
    "successful" : 1,
    "failed" : 0
  },
  "_seq_no" : 0,
  "_primary_term" : 1
}
[user@server~]# curl -X PUT "localhost:9200/multimappings/type2 ❷
/1?pretty" -H 'Content-Type: application/json' -d'
{
```

```
    "comment": "This is mapping type 2"
}
'
{
  "error" : {
    "root_cause" : [
      {
        "type" : "illegal_argument_exception",
        "reason" : "Rejecting mapping update to [multimappings] as the
final mapping would have more than 1 type: [type2, type1]"
      }
    ],
    "type" : "illegal_argument_exception",
    "reason" : "Rejecting mapping update to [multimappings] as the
final mapping would have more than 1 type: [type2, type1]" ❸
  },
  "status" : 400
}
```

❶ multimappings 인덱스에 type1이라는 매핑 타입 이름으로 인덱스를
   생성하였다.

❷ multimappings 인덱스에 type2라는 매핑 타입 이름으로 인덱스를 생
   성하였다.

❸ 에러 메시지를 통해 하나의 타입이 이미 정의된 인덱스에 타입을 추
   가할 수 없음을 확인할 수 있다.

이처럼 6.x 버전부터는 하나의 인덱스에 하나의 타입만을 정의할 수 있
으며, 이 사항은 ElasticSearch 클러스터 버전을 6.x 이상으로 업그레이
드할 때도 적용되기 때문에 업그레이드 작업 전에 사용하고 있는 인덱
스들 중에 멀티 타입을 사용하는 인덱스가 있는지 꼭 확인해야 한다. 만
약 멀티 타입을 사용하는 인덱스가 있을 경우 타입별로 인덱스를 분리
하는 형태로 재구성해야 한다.

## 4.3 샤드와 세그먼트

다음으로 살펴볼 개념은 샤드와 세그먼트이다. 샤드는 인덱스에 색인
되는 문서들이 저장되는 논리적인 공간을 의미하며, 세그먼트는 샤드의

데이터들을 가지고 있는 물리적인 파일을 의미한다. 인덱스와 샤드, 세그먼트의 관계를 그림으로 그려보면 그림 4.11과 같다.

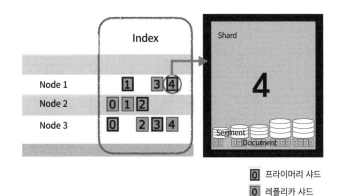

그림 4.11 인덱스와 샤드, 세그먼트의 관계

그림 4.11을 보면 하나의 인덱스는 다수의 샤드로 구성되고 하나의 샤드는 다수의 세그먼트로 구성된다. 샤드는 1개 이상의 세그먼트로 구성되는데 샤드마다 세그먼트의 개수는 서로 다를 수 있다.

만약 5개의 샤드로 구성된 인덱스라면 실제 문서들은 그림 4.12와 같이 각각의 샤드에 나뉘어 저장된다.

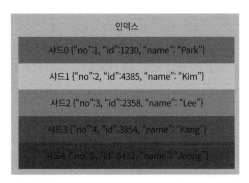

그림 4.12 샤드로 나뉜 인덱스에 데이터가 저장되는 방식

그림 4.12의 인덱스에서 샤드 3번에 문제가 생긴다면 샤드 3에 저장된 문서들만 검색할 수 없거나 샤드 3에 저장되어야 하는 문서들만 색인이

되지 않는 등의 문제가 생긴다. 문서들이 인덱스 내에 샤드별로 저장된다는 개념을 정확히 이해하면 이런 장애가 발생했을 때 장애의 규모를 정확하게 파악할 수 있다.

Elasticsearch는 위와 같이 인덱스를 샤드로 나누고 데이터 노드에 샤드를 할당한다. 그리고 각각의 샤드에 문서를 저장하는 방식으로 사용자의 데이터를 저장한다. 샤드는 원본인 프라이머리 샤드와 복제본인 레플리카 샤드로 구성된다. 그림 4.12를 다시 보자. 만약 샤드 0에 장애가 발생하면 샤드 0에 저장된 문서에는 접근할 수 없게 되고, 심각할 경우 문서가 유실될 수도 있다. 또 샤드 0에 저장되어야 하는 문서들이 저장되지 않을 수도 있다. 이러한 최악의 상황을 방지하기 위해 데이터를 한 벌 더 복제해서 레플리카 샤드를 만들어 데이터의 안정성을 보장한다.

프라이머리 샤드는 최초 인덱스를 생성할 때 개수를 결정하는데, 이때 결정한 프라이머리 샤드의 개수는 이후에 변경할 수 없다. 따라서 인덱스를 생성할 때 몇 개의 프라이머리 샤드를 만들 것인지 신중하게 결정해야 한다. Elasticsearch를 안정적으로 운영하기 위해 중요한 요소 중 하나이기 때문이다. 하지만 프라이머리 샤드의 개수를 결정하는 것은 정해진 방법이 있는 것이 아니고 ElasticSearch의 사용 용도에 따라서 천차만별이기 때문에 굉장히 어려운 작업이다. 이에 대해서는 12장 "ElasticSearch 클러스터 시나리오"에서 자세히 살펴볼 예정이다. 인덱스에 저장되는 문서는 해시 알고리즘에 의해서 샤드들에 분산 저장되고 이 문서들은 실제로는 세그먼트라는 물리적 파일에 저장된다. 하지만 문서가 처음부터 세그먼트에 저장되는 것은 아니다. 색인된 문서는 먼저 시스템의 메모리 버퍼 캐시에 저장되는데 이 단계에서는 해당 문서가 검색되지 않는다. 이후 ElasticSearch의 refresh라는 과정을 거쳐야 디스크에 세그먼트 단위로 문서가 저장되고 해당 문서의 검색이 가능해진다. refresh에 대해서는 10장 "색인 성능 최적화"에서 좀 더 자세히 다룰 것이다.

세그먼트는 불변(immutable)의 특성을 갖는다. 즉, 기존에 기록한 데이터를 업데이트하지 않는다는 뜻이다. 불변의 특성에 대해 자세히 이야기하기에 앞서 먼저 예제를 살펴보자.

**코드 4.6 문서 색인하기**

```
[user@server~]# curl -X PUT "localhost:9200/contents/_doc/1?pretty" -H
'Content-Type: application/json' -d'
> {
>   "title": "How to use ElasticSearch",
>   "author": "alden.kang"
> }
> '
{
  "_index" : "contents",
  "_type" : "_doc",
  "_id" : "1",
  "_version" : 1,
  "result" : "created", ❶
  "_shards" : {
    "total" : 2,
    "successful" : 1,
    "failed" : 0
  },
  "_seq_no" : 0,
  "_primary_term" : 1
}
[user@server~]# curl -X PUT "localhost:9200/contents/_doc/1?pretty" -H
'Content-Type: application/json' -d'
> {
>   "title": "How to use ElasticSearch",
>   "author": "alden.kang, benjamin.butn"
> }
> '
{
  "_index" : "contents",
  "_type" : "_doc",
  "_id" : "1",
  "_version" : 2, ❷
  "result" : "updated", ❸
  "_shards" : {
    "total" : 2,
    "successful" : 1,
    "failed" : 0
  },
  "_seq_no" : 1,
  "_primary_term" : 1
}
```

코드 4.6은 문서 id 1을 대상으로 최초 색인한 이후에 동일한 문서 id 1을 대상으로 재색인하는 과정을 보여준다. 최초의 색인은 ❶과 같이 문서를 생성했음을 확인할 수 있다. 이후에 동일한 id로 색인하면 ❷와 같이 버전 번호를 증가시키고 ❸과 같이 문서가 업데이트된다. 여기서 말하는 updated는 우리가 일반적으로 알고 있는 기존 데이터를 변경하는 과정이 아니다. ElasticSearch의 세그먼트가 불변의 특성을 가진다는 의미는 기존 데이터를 변경하지 않는다는 것이다. 그림 4.13을 보면서 위의 문서가 업데이트되는 과정을 살펴보자.

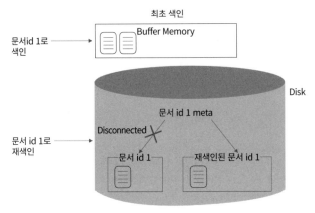

**그림 4.13** 문서 갱신 시 세그먼트에서의 작업 과정

데이터를 업데이트하려고 시도하면 ElasticSearch는 새로운 세그먼트에 업데이트할 문서의 내용을 새롭게 쓰고, 기존의 데이터는 더 이상 쓰지 못하게 불용 처리한다. 이러한 동작은 update뿐 아니라 delete도 마찬가지다. 사용자가 문서를 삭제하기 위해 delete를 시도하면 바로 지우지 않고 불용 처리만 한다. 이 특성으로 인해 데이터의 일관성을 유지할 수 있다.

하지만 이렇게 세그먼트 단위로 파일을 생성해서 문서를 저장할 때, 불변의 특성을 유지하기 위해 여러 개의 세그먼트로 사용자의 문서를 색인한다. 따라서 시간이 지나면 작은 크기의 세그먼트가 점점 늘어나고, 사용자가 문서를 검색할 때마다 많은 수의 세그먼트들이 응답해야 한다는 단점이 생긴다. 또한, 불용 처리한 데이터들로 인해 세그먼트의 크기가 커지게 된다.

이러한 단점을 보완하기 위해 ElasticSearch는 백그라운드에서 세그먼트 병합(Merging)을 진행한다. 그림 4.14를 살펴보자.

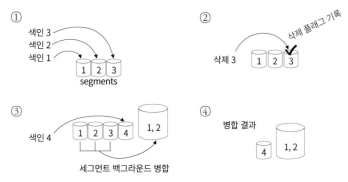

**그림 4.14** 세그먼트 백그라운드 병합

❶ ID가 1, 2, 3인 문서가 각각 1, 2, 3번 세그먼트에 저장된다.

❷ ID가 3인 문서를 삭제하면 3번 세그먼트에 해당 문서가 삭제되었다는 플래그를 기록하고 불용 처리한다.

❸ ID가 4인 문서가 4번 세그먼트에 저장된다.

❹ 이때 백그라운드에서 세그먼트 병합 작업이 발생하고, 1~3번 세그먼트가 병합된다. 병합될 때 ID가 3인 문서는 삭제 플래그가 켜졌기 때문에, 병합하면서 해당 문서는 빼고 ID 1과 2인 문서만 하나의 세그먼트로 합친다.

이것이 세그먼트 병합 작업으로, 백그라운드에서 여러 개의 작은 세그먼트들을 하나의 큰 세그먼트로 합치는 작업이 무수히 일어난다. 그리고 병합할 때 불용 처리한 데이터들은 실제로 디스크에서 삭제된다. 이렇게 세그먼트를 병합하면 사용자의 검색 요청 시 접근해야 하는 파일의 개수가 줄어들어 사용자의 요청에 그만큼 적은 비용으로 빠르게 응답할 수 있다.

## 4.4 프라이머리 샤드와 레플리카 샤드

다음으로 살펴볼 개념은 프라이머리 샤드와 레플리카 샤드이다. 앞 절에서 살펴본 것처럼 ElasticSearch는 인덱스를 샤드로 나누고 나뉘어진 샤드에 세그먼트 단위로 문서를 저장한다. 그렇기 때문에 샤드의 상태를 정상적으로 유지하고 장애 상황에서도 유실되지 않도록 관리하는 것은 ElasticSearch 클러스터 서비스의 연속성을 유지하기 위해 꼭 필요한 작업이다. 그리고 이런 연속성 유지를 위해 ElasticSearch는 샤드를 프라이머리 샤드와 레플리카 샤드로 나눠서 관리한다.

레플리카 샤드는 프라이머리 샤드와 동일한 문서를 가지고 있기 때문에 사용자의 검색 요청에도 응답할 수 있다. 따라서 레플리카 샤드를 늘리면 검색 요청에 대한 응답 속도를 높일 수 있다. 레플리카 샤드를 설계할 때 이런 점도 고려해야 한다.

먼저 프라이머리 샤드에 대해 살펴보자. ElasticSearch에서 인덱스를 만들 때 프라이머리 샤드의 개수를 필수적으로 설정해야 한다. 사용자가 별도로 설정하지 않으면 6.x 버전까지는 5개의 프라이머리 샤드가 기본으로 설정된다. 이렇게 인덱스가 5개의 프라이머리 샤드로 구성되고 나면, 사용자의 문서는 각각의 프라이머리 샤드에 분산 저장된다. 그림 4.15는 5개의 프라이머리 샤드로 구성된 인덱스에 문서 5개를 색인한 예시이다.

그림 4.15의 클러스터는 5개의 마스터 겸 데이터 노드로 구성되어 있다. 데이터 노드의 역할을 할 수 있는 노드가 5개가 있고 프라이머리 샤드도 5개이기 때문에 이 경우에는 각각의 데이터 노드에 샤드가 균등하게 분배된다. 이후에 사용자가 문서 5개를 색인하면 각각의 샤드에 균등하게 저장된다. 각각의 프라이머리 샤드들은 구성될 때 샤드 번호를 부여받고, 이 번호는 0번부터 시작된다. 그렇다면 문서는 어떤 기준으로 샤드의 번호를 분배받아 저장될까? 다음은 ElasticSearch가 문서를 색인할 때 어떤 번호의 프라이머리 샤드에 문서를 저장할지 결정하는 알고리즘이다.

프라이머리 샤드 번호 = Hash(문서의 id) % 프라이머리 샤드 개수

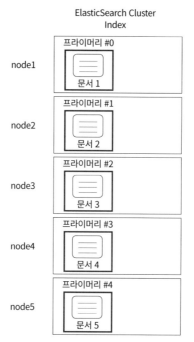

그림 4.15 프라이머리 샤드 5개인 인덱스에 문서 색인

문서에 할당된 id를 기준으로 ElasticSearch에서 샤드 할당 해시 함수를
이용해 몇 번째 프라이머리 샤드에 저장할지 결정한다. 이러한 알고리
즘을 사용하기 때문에 프라이머리 샤드 번호는 0번부터 사용자가 지정
한 샤드 개수 -1 사이의 번호를 부여받는다. 예를 들어, 프라이머리 샤
드를 5개로 설정하였다면 프라이머리 샤드의 번호는 0, 1, 2, 3, 4로 5개
가 생성된다. 그리고 바로 이 로직 때문에 인덱스 생성 후에는 프라이머
리 샤드의 개수를 변경할 수 없는 것이다. 만약 프라이너리 샤드의 개수
를 변경한다면 지금까지 저장된 문서들의 프라이머리 샤드 번호가 모두
변경되어야 하기 때문이다.

  그렇다면 그림 4.15에서 노드 1번에 문제가 생겨 클러스터에서 이탈
하게 되면 어떤 문제가 생길까? 문제가 발생한 시점부터 노드 1에 저장

된 문서 1은 인덱스에 존재하지 않는 문서가 된다. 이런 문제를 해결하기 위해 레플리카 샤드가 존재한다. 레플리카 샤드는 프라이머리 샤드의 복제본 샤드로, 프라이머리 샤드가 저장된 노드와 다른 노드에 저장된다. 노드 한 대가 장애로 클러스터에서 이탈할 때 원본과 복제본이 모두 이탈한다면 복제본의 의미가 없기 때문이다.

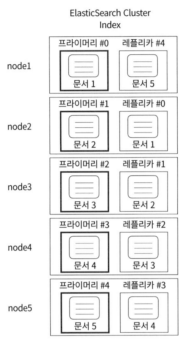

**그림 4.16** 레플리카 샤드가 포함된 인덱스

그림 4.16은 레플리카 샤드를 한 개씩 생성하도록 설정했을 때의 샤드 배치 모습이다. 프라이머리 샤드의 복제본인 레플리카 샤드는 데이터 노드별로 원본과 복제본 샤드의 번호가 중복되지 않도록 할당된다. 그림 4.16와 같이 레플리카 샤드를 구성했을 때 노드 1이 장애로 클러스터에서 이탈되었다고 가정해 보자. 노드 1에 들어있던 0번 프라이머리 샤드와 4번 레플리카 샤드는 유실되지만 0번 프라이머리 샤드를 대체할 0번 레플리카 샤드는 노드 2에, 4번 레플리카 샤드의 원본인 4번 프

라이머리 샤드는 노드 5에 각각 존재하기 때문에 데이터 유실을 막을 수 있다.

또한 노드 2의 0번 레플리카 샤드가 0번 프라이머리 샤드로 승격되고, 0번 레플리카 샤드는 다른 노드에 새롭게 생성한다. 그리고 4번 레플리카 샤드 역시 다른 노드에 새로 생성되면서 복구가 진행된다.

사용자가 따로 설정하지 않으면 각 프라이머리 샤드당 하나의 레플리카 샤드를 만드는 것이 기본 설정이다. 이렇게 ElasticSearch는 프라이머리 샤드를 복제한 레플리카 샤드를 두어 데이터의 안정성을 확보한다.

코드 4.7은 인덱스를 생성할 때 프라이머리 샤드 개수를 설정하는 방법이다.

**코드 4.7 인덱스의 프라이머리 샤드 개수 설정하여 생성하기**

```
[ec2-user@ip-172-31-4-33 ~]$ curl -X PUT "localhost:9200/shard_
index?pretty" -H 'Content-Type: application/json' -d'
> {
>   "index.number_of_shards": 5 ❶
> }
> '
{
  "acknowledged" : true,
  "shards_acknowledged" : true
}
[ec2-user@ip-172-31-4-33 ~]$ curl -X GET "localhost:9200/shard_index/_
settings?pretty"
{
  "shard_index" : {
    "settings" : {
      "index" : {
        "creation_date" : "1575200309035",
        "number_of_shards" : "5", ❷
        "number_of_replicas" : "1", ❸
        "uuid" : "oSbcEWxCSmOThX8IS9N2SQ",
        "version" : {
          "created" : "5050099"
        },
        "provided_name" : "shard_index"
      }
    }
```

```
    }
}
```

❶ 최초 인덱스를 생성할 때 number_of_shards로 인덱스의 프라이머리 샤드 개수를 지정한다.

❷ 인덱스 설정에서 지정한 대로 5개의 프라이머리 샤드로 구성된 인덱스가 생성되었다.

❸ 레플리카 샤드의 개수를 지정하지 않았지만 기본값으로 한 개의 레플리카 샤드가 설정되었다.

코드 4.8은 코드 4.7의 ❶번 설정을 변경하여 프라이머리 샤드의 개수 변경을 시도한 결과이다.

**코드 4.8 프라이머리 샤드 개수 변경 시도**

```
[ec2-user@ip-172-31-4-33 ~]$ curl -X PUT "localhost:9200/shard_index/_
settings?pretty" -H 'Content-Type: application/json' -d'
{
  "index.number_of_shards": 10 ❶
}
'
{
  "error" : {
    "root_cause" : [
      {
        "type" : "illegal_argument_exception",
        "reason" : "Can't update non dynamic settings [[index.number_
of_shards]] for open indices [[shard_index/oSbcEWxCSmOThX8IS9N2SQ]]" ❷
      }
    ],
    "type" : "illegal_argument_exception",
    "reason" : "Can't update non dynamic settings [[index.number_of_
shards]] for open indices [[shard_index/oSbcEWxCSmOThX8IS9N2SQ]]"
  },
  "status" : 400
}
```

❶ 프라이머리 샤드 개수를 10개로 변경하였다.

❷ 에러 메시지를 통해 index.number_of_shards 설정은 동적으로 변경되는 설정이 아님을 알 수 있다.

코드 4.9는 레플리카 샤드의 개수를 변경하는 예제이다.

**코드 4.9 레플리카 샤드 개수 변경 시도**

```
[ec2-user@ip-172-31-4-33 ~]$ curl -X PUT "localhost:9200/shard_index/_
settings?pretty" -H 'Content-Type: application/json' -d'
{
  "index.number_of_replicas": 0 ❶
}
'
{
  "acknowledged" : true
}
[ec2-user@ip-172-31-4-33 ~]$ curl -X GET "localhost:9200/shard_index/_
settings?pretty"
{
  "shard_index" : {
    "settings" : {
      "index" : {
        "creation_date" : "1575200309035",
        "number_of_shards" : "5",
        "number_of_replicas" : "0", ❷
        "uuid" : "oSbcEWxCSmOThX8IS9N2SQ",
        "version" : {
          "created" : "5050099"
        },
        "provided_name" : "shard_index"
      }
    }
  }
}
[ec2-user@ip-172-31-4-33 ~]$ curl -X PUT "localhost:9200/shard_index/_
settings?pretty" -H 'Content-Type: application/json' -d'
{
  "index.number_of_replicas": 2 ❸
}
'
{
  "acknowledged" : true
}
[ec2-user@ip-172-31-4-33 ~]$ curl -X GET "localhost:9200/shard_index/_
settings?pretty"
{
  "shard_index" : {
    "settings" : {
      "index" : {
```

```
        "creation_date" : "1575200309035",
        "number_of_shards" : "5",
        "number_of_replicas" : "2", ❹
        "uuid" : "oSbcEWxCSmOThX8IS9N2SQ",
        "version" : {
          "created" : "5050099"
        },
        "provided_name" : "shard_index"
      }
    }
  }
}
```

❶ index.number_of_replicas 설정을 통해 레플리카 샤드를 0으로 설정하였다.

❷ 기존의 레플리카 샤드 한 개가 0개로 변경되었다.

❸ 기본값보다 많은 두 개의 레플리카 샤드를 설정하였다.

❹ 레플리카 샤드가 두 개로 변경되었다.

코드 4.9의 ❶과 같이 레플리카 샤드를 0개로 설정하면 각 노드에 분배되어 있던 레플리카 샤드를 삭제한다. 반면, ❸과 같이 레플리카 샤드를 2개로 설정하면 그 즉시 프라이머리 샤드를 복제해서 2개의 레플리카 샤드를 생성하며, 프라이머리 샤드가 할당된 노드와 다른 노드에 레플리카 샤드를 생성한다. 이처럼 프라이머리 샤드는 처음에 인덱스를 생성할 때 설정하면 변경할 수 없지만, 복제본인 레플리카 샤드는 운영 중에도 샤드 개수를 변경할 수 있다. 샤드의 개수는 데이터의 안정성 측면 외에도 색인과 검색의 성능 확보면에서도 중요하다. 그림 4.17을 살펴보자.

그림 4.17과 같이 하나의 노드로 구성된 클러스터에서는 색인 5번, 검색 5번을 모두 하나의 노드가 수행하는 반면, 5대의 노드로 구성된 클러스터에서는 각각의 노드가 색인과 검색 요청을 분배하여 처리한다. 또한, 하나의 노드로 구성된 클러스터는 레플리카 샤드를 할당할 수 없지만 5대의 노드로 구성된 클러스터는 레플리카를 추가로 구성할 수 있어 데이터의 안정성을 확보할 수 있다.

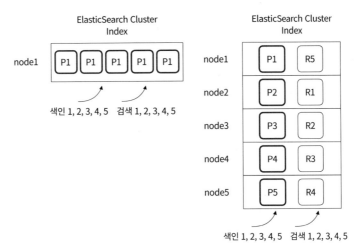

색인 1, 2, 3, 4, 5    검색 1, 2, 3, 4, 5

색인 1, 2, 3, 4, 5    검색 1, 2, 3, 4, 5

그림 4.17 성능 측면에서의 샤드 분배

✅ 뒤에서 자세히 다루겠지만 레플리카 샤드가 추가되면 검색 성능도 확장된다.

그림 4.11을 보면서 정리하자. 인덱스는 여러 개의 샤드로 구성되어 있고 각각의 샤드는 클러스터를 구성하는 노드들에 분산되어 있다. 그리고 각 샤드는 세그먼트로 구성되어 있으며 세그먼트 안에 각각의 문서들이 저장되어 있다. 세그먼트들은 시간이 지남에 따라 늘어나는 작은 크기의 세그먼트들을 병합하면서 갯수가 늘어났다가 줄어들기를 반복하는 형태로 운영된다. ElasticSearch 운영에 매우 중요한 개념들이므로 각 구성 요소의 관계를 꼭 이해하도록 하자.

## 4.5 매핑

미지막으로 살펴볼 개념은 매핑이다. 매핑은 RDBMS와 비교하자면 스키마와 유사하다. ElasticSearch에 저장될 JSON 문서들이 어떤 키와 어떤 형태의 값을 가지고 있는지 정의한 것이다. 코드 4.10을 살펴보자.

코드 4.10 매핑 정보 확인

```
[user@server~]# curl -X GET "localhost:9200/firstindex/_mapping?pretty"❶
```

```
{
  "firstindex" : {
    "mappings" : { ❷
      "_doc" : {
        "properties" : {
          "account_number" : { ❸
            "type" : "long"
          },
          "address" : {
            "type" : "text", ❹
            "fields" : {
              "keyword" : {
                "type" : "keyword", ❺
                "ignore_above" : 256
              }
            }
          },
          "age" : {
            "type" : "long"
          },
          "balance" : {
            "type" : "long"
          },
          "city" : {
            "type" : "text",
            "fields" : {
              "keyword" : {
                "type" : "keyword",
                "ignore_above" : 256
              }
            }
          },
          "email" : {
            "type" : "text",
            "fields" : {
              "keyword" : {
                "type" : "keyword",
                "ignore_above" : 256
              }
            }
          },
          "employer" : {
            "type" : "text",
            "fields" : {
              "keyword" : {
                "type" : "keyword",
```

```
                              "ignore_above" : 256
                          }
                        }
                    },
                    "firstname" : {
                      "type" : "text",
                      "fields" : {
                        "keyword" : {
                          "type" : "keyword",
                          "ignore_above" : 256
                        }
                      }
                    },
                    "gender" : {
                      "type" : "text",
                      "fields" : {
                        "keyword" : {
                          "type" : "keyword",
                          "ignore_above" : 256
                        }
                      }
                    },
                    "lastname" : {
                      "type" : "text",
                      "fields" : {
                        "keyword" : {
                          "type" : "keyword",
                          "ignore_above" : 256
                        }
                      }
                    },
                    "state" : {
                      "type" : "text",
                      "fields" : {
                        "keyword" : {
                          "type" : "keyword",
                          "ignore_above" : 256
                        }
                      }
                    }
                  }
                }
              }
            }
          }
        }
```

❶ mapping API를 활용하여 인덱스의 매핑 정보를 확인할 수 있다. firstindex라는 인덱스에 정의된 매핑 정보를 보는 API이다.

❷ mappings 필드에 타입의 이름이 나온다. 그리고 그 후 properties 필드 아래에 매핑 정보가 나온다. 여기서는 _doc이라는 타입이 있는 것을 볼 수 있다.

❸ account_number라는 필드는 long 데이터 타입으로 정의해 놓은 것을 볼 수 있다.

❹ 문자열이 저장된 필드는 text 데이터 타입으로 매핑이 생성되었다.

❺ ❹와 함께 keyword 데이터 타입의 매핑이 추가로 생성되었다.

매핑 정보는 미리 정의해도 되고 정의하지 않아도 된다. 미리 정의해 놓고 사용하는 것을 정적 매핑(static mapping)이라 부르고, 정의하지 않고 사용하는 것을 동적 매핑(dynamic mapping)이라 부른다. 동적 매핑은 미리 정의하지 않은 상태에서 최초에 색인된 문서를 바탕으로 ElasticSearch가 자동으로 매핑을 생성해 주는 방식으로, 높은 편의성을 제공한다. 두 가지 방식의 차이점에 대해서는 10장 "색인 성능 최적화"에서 살펴볼 것이다.

매핑이 생성되면 이후부터 생성되는 문서는 기존 매핑 정보에 따라 색인되어야 한다. 예를 들어, long 데이터 타입으로 매핑이 생성된 필드에 문자열 데이터가 들어오면 색인되지 않는다(코드 4.11).

**코드 4.11 매핑의 데이터 타입과 다른 데이터가 색인되는 경우**

```
[user@server~]# curl -X PUT "localhost:9200/firstindex/_doc/1?pretty"
-H 'Content-Type: application/json' -d'
{
  "account_number": "my account", ❶
  "balance": 48086,
  "firstname": "Dillard",
  "lastname": "Mcpherson",
  "age": 34,
  "gender": "F",
  "address": "702 Quentin Street",
  "employer": "Quailcom",
  "email": "dillardmcpherson@quailcom.com",
```

```
  "city": "Veguita",
  "state": "IN"
}
'
{
  "error" : {
    "root_cause" : [
      {
        "type" : "mapper_parsing_exception",
        "reason" : "failed to parse field [account_number] of type
[long] in document with id '1'"
      }
    ],
    "type" : "mapper_parsing_exception",
    "reason" : "failed to parse field [account_number] of type [long]
in document with id '1'",
    "caused_by" : {
      "type" : "illegal_argument_exception",
      "reason" : "For input string: \"my account\"" ❷
    }
  },
  "status" : 400
}
```

❶ 앞서 long 타입으로 정의된 account_number 필드에 대해 문자열 색
   인을 시도한다.

❷ long 타입으로 정의된 필드에 my account라는 문자열이 들어와 색
   인이 실패했음을 보여준다.

이와 같이 최초에 인덱스를 생성할 때에는 문서를 색인하는 것만으로
매핑 정보와 인덱스가 잘 생성되지만, 이후부터는 최초에 색인한 문서
와 동일한 데이터 타입을 가진 문서를 색인해야 문서가 저장된다. 표
4.3에 ElasticSearch에서 사용 가능한 필드 데이터 타입의 종류를 정리
해 놓았다.

| 코어 데이터 타입 | 설명 | 종류 |
| --- | --- | --- |
| String | 문자열 데이터 타입 | text, keyword |
| Numeric | 숫자형 데이터 타입 | long, integer, short, byte, double, float, half_float, scaled_float |

| Date | 날짜형 데이터 타입 | date |
| --- | --- | --- |
| Boolean | 불 데이터 타입 | boolean |
| Binary | 바이너리 데이터 타입 | binary |
| Range | 범주 데이터 타입 | integer_range, float_range, long_range, double_range, date_range |

**표 4.3 필드 데이터 타입 종류**

표 4.3과 같이 필드의 내용에 따라 지정할 수 있는 필드 데이터 타입이 다르며, 같은 종류의 데이터라도 여러 가지 필드 데이터 타입이 존재한다. 예를 들어 문자열을 색인하더라도 text 타입으로 정의할 수도 있고, keyword 타입으로 정의할 수도 있다. 이처럼 사용자가 색인한 문서의 다양한 필드들을 적절한 타입으로 스키마를 정의하는 것이 매핑이다.

## 4.6 마치며

이번 장에서는 ElasticSearch의 다양한 기본 개념에 대해 알아보았다. 이 중에서도 특히 인덱스와 샤드 그리고 세그먼트의 관계를 이해해야 ElasticSearch의 문서 저장 방법을 이해할 수 있어 매우 중요하다. 다시 한번 그림 4.18을 보면서 인덱스와 샤드, 세그먼트의 관계를 살펴보자.

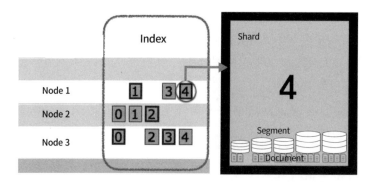

**그림 4.18 인덱스와 샤드, 세그먼트의 관계**

이번 장에서 다룬 개념들은 이후에도 계속 나오기 때문에 완벽하게 이해하지 못했다고 조급해 하지 않아도 된다. 이번 장에서 살펴본 내용은 다음과 같다.

1. ElasticSearch는 노드들의 역할을 정의하여 클러스터로 구성하며, 클러스터 단위로 사용자의 색인이나 검색 요청을 받아 서비스한다.
2. 인덱스는 사용자의 문서가 저장되는 가장 큰 논리적인 단위이며, 문서는 인덱스 내에 샤드라는 단위로 저장된다.
3. 샤드에 저장되는 문서는 실제로는 세그먼트라는 물리적인 파일에 저장된다.
4. 샤드는 하나 이상의 세그먼트들로 구성된다. 백그라운드에서 세그먼트의 병합 작업이 진행되며 이를 통해 작은 크기의 세그먼트들이 큰 크기의 세그먼트로 합쳐진다.
5. 샤드는 원본 데이터를 저장하는 프라이머리 샤드와 복제본인 레플리카 샤드로 나뉘며, 하나의 노드에 동일한 번호의 프라이머리/레플리카 샤드를 두지 않음으로써 노드 장애 발생시 데이터의 안정성을 확보한다.
6. 사용자의 문서가 저장될 때 문서의 데이터를 기준으로 데이터 타입을 정의하며, 문서의 모든 필드에 대해 데이터 타입을 정의한 것이 인덱스의 매핑이다.

# 5장

# 클러스터 구축하기

4장에서 ElasticSearch를 구축하고 운영하기 위한 기본 개념들을 살펴봤다. 이번 장에서는 이를 바탕으로 클러스터를 구축하는 방법을 설명할 것이다. 먼저 ElasticSearch 구축에 가장 중요한 환경 설정 파일인 elasticsearch.yml 파일을 통해서 어떤 항목들을 설정할 수 있는지, 그리고 성능에 중요한 영향을 미치는 jvm.options 파일을 통해서는 어떤 항목들을 설정할 수 있는지 살펴보자. 이번 장에서 다루게 될 내용은 다음과 같다.

- elasticsearch.yml 파일을 통해 설정할 수 있는 항목들
- jvm.options 파일을 통해 설정할 수 있는 항목들
- 클러스터 구축을 위해 노드들의 역할을 설정하는 방법
- 고가용성을 고려하여 설계된 클러스터를 사용하고 검증하는 방법

## 5.1 elasticsearch.yml 설정 파일

elasticsearch.yml 파일은 ElasticSearch를 구성하기 위해 기본이 되는 환경 설정 파일이다. 코드 5.1은 ElasticSearch를 처음 설치했을 때의 elasticsearch.yml 기본 설정이다. 내용이 길지만 천천히 살펴보자.

**코드 5.1 elasticsearch.yml 기본 설정**

```
# ==================== Elasticsearch Configuration ================
#
# NOTE: Elasticsearch comes with reasonable defaults for most settings.
#       Before you set out to tweak and tune the configuration, make sure you
#       understand what are you trying to accomplish and the consequences.
#
# The primary way of configuring a node is via this file. This template lists
# the most important settings you may want to configure for a production cluster.
#
# Please consult the documentation for further information on configuration options:
# https://www.elastic.co/guide/en/elasticsearch/reference/index.html
#
# --------------------------- Cluster ---------------------------
#
# Use a descriptive name for your cluster:
#
#cluster.name: my-application
#
...(중략)...
#
# --------------------------- Gateway ---------------------------
#
# Block initial recovery after a full cluster restart until N nodes are
started:
#
#gateway.recover_after_nodes: 3
#
# For more information, consult the gateway module documentation.
#
# --------------------------- Various ---------------------------
#
# Require explicit names when deleting indices:
#
#action.destructive_requires_name: true
```

코드 5.1에서 ElasticSearch의 환경 설정을 영역별로 확인해볼 수 있다.
대부분의 설정이 주석으로 처리되어 있으며, 해당 설정에 대한 간략한
설명이 주석으로 제공된다. 기본으로 제공되는 설정과 더불어 필수적
으로 알아야 하는 여러 가지 설정을 영역별로 자세히 살펴보도록 하자.

elasticsearch.yml은 yaml 파일 형식으로 정의되어 있다. 위에서 영역별로 주석 처리해 놓은 것은 설정별 특성을 나누어 놓은 것이며 순서는 중요하지 않다.

### 5.1.1 Cluster 영역

먼저 Cluster 영역부터 살펴보자. Cluster 영역은 클러스터 전체에 적용되는 설정이다.

코드 5.2 elasticsearch.yml의 Cluster 영역

```
# ---------------------------- Cluster ----------------------------
#
# Use a descriptive name for your cluster:
#
#cluster.name: my-application ❶
#
```

❶ 클러스터의 이름을 설정하는 항목이다. 4장에서도 이야기했지만 클러스터를 구성할 때는 클러스터를 구성할 노드들이 모두 동일한 클러스터 이름을 사용해야 한다. 클러스터 이름을 변경하려면 클러스터 내의 모든 노드를 재시작해야 하기 때문에 처음부터 신중하게 설정해야 한다. 기본값인 주석 처리 상태로 프로세스를 시작하면 elasticsearch라는 이름으로 자동 설정된다.

### 5.1.2 Node 영역

Node 영역은 해당 노드에만 적용되는 설정이다.

코드 5.3 elasticsearch.yml의 Node 영역

```
# ---------------------------- Node ----------------------------
#
# Use a descriptive name for the node:
#
#node.name: node-1 ❶
#
# Add custom attributes to the node:
#
```

```
#node.attr.rack: r1 ❷
#
```

❶ 노드의 이름을 설정하는 항목으로 노드의 이름은 클러스터 내에서 유일해야 한다. ElasticSearch에는 ${HOSTNAME}이라는 노드의 호스트명을 인식할 수 있는 변숫값을 미리 정의해 놓았기 때문에 다음과 같이 설정하면 자동으로 노드의 이름이 호스트명과 같아져서 다른 노드들과 겹치지 않게 설정할 수 있다.

```
node.name: ${HOSTNAME}
```

노드 이름 또한 운영 중에는 변경이 불가능하며, 변경하려면 노드를 재시작해야 한다. 클러스터에서는 노드 하나가 서비스에서 제외된다고 큰 문제가 생기는 것은 아니지만 이름을 변경하기 위해서는 불필요하게 재시작해야 하기 때문에 신중하게 설정하는 것이 좋다. 주석 처리된 상태로 시작하면 ElasticSearch가 랜덤한 문자열을 만들어 자동으로 설정한다.

❷ 각 노드에 설정할 수 있는 커스텀 항목으로, 사용자 정의된 rack 값을 통해 HA 구성과 같이 샤드를 분배할 수 있는 기능이다.

### 5.1.3 Path 영역

Paths 영역은 데이터와 로그의 저장 위치와 관련된 설정이다.

**코드 5.4 elasticsearch.yml의 Paths 영역**

```
# --------------------------------- Paths ---------------------------------
#
# Path to directory where to store the data (separate multiple locations by comma):
#
path.data: /var/lib/elasticsearch ❶
#
# Path to log files:
#
path.logs: /var/log/elasticsearch ❷
#
```

❶ 노드가 가지고 있을 문서들을 저장할 경로를 설정하는 항목이다. 4
장에서 살펴본 것처럼 색인이 완료된 문서들은 세그먼트에 파일로
저장되는데 이 파일들이 위치하게 될 경로이다.

❷ ElasticSearch에서 발생하는 로그를 저장할 경로를 설정하는 항목
이다.

Paths 영역은 `elasticsearch.yml`의 기본값들 중에서 유일하게 주석 처
리가 없는 영역이다. 사용자가 색인한 문서와 ElasticSearch에서 발생하
는 애플리케이션 로그를 저장하기 위해 반드시 설정되어 있어야 하는
값들이기 때문이다. 이 항목들의 설정값이 없으면 애플리케이션이 실
행되지 않는다.

❶의 경우는 코드 5.5와 같이 여러 개의 경로를 지정할 수 있다.

**코드 5.5 멀티 path.data 설정 방법**

```
path.data: /var/lib/elasticsearch/data1, /var/lib/elasticsearch/data2
```

코드 5.5와 같이 설정하면 세그먼트가 두 개의 경로에 나뉘어서 생성된
다. 즉, 어떤 문서는 `/var/lib/elasticsearch/data1`에 저장되고 어떤 문
서는 `/var/lib/elasticsearch/data2`에 저장된다. 여러 개의 디스크를
가지고 있는 노드에서 이 방법을 사용하면 디스크에 분산해서 저장하는
효과를 통해 성능상 이점이 있지만, 관리가 복잡해지고 두 개의 경로 중
하나에 문제가 발생했을 때 정확히 어떤 문서들이 영향을 받게 되는지
알기가 힘들다는 문제점도 있다.

## 5.1.4 Memory 영역

Memory 영역에는 ElasticSearch 프로세스에 할당되는 메모리 영역을
어떻게 관리할 것인지 간략하게 설정할 수 있다.

**코드 5.6 elasticsearch.yml의 Memory 영역**

```
# -------------------------------- Memory --------------------------------
#
```

```
# Lock the memory on startup:
#
#bootstrap.memory_lock: true ❶
#
# Make sure that the heap size is set to about half the memory available
# on the system and that the owner of the process is allowed to use this
# limit.
#
# Elasticsearch performs poorly when the system is swapping the memory.
#
```

❶ 시스템의 스왑 메모리 영역을 사용하지 않도록 하는 설정이다. ElasticSearch는 스왑 메모리 영역을 최대한 사용하지 않도록 권고하고 있다. 이 설정을 통해 스왑 영역을 사용하지 않으면 성능을 보장할 수 있지만 시스템의 메모리가 부족한 경우에는 Out Of Memory 에러를 일으켜서 노드의 장애로 이어질 수 있다. 대부분의 경우에는 큰 문제가 없지만, JVM 힙 메모리의 용량이 시스템 메모리의 용량의 절반 이상이 된다면 Out Of Memory 에러를 일으킬 수 있기 때문에 조심해서 사용해야 한다. 또한 이 설정을 사용하기 위해서는 elasticsearch.yml 파일뿐 아니라 OS의 /etc/security/limits.conf 파일도 수정해야 한다. (코드 5.7).

**코드 5.7 /etc/security/limits.conf 설정하기**

```
[user@server~]$ sudo vi /etc/security/limits.conf
elasticsearch soft memlock unlimited ❶
elasticsearch hard memlock unlimited
```

코드 5.7의 ❶과 같이 memlock 항목을 unlimited로 설정해 주어야 한다. 제일 앞에 있는 elasticsearch는 ElasticSearch 프로세스를 실행시키는 계정의 이름이다. 1장에서 살펴봤던 것처럼 yum이나 rpm 같은 패키지 매니저를 이용해서 설치하면 elasticsearch 유저가 자동으로 생성되고 ElasticSearch 프로세스를 elasticsearch라는 계정으로 실행할 수 있도록 설정된다. 만약 다른 방식으로 설치해서 ElasticSearch 프로세스를 다른 계정으로 실행한다면 elasticsearch를 해당 계정의 이름으로 변경

해 주면 된다. 또한 systemd로 프로세스를 시작한다면 코드 5.8과 같은
설정이 추가로 필요하다.

**코드 5.8 systemd를 사용할 때의 limits 설정**

```
[user@server~]$ sudo mkdir /etc/systemd/system/elasticsearch.service.d
[user@server~]$ sudo vi /etc/systemd/system/elasticsearch.service.d/
override.conf
[Service]
LimitMEMLOCK=infinity
[user@server~]$ sudo systemctl deamon-reload
```

이와 같이 추가 설정을 하지 않으면 bootstrap.memory_lock: true로 설
정했을 때 ElasticSearch 프로세스가 시작되지 않으니 주의하자.

### 5.1.5 Network 영역

Network 영역은 ElasticSearch 애플리케이션이 외부와 통신할 때 사용
하게 될 IP 주소를 설정하는 항목이다. 외부와의 통신뿐 아니라 노드 간
의 통신에도 Network 영역에서 설정한 값들을 바탕으로 동작하기 때문
에 주의해서 설정해야 한다.

**코드 5.9 elasticsearch.yml의 Network 영역**

```
# --------------------------------Network --------------------------------
#
# Set the bind address to a specific IP (IPv4 or IPv6):
#
#network.host: 192.168.0.1 ❶
#
# Set a custom port for HTTP:
#
#http.port: 9200 ❷
#
# For more information, consult the network module documentation.
#
```

❶ ElasticSearch 애플리케이션이 사용하게 될 IP 주소를 설정한다. 다
   양한 IP를 애플리케이션에 사용할 수 있다. 외부에 노출하지 않고
   서버 내부에서만 사용할 수 있는 127.0.0.1과 같은 로컬 IP를 사용

할 수도 있고, 외부와의 통신을 가능하게 하기 위해 서버에서 사용하고 있는 IP를 사용할 수도 있다. 만약 두 가지 경우를 모두 사용하고자 한다면 0.0.0.0의 IP 주소를 사용할 수도 있다.

❷ ElasticSearch 애플리케이션이 사용하게 될 포트 번호를 설정한다.

위 설정 중 network.host 설정에 대해서 조금 더 자세히 살펴보자. 해당 설정은 network.bind_host와 network.publish_host 두 개로 나눌 수 있다. 사실 network.host에 설정하면 내부적으로는 network.bind_host와 network.publish_host 두 개가 같은 값으로 설정되는 관계라고 보면 된다. 만약 network.host 설정을 사용하지 않는다면 두 설정을 각각 따로 쓸 수도 있다.

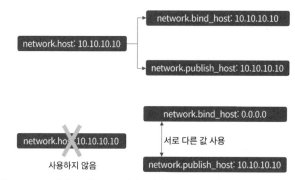

그림 5.1 network.host와 network.bind_host, network.publish_host의 관계

클러스터를 실제로 구축할 때는 대부분 network.host 항목을 설정하기보다는 network.bind_host와 network.publish_host 두 개의 항목을 따로 설정하는 경우가 많다. 예제를 통해 살펴보자.

먼저 IP가 10.10.10.10인 노드가 있다. 이 노드에서 network.host 설정을 10.10.10.10으로 설정하면 10.10.10.10 IP를 통해서 API와 같은 클라이언트의 요청도 받고, 클러스터 내의 다른 노드와 통신도 하게 된다.

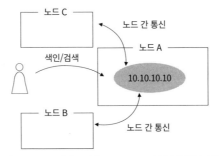

그림 5.2 network.host를 10.10.10.10으로 설정했을 경우

사실 언뜻 보기에는 아무런 문제가 없어 보인다. 10.10.10.10은 노드 A 가 사용하고 있는 IP이고 이 IP를 통해서 색인/검색과 같은 클라이언트 의 요청과 클러스터 유지를 위해 필요한 노드 간 통신 둘 다 가능하기 때문이다. 그리고 위와 같이 network.host 항목 하나만 설정해도 큰 문제 없이 ElasticSearch를 사용할 수 있다. 다만 이슈가 될 만한 부분이 있는데 코드 5.10과 같이 노드 A 내부에서 localhost라는 내부 도메인을 이용해 ElasticSearch를 사용할 수 없다는 것이다.

코드 5.10 localhost를 통해 접근하지 못하는 경우

```
[root@ip-10-10-10-10 logs]# curl http://10.10.10.10:9200
{
  "name" : "ip-10-10-10-10.ap-northeast-2.compute.internal",
  "cluster_name" : "cluster",
  "cluster_uuid" : "5Bwn8DFnSWGvy6eLfFzj-g",
  "version" : {
    "number" : "6.7.1",
    "build_flavor" : "default",
    "build_type" : "rpm",
    "build_hash" : "2f32220",
    "build_date" : "2019-04-02T15:59:27.961366Z",
    "build_snapshot" : false,
    "lucene_version" : "7.7.0",
    "minimum_wire_compatibility_version" : "5.6.0",
    "minimum_index_compatibility_version" : "5.0.0"
  },
  "tagline" : "You Know, for Search"
}
```

```
[root@ip-10-10-10-10 logs]# curl http://localhost:9200
curl: (7) Failed to connect to localhost port 9200: Connection refused
```

왜 이런 현상이 발생하는 것일까? network.host 설정을 통해 클라이
언트의 요청을 처리하기 위한 IP 주소를 10.10.10.10에 연결해 놓
아서 127.0.0.1이라는 IP 주소로 변환되는 localhost 도메인으로는
ElasticSearch 프로세스에 연결할 수 없기 때문이다.

**코드 5.11 ElasticSearch 프로세스가 연결된 IP 주소 확인하기**

```
[root@ip-10-200-98-176 logs]# nslookup localhost
Server:          10.10.0.2
Address: 10.10.0.2#53

Non-authoritative answer:
Name: localhost
Address: 127.0.0.1
Name: localhost
Address: ::1
[root@ip-10-10-10-10 logs]# netstat -nlp | grep 9200
tcp6       0       0 10.10.10.10:9200        :::*
LISTEN      2576/java
```

그림 5.3과 같이 ElasticSearch는 10.10.10.10을 통해서만 통신할 수 있
게 연결되었다고 생각하면 된다.

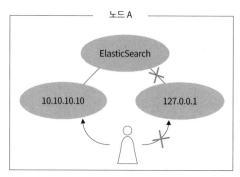

그림 5.3 ElasticSearch에 연결된 IP

사실 내부에서 localhost라는 내부 도메인으로 ElasticSearch를 호출하지 않고 10.10.10.10이라는 IP를 사용해서 호출해도 되지만 스크립트나 자동화를 통해서 ElasticSearch를 관리할 때는 localhost라는 내부 도메인을 호출할 수 있게 하는 편이 효율적이다. 그렇지 않다면 스크립트 내에서 각 노드별로 IP를 지정해 주어야 하기 때문이다.

그래서 이렇게 노드의 IP뿐 아니라 localhost 내부 도메인의 IP인 127.0.0.1도 사용할 수 있게 해주는 설정이 IP를 0.0.0.0으로 설정하는 것이다. 따라서 network.host 설정을 노드의 IP인 10.10.10.10이 아닌 0.0.0.0으로 설정하면 ElasticSearch가 10.10.10.10과 127.0.0.1 두 IP를 모두 사용할 수 있도록 연결해 준다. 그리고 이를 통해서 localhost 내부 도메인으로 API를 호출할 수 있게 된다.

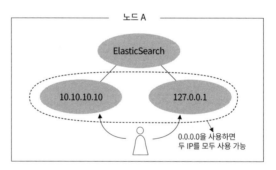

**그림 5.4** network.host를 0.0.0.0으로 했을 때 ElasticSearch에 연결된 IP

하지만 이 설정 역시 문제점이 있는데, 클러스터 내의 다른 노드들과 통신할 때에도 0.0.0.0이라는 IP를 사용하게 된다는 것이다. 클러스터가 하나의 노드로 구성되어 있다면 상관 없겠지만, 두 개 이상의 노드로 구성되어 있다면 그림 5.5와 같이 두 개 이상의 노드가 서로 0.0.0.0으로 통신하려고 시도하는 상황이 벌어진다. 그리고 두 개 이상의 노드가 같은 IP로 통신하려고 하니 당연히 통신이 불가능해지고 클러스터 구성도 불가능해진다.

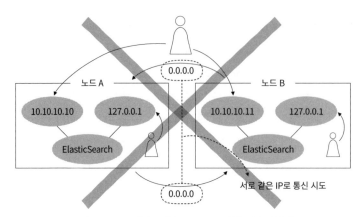

그림 5.5 network.host를 0.0.0.0으로 했을 경우의 문제

지금까지 살펴본 내용들을 바탕으로 정리해 보자. API를 여러 개의 IP로 호출하고 싶다면 분리해야 한다. 클라이언트의 요청은 자신의 IP뿐만 아니라 localhost 내부 도메인의 주소인 127.0.0.1로 받아야 하고, 클러스터 내부에서 노드 간 통신은 자신의 IP를 사용해야 한다는 것을 알 수 있다. 따라서 클라이언트의 요청을 처리하기 위한 IP인 network.bind_host는 0.0.0.0으로, 클러스터 내부의 노드 간의 통신에 사용하기 위한 IP인 network.publish_host는 노드 자신의 IP로 설정해야 한다. 이 항목들의 설정에 대해서는 5.3 "클러스터 사용하기"에서 예제를 통해 살펴볼 예정이다.

 예시에서는 로컬 호스트의 아이피인 127.0.0.1을 살펴보았지만 여러 개의 이더넷 디바이스를 사용한다면 해당 이더넷 디바이스들의 IP들이 대상이 될 수도 있다.

### 5.1.6 Discovery 영역

Discovery 영역은 노드 간의 클러스터링을 위해 필요한 설정이다(코드 5.12).

코드 5.12 elasticsearch.yml의 Discovery 영역

```
# ---------------------------- Discovery ----------------------------
#
```

```
# Pass an initial list of hosts to perform discovery when new node is started:
# The default list of hosts is ["127.0.0.1", "[::1]"]
#
#discovery.zen.ping.unicast.hosts: ["host1", "host2"] ❶
#
# Prevent the "split brain" by configuring the majority of nodes (total
number of master-eligible nodes / 2 + 1):
#
#discovery.zen.minimum_master_nodes: ❷
#
```

❶ 클러스터링을 위한 다른 노드들의 정보를 나열한다. 배열의 형식으로 설정할 수 있기 때문에 한 대만 해도 되고, 두 대 이상을 나열해도 된다.

❷ 클러스터를 구축하기 위해 필요한 최소한의 마스터 노드 대수를 설정한다.

클러스터링할 때 Discovery 영역에 설정한 값을 어떻게 활용하는지 조금 더 살펴보자. ElasticSearch 애플리케이션이 최초 구동될 때 애플리케이션은 elasticsearch.yml 파일 안에 있는 Discovery 영역을 읽어서 어떤 노드들과 클러스터링을 구축하게 되는지 정보를 확인한다. 코드 5.13과 같이 설정했다고 가정해 보자.

**코드 5.13 discovery 영역 예제**

```
discovery.zen.ping.unicast.hosts: ["10.10.10.10"]
discovery.zen.minimum_master_nodes: 2
```

애플리케이션이 실행되면 IP가 **10.10.10.10**인 서버에 현재 ElasticSearch 애플리케이션이 동작 중인지 확인한다. 그리고 **10.10.10.10**의 서버로부터 현재 구축되어 있는 클러스터의 정보를 받아온다. 만약 **10.10.10.10** 서버가 이미 다른 클러스터에 합류한 상태라면 해당 클러스터에 대한 모든 정보를 받아온다. 그리고 이 정보들 중 마스터 노드의 개수가 2개 이상인지 확인한 후 2개 이상이라면 성공적으로 클러스터에 합류하게 된다.

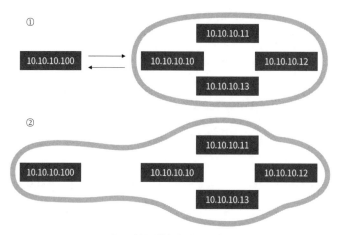

그림 5.6 최초 실행 시 정보 받아오기

또한 Discovery 영역에는 `discovery.zen.minimum_master_nodes`라는 매우 중요한 설정이 있다. 이 값은 클러스터를 유지하기 위한 최소한의 마스터 노드 대수를 의미한다. 또한 split brain 현상을 방지하는 데 반드시 필요한 설정이다. 그럼 split brain 현상이란 무엇일까? 3대의 마스터 노드와 3대의 데이터 노드로 구성된 클러스터가 있다고 가정해 보자. 이 클러스터는 `minimum_master_nodes`를 따로 설정하지 않고 기본값인 1로 사용하고 있다. 이 상황에서 네트워크 장애가 발생하여 A, B 마스터 노드와 C 마스터 노드 간의 통신이 끊어진다면 그림 5.9와 같이 서로 다른 마스터 노드를 가진 두 개의 클러스터가 생겨날 수 있다. 두 클러스터 모두 클러스터를 유지하기 위한 최소한의 마스터 노드 개수가 1이기 때문이다. 이것을 split brain 현상이라고 한다.

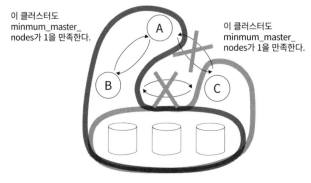

그림 5.7 split brain 현상

하지만 minumum_master_nodes를 과반수인 2로 설정하면 네트워크 단절이 발생해도 한쪽은 minimum_master_nodes 값인 2를 충족하지 못하기 때문에 두 개의 클러스터가 생겨나는 상황은 막을 수 있다(그림 5.8).

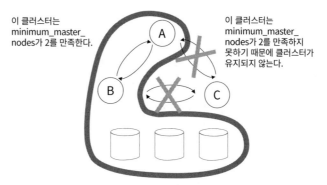

이 클러스터는 minimum_master_nodes가 2를 만족한다.

이 클러스터는 minimum_master_nodes가 2를 만족하지 못하기 때문에 클러스터가 유지되지 않는다.

그림 5.8 split brain 현상 방지

이런 이유 때문에 ElasticSearch에서는 discovery.zen.minimum_master_nodes 값을 과반수로 설정하도록 권고하고 있다.

코드 5.14 discovery.zen.minimum_master_nodes 설정 가이드

```
total number of master-eligible nodes / 2 + 1
```

## 5.1.7 Gateway 영역

다음으로 Gateway 설정은 클러스터 복구와 관련된 내용들을 포함한다.

코드 5.15 elasticsearch.yml의 Gateway 영역

```
# ------------------------------- Gateway -------------------------------
#
# Block initial recovery after a full cluster restart until N nodes are started:
#
#gateway.recover_after_nodes: 3 ❶
#
# For more information, consult the gateway module documentation.
#
```

❶ ElasticSearch 클러스터 내의 노드를 전부 재시작할 때 최소 몇 개의 노드가 정상적인 상태일 때 복구를 시작할 것인지 설정한다.

이 부분도 조금 더 살펴보자. ElasticSearch의 버전 업그레이드를 진행하거나 전체 노드 장애로 인해 클러스터 내의 모든 노드를 다시 시작해야 할 때가 있다. 이런 작업을 Full Cluster Restart라고 부르며, 이렇게 재시작한 노드들은 순차적으로 다시 클러스터링을 진행한다. 클러스터링을 시작하면 클러스터 내의 인덱스 데이터들을 복구하기 시작하는데, 이때 사용자가 지정한 노드의 수만큼 클러스터에 노드들이 복귀하였을 때부터 인덱스 데이터에 대한 복구를 시작하게 할 수 있는 설정이 ❶번의 설정이다. 이 설정은 다시 gateway.recover_after_master_nodes와 gateway.recover_after_data_nodes 두 개로 나뉘어 있어서 master와 data role을 부여한 노드의 복귀 수를 별도로 지정할 수 있다. 해당 설정은 클러스터 전체 장애가 발생했을 때 조금 더 안정적으로 클러스터를 복구하는 데 도움이 되기 때문에 적정한 수치를 설정하는 것이 좋다.

## 5.1.8 Various 영역

다음은 Various 영역이다.

코드 5.16 elasticsearch.yml의 Various 영역

```
# --------------------------------- Various ---------------------------------
#
# Require explicit names when deleting indices:
#
#action.destructive_requires_name: true ❶
```

❶ 클러스터에 저장되어 있는 인덱스를 _all이나 wildcard 표현식으로 삭제할 수 없도록 막는 설정이다. 인덱스를 삭제할 때 사용자의 실수에 의해 전체 인덱스나 많은 인덱스가 한번에 삭제되지 못하게 하는 대표적인 방법이다.

## 5.1.9 노드의 역할 정의

지금까지 살펴본 elasticsearch.yml 파일의 각 항목을 어떻게 설정하느냐에 따라 클러스터의 성격이 바뀐다. ElasticSearch가 기본으로 정의해둔 설정 외에도 elasticsearch.yml 파일에 설정할 수 있는 항목들은 굉장히 많다. 그 중 노드의 역할을 정의하는 항목을 살펴보자. 앞서 ElasticSearch는 각 노드의 역할을 정의하여 클러스터를 구성한다고 설명한 바 있다. 각각의 역할을 설정하기 위한 항목은 표 5.1과 같다.

| 노드 역할 | 항목 | 기본 설정값 |
|---|---|---|
| 마스터 노드 | node.master | TRUE |
| 데이터 노드 | node.data | TRUE |
| 인제스트 노드 | node.ingest | TRUE |
| 코디네이트 노드 | 설정 없음 | TRUE |

표 5.1 ElasticSearch의 노드 설정

모든 역할의 기본값은 true이다. 이 말은 아무런 설정을 하지 않은 노드는 마스터 노드, 데이터 노드, 인제스트 노드, 코디네이트 노드의 역할을 모두 할 수 있다는 이야기이다. 역할을 사용하지 않으려면 false로 설정한다.

노드를 마스터 노드로만 사용하려면 코드 5.15와 같이 설정한다.

**코드 5.17 마스터 노드 설정 방법**

```
node.master: true ❶
node.data: false
node.ingest: false
```

마스터 노드로 사용하려면 ❶의 설정만 true로 두고 나머지 설정을 전부 false로 설정한다. 위와 같이 설정된 노드는 마스터가 될 수 있는 자격을 부여받은 노드로 클러스터에 합류한다. 마스터가 될 수 있는 자격을 부여받는다는 말은 무슨 뜻일까? ElasticSearch 클러스터에 존재하는 마스터 노드들은 실제로는 마스터가 될 수 있는 자격이 있는 노드들이며 이 노드들 중에 실질적으로 클러스터의 관리를 담당하는 마스터 노드는 한 대이다. 그리고 마스터 노드에 장애가 발생해서 클러스터로부터 분리될 경우, 마스터가 될 수 있는 자격을 부여받은 노드들 중 하나가 새로운 마스터가 된다.

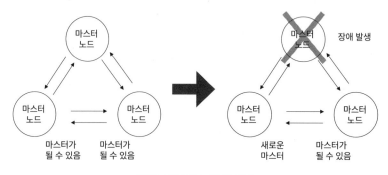

그림 5.9 마스터 노드들의 관계

하지만 이때 남아 있는 마스터 노드의 수가 minimum_master_nodes를 충족하지 못하면 클러스터 응답 불능 상태에 빠지게 되니 주의해야 한다.

데이터 노드 설정 방법을 살펴보자. 만약 노드를 데이터 노드로만 사용하려면 코드 5.18과 같이 설정한다.

**코드 5.18 데이터 노드 설정 방법**

```
node.master: false ❶
node.data: true ❷
node.ingest: false
```

데이터 노드로 사용할 때에는 ❶을 false로 지정하고 ❷만 true로 설정해준다. 이렇게 설정된 노드는 실제 사용자가 색인 요청한 문서를 저장하고 검색 요청에 대해 결과를 응답해 주는 데이터 노드가 된다.

같은 방식으로 노드를 인제스트 노드로만 사용하려면 코드 5.19과 같이 설정한다.

**코드 5.19 인제스트 노드 설정 방법**

```
node.master: false ❶
node.data: false ❷
node.ingest: true ❸
```

❶, ❷를 false로 설정하고 ❸만 true로 설정해 주면 해당 노드는 사용자의 색인 요청 문서에 대해 사전 처리만 진행하고 진행한 결과를 데이터 노드에 넘겨준다.

마지막으로 모든 설정을 코드 5.20과 같이 false로 설정하면 어떻게 되는지 살펴보자.

**코드 5.20 코디네이트 노드 설정 방법**

```
node.master: false
node.data: false
node.ingest: false
```

표 5.1을 보면 코디네이트 역할은 설정이 따로 없다. 대신 다른 노드의 역할을 모두 false로 처리해서 설정한다. 코디네이트 노드는 사용자의 요청을 받아 이를 실제로 처리할 데이터 노드에 전달하고, 각 데이터 노드로부터 받은 검색 결과도 하나로 취합해서 사용자에게 돌려준다. 그럼 코디네이트 역할은 왜 필요할까? 코디네이트 노드를 별도로 분리하는 가장 큰 이유는 사용자의 데이터 노드 중 한 대가 코디네이트 노드의 역할과 데이터 노드의 역할을 동시에 함으로써 해당 노드의 사용량이 높아지는 것을 방지하기 위함이다.

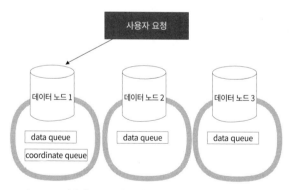

**그림 5.10 코디네이트 노드와 데이터 노드의 역할을 동시에 하는 노드**

그림 5.10과 같은 상황을 가정해 보자. 데이터 노드 1은 코디네이트 노드와 데이터 노드의 역할을 모두 할 수 있는 노드이고 사용자의 검색 요

청이 이 노드로 들어왔다. 데이터 노드이므로 자신이 가진 데이터 중에
서 검색한 결과를 저장할 데이터 큐가 필요하다. 데이터 큐는 다른 데
이터 노드들 역시 동일하게 필요하다. 하지만 데이터 노드 1은 코디네
이트, 즉 다른 데이터 노드들로부터 받은 검색 결과를 취합하는 역할
도 해야 하기 때문에 코디네이트 큐가 추가로 필요하다. 이는 힙 메모
리 사용량의 증가로 이어진다. 데이터 노드는 색인 작업만으로도 많은
양의 힙 메모리가 필요한데 검색 결과 취합을 위해 힙 메모리를 추가
로 사용해야 한다면 Out Of Memory 현상이 쉽게 일어날 수 있다. 특히
aggregate API를 활용한 통계 작업 요청이 빈번하게 발생하는 클러스
터는 사용량을 고려하여 코디네이트 노드 역할을 분리하는 것이 좋다.

 코디네이트 역할을 하는 노드를 클라이언트 노드라고도 부른다. 특히 위에서 언
급한 것처럼 클라이언트 노드를 분리할 때에는 데이터 노드로부터 취합된 데이
터를 담을 수 있을 정도로 충분한 리소스를 확보해야 한다. 한 번의 요청에 한 대
의 클라이언트 노드만 동작하기 때문에 여러 대의 클라이언트 노드를 사용하더
라도 각각의 클라이언트 노드는 취합된 데이터를 담을 수 있는 수준이어야 한다.

위에 언급된 다양한 역할들은 중복 설정도 가능하다. 예를 들면, 마스터
노드의 역할과 데이터 노드의 역할을 함께 설정하여 사용할 수도 있다.

**코드 5.21 마스터 노드와 데이터 노드 역할을 함께 설정**

```
node.master: true
node.data: true
node.ingest: true
```

데이터 노드가 마스터 노드 수만큼 필요할 때 위와 같은 설정으로 비용
을 절약할 수 있다. 모든 역할을 기본값인 true로 설정한 것이나 다름없
지만 추후 마스터 노드와 데이터 노드의 역할을 분리할 수 있으니 명시
해주는 것이 좋다. 저장된 문서의 용량이나 요청이 적은 클러스터의 경
우, 코드 5.21과 같이 모든 역할을 클러스터 내 모든 노드에게 부여하여
비용을 절약할 수 있다.

이번 절에서는 elasticsearch.yml 파일의 설정을 통해서 노드에 역할
을 부여하거나 사용자의 문서를 저장할 디렉터리, 로그 디렉터리 설정
등에 대해서 설명했다. elasticsearch.yml 파일은 ElasticSearch 클러스
터를 구성할 때 가장 중요한 파일이므로 어떤 것들을 설정할 수 있는지
꼭 숙지해야 한다.

## 5.2 jvm.options 설정 파일

ElasticSearch는 자바로 만들어진 애플리케이션이기 때문에 힙 메모리,
GC 방식 등과 같은 JVM 관련 설정이 필요하다. 이 설정은 ElasticSearch
애플리케이션의 성능에 결정적 역할을 하기 때문에 어떤 항목들을 설정
할 수 있는지 알고 이해해 두어야 한다. 이번 절에서는 jvm.options 설
정 파일의 내용을 자세히 살펴보자.

**코드 5.22 jvm.options의 기본 설정**

```
## JVM configuration

################################################################
## IMPORTANT: JVM heap size
################################################################
##
## You should always set the min and max JVM heap
## size to the same value. For example, to set
## the heap to 4 GB, set:
##
## -Xms4g
## -Xmx4g
##
## See https://www.elastic.co/guide/en/elasticsearch/reference/current/heap-size.html
## for more information
##
################################################################

# Xms represents the initial size of total heap space
# Xmx represents the maximum size of total heap space

-Xms1g ❶
-Xmx1g ❷
```

```
############################################################
## Expert settings
############################################################
##
## All settings below this section are considered
## expert settings. Don't tamper with them unless
## you understand what you are doing
##
############################################################

## GC configuration
-XX:+UseConcMarkSweepGC ❸
-XX:CMSInitiatingOccupancyFraction=75 ❹
-XX:+UseCMSInitiatingOccupancyOnly ❺

## G1GC Configuration ❻
# NOTE: G1GC is only supported on JDK version 10 or later.
# To use G1GC uncomment the lines below.
# 10-:-XX:-UseConcMarkSweepGC
# 10-:-XX:-UseCMSInitiatingOccupancyOnly
# 10-:-XX:+UseG1GC
# 10-:-XX:InitiatingHeapOccupancyPercent=75

## DNS cache policy
# cache ttl in seconds for positive DNS lookups noting that this overrides the
# JDK security property networkaddress.cache.ttl; set to -1 to cache forever
... (중략) ...
# log4j 2
-Dlog4j.shutdownHookEnabled=false
-Dlog4j2.disable.jmx=true

-Djava.io.tmpdir=${ES_TMPDIR}

## heap dumps

# generate a heap dump when an allocation from the Java heap fails
# heap dumps are created in the working directory of the JVM
-XX:+HeapDumpOnOutOfMemoryError

# specify an alternative path for heap dumps; ensure the directory
exists and
# has sufficient space
-XX:HeapDumpPath=/var/lib/elasticsearch

# specify an alternative path for JVM fatal error logs
```

```
-XX:ErrorFile=/var/log/elasticsearch/hs_err_pid%p.log

## JDK 8 GC logging

8:-XX:+PrintGCDetails
8:-XX:+PrintGCDateStamps
8:-XX:+PrintTenuringDistribution
8:-XX:+PrintGCApplicationStoppedTime
8:-Xloggc:/var/log/elasticsearch/gc.log
8:-XX:+UseGCLogFileRotation
8:-XX:NumberOfGCLogFiles=32
8:-XX:GCLogFileSize=64m

# JDK 9+ GC logging
9-:-Xlog:gc*,gc+age=trace,safepoint:file=/var/log/elasticsearch/gc.log:
utctime,pid,tags:filecount=32,filesize=64m
# due to internationalization enhancements in JDK 9 Elasticsearch need
to set the provider to COMPAT otherwise
# time/date parsing will break in an incompatible way for some date
patterns and locals
9-:-Djava.locale.providers=COMPAT

# temporary workaround for C2 bug with JDK 10 on hardware with AVX-512
10-:-XX:UseAVX=2
```

기본 설정이 매우 길지만 주로 표시된 부분의 값들만 변경하면 된다.

❶, ❷ JVM에서 사용하게 될 힙 메모리의 크기를 설정하는 항목이다. JVM은 데이터를 저장하기 위해 힙 메모리라는 공간을 필요로 하는 데 이 값은 Xms(❶)로 최솟값을, Xmx(❷)로 최댓값을 설정한다. Xms 와 Xmx를 같은 값으로 설정하지 않으면 실행 시에는 Xms에 설정된 최솟값 정도의 크기만 확보했다가 요청이 늘어나서 더 많은 힙 메모리가 필요해지는 경우 Xmx에 설정된 최댓값 크기까지 메모리를 요청하게 된다. 중간에 메모리의 요청이 추가로 일어나면 성능이 낮아질 수밖에 없기 때문에 두 값을 같은 값으로 설정하도록 권고한다.

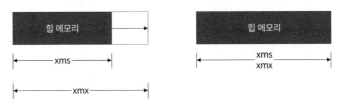

힙 메모리가 운영 중 늘어나거나 줄어들면 성능에도 영향을 준다.

그림 5.11 xms와 xmx 설정에 따른 힙 메모리의 변화　　**131**

❸ CMS라는 GC(garbage collection) 방식을 사용한다는 설정이다. ElasticSearch 애플리케이션이 기본으로 사용하는 GC 방식이며, 대부분의 경우 좋은 성능을 내기 때문에 특별한 경우가 아니라면 다른 GC 방식으로 바꾸지 않아도 된다.

❹ CMS GC를 사용할 경우 힙 메모리 사용량이 어느 정도가 되면 old GC를 수행할 것인지 설정한다. 75%가 기본값으로, 확보된 힙 메모리의 사용량이 75%가 되면 old GC를 진행한다는 의미이다. 특히 old GC가 발생하면 Stop-the-world 현상[1]에 의해 ElasticSearch 프로세스가 잠시 응답 불가 상태가 되기 때문에 주의해서 설정해야 한다. 이 값을 낮게 설정하면 old GC가 자주 발생하고 높게 설정하면 한 번의 old GC 수행 시간이 길어진다. 사용할 클러스터의 적정 값을 찾으면 좋겠지만 그게 어렵다면 변경하지 않고 기본값을 사용하는 것이 좋다.

❺ old GC를 수행할 때, GC 통계 데이터를 근거로 하지 않고 ❹의 설정만을 기준으로 old GC를 수행한다는 의미이다.

❻ CMS GC가 아닌 G1 GC에 대한 설정이다. G1 GC를 적용하면 다양한 이슈가 발생할 수 있기 때문에 반드시 테스트해보고 진행해야 한다.

jvm.options 설정 파일에서는 대부분 힙 메모리와 관련된 ❶, ❷ 항목만 변경해 주면 된다. 힙 메모리와 GC 방식에 대한 설정은 성능에 많은 영향을 주기 때문에 정확하게 이해하고 수정해야 한다. 특히 힙 메모리 설정과 관련해서 ElasticSearch 공식 문서에서는 가능한 한 32GB를 넘지 않게 설정할 것, 전체 메모리의 절반 정도를 힙 메모리로 설정할 것 등을 권고하고 있다. 이에 대해서 조금 더 자세히 살펴보자.

힙 메모리가 가능한 한 32GB를 넘지 않게 설정하도록 권고하는 이유는 무엇일까? JVM은 연산을 위한 데이터들을 저장하기 위한 공간으

---

1   자세한 내용은 7장 "클러스터 성능 모니터링과 최적화"에서 살펴볼 것이다.

로 힙 메모리를 사용한다. 그리고 이때 힙 메모리에 저장되는 데이터들을 오브젝트라고 부르고, 이 오브젝트에 접근하기 위한 메모리상의 주소를 OOP(Ordinary Object Pointer)라는 구조체에 저장한다. 각각의 OOP는 시스템의 아키텍처에 따라 32비트 혹은 64비트의 주소 공간을 가리킬 수 있는데, 32비트라면 최대 4GB까지의 주소 공간을 가리킬 수 있다. 반면 64비트는 이론상 16EB까지의 주소 공간을 가리킬 수 있다. 하지만 64비트의 경우 32비트보다 더 넓은 주소 공간을 가리키기 위해 더 많은 연산과 더 많은 메모리 공간을 필요로 하기 때문에 성능 측면에서는 32비트보다 떨어질 수밖에 없다. 그래서 JVM은 시스템 아키텍처가 64비트라고 하더라도 확보해야 할 힙 메모리 영역이 4GB보다 작다면 32비트 기반의 OOP를 사용해서 성능을 확보한다. 문제는 힙 메모리 영역이 4GB보다 클 경우에 발생한다. 32비트의 주소 공간을 사용하는 OOP로는 4GB 이상의 메모리 영역을 가리킬 수 없기 때문이다. 그렇다고 64비트 기반의 OOP를 사용하게 되면 급작스럽게 성능 저하가 발생할 수 있기 때문에 JVM은 Compressed OOP를 통해 32비트 기반의 OOP를 사용하되 4GB 이상의 영역을 가리킬 수 있도록 구현했다.

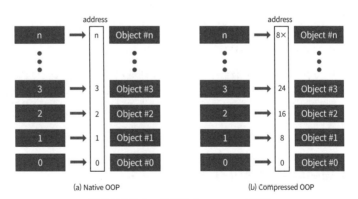

**그림 5.12** Native OOP와 Compressed OOP

그림 5.12는 Native OOP와 Compressed OOP의 차이를 보여준다. Native OOP가 1번 값을 1번 주소에, 2번 값을 2번 주소에 연결하는 것과 달리 Compressed OOP는 1번 값을 8의 배수인 8번 주소에, 2번 값

을 16번 주소에 연결한다. 이와 같은 방식으로 Compressed OOP는 Native OOP에 비해 8배 더 많은 주소 공간을 표시할 수 있게 되고, 이에 따라 기존 4GB에서 32GB까지 힙 메모리 영역이 증가한다. 그렇기 때문에 힙 메모리 할당을 32GB 미만으로 하게 되면 32비트 기반의 OOP를 계속 사용할 수 있게 되고 성능 저하를 피할 수 있게 된다.

다음으로 전체 메모리의 절반 정도를 힙 메모리로 할당하도록 권고하는 이유에 대해 살펴보자. ElasticSearch는 색인된 데이터를 세그먼트라는 물리적인 파일로 저장한다. 파일로 저장하기 때문에 I/O가 발생할 수밖에 없는 구조이다. I/O 작업은 시스템 전체로 봤을 때 가장 느린 작업이기 때문에 빈번한 I/O 작업이 발생한다면 시스템 성능이 떨어진다. OS에서는 이런 성능 저하를 막기 위해 파일의 내용을 메모리에 저장해 놓는 페이지 캐시 기법을 사용한다. 하지만 페이지 캐시는 애플리케이션들이 사용하지 않는 미사용 메모리를 활용해서 동작하기 때문에 페이지 캐시를 최대한 활용하기 위해서는 애플리케이션이 사용하는 메모리를 줄이는 것이 좋다. 특히 ElasticSearch와 같이 빈번한 I/O 작업이 발생해야 하는 경우 가급적 많은 메모리를 페이지 캐시로 활용해서 I/O 작업이 모두 메모리에서 끝날 수 있도록 하는 것이 성능 확보에 도움이 된다. 이런 이유로 인해 공식 문서에서는 물리 메모리의 절반 정도를 힙 메모리로 할당할 것을 권고한다. 굳이 많은 양의 힙 메모리가 필요하지 않다면 절반 이하로 설정해도 된다. 이에 대해서는 충분한 테스트를 통하여 ElasticSearch 각 노드에 적합한 힙 메모리를 산정한 후 작업하는 것이 좋다.

## 5.3 클러스터 사용하기

이번 절에서는 지금까지 배운 설정들을 바탕으로 클러스터를 직접 구축해보자. 고가용성의 ElasticSearch 클러스터를 구성해서 데이터를 인덱싱해보고, 클러스터 노드에 장애가 발생해도 문제 없이 서비스를 제공할 수 있는지 확인할 것이다.

우리는 이미 1장에서 rpm 명령으로 ElasticSearch를 설치하고 실행해
보았다. 그리고 2장에서는 curl과 같은 명령어를 통해서 간단하게 동작
하는 것을 확인해 보았다. 이 과정에서 클러스터를 제대로 설정하지 않
았다. 여기서는 ElasticSearch 단일 노드를 클러스터로 바꾸는 과정을
통해 클러스터 설정 과정을 이해하고 적용할 것이다.

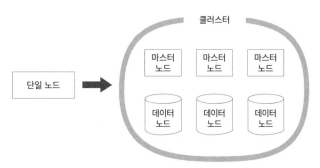

그림 5.13 단일 노드를 클러스터로 변경하기

그림 5.13과 같이 단일 노드로 운영 중인 ElasticSearch를 3대의 마스터
노드와 3대의 데이터 노드로 바꿔볼 것이다. 먼저 1장에서 rpm 명령으
로 설치한 ElasticSearch 단일 노드의 환경 설정 파일부터 살펴보자.

코드 5.23 기본값으로 운영 중인 master-1.es.com 노드의 elasticsearch.yml 파일

```
#cluster.name: my-application
#node.name: node-1
#node.attr.rack: r1
path.data: /var/lib/elasticsearch
path.logs: /var/log/elasticsearch
#bootstrap.memory_lock: true
#network.host: master-1.es.com
#http.port: 9200
#discovery.zen.ping.unicast.hosts: ["host1", "host2"]
#discovery.zen.minimum_master_nodes:
#gateway.recover_after_nodes: 3
#action.destructive_requires_name: true
```

지금은 설치 후 elasticsearch.yml 파일을 수정하지 않은 채로 운영 중
이기 때문에 클러스터의 이름은 기본값인 elasticsearch로 설정되어 있

을 것이다. 앞에서도 언급했지만 클러스터의 이름을 변경하기 위해서
는 클러스터 전체를 다시 시작해야 하기 때문에 변경할 수 없다. 또한
현재 노드는 역할에 대한 명시적인 설정이 없기 때문에 마스터 노드와
데이터 노드의 역할을 모두 할 수 있는 상태이다.

그럼 먼저 마스터 노드부터 추가해 보자. 기존 노드와 동일한 스펙의
master-2.es.com, master-3.es.com 서버를 만들고 두 대에 각각 아래
와 같이 elasticsearch.yml 파일을 설정한다.

**코드 5.24 새로 추가되는 마스터 노드의 elasticsearch.yml 파일 설정 예시**

```
cluster.name: elasticsearch
node.name: ${HOSTNAME} ❶
path.data: /var/lib/elasticsearch
path.logs: /var/log/elasticsearch
bootstrap.memory_lock: true
network.bind_host: 0.0.0.0 ❷
network.publish_host: master-2.es.com ❸
http.port: 9200
http.cors.enabled: true ❹
http.cors.allow-origin: "*" ❺
transport.tcp.port: 9300
discovery.zen.ping.unicast.hosts: ["master-1.es.com:9300", "master-2.
es.com:9300", "master-3.es.com:9300"] ❻
discovery.zen.minimum_master_nodes: 2 ❼
gateway.recover_after_nodes: 3
action.destructive_requires_name: true
node.master: true ❽
node.data: false ❾
```

❶ 노드의 이름을 호스트명으로 설정한다. 노드의 이름은 클러스터 내
  에서 유일해야 하는데, 호스트명을 사용하도록 설정하면 특별히 신
  경 쓰지 않아도 서로 다른 이름으로 설정되기 때문에 효율적이다.

❷ 외부와의 통신을 위해 노드 내에 있는 모든 IP를 사용할 수 있도록
  설정한다.

❸ 노드가 클러스터 내에 있는 다른 노드들과 통신할 때 사용할 IP를
  설정한다. 여러 IP 중 외부에서도 호출 가능한 대표 IP를 하나 설정
  한다.

❹, ❺ 3장에서 살펴본 모니터링 도구 중 하나인 Head를 사용할 수 있도록 CORS 설정을 해준다.

❻ 클러스터에 합류하기 위해 클러스터의 정보를 받아올 노드들을 지정한다. ElasticSearch가 실행될 때 여기에 지정된 노드들로부터 클러스터의 이름, UUID, 현재 클러스터를 구성하고 있는 노드의 정보 등을 받아온다. 지금과 같이 마스터 노드와 데이터 노드를 분리해서 클러스터를 구축하고자 한다면 상대적으로 변화가 적은 마스터 노드들을 지정해 주는 것이 좋다. 데이터 노드들은 클러스터의 사용량에 따라 늘어나거나 줄어들 수 있기 때문이다.

❼ 최소 두 대 이상의 마스터 노드가 있어야 클러스터가 유지될 수 있도록 설정한다. 이번 절에서 우리는 총 3대의 마스터 노드를 구축할 예정이기 때문에 2로 설정한다. master-1.es.com은 기존에 운영중인 노드를, 2, 3은 새로 추가되는 노드이다.

❽, ❾ 가장 중요한 설정 중 하나다. 이 설정을 통해 해당 노드가 마스터 노드의 역할만 할 수 있게 된다.

코드 5.24와 같이 elasticsearch.yml 파일을 작성하고 ElasticSearch 애플리케이션을 실행시키면 두 대의 마스터 노드가 기존 단일 노드와 함께 클러스터를 구성하게 된다(그림 5.14).

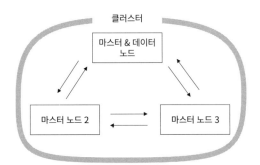

**그림 5.14** 마스터 노드가 증설된 클러스터

curl 명령으로 클러스터의 상태를 확인해 보자.

**코드 5.25 curl 명령으로 클러스터의 상태 확인하기**

```
[user@master-1.es.com~]$ curl -X GET "localhost:9200/_cat/health?v"
epoch        timestamp cluster       status node.total node.data shards
pri relo init unassign pending_tasks max_task_wait_time active_shards_percent
1565183150 13:05:50  elasticsearch green            3         1
0  0  0  0       0          0                  -
100.0%
```

> ✅  curl 명령과 cat API를 통한 모니터링은 7장에서 상세히 다룰 예정이다.

이제 클러스터의 노드는 마스터 노드 3대, 데이터 노드 한 대지만 한 대가 마스터 노드와 데이터 노드의 역할을 함께 할 수 있기 때문에 전체 노드 수는 3대가 되었다. 이번엔 데이터 노드를 3대로 늘려 보자. 추가할 데이터 노드는 더 많은 디스크 용량을 확보하여 생성한다.

**코드 5.26 새로 추가되는 데이터 노드의 elasticsearch.yml 파일 설정 예시**

```
cluster.name: elasticsearch
node.name: ${HOSTNAME}
path.data: /var/lib/elasticsearch
path.logs: /var/log/elasticsearch
bootstrap.memory_lock: true
network.bind_host: 0.0.0.0
network.publish_host: data-1.es.com
http.port: 9200
http.cors.enabled: true
http.cors.allow-origin: "*"
transport.tcp.port: 9300
discovery.zen.ping.unicast.hosts: ["master-1.es.com:9300", "master-2.
es.com:9300", "master-3.es.com:9300"]
discovery.zen.minimum_master_nodes: 2
gateway.recover_after_nodes: 3
action.destructive_requires_name: true
node.master: false ❶
node.data: true ❷
```

코드 5.25와 비교해 보면 다른 설정은 모두 똑같고 ❶, ❷의 설정만 다르다. 이 설정을 통해서 해당 노드는 마스터 노드의 역할은 하지 못하고 데이터 노드의 역할만 할 수 있다.

코드 5.26과 같이 설정한 후 ElasticSearch 프로세스를 시작하면 클러스터는 그림 5.15와 같은 모습을 갖추게 된다.

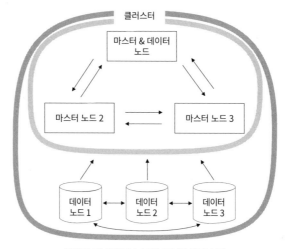

그림 5.15 데이터 노드가 증설된 클러스터

이제 클러스터의 노드는 총 6대가 되었다. 이 중 마스터 노드는 3대, 데이터 노드는 4대이다. 맨 처음 설정한 단일 노드가 마스터와 데이터 노드 두 역할을 모두 할 수 있기 때문이다. 이제 맨 처음 설정한 단일 노드를 마스터 전용 노드로 바꿔보자.

코드 5.27 단일 노드로 운영되던 장비의 elasticsearch.yml 설정 수정

```
# master-1.es.com 장비 elasticsearch.yml 설정
cluster.name: elasticsearch
node.name: ${HOSTNAME}
path.data: /var/lib/elasticsearch
path.logs: /var/log/elasticsearch
bootstrap.memory_lock: true
network.bind_host: 0.0.0.0
network.publish_host: master-1.es.com
http.port: 9200
http.cors.enabled: true
http.cors.allow-origin: "*"
transport.tcp.port: 9300
discovery.zen.ping.unicast.hosts: ["master-1.es.com:9300", "master-2.
es.com:9300", "master-3.es.com:9300"] ❶
```

```
discovery.zen.minimum_master_nodes: 2 ❷
gateway.recover_after_nodes: 3
action.destructive_requires_name: true
node.master: true
node.data: false ❸
```

아마도 전체 설정은 최초 설정과는 많은 부분이 달라질 것이다. 특히 기
존에 없던 설정 ❶을 통해 프로세스가 내려갔다 올라가도 동일한 클러
스터에 합류할 수 있게 되고, 설정 ❷를 통해 두 대 이상의 마스터 노드
가 있을 때만 클러스터를 유지할 수 있게 된다. 마지막으로 설정 ❸을
통해 데이터 노드로서의 역할은 하지 않게 된다.

코드 5.27의 설정을 최초의 마스터 노드에 적용하고 ElasticSearch 애
플리케이션을 재시작하면 최초 마스터 노드가 가지고 있던 사용자의 데
이터가 코드 5.26에서 추가한 데이터 노드들로 이동한다. 그리고 그림
5.16과 같이 마스터 노드와 데이터 노드가 분리된 클러스터의 모습을
갖추게 된다.

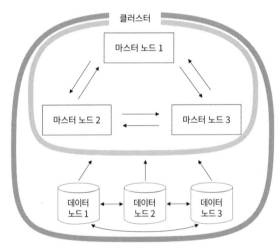

그림 5.16 최종 클러스터의 모습

그림 5.16과 같은 형태의 구성이 좋은 이유는 클러스터의 색인량이 많
아져서 저장해야 할 데이터가 늘어난다거나 색인, 검색 성능을 더 높이

기 위해 노드의 증설이 필요할 경우 데이터 노드만 증설해 주면 되기 때문이다. 마스터 노드와 데이터 노드를 함께 증설하려면 discovery.zen. minimum_master_nodes 설정이 과반수 이상이 되도록 항상 신경 써야 하지만 데이터 노드만 증설하면 해당 설정에 신경 쓸 필요가 없기 때문에 클러스터의 정합성 유지가 훨씬 간편하다.

이제 마지막으로 ElasticSearch의 모든 기능이 제대로 돌아가는지 테스트해보자. curl을 이용해서 문서를 색인하고 클러스터에 해당 문서가 제대로 생성되었는지 확인한다(코드 5.28).

**코드 5.28 구성이 완료된 클러스터에 색인하기**

```
[user@master-1.es.com~]$ curl -X PUT "localhost:9200/user/_
doc/1?pretty" -H 'Content-Type: application/json' -d'
> {
>   "username": "alden.kang"
> }
> '
{
  "_index" : "user",
  "_type" : "_doc",
  "_id" : "1",
  "_version" : 1,
  "result" : "created",
  "_shards" : {
    "total" : 2,
    "successful" : 1,
    "failed" : 0
  },
  "_seq_no" : 0,
  "_primary_term" : 1
}
```

Head를 사용할 수 있도록 CORS 설정도 미리 해 두었으니 Head를 통해서 샤드가 데이터 노드들에만 잘 배치되는지도 확인해 볼 필요가 있다.

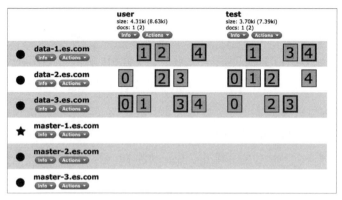

그림 5.17 head 플러그인을 통해 확인한 데이터 분산

 ElasticSearch는 샤드 개수와 레플리카 개수를 설정하지 않으면 프라이머리 샤드 5, 레플리카 샤드 1을 기본값으로 설정해서 인덱스를 생성한다.

이제 데이터 노드 중 한 대를 내려보자.

**코드 5.29 클러스터 내 데이터 노드 한 대 서비스 중지**

```
[user@server src]# sudo systemctl stop elasticsearch
```

시각적으로 좀 더 확인하기 편하게 Head를 통해서 확인해 보자. 그림 5.18은 데이터 노드 한 대가 내려간 직후의 화면이다.

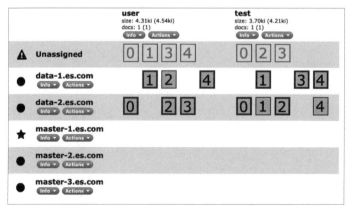

그림 5.18 데이터 노드 한 대가 내려간 직후의 데이터 분산 상태

그림 5.17에서는 확인할 수 있던 data-3.es.com 데이터 노드가 보이지 않고, 해당 데이터 노드가 가지고 있던 샤드들이 unassigned 상태로 변경되었다. 즉, 해당 샤드들이 속한 데이터 노드에 문제가 발생해서 해당 샤드들이 어떤 데이터 노드에도 배치되어 있지 않은 상태임을 의미한다. 어느 정도 시간이 지나면 클러스터 내에 남아 있는 다른 데이터 노드에 해당 샤드들을 배치한다. 그림 5.19를 보면 unassigned 상태의 노드들이 다른 노드에 배치된 것을 볼 수 있다.

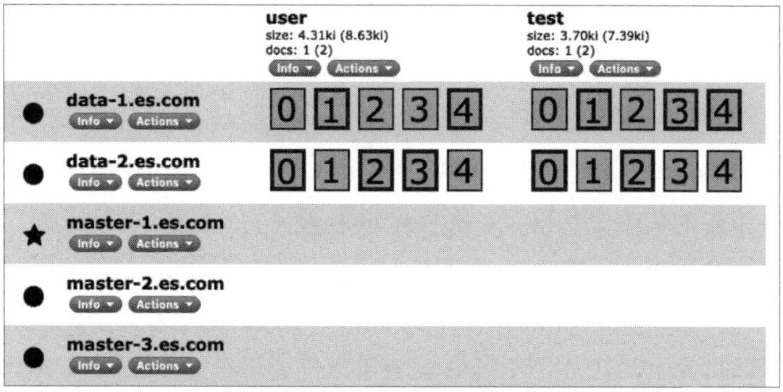

그림 5.19 복구된 후의 데이터 분산 상태

이렇게 클러스터로 구성하면 노드가 한 대에서 장애가 발생했을 경우 해당 노드에 포함된 샤드들은 unassigned 상태에 빠지지만 레플리카 샤드가 프라이머리 샤드로 승격되면서 서비스는 지속된다. 또한 기본으로 설정된 60초를 기다린 후에도 장애가 발생한 노드가 클러스터로 복구되지 않으면 unassigned 상태로 빠진 샤드들을 클러스터 내 다른 데이터 노드로 복제한다.

이후 장애가 발생한 노드가 다시 정상적으로 클러스터에 합류하면 클러스터 내 샤드는 다시 적절하게 해당 노드에 샤드를 분배해 준다. 이처럼 잘 구축된 ElasticSearch 클러스터는 노드 장애에 큰 영향을 받지 않고 노드의 확장을 쉽게 진행할 수 있어서 데이터 저장 공간이나 성능 부족에 대한 조치가 수월하다.

## 5.4 마치며

이번 장에서는 ElasticSearch의 핵심 설정인 `elasticsearch.yml`, `jvm.options` 파일에 대해 살펴보고, 노드의 역할을 기반으로 클러스터를 구축하는 방법과 클러스터를 구축해 놓지 않은 상태에서 클러스터를 구축하는 방법까지 설명했다. ElasticSearch는 구성 방법이 유연하기 때문에 현재 운영 중인 ElasticSearch가 클러스터로 구성되어 있지 않아도 서비스에 영향을 주지 않으면서 클러스터로 재구성할 수 있다. 또한 노드들의 역할을 분리함으로써 색인 및 검색 성능 최적화에도 유연하게 대응할 수 있다. ElasticSearch는 클러스터로 구성해야 안정적으로 운영할 수 있기 때문에 이번 절의 내용들을 바탕으로 반드시 클러스터로 구성해서 사용해야 한다. 다음 장에서는 이렇게 구축된 클러스터를 좀 더 고도화하여 사용하고 운영하는 다양한 방법을 살펴볼 것이다.

이번 장에서 살펴본 내용을 정리하면 다음과 같다.

1. ElasticSearch는 클러스터로 운영되는 애플리케이션이며, 각 노드의 설정에 정의된 역할을 수행하여 운영된다.
2. 마스터 노드는 클러스터 전체의 메타데이터를 관리하며, 클러스터를 구축하기 위해 반드시 한 대 이상으로 구성되어야 한다. 하지만 클러스터의 안정성을 위해서는 `minimum_master_nodes`를 과반수로 설정할 수 있도록 두 대 이상의 홀수 값으로 구성하는 것이 좋다.
3. 데이터 노드는 사용자의 데이터를 저장하고, 검색 요청을 처리하는 노드이다.
4. `minimum_master_nodes`는 마스터 노드 개수의 과반수로 설정해야 split brain 현상을 방지할 수 있다.
5. 향후 확장성을 위해서 마스터 노드와 데이터 노드는 가급적 분리해서 구축하는 것이 좋다.

# 6장

B o t t o m　　U p　　**E l a s t i c S e a r c h**

# 클러스터 운영하기

ElasticSearch 클러스터를 구축한 후에는 안정적으로 운영하기 위한 운영 이슈들이 생겨난다. 예를 들면 ElasticSearch의 버전 업그레이드, 샤드 배치 방식 변경, 인덱스의 다양한 설정값 변경 등이다. 이번 장에서는 이렇게 클러스터 운영과 관련한 다양한 주제들을 살펴보자. 이번 장에서 다룰 내용은 다음과 같다.

- ElasticSearch 클러스터 버전 업그레이드하기
- 인덱스의 샤드 배치 방식 변경하기
- 운영 중 온라인으로 클러스터나 인덱스 설정 변경하기
- 인덱스 API 활용하기
- 템플릿 활용하기

## 6.1 버전 업그레이드

ElasticSearch는 새로운 버전이 빠르게 공개된다. 새로운 버전이 나올 때마다 새로운 기능들이 추가되고, 이전 버전의 버그도 수정되기 때문에 운영 중인 ElasticSearch의 버전에 치명적인 버그가 포함되어 있다거나, 꼭 필요한 새로운 기능이 추가되었다면 운영 중인 클러스터의 버전을 업그레이드해야 한다. 이번 절에서는 ElasticSearch의 버전을 업그레

이드하는 과정을 살펴보자.

ElasticSearch의 버전 업그레이드 방법은 두 가지가 있다(표 6.1).

| 옵션 | 설명 |
| --- | --- |
| Full Cluster Restart | 모든 노드를 동시에 재시작하는 방식이며, 다운 타임이 발생하지만 빠르게 버전을 업그레이드할 수 있다. |
| Rolling Restart | 노드를 순차적으로 한 대씩 재시작하는 방식이며, 다운 타임은 없지만 노드 개수에 따라서 업그레이드에 소요되는 시간이 길어질 수 있다. |

표 6.1 ElasticSearch 버전 업그레이드 방법

Full Cluster Restart 방식의 업그레이드는 ElasticSearch 클러스터 내의 모든 노드를 한번에 재시작해서 업그레이드하는 방식이다. 빠르고 손쉽게 업그레이드가 가능하지만 모든 노드의 프로세스를 중지했다가 재시작해야 하기 때문에 업그레이드하는 동안 클러스터를 사용할 수 없다는 단점이 있다. 하지만 서비스 중단이 가능한 상황이라면 Full Cluster Restart 방식으로 업그레이드하는 것이 작업 속도가 훨씬 빠르다.

반대로 Rolling Restart 방식의 업그레이드는 노드를 한 대씩 순차적으로 재시작하면서 업그레이드하는 방식이다. 앞 장에서도 살펴본 것처럼 ElasticSearch 클러스터는 노드 한 대가 재시작된다고 해도 클러스터의 전체 서비스에는 영향을 주지 않는다. 다운 타임 없이 업그레이드가 가능하지만 노드의 수가 많을 경우 작업 시간이 오래 걸리는 단점이 있다. 표 6.2는 버전별 Rolling Restart가 가능한 시나리오이다. 서비스 중단이 어려운 상황이라면 표 6.2를 참고하여 Rolling Restart로 업그레이드하면 된다.

| 업그레이드 적용 버전 | 최신 버전(7.8.0)으로 업그레이드하는 방법 |
| --- | --- |
| 5.0 ~ 5.5 | 1. 5.6 버전으로 Rolling Restart Upgrade<br>2. 6.8 버전으로 Rolling Restart Upgrade<br>3. 7.8.0 버전으로 Rolling Restart Upgrade |
| 5.6 | 1. 6.8 버전으로 Rolling Restart Upgrade<br>2. 7.8.0 버전으로 Rolling Restart Upgrade |

| 6.0 ~ 6.7 | 1. 6.8 버전으로 Rolling Restart Upgrade |
| | 2. 7.8.0 버전으로 Rolling Restart Upgrade |
| 6.8 | 1. 7.8.0 버전으로 Rolling Restart Upgrade |
| 7.0 ~ 7.7 | 1. 7.8.0 버전으로 Rolling Restart Upgrade |

**표 6.2** ElasticSearch 버전별 Rolling Restart 업그레이드

Full Cluster Restart의 경우는 모든 노드를 중지하고 작업하기 때문에 작업 방법이 간단하지만 Rolling Restart의 경우는 그림 6.1과 같은 작업 순서를 따라야 한다.

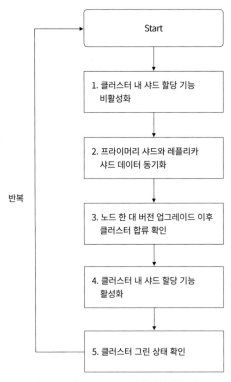

**그림 6.1** Rolling Restart 방식의 작업 순서

그림 6.1의 과정을 하나씩 따라가 보자. 첫 번째로 클러스터 내에서 샤드 할당 작업을 하지 않도록 설정한다. 앞서 4장에서 이야기한 것처럼

ElasticSearch 클러스터는 클러스터 내 고가용성을 위해 레플리카 샤드를 생성할 수 있다.

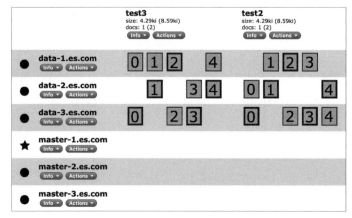

그림 6.2 프라이머리 샤드와 레플리카 샤드가 배치된 모습

앞서 레플리카 샤드가 있으면 노드 한 대에 장애가 생겨서 클러스터에서 제외되어도 해당 데이터 노드가 가지고 있던 샤드를 다른 데이터 노드에 재분배하는 것을 확인했다. 이처럼 클러스터 내 노드에 장애가 발생하면 그 노드가 더는 데이터를 받을 수 없다고 판단하여 해당 노드가 가지고 있던 샤드들을 다른 데이터 노드로 분배한다. 하지만 ElasticSearch 버전 업그레이드 작업은 장애가 아니라 의도적으로 노드를 클러스터에서 잠시 제외시키는 것이기 때문에, 해당 노드가 클러스터에서 제외되어 있는 동안을 장애 상황으로 판단하고 샤드를 재분배해서는 안 된다. 업그레이드 때문에 클러스터에서 제외된 노드의 샤드를 다른 데이터 노드로 재분배하는 것은 네트워크 비용이나 디스크 I/O 비용 측면에서 큰 낭비다.

그림 6.2에서는 샤드가 많지 않지만 클러스터 내에 샤드가 많으면 많을수록, 또 샤드의 크기가 크면 클수록 더 심한 낭비로 이어진다. 이런 불필요한 작업을 막기 위해 업그레이드를 진행하는 동안 클러스터 내 샤드 할당 기능을 비활성화해야 한다. 코드 6.1과 같이 클러스터 API 설정을 수정하여 진행한다.

**코드 6.1 클러스터 내 샤드 할당 기능 비활성화**

```
[user@data-3.es.com~]$ curl -X PUT "localhost:9200/_cluster/
settings?pretty" -H 'Content-Type: application/json' -d'
{
  "persistent": {
    "cluster.routing.allocation.enable": "none" ❶
  }
}
'
{
  "acknowledged" : true,
  "persistent" : {
    "cluster" : {
      "routing" : {
        "allocation" : {
          "enable" : "none"
        }
      }
    }
  },
  "transient" : { }
}
```

❶ 클러스터 내의 샤드 할당과 관련된 설정은 `cluster.routing.allocation.enable`이다. 이 값을 none으로 설정하여 샤드를 재분배하지 않도록 한다.

코드 6.1과 같이 클러스터에 샤드 할당 기능을 비활성화하면 노드의 프로세스를 중지하여 클러스터에서 제외되더라도 해당 노드에 포함된 샤드를 다른 노드로 재분배하지 않는다.

두 번째로 현재 배치해 놓은 프라이머리 샤드와 레플리카 샤드 간의 데이터를 똑같은 형태로 맞춘다. 두 샤드가 가지고 있는 문서가 완벽히 일치해야 클러스터에서 노드가 갑작스럽게 제외되더라도 데이터의 정합성을 보상할 수 있기 때문이다(코드 6.2).

**코드 6.2 프라이머리 샤드와 레플리카 샤드 데이터 동기화**

```
[user@data-3.es.com~]$ curl -X POST "localhost:9200/_flush/
synced?pretty" -H 'Content-Type: application/json'
{
```

```
  "_shards" : {
    "total" : 20,
    "successful" : 20,
    "failed" : 0
  },
  "test" : {
    "total" : 10,
    "successful" : 10,
    "failed" : 0
  },
  "user" : {
    "total" : 10,
    "successful" : 10,
    "failed" : 0
  }
}
```

세 번째로 노드 한 대를 버전 업그레이드한 다음 업그레이드된 노드
가 정상적으로 기존 클러스터에 합류했는지 확인한다. 노드 한 대의
ElasticSearch 프로세스를 내리고 버전 업그레이드를 진행한 후에 프로
세스를 다시 시작한다. 이때 클러스터의 상태는 green에서 yellow로 변
경되며, unassigned 샤드가 생긴다. 하지만 첫 번째 작업에서 이미 샤
드의 배치를 비활성화했기 때문에 이때 발생한 unassigned 샤드는 다
른 데이터 노드로 분배되지 않고 unassigned 상태로 계속 남아있게 된
다. 그 후 정상적으로 프로세스가 시작된 노드가 클러스터에 합류하는
것을 확인한다. 이 작업은 코드 6.3과 같이 진행한다.

**코드 6.3 프로세스 종료 후 노드 한 대 버전 업그레이드하고 프로세스 시작**

```
[user@data-3.es.com src]$ sudo systemctl stop elasticsearch.service
[user@data-3.es.com src]$ sudo rpm -Uvh ./elasticsearch-6.6.1.rpm
warning: elasticsearch-6.6.1.rpm: Header V4 RSA/SHA512 Signature, key
ID d88e42b4: NOKEY
Preparing...                      ############################# [100%]
Updating / installing...
   1:elasticsearch-0:6.6.1-1       ############################# [ 50%]
Cleaning up / removing...
   2:elasticsearch-0:6.6.0-1       ############################# [100%]
Created elasticsearch keystore in /etc/elasticsearch
[user@data-3.es.com src]$ sudo systemctl start elasticsearch.service
```

작업이 완료되면 클러스터에 해당 노드가 다시 합류한다(그림 6.3).

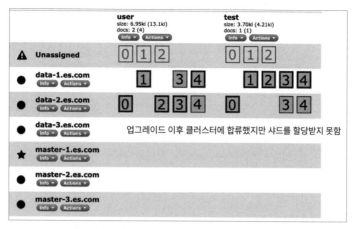

그림 6.3 버전 업그레이드 이후 클러스터에 다시 합류된 노드

네 번째로 처음에 작업을 시작할 때 비활성화해 놓은 샤드 할당 기능을 다시 활성화한다. 클러스터 내 샤드 할당 기능을 비활성화해 놓았기 때문에 버전 업그레이드 이후 클러스터에 다시 합류했지만 해당 노드는 그림 6.3과 같이 unassigned 상태의 샤드를 재분배받지 못한다. 하지만 해당 노드는 실제로 unassigned로 표시되는 샤드들을 가지고 있는 상태이다. 클러스터 내 샤드 할당 기능이 다시 활성화되면 unassigned 상태인 샤드들이 그대로 작업이 완료된 노드들에 할당된다. 이 작업은 코드 6.4와 같이 진행한다.

**코드 6.4 클러스터 내 샤드 할당 기능 활성화**

```
[user@data-3.es.com~]$ curl -X PUT "localhost:9200/_cluster/
settings?pretty" -H 'Content-Type: application/json' -d'
{
  "persistent": {
    "cluster.routing.allocation.enable": null ❶
  }
}
'
{
  "acknowledged" : true,
  "persistent" : { },
```

```
  "transient" : { }
}
```

❶ cluster.routing.allocation.enable 설정을 null로 해준다. null은 해당 설정을 기본값으로 돌리는 의미이다. 기본값이 all이기 때문에 null이 아닌 all로 해도 같은 의미가 된다.

마지막으로 클러스터의 상태가 yellow에서 다시 green으로 돌아오는지 확인한다. unassigned 샤드가 작업이 완료된 노드로 전부 할당되면 클러스터는 yellow 상태에서 green 상태로 바뀐다. 이후에는 각 장비마다 앞의 과정들을 반복해서 작업하면 된다. 이런 반복 작업을 통해 클러스터는 서비스 중단 없이 전체 노드의 버전을 업그레이드할 수 있다.

또한 Rolling Restart는 ElasticSearch 버전 업그레이드 외에도 elasticsearch.yml 파일의 설정 변경이나 jvm.options 파일의 설정 변경, 혹은 ElasticSearch 프로세스가 올라가 있는 시스템의 펌웨어 업그레이드 작업 등에도 활용할 수 있다. Rolling Restart는 사용자의 의도된 작업을 위해 노드의 프로세스가 종료될 때 샤드의 할당을 하지 못하게 막음으로써 불필요한 낭비를 막는 작업 방법이다.

## 6.2 샤드 배치 방식 변경

ElasticSearch는 대부분 자동으로 샤드를 배치하지만 경우에 따라서 샤드 배치 방식을 변경해야 할 때가 있다. 예를 들어 특정 노드에 장애가 발생하여 생성된 unassigned 샤드들에 대한 재할당 작업이 5회 이상 실패할 경우, 혹은 일정 기간이 지난 오래된 인덱스의 샤드를 특정 노드에 강제로 배치해야 할 경우 등이다. 이번 절에서는 이렇게 이슈가 발생할 경우를 대비하여 샤드의 배치 방식을 변경하는 방법을 살펴보자. 샤드의 배치 방식을 변경하는 방법은 표 6.3에 정리해 놓았다.

| 옵션 | 설명 |
| --- | --- |
| reroute | 샤드 하나하나를 특정 노드에 배치할 때 사용한다. |

| allocation | 클러스터 전체에 해당하는 샤드 배치 방식을 변경할 때 사용한다. |
|---|---|
| rebalance | 클러스터 전체에 해당하는 샤드 재분배 방식을 변경할 때 사용한다. |
| filtering | 특정 조건에 해당하는 샤드들을 특정 노드에 배치할 때 사용한다. |

**표 6.3 샤드 수동 배치 방법**

먼저, reroute는 샤드 하나하나를 개별적으로 특정 노드에 배치할 때 사용하는 방법이다. 제어할 수 있는 동작은 샤드 이동, 샤드 이동 취소, 레플리카 샤드의 특정 노드 할당이다. 샤드 이동은 인덱스 내에 정상적으로 운영 중인 샤드를 다른 노드로 이동할 때 사용한다(코드 6.5).

**코드 6.5 운영 중인 샤드의 노드 이동**

```
[user@data-3.es.com~]$ curl -X POST "localhost:9200/_cluster/
reroute?pretty" -H 'Content-Type: application/json' -d'
{
  "commands": [
    {
      "move": { ❶
        "index": "user", ❷
        "shard": 1, ❸
        "from_node": "data-1.es.com", ❹
        "to_node": "data-2.es.com" ❺
      }
    }
  ]
}
'
{
  "acknowledged" : true,
  "state" : {
    "cluster_uuid" : "SKPHd1QcQteSn-dqbdkKkg",
    "version" : 83,
    "state_uuid" : "aRLQdkhJR_6mKKqAVivBEw",
    "master_node" : "UIsXFcuJT4iLRH00GOlE8g",
    "blocks" : { },
    "nodes" : {
      "aTFYCcpySyqYfSpF7QP-1Q" : {
        "name" : "data-2.es.com",
        "ephemeral_id" : "P7CzNqhJTtGuW4aldNr2ng",
        "transport_address" : "172.31.9.99:9300",
        "attributes" : {
```

```
          "ml.machine_memory" : "8199823360",
          "ml.max_open_jobs" : "20",
          "xpack.installed" : "true",
          "ml.enabled" : "true"
        }
      },
      "wYMHV33qQNe_AejvXhEEyg" : {
        "name" : "master-2.es.com",
... (중략) ...
    "routing_table" : {
      "indices" : {
        "user" : {
          "shards" : {
            "1" : [
              {
                "state" : "STARTED",
                "primary" : false,
                "node" : "tLUO06yzSsCITsxCVG_kQw",
                "relocating_node" : null,
                "shard" : 1,
                "index" : "user",
                "allocation_id" : {
                  "id" : "TM9sOvElScarAA8z8zxazA"
                }
              },
              {
                "state" : "RELOCATING", ❻
                "primary" : true,
                "node" : "zwohgGcNR-uTrK4aQUH33w",
                "relocating_node" : "aTFYCcpySyqYfSpF7QP-1Q",
                "shard" : 1,
                "index" : "user",
                "expected_shard_size_in_bytes" : 261,
                "allocation_id" : {
                  "id" : "jkK6Bo5_T8G1M_GWt7Mg6g",
                  "relocation_id" : "BS2bYq8PRmuk5JjVbw0_7g"
                }
              }
            ],
            "3" : [
              {
                "state" : "STARTED",
                "primary" : true,
                "node" : "aTFYCcpySyqYfSpF7QP-1Q",
                "relocating_node" : null,
                "shard" : 3,
```

```
        "index" : "user",
        "allocation_id" : {
          "id" : "TP-1TQiMRk2yN0GY1nSkvQ"
        }
      },
      {
        "state" : "STARTED",
        "primary" : false,
        "node" : "zwohgGcNR-uTrK4aQUH33w",
        "relocating_node" : null,
        "shard" : 3,
... (중략) ...
```

❶ reroute 작업 중 move 명령을 사용했음을 알 수 있다.

❷ 이동할 샤드가 속한 인덱스 이름을 넣는다. 인덱스 이름을 잘못 적
   으면 잘못된 샤드가 이동할 수 있기 때문에 유의해야 한다.

❸ 이동할 샤드의 번호를 넣는다. 역시 번호를 잘못 적으면 잘못된 샤
   드가 이동할 수 있기 때문에 유의해야 한다.

❹ 이동할 샤드가 현재 배치되어 있는 노드의 이름을 설정한다.

❺ 이동할 샤드가 배치될 노드의 이름을 넣는다.

❶~❺까지 기입한 정보가 이상이 없다면 배치 작업의 내용이 결과
값으로 출력되며 ❻과 같이 API를 통해 기입한 대상 샤드의 상태가
Relocating으로 변한 것을 볼 수 있다.

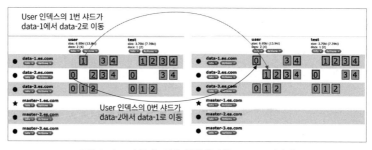

그림 6.4 head 플러그인을 통해 확인한 reroute 전과 후

그림 6.4를 보면 사용자의 의도대로 1번 샤드가 data-2.es.com 노드로
이동했지만 해당 샤드를 받은 data-2.es.com 노드가 가지고 있던 0번

샤드가 data-1.es.com 노드로 이동했음을 확인할 수 있다. 이것은 디스크 사용량을 기준으로 샤드를 할당하는 기능이 기본으로 활성화되어 있기 때문이다. ElasticSearch가 노드마다 균등하게 샤드를 배치하기 때문에 수작업으로 샤드를 하나 이동하면 균형을 맞추기 위해 자동으로 다른 샤드 하나를 이동시킨다. move를 통해 샤드를 옮길 때는 이런 부분을 유념해야 한다.

commands에서 실행할 명령에 move 대신 코드 6.6과 같이 cancel을 넣으면 재배치 중인 샤드의 이동을 취소할 수도 있다.

**코드 6.6 재배치 중인 샤드의 이동 취소**

```
[user@data-3.es.com~]$ curl -X POST "localhost:9200/_cluster/
reroute?pretty" -H 'Content-Type: application/json' -d'
{
  "commands": [
    {
      "cancel": ❶ {
        "index": "user", ❷
        "shard": 1, ❸
        "node": "data-1.es.com" ❹
      }
    }
  ]
}
'
```

❶ 코드 6.5에서 move 명령을 넣은 위치에 cancel 명령을 사용했다.

❷ 이동 작업을 취소할 대상 샤드의 인덱스명이다.

❸ 이동 작업을 취소할 대상 샤드의 번호이다.

❹ 이동 작업을 취소할 대상 샤드가 포함된 노드의 이름이다.

unassigned 샤드에 대해 allocate_replica 명령을 사용할 수도 있다. allocate_replica 명령은 레플리카 샤드를 배치하기 위한 명령이며 이 명령을 통해서 unassigned 상태의 샤드들을 started 상태로 변경할 수 있다.

**코드 6.7 unassigned 샤드 재분배**

```
[user@data-3.es.com~]$ curl -X POST "localhost:9200/_cluster/
reroute?pretty" -H 'Content-Type: application/json' -d'
{
  "commands": [
    {
      "allocate_replica": ❶ {
        "index": "user", ❷
        "shard": 1, ❸
        "node": "data-1.es.com" ❹
      }
    }
  ]
}
'
```

❶ 코드 6.5, 6.6과 다르게 이번엔 allocate_replica라는 명령을 사용했다.

❷ 레플리카 샤드를 배치할 대상 샤드가 속한 인덱스 이름이다.

❸ 레플리카 샤드를 배치할 대상 샤드의 번호이다.

❹ 레플리카 샤드를 배치할 노드의 이름이다.

allocate_replica 명령은 이미 배치된 레플리카 샤드에는 사용할 수 없고, 배치되지 않은 레플리카 샤드에 대해서만 사용할 수 있다. 즉, unassigned 상태로 계속 유지되고 있는 레플리카 샤드가 있을 경우에만 사용할 수 있다는 의미이다. 이렇게 샤드가 배치되지 않은 unassigned 상태로 계속 유지된다는 것은 클러스터 내에 샤드를 배치할 수 없는 상황이 발생했다는 뜻이다. 이런 경우 샤드 배치 실패의 원인을 제거하고 코드 6.7의 allocate_replica 작업을 진행하면 된다.

　그럼 어떤 경우에 샤드 배치가 실패하게 될까? 가장 빈번하게 발생하는 경우는 노드들의 디스크 사용량이 높아지는 것이다. 이런 경우 아무리 샤드 배치를 시도해도 해당 샤드를 배치할 수 있는 노드가 없기 때문에 계속 실패한다. 이렇게 디스크의 사용량이 너무 높을 경우에는 불필요한 인덱스를 삭제하거나 데이터 노드를 증설해서 용량을 확보한 후 샤드를 재배치할 수 있는 환경을 만들어야 한다.

만약 샤드 배치 실패의 원인을 제거한 후 배치해야 할 unassigned 샤드의 개수가 너무 많다면 코드 6.8과 같이 `retry_failed` 옵션을 이용해서 한번에 여러 개의 unassigned 샤드를 배치할 수도 있다. 다만 이렇게 하면 샤드 배치가 모두 자동으로 이뤄지기 때문에, 특정 노드에 배치해야 할 필요가 있다면 `allocate_replica`를 사용하는 것이 좋다.

**코드 6.8 retry_failed 옵션을 활용한 unassigned 샤드 할당**

```
[user@data-3.es.com~]$ curl -X POST "localhost:9200/_cluster/
reroute?retry_failed&pretty" -H 'Content-Type: application/json'
```

다음으로 allocation에 대해서 살펴보자. 앞에서 다룬 reroute가 인덱스의 특정 샤드를 대상으로 하는 재배치라면 allocation은 클러스터 전체에 적용되는 재배치 방식을 수정한다. 앞 절에서 Rolling Restart 작업에 대해 이야기할 때 살펴본 코드 6.1과 6.4처럼 클러스터 내의 샤드 배치 기능을 비활성화/활성화하는 것이 allocation을 통해 할 수 있는 설정 중에서 가장 빈번한 예다. 이 설정은 코드 6.9와 같이 조금 더 세분화할 수 있다.

**코드 6.9 클러스터 내 샤드 배치 비활성화**

```
[user@data-3.es.com~]$ curl -X PUT "localhost:9200/_cluster/
settings?pretty" -H 'Content-Type: application/json' -d'
{
  "persistent": {
    "cluster.routing.allocation.enable": "none" ❶
  }
}
'
{
  "acknowledged" : true,
  "persistent" : {
    "cluster" : {
      "routing" : {
        "allocation" : {
          "enable" : "none"
        }
      }
    }
```

```
  },
  "transient" : { }
}
```

❶에 다양한 옵션으로 샤드 배치 기능의 활성/비활성화를 지원한다. 자
세한 항목은 표 6.4과 같다.

| 옵션 | 설명 |
| --- | --- |
| all | 프라이머리 샤드와 레플리카 샤드 전부 배치 허용 |
| primaries | 프라이머리 샤드만 배치 허용 |
| new_primaries | 새롭게 생성되는 인덱스에 한해 프라이머리 샤드만 배치 허용 |
| none | 모든 샤드의 배치 작업을 비활성화 |
| null | 클러스터 설정에서 해당 설정 삭제, default 값인 all로 설정됨 |

표 6.4 샤드 할당 기능 활성/비활성화 옵션

• all: 모든 샤드의 배치를 허용하며 노드 간 샤드 배치가 진행된다. 클
  러스터에 새로운 노드가 증설되면 기존 노드들이 가지고 있던 샤드
  들을 프라이머리와 레플리카 샤드 구분 없이 나눠준다. 또 노드 한
  대가 클러스터에서 제외되었을 경우, 제외된 노드가 가지고 있던 프
  라이머리와 레플리카 샤드 모두를 다른 노드에 배치한다. 특별히 설
  정하지 않으면 all이 기본값이다.

• primaries: all과 유사하지만 배치의 대상이 되는 샤드가 프라이머
  리 샤드로 한정된다. 즉, 레플리카 샤드는 한번 배치된 이후에는 노
  드를 증설하더라도 재배치되지 않는다.

• new_primaries: primaries와 유사해 보이지만 이 옵션은 새롭게 추가
  되는 인덱스의 프라이머리 샤드만 재배치한다. 새롭게 투입된 노드
  들에 기존 인덱스들의 샤드가 배치되지 않으며, 투입 이후 새롭게 추
  가되는 인덱스의 프라이머리 샤드만 배치된다.

• none: 코드 6.1에서 확인한 것처럼 모든 샤드의 배치 작업을 비활성
  화시킨다.

• null: 옵션을 초깃값으로 재설정할 때 사용한다. 주로 none 옵션을

사용해서 비활성화한 값을 다시 활성화할 때 사용한다. 다시 활성화
할 때 all 옵션을 활용할 수도 있지만 초깃값이 all 옵션이기 때문에
null 옵션으로 초기화하면 all 상태를 유지할 수 있게 된다.

**코드 6.10 cluster.routing.allocation.enable 설정 초기화**

```
[user@data-3.es.com~]$ curl -X PUT "localhost:9200/_cluster/
settings?pretty" -H 'Content-Type: application/json' -d'
{
  "persistent": {
    "cluster.routing.allocation.enable": null
  }
}
'
{
  "acknowledged" : true,
  "persistent" : { },
  "transient" : { }
}
```

✓ null은 다른 값들과 달리 따옴표로 감싸지 않는다.

또한 allocation 설정을 통해서 장애 상황에서 샤드를 복구할 때 노드당
몇 개의 샤드를 복구할 것인지 설정할 수도 있다(코드 6.11).

**코드 6.11 cluster.routing.allocation.node_concurrent_recoveries 설정**

```
[user@data-3.es.com~]$ curl -X PUT "localhost:9200/_cluster/
settings?pretty" -H 'Content-Type: application/json' -d'
{
  "persistent": {
    "cluster.routing.allocation.node_concurrent_recoveries": 4 ❶
  }
}
'
{
  "acknowledged" : true,
  "persistent" : {
    "cluster" : {
      "routing" : {
        "allocation" : {
```

```
            "node_concurrent_recoveries" : "4"
          }
        }
      }
    },
    "transient" : { }
}
```

❶ 클러스터 내에 unassigned 샤드가 발생했을 때 노드당 몇 개의 샤드를 동시에 복구할 것인지를 설정하는 항목이다. 기본값은 2로 설정되어 있으며, 샤드 복구가 필요할 때 노드당 두 개씩 샤드 복구를 진행한다. 좀 더 빠른 복구를 위해 샤드 개수를 조절할 수 있지만 너무 많은 샤드를 동시에 복구하면 노드에 부하를 줄 수 있기 때문에 클러스터의 성능을 고려하여 설정하는 것이 좋다.

다음으로는 rebalance에 대해서 살펴보자. allocation은 노드가 증설되거나 클러스터에서 노드가 이탈했을 때의 동작과 관련된 설정이고, rebalance는 클러스터 내의 샤드가 배치된 후에 특정 노드에 샤드가 많다거나 배치가 고르지 않을 때의 동작과 관련된 설정이다.

 reroute와 rebalance는 샤드가 정상적으로 배치된 상태에서 노드 간에 샤드를 주고받는다는 점에서는 유사한 동작이다.

rebalance는 코드 6.12와 같이 설정한다.

**코드 6.12 샤드 재배치 설정**

```
[user@data-3.es.com~]$ curl -X PUT "localhost:9200/_cluster/
settings?pretty" -H 'Content-Type: application/json' -d'
{
  "persistent": {
    "cluster.routing.rebalance.enable": "replicas" ❶
  }
}
'
{
  "acknowledged" : true,
  "persistent" : {
```

```
    "cluster" : {
      "routing" : {
        "rebalance" : {
          "enable" : "replicas"
        }
      }
    }
  },
  "transient" : { }
}
```

❶에 적용할 수 있는 옵션을 표 6.5에 정리해 놓았다.

| 옵션 | 설명 |
|------|------|
| all | 프라이머리 샤드와 레플리카 샤드 전부 재배치 허용 |
| primaries | 프라이머리 샤드만 재배치 허용 |
| replicas | 레플리카 샤드만 재배치 허용 |
| none | 모든 샤드의 재배치를 비활성화 |
| null | 설정을 초기화하여 Default인 all로 설정 |

**표 6.5** 샤드 재분배 옵션

아무 때나 샤드 재배치가 일어나는 것이 아니라 cluster.routing.allocation.disk.threshold_enabled 설정에 의해 클러스터 내의 노드 중 한 대 이상의 디스크 사용량이 임계치에 도달했을 때 동작하게 된다. 해당 설정은 true가 기본값이다. 표 6.5의 옵션을 통해 재배치 시 어떤 샤드들을 재배치할 것인지 설정하고, 표 6.6의 옵션을 통해 재배치가 동작하게 되는 임계치를 설정한다.

| 옵션 | 설명 | 기본값 |
|------|------|--------|
| cluster.routing.allocation.disk.watermark.low | 특정 노드에서 임계치가 넘어가면 더 이상 할당하지 않음. 새롭게 생성된 인덱스에 대해서는 적용되지 않음 | 85% |
| cluster.routing.allocation.disk.watermark.high | 임계치를 넘어선 노드를 대상으로 즉시 샤드 재할당 진행 새롭게 생성된 인덱스에 대해서도 적용됨 | 90% |

| cluster.routing.allocation.disk.watermark.flood_stage | 전체 노드가 임계치를 넘어서면 인덱스를 read only 모드로 변경 | 95% |
|---|---|---|
| cluster.info.update.interval | 임계치 설정을 체크할 주기 | 30s |

표 6.6 노드 디스크 사용률 기반의 임계치 설정 옵션

먼저 노드의 디스크 사용률이 cluster.routing.allocation.disk.watermark.low에 설정한 값보다 높아지면 해당 노드에는 현재 생성되어 있는 인덱스의 샤드들을 더 이상 배치하지 않는다. 하지만 새롭게 생성되는 인덱스의 샤드들은 배치한다.

 디스크의 사용률을 기반으로 배치하기 때문에 디스크 사용량이 높은 노드는 새롭게 생성되는 인덱스에 샤드를 배치하지 않을 수 있고, 해당 노드는 샤드가 배치되지 않은 인덱스에 대해서는 성능을 발휘할 수 없게 된다.

그리고 디스크 사용률이 점점 늘어나서 cluster.routing.allocation.disk.watermark.high에 설정한 값보다 높아지면 해당 노드에 있는 샤드들을 다른 노드로 옮기기 시작한다. 마지막으로 cluster.routing.allocation.disk.watermark.flood_stage에 설정한 값보다 높아지면 ElasticSearch 클러스터는 해당 노드가 가지고 있는 샤드들이 속해 있는 모든 인덱스에 대해 더 이상 쓰기 작업을 하지 않고 읽기 전용 모드로 변경한다. 이렇게 되면 클러스터의 상태는 green인데, 더 이상 문서를 색인할 수 없는 장애 상황이 된다. 그렇기 때문에 위 설정들은 매우 중요하며 모니터링해야 할 주요 지표들 중 하나이다. 표 6.6에 있는 항목들의 실제 설정은 코드 6.13과 같이 진행한다.

코드 6.13 노드 디스크 사용량 기반의 샤드 재배치 임계치 설정

```
[user@data-3.es.com~]$ curl -X PUT "localhost:9200/_cluster/
settings?pretty" -H 'Content-Type: application/json' -d'
{
  "persistent": {
    "cluster.routing.allocation.disk.watermark.low": "75%",
    "cluster.routing.allocation.disk.watermark.high": "85%",
    "cluster.routing.allocation.disk.watermark.flood_stage": "90%",
```

```
      "cluster.info.update.interval": "1m"
    }
  }
'
{
  "acknowledged" : true,
  "persistent" : {
    "cluster" : {
      "routing" : {
        "allocation" : {
          "disk" : {
            "watermark" : {
              "low" : "75%",
              "flood_stage" : "90%",
              "high" : "85%"
            }
          }
        }
      },
      "info" : {
        "update" : {
          "interval" : "1m"
        }
      }
    }
  },
  "transient" : { }
}
```

코드 6.13의 클러스터는 데이터 노드의 디스크 사용량이 75%가 되면 새로 생성되는 인덱스의 샤드들은 배치하지만, 기존에 있던 인덱스의 샤드들은 배치하지 않는다. 이후 사용량이 더 늘어나서 85%를 넘으면 해당 노드에 배치되어 있는 샤드를 재배치하기 시작한다. 이때 어떤 샤드들을 재배치할 것인지는 코드 6.12에 설정한 방식을 기준으로 한다. 그리고 90%를 넘으면 해당 노드에 배치된 샤드들이 속한 모든 인덱스가 읽기 전용 모드로 변경되어 더 이상 새로운 문서를 색인할 수 없게 된다.

cluster.routing.allocation.disk.threshold_enabled 설정에 의해 인덱스가 읽기 전용 모드로 변경되는 것도 운영 중에 꽤 빈번하게 발생하는 이슈다. 이 경우 불필요한 인덱스의 삭제 혹은 데이터 노드의 증설을 통해 디스크 공간을 확보해도 읽기 전용 모드에서 쓰기 가능 모드로 자동으로 변경되지 않는다. 이때는 코드 6.14와 같이 API 호출을 통해서 쓰기 작업이 가능하도록 변경해 주어야 한다.

**코드 6.14 flood stage로 인해 read only 상태가 된 인덱스를 쓰기 작업이 가능하도록 설정**

```
[user@data-3.es.com~]$ curl -X PUT "localhost:9200/_all/_
settings?pretty" -H 'Content-Type: application/json' -d'
{
  "index.blocks.read_only_allow_delete": null ❶
}
'
{
  "acknowledged" : true
}
```

❶ index.blocks.read_only_allow_delete 항목을 null로 설정해 주어
기본값으로 변경한다. 이를 통해 해당 인덱스에 다시 색인 작업이
가능해진다.

인덱스 단위로 읽기 전용 모드를 해제할 수 있지만, 읽기 전용 모드는 flood_stage에 의해 다수의 인덱스에 설정되므로 가능한 한 코드 6.14와 같이 _all 파라미터를 통해 모든 인덱스에 동시 적용하는 것이 좋다.

 7.4 버전부터는 cluster.routing.allocation.disk.watermark.high에 설
정한 임계치보다 디스크 사용량이 적어지면 자동으로 읽기 전용 모드가 해제된다.

마지막으로 filtering에 대해서 살펴보자. filtering은 특정 조건에 맞는 샤드를 특정 노드에 배치할 수 있는 작업이다.

| 옵션 | 설명 |
|---|---|
| cluster.routing.allocation.include.{attribute} | 설정이 정의된 하나 이상의 노드에 샤드를 할당 |
| cluster.routing.allocation.require.{attribute} | 설정이 정의된 노드에만 샤드를 할당 |
| cluster.routing.allocation.exclude.{attribute} | 설정이 정의된 노드로부터 샤드를 제외 |

**표 6.7 샤드 필터링 설정**

include와 require는 특정 노드에만 샤드를 배치하는 설정이다. 반면에 exclude는 특정 노드에서 샤드를 제외하는 설정이다. exclude 설정은 Rolling Restart를 할 때 안정성을 위해서 작업 대상 노드의 샤드를 강제로 다른 노드로 옮기는 용도로 주로 사용한다.

 복제본을 충분히 운영한다면 exclude를 사용하지 않고 작업해도 되지만, 로그의 유실이 걱정되거나 클러스터의 상태에 민감한 서비스라면 exclude를 통해서 안전하게 작업하는 것도 좋다.

해당 설정은 코드 6.15와 같이 진행한다.

**코드 6.15 cluster.routing.allocation.exclude.{attribute} 설정**

```
[user@data-3.es.com~]$ curl -X PUT "localhost:9200/_cluster/
settings?pretty" -H 'Content-Type: application/json' -d'
{
  "persistent" : {
    "cluster.routing.allocation.exclude._name" : "data-3.es.com" ❶
  }
}
'
{
  "acknowledged" : true,
  "persistent" : {
    "cluster" : {
      "routing" : {
        "allocation" : {
          "exclude" : {
            "_name" : "data-3.es.com"
          }
        }
      }
    }
  },
  "transient" : { }
}
```

❶ exclude 뒤에 _name이라는 속성이 붙었다. 이는 노드의 이름을 의미하며, 코드 6.15의 예제에서는 data-3.es.com이라는 이름의 노드를 샤드 배치에서 제외한다는 의미이다.

이렇게 exclude하게 되면 그림 6.5와 같이 해당 노드에 있던 모든 샤드
가 다른 노드에 재배치된다.

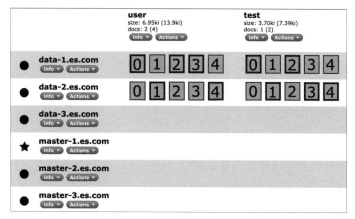

그림 6.5 특정 노드에 샤드 exclude를 적용한 클러스터

속성으로 설정할 수 있는 옵션은 표 6.8과 같다.

| 옵션 | 설명 |
| --- | --- |
| _name | 노드의 이름 |
| _ip | 노드의 IP |
| _host | 노드의 호스트명 |

표 6.8 샤드 필터링 속성의 종류

노드는 ,(콤마)를 기준으로 여러 노드에 걸쳐 설정할 수 있다.

코드 6.16 cluster.routing.allocation.exclude.{attribute} 멀티 노드 설정

```
[user@data-3.es.com~]$ curl -X PUT "localhost:9200/_cluster/
settings?pretty" -H 'Content-Type: application/json' -d'
{
  "persistent" : {
    "cluster.routing.allocation.exclude._name" : "data-2.es.com, data-3.es.com"
  }
}
'
{
  "acknowledged" : true,
```

```
  "persistent" : {
    "cluster" : {
      "routing" : {
        "allocation" : {
          "exclude" : {
            "_name" : "data-2.es.com, data-3.es.com"
          }
        }
      }
    }
  },
  "transient" : { }
}
```

다만 위 설정의 결과는 그림 6.5와 차이가 없다. exclude 설정을 통해서 특정 노드를 샤드 배치에서 제외시키려고 해도, 클러스터의 안정성을 유지하기 위한 최소한의 룰에 위배된다면 제외되지 않는다. 그림 6.5를 다시 한번 살펴보자. 만약 저 상태에서 data-2.es.com 노드를 exclude 설정을 통해 제외시킨다면, 모든 샤드가 data-1.es.com에만 배치되고 이는 data-1.es.com 노드의 장애가 클러스터 전체의 장애로 이어질 수 있기 때문에 클러스터의 안정성을 유지하기 위한 최소한의 룰에 위배된다. 따라서 exclude 명령이 무시된다.

이와 같이 ElasticSearch 클러스터는 샤드 배치 방식을 다양하게 바꿀 수 있다. 클러스터의 상황에 맞게 적절한 설정을 진행하여 최적화된 샤드 배치 전략을 수립하고 적용할 수 있다. 또한 이번 절에서 다룬 설정들은 서비스 중에 다운 타임 없이 변경이 가능하기 때문에 필요할 경우 다양하게 활용해서 클러스터의 안정성을 유지할 수 있다.

다음 절에서는 동적으로 클러스터나 인덱스의 설정을 변경할 수 있는 방법에 대해 살펴보자.

## 6.3 클러스터와 인덱스의 설정 변경

먼저 클러스터의 설정을 변경하는 방법을 살펴보자. 클러스터의 설정을 변경하는 방법은 앞 절에서도 잠깐 다루었다.

**코드 6.17 클러스터 설정 변경 방법**

```
[user@data-3.es.com~]$ curl -X PUT "localhost:9200/_cluster/
settings?pretty" -H 'Content-Type: application/json' -d' ❶
{
  "persistent": {
    "cluster.routing.allocation.enable": "none"
  }
}
'
{
  "acknowledged" : true,
  "persistent" : {
    "cluster" : {
      "routing" : {
        "allocation" : {
          "enable" : "none"
        }
      }
    }
  },
  "transient" : { }
}
```

클러스터의 설정은 코드 6.17의 ❶과 같이 cluster/settings라는 API를 통해서 변경할 수 있다. settings 앞에 cluster가 있는데 이런 형태의 API를 클러스터 API라고 부르며, 클러스터 전체를 대상으로 설정을 변경할 때 클러스터 API를 활용한다. 코드 6.18은 현재 클러스터에 적용된 설정을 확인하는 방법이다.

**코드 6.18 클러스터 설정 확인 방법**

```
[user@data-3.es.com~]$ curl -X GET "localhost:9200/_cluster/
settings?pretty"
{
  "persistent" : { }, ❶
  "transient" : { } ❷
}
```

❶ 영구히 적용되는 설정들이다. 아무런 값이 없으면 각 항목의 기본값이 자동으로 적용된다. 여기에 설정한 값은 클러스터를 재시작해도 유지된다.

❷ 클러스터가 운영 중인 동안에만 적용되는 설정들이다. ❶과 마찬가 지로 아무런 값이 없다면 각 항목의 기본값이 적용된다. ❶과는 다 르게 여기에 설정한 값은 클러스터를 재시작하면 초기화된다.

기본적인 설정값은 elasticsearch.yml 파일을 통해서도 설정할 수 있는 데 만약 ❶과 ❷ 그리고 elasticsearch.yml 파일 세 군데에 같은 설정을 다른 값으로 설정했다면 실제로 적용되는 우선순위는 그림 6.6과 같다.

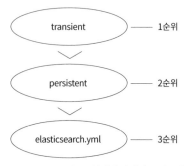

**그림 6.6** 설정값 사이의 우선순위

그렇다고 해서 클러스터 API를 통해서 transient와 persistent에 모든 항 목을 설정할 수 있는 것은 아니다. 클러스터와 관련된 항목 외에 노드별 로 설정할 수 있는 항목들은 elasticsearch.yml 파일에서만 설정할 수 있다. 노드의 역할을 정의하는 설정이 여기에 해당한다.

그림 6.6과 같은 우선순위에 따라 노드별로 설정해야 하는 항목과 변 경되지 않고 클러스터에 공통으로 필요한 설정은 elasticsearch.yml 파 일에 설정하고, 자주 변경되지는 않지만 간헐적으로 변경이 필요한 설 정은 클러스터 API를 통해 persistent에, 자주 변경되는 설정은 클러스 터 API를 통해 transient에 설정하는 것이 좋다. 예를 들어 노드의 디스 크 사용량 임계치 설정은 데이터 노드의 디스크 사용률이 대부분 비슷 한 수준으로 유지될 것이기 때문에 persistent에 설정하여 운영하고, 자 주 변경되는 샤드 할당 활성/비활성화 설정은 transient 모드에 정의하 여 운영할 수 있다.

**코드 6.19 클러스터 API를 통한 클러스터 설정 예시**

```
[user@data-3.es.com~]$ curl -X PUT "localhost:9200/_cluster/
settings?pretty" -H 'Content-Type: application/json' -d'
{
  "persistent": {
    "cluster.routing.allocation.node_concurrent_recoveries": 4,
    "cluster.routing.allocation.disk.watermark.low": "90%",
    "cluster.routing.allocation.disk.watermark.high": "95%",
    "cluster.routing.allocation.disk.watermark.flood_stage": "98%",
    "cluster.info.update.interval": "10s"
  },
  "transient": {
    "cluster.routing.allocation.enable": "primaries"
  }
}
'

{
  "acknowledged" : true,
  "persistent" : {
    "cluster" : {
      "routing" : {
        "allocation" : {
          "node_concurrent_recoveries" : "4",
          "disk" : {
            "watermark" : {
              "low" : "90%",
              "flood_stage" : "98%",
              "high" : "95%"
            }
          }
        }
      },
      "info" : {
        "update" : {
          "interval" : "10s"
        }
      }
    }
  },
  "transient" : {
    "cluster" : {
      "routing" : {
        "allocation" : {
          "enable" : "primaries"
        }
```

```
        }
      }
    }
}
```

운영 중에 수정이 빈번한 몇 가지 설정들을 살펴보자. elasticsearch. yml 파일의 Discovery 항목에 설정해놓은 discovery.zen.minimum_ master_nodes 설정도 아래와 같이 동적으로 변경할 수 있다.

코드 6.20 discovery.zen.minimum_master_nodes 설정 변경

```
[user@data-3.es.com~]$ curl -X PUT "localhost:9200/_cluster/
settings?pretty" -H 'Content-Type: application/json' -d'
{
  "transient": {
    "discovery.zen.minimum_master_nodes": 1 ❶
  }
}
'
{
  "acknowledged" : true,
  "persistent" : { },
  "transient" : {
    "discovery" : {
      "zen" : {
        "minimum_master_nodes" : "1"
      }
    }
  }
}
```

클러스터 API의 transient 설정은 elasticsearch.yml 파일보다 우선순 위가 높기 때문에 elasticsearch.yml 파일에 discovery.zen.minimum_ master_nodes 값이 2로 설정되어 있더라도 클러스터 transient 설정에 의해 minimum_master_nodes는 1이 적용된다(❶).

또한, 클러스터 내 인덱스에 샤드 복구가 필요한 경우 노드당 사용할 수 있는 최대 네트워크 트래픽을 설정할 수 있다. 샤드 배치와 재배치 작업은 노드들 사이에서 샤드가 계속 이동하기 때문에 네트워크 트래픽 이 많이 발생하고, 이로 인해 서비스에 문제가 생길 수 있다. 이런 문제 를 방지하기 위해 환경에 맞는 설정이 필요하다(코드 6.21).

**코드 6.21 인덱스 복구 시 사용 가능한 최대 네트워크 트래픽 설정 변경**

```
[user@data-3.es.com~]$ curl -X PUT "localhost:9200/_cluster/
settings?pretty" -H 'Content-Type: application/json' -d'
{
  "persistent": {
    "indices.recovery.max_bytes_per_sec": "100mb" ❶
  }
}
'
{
  "acknowledged" : true,
  "persistent" : {
    "indices" : {
      "recovery" : {
        "max_bytes_per_sec" : "100mb"
      }
    }
  },
  "transient" : { }
}
```

❶ 노드 장애 발생 후 복구 시 각 노드에서 샤드의 재배치 등 데이터를 주고받게 되는데, 이때 네트워크 트래픽의 최댓값이다. 코드 6.22 의 설정을 통해서 노드들이 최대 초당 100MB씩 데이터를 주고받을 수 있다. 기본값은 40MB이다. 이 값이 너무 크면 노드 간 주고받는 네트워크 트래픽이 너무 커져서 다른 서비스에 영향을 줄 수 있으니 주의해서 설정해야 한다. 다만 기본값인 40MB는 작은 편이어서 시스템 네트워크 환경을 고려하여 가급적 늘리는 것을 추천한다.

다음은 X-Pack 모니터링 관련 설정이다. ElasticSearch 6.3 버전 이후로 ElasticSearch를 설치하면 X-Pack이 자동으로 같이 설치된다. 해당 설정의 활성화는 Kibana의 모니터링 활성화 버튼 클릭만으로 가능한데 (3.3 "X-Pack 모니터링 기능을 활용한 클러스터 모니터링" 참고) 이후 비활성화하기 위해서는 코드 6.22와 같은 설정이 필요하다.

**코드 6.22 X-Pack 모니터링 비활성화 설정 방법**

```
[user@data-3.es.com~]$ curl -X PUT "localhost:9200/_cluster/
settings?pretty" -H 'Content-Type: application/json' -d'
```

```
{
  "persistent": {
    "xpack.monitoring.collection.enabled": "false" ❶
  }
}
'
{
  "acknowledged" : true,
  "persistent" : {
    "xpack" : {
      "monitoring" : {
        "collection" : {
          "enabled" : "false"
        }
      }
    }
  },
  "transient" : { }
}
```

❶ Kibana의 모니터링 기능을 사용하지 않기 위해 false로 지정한다.

지금까지 클러스터 API를 통해 변경할 수 있는 설정은 어떤 것이 있는 지 살펴봤다. 설정을 변경하는 것 외에도 클러스터 API를 통해 다양한 정보를 확인할 수 있다. 앞서 알아본 클러스터의 세팅 정보 확인과 함께 자주 사용하는 조회 기능으로, unassigned 샤드가 발생했을 때 unassigned 샤드가 발생한 원인을 확인할 수 있는 기능을 제공한다. 이 기능은 explain 기능이라고 한다. 코드 6.23을 살펴보자.

**코드 6.23 클러스터 API의 explain 기능**

```
[user@data-3.es.com~]$ curl -X GET "localhost:9200/_cluster/allocation/
explain?pretty"
{
  "index" : "user",
  "shard" : 3,
  "primary" : false,
  "current_state" : "unassigned",
  "unassigned_info" : {
    "reason" : "NODE_LEFT", ❶
    "at" : "2019-07-19T13:06:03.206Z",
    "details" : "node_left[tLUO06yzSsCITsxCVG_kQw]", ❷
```

```
    "last_allocation_status" : "no_attempt"
},
"can_allocate" : "allocation_delayed",
"allocate_explanation" : "cannot allocate because the cluster is
 still waiting 55.3s for the departed node holding a replica to
 rejoin, despite being allowed to allocate the shard to at least one
 other node", ❸
"configured_delay_in_millis" : 60000,
"remaining_delay_in_millis" : 55318,
"node_allocation_decisions" : [
  {
    "node_id" : "zwohgGcNR-uTrK4aQUH33w",
    "node_name" : "data-1.es.com",
    "transport_address" : "172.31.1.63:9300",
    "node_attributes" : {
      "ml.machine_memory" : "8199827456",
      "ml.max_open_jobs" : "20",
      "xpack.installed" : "true",
      "ml.enabled" : "true"
    },
    "node_decision" : "yes"
  },
  {
    "node_id" : "aTFYCcpySyqYfSpF7QP-1Q",
    "node_name" : "data-2.es.com",
    "transport_address" : "172.31.9.99:9300",
    "node_attributes" : {
      "ml.machine_memory" : "8199823360",
      "ml.max_open_jobs" : "20",
      "xpack.installed" : "true",
      "ml.enabled" : "true"
    },
    "node_decision" : "no",
    "store" : {
      "matching_sync_id" : true
    },
    "deciders" : [
      {
        "decider" : "same_shard",
        "decision" : "NO",
        "explanation" : "the shard cannot be allocated to the
          same node on which a copy of the shard already exists
          [[user][3], node[aTFYCcpySyqYfSpF7QP-1Q], [P], s[STARTED],
          a[id=-SEm5vZ8SYea3WQZq4Atgw]]"
      }
    ]
```

```
    }
  ]
}
```

❶ unassigned 샤드가 발생한 원인을 간략하게 알려준다. NODE_
   LEFT 메시지를 통해 해당 샤드가 배치된 노드에 장애가 발생해 클
   러스터에서 제외되었음을 알 수 있다.

❷ ❶보다 조금 더 자세한 정보를 볼 수 있다. 어떤 노드가 클러스터에
   서 제외되었는지 알 수 있다.

❸ 현재 클러스터의 샤드 배치 정보를 알려 준다. 배치되지 않은 샤드
   가 있을 때에만 메시지가 노출되며, 샤드가 왜 배치되지 않았는지
   설명을 통해 알 수 있다. 여기서는 클러스터에서 제외된 노드가 복
   구되기를 60초 동안 기다린다는 메시지를 보여준다.

마스터 노드에서 로그를 통해 unassigned 샤드가 발생한 원인을 좀 더
자세히 확인할 수 있지만, 위와 같이 explain 기능을 통해 빠른 원인 확
인도 가능하다. 또한, explain 기능은 코드 6.8에서 살펴본 샤드 reroute
의 retry_failed 옵션과 함께 유용하게 사용된다. unassigned 샤드가
발생한 원인을 빠르게 확인하고 원인을 제거하여 retry_failed 샤드를
복구시키는 형태로 사용하면 간결하고 빠르게 unassigned 상태의 샤드
를 정상화시킬 수 있다.

　이번에는 인덱스를 대상으로 동적으로 설정을 확인하고 변경하는 인
덱스 API에 대해 살펴보자. 코드 6.24는 서비스 중에 인덱스의 레플리
카 샤드 개수를 변경하는 예제이다. 이 작업은 서비스 운영 중에도 수시
로 할 수 있다.

**코드 6.24 인덱스의 레플리카 샤드 개수 변경하기**

```
[user@data-3.es.com~]$ curl -X PUT "localhost:9200/user/_ ❶
settings?pretty" -H 'Content-Type: application/json' -d'
{
  "index.number_of_replicas": 0 ❷
}
'
```

```
{
  "acknowledged" : true
}
```

❶ 두 번째 URI에는 설정을 변경할 인덱스 이름을 입력한다. 코드 6.24
에서는 user라는 인덱스의 설정을 바꾼다.

❷ 인덱스의 레플리카 샤드 개수이다. 코드 6.24와 같이 0으로 하면 모
든 레플리카 샤드를 삭제한다.

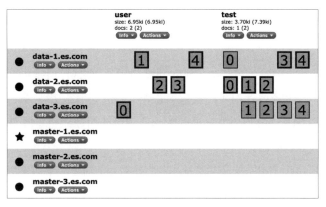

**그림 6.7 복제 개수가 변경된 인덱스**

그림 6.7을 보면 코드 6.24의 설정 변경으로 인해 user 인덱스의 모든
레플리카 샤드가 삭제됐다.

다음으로 빈번하게 변경하는 설정값으로는 refresh_interval이 있
다. refresh_interval은 색인 성능에 영향을 주는 중요한 설정 중 하나
로, 색인된 결과를 디스크로 저장해서 검색 가능하도록 만드는 주기를
결정한다. 이 값은 코드 6.25와 같이 변경할 수 있다.

 refresh_interval에 대한 상세한 설명은 10장 "색인 성능 최적화하기"에서 더
자세히 다룰 예정이다. 이번 장에서는 해당 설정이 존재한다는 것과 변경하는
방법 정도만 살펴보자.

**코드 6.25 refresh_interval 설정 변경**

```
[user@data-3.es.com~]$ curl -X PUT "localhost:9200/user/_
settings?pretty" -H 'Content-Type: application/json' -d'
{
  "index.refresh_interval": "30s" ❶
}
'
{
  "acknowledged" : true
}
```

❶ 변경하고자 하는 값을 기입해 준다. 여기서는 30s, 즉 30초로 값을
변경했다.

지금까지는 인덱스 이름을 통해서 개별 작업을 했으나, 때에 따라서 여
러 개의 인덱스에 동시에 설정을 적용해야 하는 경우도 있다. 동시에 여
러 개의 인덱스에 작업하는 방법은 _all 지시자 사용과 와일드 카드 사
용, 두 가지가 있다.

먼저 _all 지시자를 살펴보자. 전체 인덱스의 레플리카 샤드 개수를
조절하거나 refresh_interval을 변경하기 위해서 인덱스 API를 통해
인덱스 이름을 하나씩 지정하면서 변경할 수는 없다. 이럴 때 _all 지시
자를 사용하면 모든 인덱스의 값을 한번에 변경할 수 있다.

**코드 6.26 전체 인덱스의 설정을 변경하는 경우**

```
[user@data-3.es.com~]$ curl -X PUT "localhost:9200/_all❶/_
settings?pretty" -H 'Content-Type: application/json' -d'
{
  "index.refresh_interval": "30s"
}
'
{
  "acknowledged" : true
}
```

❶ 특정 인덱스 이름 대신 _all로 설정하여 클러스터에 존재하는 전체
인덱스에 동일한 설정을 적용한다.

만약 전체 인덱스가 아니라 특정한 몇 개의 인덱스만 설정을 변경하려 한다면 와일드카드와 같은 정규식을 사용할 수 있다. 예를 들어 user로 시작하는 모든 인덱스를 변경하려 할 때는 user*를, 또 2019년 7월 1일에 생성된 모든 인덱스를 변경하려 할 때는 *-2019.07.01를 적용하면 다수의 인덱스에 변경 작업을 할 수 있다.

## 6.4 인덱스 API

ElasticSearch에서는 인덱스의 설정을 동적으로 변경하는 방법 외에 인덱스를 대상으로 한 다양한 API를 지원한다. 이 중 자주 사용되는 인덱스 API에 대해 살펴보도록 하자. 우리가 다뤄볼 인덱스 API를 표 6.9에 정리해 놓았다.

| 옵션 | 설명 |
| --- | --- |
| open/close | 인덱스를 open/close하는 API |
| aliases | 인덱스에 별칭을 부여하는 API |
| rollover | 인덱스를 새로운 인덱스로 분기시키는 API |
| refresh | 문서를 세그먼트로 내리는 주기를 설정하는 API |
| forcemerge | 샤드 내의 세그먼트를 병합시키는 API |
| reindex | 인덱스를 복제하는 API |

표 6.9 자주 사용되는 인덱스 API

위 API들은 특정 상황에서의 인덱스 설정을 변경하기 위해서도 사용되고, 장기간 데이터를 보관해야 하는 경우에도 사용된다.

### 6.4.1 open/close API

open/close API는 인덱스를 사용 가능한 상태/불가능한 상태로 만드는 API이다. 신규로 인덱스를 생성하면 인덱스는 색인과 검색이 가능한 상태로 생성된다. 이 상태를 open 상태라고 한다. 해당 인덱스를 구성하는 샤드들은 클러스터를 구성하는 전체 샤드 개수에 포함된다. 이 상태에서 close API를 사용하면 인덱스는 더 이상 색인할 수도, 검색할 수도 없는 상태가 되는데 이 상태를 close 상태라고 한다. 인덱스를 close 상태로 변경하면 해당 인덱스에는 접근할 수 없게 되지만 open API를 통해서 open 상태로 변경하면 언제든지 사용 가능하다. 인덱스 open/close API는 코드 6.27과 같이 설정한다.

**코드 6.27 open/close API 설정 방법**

```
[user@data-3.es.com~]$ curl -X POST "localhost:9200/user/_close?pretty"
-H 'Content-Type: application/json'
{
  "acknowledged" : true
}
[user@data-3.es.com~]$ curl -X POST "localhost:9200/user/_open?pretty"
-H 'Content-Type: application/json'
{
  "acknowledged" : true,
  "shards_acknowledged" : true
}
```

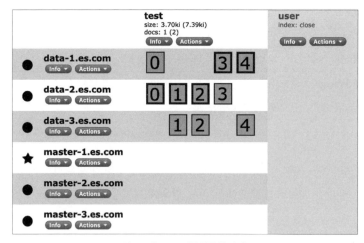

그림 6.8 close API를 적용한 인덱스

> ElasticSearch 공식 한글 플러그인 Nori의 사전 파일 수정 시에도 해당 내용을 적용하기 위해 인덱스를 close시킨 후 다시 open한다.

## 6.4.2 aliases API

다음은 인덱스에 별칭을 부여할 수 있는 aliases API이다. 별칭을 통해 클라이언트는 인덱스의 이름뿐만 아니라 별칭으로도 인덱스에 접근할 수 있게 된다. aliases API는 코드 6.28과 같이 설정한다.

코드 6.28 _aliases API 추가 설정 방법

```
[user@data-3.es.com~]$ curl -X POST "localhost:9200/_aliases?pretty" -H
'Content-Type: application/json' -d'
{
  "actions" : [
    { "add" : { "index" : "test1", "alias" : "alias1" } } ❶
  ]
}
'
{
  "acknowledged" : true
}
```

❶ alias 방식을 설정할 수 있다. add는 alias를 생성하고, remove는 alias를 삭제한다. 또한 alias를 설정할 인덱스와 alias의 이름을 입력한다. 코드 6.28과 같이 alias를 설정하면 test1 인덱스에 alias1이라는 이름이 설정된다. 그러면 test1 인덱스에 접근하기 위해서 원래의 이름을 사용해도 되지만 alias1이라는 이름으로도 접근할 수 있다.

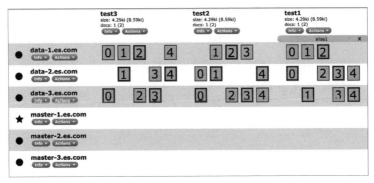

그림 6.9 aliases API를 적용한 인덱스

alias는 여러 개의 인덱스에 걸쳐서 설정할 수도 있고, 패턴 매칭으로도 설정할 수 있다.

**코드 6.29 여러 개의 인덱스에 걸쳐 alias를 설정하는 방법**

```
[user@data-3.es.com~]$ curl -X POST "localhost:9200/_aliases?pretty" -H
'Content-Type: application/json' -d'
{
  "actions" : [
    { "add" : { "indices" : [ "test1", "test2" ], "alias" : "alias2" } } ❶
  ]
}
'
{
  "acknowledged" : true
}
[user@data-3.es.com~]$ curl -X POST "localhost:9200/_aliases?pretty" -H
'Content-Type: application/json' -d'
{
  "actions" : [
    { "add" : { "index" : "test*", "alias" : "alias3" } } ❷
  ]
}
'
{
  "acknowledged" : true
}
```

❶ test1, test2 두 개의 인덱스에 alias2라는 이름을 설정한다. alias2 라는 이름으로 접근하면 test1, test2 두 개의 인덱스에 접근할 수 있게 된다.

❷ test로 시작하는 모든 인덱스에 alias3이라는 이름을 설정한다. alias3이라는 이름으로 접근하면 test로 시작하는 모든 인덱스에 접근할 수 있게 된다.

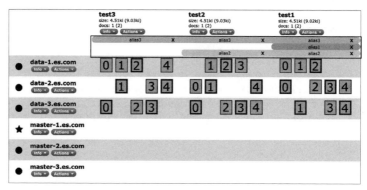

그림 6.10 여러 개의 인덱스에 걸쳐 _aliases API 적용

alias와 관련해서 주의해야 할 점이 있는데 코드 6.28과 같이 단일 인덱스에 설정된 alias는 별칭을 통해서 색인과 검색이 모두 가능하지만, 코드 6.29와 같이 여러 개의 인덱스에 걸쳐 설정된 alias의 경우에는 별칭을 통해서는 색인이 되지 않고 검색만 가능하다. 여러 개의 인덱스에 걸쳐 alias를 설정할 때는 이에 대해서 반드시 인지하고 설정해야 한다.

**코드 6.30 색인이 되지 않는 경우**

```
[user@data-3.es.com~]$ curl -X POST "localhost:9200/_aliases?pretty" -H
'Content-Type: application/json' -d'
{
  "actions" : [
    { "add" : { "indices" : [ "test1", "test2" ], "alias" : "readonly_
alias" } }
  ]
}
'
{
  "acknowledged" : true
}
[user@data-3.es.com~]$ curl -X POST "localhost:9200/readonly_alias/_
doc?pretty" -H 'Content-Type: application/json' -d'
{
  "alias name": "readonly_alias",
  "description": "This is an alias composed by two indices. Read
permitted only."
}
'
{
```

```
  "error" : {
    "root_cause" : [
      {
        "type" : "illegal_argument_exception",
        "reason" : "no write index is defined for alias [readonly_
        alias]. The write index may be explicitly disabled using is_
        write_index=false or the alias points to multiple indices
        without one being designated as a write index" ❶
      }
    ],
    "type" : "illegal_argument_exception",
    "reason" : "no write index is defined for alias [readonly_alias].
    The write index may be explicitly disabled using is_write_
    index=false or the alias points to multiple indices without one
    being designated as a write index"
  },
  "status" : 400
}
```

❶ 여러 개의 인덱스에 걸쳐 alias를 설정하여 색인에 실패했음을 설명
하고 있다.

여러 개의 인덱스에 걸쳐 생성된 alias가 있을 때 close API를 사용해서
인덱스가 하나라도 close된 상태라면 alias를 통한 검색 요청이 불가능
해진다.

**코드 6.31 alias에 close된 인덱스가 포함되어 있을 경우**

```
[user@data-3.es.com~]$ curl -X POST "localhost:9200/_aliases?pretty" -H
'Content-Type: application/json' -d '
{
  "actions": [
    { "add": { "indices": "test*", "alias": "closed_alias" } }
  ]
}'
{
  "acknowledged" : true
}
[user@data-3.es.com~]$ curl -X POST "localhost:9200/test3/_
close?pretty" -H 'Content-Type: application/json'
{
  "acknowledged" : true,
  "shards_acknowledged" : true,
```

```
  "indices" : {
    "test3" : {
      "closed" : true
    }
  }
}
[user@data-3.es.com~]$ curl -X GET "localhost:9200/closed_alias/_
search?pretty"
{
  "error" : {
    "root_cause" : [
      {
        "type" : "index_closed_exception",
        "reason" : "closed",
        "index_uuid" : "c__8SKxhQiqdk2HoMtp-uA",
        "index" : "test3"
      }
    ],
    "type" : "index_closed_exception",
    "reason" : "closed",
    "index_uuid" : "c__8SKxhQiqdk2HoMtp-uA",
    "index" : "test3"
  },
  "status" : 400
}
{
  "error" : {
    "root_cause" : [
      {
        "type" : "illegal_argument_exception",
        "reason" : "no write index is defined for alias [closed_alias].
        The write index may be explicitly disabled using is_write_
        index=false or the alias points to multiple indices without
        one being designated as a write index"
      }
    ],
    "type" : "illegal_argument_exception",
    "reason" : "no write index is defined for alias [closed_alias]. The
    write index may be explicitly disabled using is_write_index=false
    or the alias points to multiple indices without one being
    designated as a write index"
  },
  "status" : 400
}
```

### 6.4.3 rollover API

다음으로 rollover API에 대해 살펴보자. rollover API는 인덱스에 특정 조건을 설정하여 해당 조건을 만족하면 인덱스를 새로 만들고, 새롭게 생성된 인덱스로 요청을 받는 API이다.

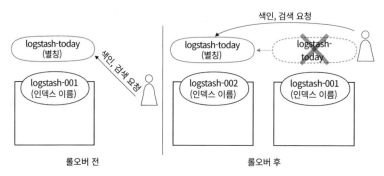

**그림 6.11 rollover API의 원리**

그림 6.11을 살펴보자. rollover API는 aliases API를 통한 별칭 설정이 반드시 필요한 API이다. 롤오버(rollover)하기 전에는 logstash-today 라는 인덱스 이름으로 색인과 검색 요청을 한다. logstash-today는 사실 aliases API를 통해서 logstash-001이라는 인덱스에 별칭으로 설정한 인덱스 이름이지만 사용자는 이에 대해 인지하지 못한 상태로 사용할 수 있다. 그 후 logstash-001의 인덱스에 너무 많은 문서가 색인되거나 용량이 커져서 인덱스를 하나 더 생성해야 한다면 rollover API를 이용해서 logstash-002라는 인덱스를 생성하고 logstash-today라는 별칭을 logstash-002로 변경한다. 사용자 입장에서는 아무런 작업을 하지 않아도 logstash-today라는 인덱스 이름을 유지한 채 계속해서 색인하고 검색할 수 있다. rollover API는 코드 6.32와 같이 사용한다.

**코드 6.32 rollover API 설정하는 방법**

```
[user@data-3.es.com~]$ curl -X PUT "localhost:9200/logs-000001?pretty"
-H 'Content-Type: application/json' -d'
{
  "aliases": { "logs_write": {} } ❶
}
```

```
'
{
  "acknowledged" : true,
  "shards_acknowledged" : true,
  "index" : "logs-000001"
}
[user@data-3.es.com~]$ curl -X POST "localhost:9200/logs_write/_
rollover?pretty" -H 'Content-Type: application/json' -d' ❷
{
  "conditions": { ❸
    "max_age": "7d",
    "max_docs": 2,
    "max_size": "5gb"
  }
}
'
{
  "acknowledged" : true,
  "shards_acknowledged" : true,
  "old_index" : "logs-000001",
  "new_index" : "logs-000002",
  "rolled_over" : true,
  "dry_run" : false,
  "conditions" : {
    "[max_size: 5gb]" : false,
    "[max_docs: 2]" : true, ❹
    "[max_age: 7d]" : false
  }
}
```

❶ log-000001에 logs_write라는 별칭을 설정한다.

❷ 별칭으로 생성된 인덱스 이름으로 rollover API를 호출한다.

❸ 롤오버할 조건을 설정한다. 여기서는 생성된 지 7일이 지나거나, 문
  서의 수가 2개 이상이거나, 인덱스의 크기가 5GB를 넘게 되면 롤오
  버한다. 지금처럼 여러 개의 조건 중 하나만 만족해도 롤오버한다.

❹ 문서의 개수가 2개를 넘어서 롤오버되었음을 알 수 있다.

rollover API의 경우는 어떤 경우에 롤오버하게 될지 설정할 조건이 중
요한데, 설정할 수 있는 조건은 표 6.10과 같다.

| 옵션 | 설명 |
|---|---|
| max_age | 인덱스가 생성된 순간부터의 시간 |
| max_docs | 인덱스에 저장된 문서 건수 |
| max_size | 인덱스의 프라이머리 샤드 크기 |

표 6.10 rollover API conditions 옵션

그림 6.12를 보면 그림 6.11과 유사하게 별칭이 새로 생성된 인덱스로 옮겨간 것을 볼 수 있다. 롤오버가 진행된 인덱스는 아래와 같이 새롭게 인덱스를 생성하고 생성된 인덱스로 별칭을 이동시켜준다. 이후에 리턴되는 메시지(❹)를 통해 어떤 조건에 의해 롤오버가 진행되었는지를 확인할 수 있다.

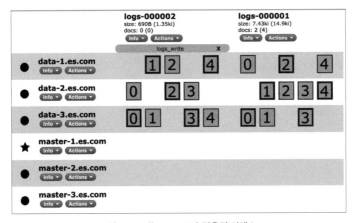

그림 6.12 rollover API가 적용된 인덱스

여기서 새롭게 생성된 인덱스는 rollover API를 통해 기존 인덱스 이름 logs-000001에 1을 더하여 logs-000002로 생성되었음을 확인할 수 있다. 새로 생성될 인덱스 이름을 사용자 정의 이름 패턴으로 만들고 싶다면 다음과 같이 인덱스 이름을 명시해주면 된다(코드 6.33).

코드 6.33 사용자 정의 이름 패턴으로 rollover API를 설정하는 방법

```
[user@data-3.es.com~]$ curl -X POST "localhost:9200/logs_write/_
rollover/new_index?pretty" -H 'Content-Type: application/json' -d' ❶
```

```
{
  "conditions": {
    "max_age": "7d",
    "max_docs": 2,
    "max_size": "5gb"
  }
}
'
{
  "acknowledged" : true,
  "shards_acknowledged" : true,
  "old_index" : "logs-000001",
  "new_index" : "new_index",
  "rolled_over" : true,
  "dry_run" : false,
  "conditions" : {
    "[max_size: 5gb]" : false,
    "[max_docs: 2]" : true,
    "[max_age: 7d]" : false
  }
}
```

❶ 코드 6.32와 다른 점은 _rollover 뒤에 URI가 하나 더 추가되었다
는 점인데, 이렇게 추가된 URI가 롤오버한 후에 새롭게 만들어질 인
덱스의 이름이 된다. 코드 6.33의 예제에서는 log-000001 다음으로
new_index라는 이름으로 생성되었음을 확인할 수 있다.

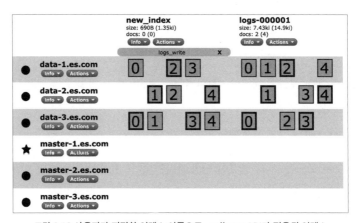

그림 6.13 사용자가 지정한 인덱스 이름으로 _rollover API가 적용된 인덱스

롤오버가 진행되면 새롭게 인덱스가 생성되기 때문에 의도치 않게 롤오버가 진행되었을 때에 되돌리기 어려울 수 있다. 이러한 문제를 예방하기 위하여 rollover API는 모의 실행을 할 수 있는 dry_run 모드를 지원한다.

**코드 6.34 rollover API의 dry_run 모드 설정 방법**

```
[user@data-3.es.com~]$ curl -X POST "localhost:9200/logs_write/_
rollover/new_index?dry_run&pretty" -H 'Content-Type: application/❶
json' -d'
{
  "conditions": {
    "max_age": "7d",
    "max_docs": 2,
    "max_size": "5gb"
  }
}
'
{
  "acknowledged" : false,
  "shards_acknowledged" : false,
  "old_index" : "logs-000001",
  "new_index" : "new_index",
  "rolled_over" : false,
  "dry_run" : true, ❷
  "conditions" : {
    "[max_size: 5gb]" : false,
    "[max_docs: 2]" : true,
    "[max_age: 7d]" : false
  }
}
```

❶ dry_run 모드로 호출하기 위해 dry_run이라는 쿼리 스트링을 추가했다.

❷ dry_run 모드로 호출했다.

dry_run 모드는 실제 변경이 적용되지는 않고 변경이 적용되면 어떻게 되는지를 보여주기 때문에 실제 롤오버하기 전에 어떻게 변경되는지 확인해 볼 수 있다.

### 6.4.4 refresh API

다음은 refresh API에 대해 살펴보자. 앞서 인덱스의 동적 설정 변경을 통해서 refresh_interval 설정을 바꾸는 방법을 살펴보았다. refresh API는 refresh_interval과 상관없이 메모리 버퍼 캐시에 있는 문서들을 바로 세그먼트로 저장해주는 API이다. 사용 방법은 코드 6.35와 같다.

코드 6.35 refresh API 설정 방법

```
[user@data-3.es.com~]$ curl -X POST "localhost:9200/user/_
refresh?pretty" -H 'Content-Type: application/json'
{
  "_shards" : {
    "total" : 10,
    "successful" : 10,
    "failed" : 0
  }
}
```

refresh API를 호출한 user 인덱스는 refresh_interval 주기를 기다리지 않고 버퍼 캐시에 머물러 있던 사용자의 문서를 바로 디스크 세그먼트에 저장하여 해당 문서를 검색 가능한 상태로 만들어 준다.

### 6.4.5 forcemerge API

forcemerge API는 인덱스의 샤드를 구성하는 수많은 세그먼트를 강제로 병합하는 API이다(코드 6.36).

코드 6.36 forcemerge API 설정 방법

```
[user@data-3.es.com~]$ curl -X POST "localhost:9200/user/_
forcemerge?max_num_segments=10&pretty" -H 'Content-Type: application/❶
json'
{
  "_shards" : {
    "total" : 10,
    "successful" : 10,
    "failed" : 0
  }
}
```

❶ max_num_segments 옵션으로 샤그 내 세그먼트들을 몇 개의 세그먼트로 병합할 것인지 설정한다. 여기서는 10으로 설정했다.

forcemerge는 성능에 영향을 줄 수 있는 API이기 때문에 조금 더 자세히 살펴보자.

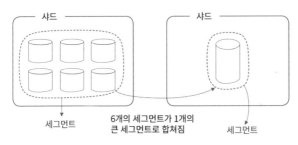

그림 6.14 forcemerge API의 원리

forcemerge API는 샤드를 구성하는 수많은 세그먼트들을 큰 세그먼트로 합치는 작업이다. 몇 개의 큰 세그먼트로 합치느냐에 대한 값은 코드 6.36의 max_num_segments에 설정한다. forcemerge API는 해당 인덱스에 속한 모든 샤드를 대상으로 진행하기 때문에 병합의 대상이 되는 세그먼트들은 샤드의 개수에 비례해서 증가하고 때에 따라서는 많은 양의 디스크 I/O 작업을 일으킨다. 따라서 너무 많은 세그먼트를 대상으로 forcemerge API 작업을 진행하면 성능 저하를 일으킬 수 있다. 또한 계속 문서의 색인이 일어나고 있는 인덱스라면 세그먼트에 대한 변경 작업이 계속되기 때문에 forcemerge API 작업은 하지 않는 것이 좋다. 그래서 forcemerge API 작업은 세그먼트에 대한 변경 작업이 더 이상 발생하지 않는, 즉 과거 로그 데이터와 같은 인덱스에 적용하는 것이 좋다. forcemerge API를 적용하면 세그먼트들이 차지하는 디스크 용량도 절약할 수 있고, 세그먼트의 수가 줄어들기 때문에 검색 성능도 향상시킬 수 있다.

## 6.4.6 reindex API

이번에는 인덱스를 복제하는 기능인 reindex API에 대해 살펴보자. 클러스터를 운영하다 보면 인덱스를 마이그레이션해야 하는 경우가 종종 발생한다. 9장 "검색 엔진으로 활용하기"에서 배우게 될 인덱스의 analyzer 변경이나 클러스터의 마이그레이션이 대표적인 예이다. 이때 사용할 수 있는 API가 reindex API이며 사용 방법은 코드 6.37과 같다.

코드 6.37 _reindex API 설정 방법

```
[user@data-3.es.com~]$ curl -X POST "localhost:9200/_reindex?pretty" -H
'Content-Type: application/json' -d'
{
  "source": {
    "index": "test" ❶
  },
  "dest": {
    "index": "new_test" ❷
  }
}
'
{
  "took" : 182,
  "timed_out" : false,
  "total" : 2,
  "updated" : 0,
  "created" : 2,
  "deleted" : 0,
  "batches" : 1,
  "version_conflicts" : 0,
  "noops" : 0,
  "retries" : {
    "bulk" : 0,
    "search" : 0
  },
  "throttled_millis" : 0,
  "requests_per_second" : -1.0,
  "throttled_until_millis" : 0,
  "failures" : [ ]
}
```

❶ reindex의 원본 인덱스이다.

❷ reindex의 목적지 인덱스이다.

코드 6.37의 예제는 test라는 인덱스의 모든 문서를 new_test라는 인덱스에 새롭게 색인하는 예제이다. reindex API는 주로 사용 중인 인덱스의 analyzer를 변경할 때 필요하다. 인덱스의 검색 결과나 성능 향상을 위해서 analyzer를 바꿔야 한다고 가정해 보자. 현재 사용 중인 인덱스에서는 이미 문서들의 색인이 끝난 상태이기 때문에 analyzer를 바꿔도 효과가 없다. 그래서 analyzer를 바꾸기로 결정했다면 새로운 인덱스를 만들어서 새롭게 색인해 주어야 하고, 이때 reindex API를 사용하면 별도의 작업을 하지 않아도 새로운 인덱스에 변경된 analyzer로 색인이 된다.

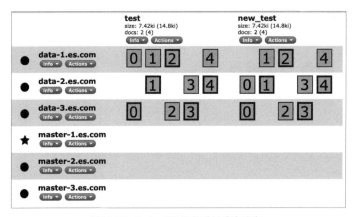

그림 6.15 reindex API 를 통해 복제된 인덱스

만약 클러스터 내부에서 일어나는 인덱스 간의 reindex API 호출이 아니라 클러스터 간의 데이터 마이그레이션이 필요한 경우에는 어떻게 할 수 있을까? 클러스터 간 데이터 마이그레이션을 위해서는 elasticsearch .yml 파일에 whitelist 설정을 통해 reindex API를 사용할 수 있다(코드 6.38).

코드 6.38 목적지 클러스터 elasticsearch.yml 파일에 whitelist 설정

```
reindex.remote.whitelist: "data1-es.com:9200, 127.0.10.*:9200,
localhost:*"
```

코드 6.38과 같이 원본 클러스터에 접근할 수 있는 도메인이나 IP를 기준으로 와일드카드 패턴 매칭도 지원한다. 목적지 클러스터의 노드들에 있는 elasticsearch.yml 파일에 whitelist 설정을 해두면 원본 클러스터로부터 인덱스를 복제할 수 있다. 원본 클러스터와 목적지 클러스터 중 어디에 whitelist를 설정해야 하는지 헷갈릴 수 있는데 그림 6.16과 같이 이해하면 된다.

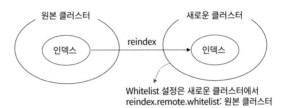

그림 6.16 whiltelist 관계

whiltelist 설정이 완료된 클러스터 간 reindex API 호출은 코드 6.39와 같이 진행한다.

코드 6.39 클러스터 간 reindex API 설정 방법

```
[user@new-node-1.es.com~]$ curl -X POST "localhost:9200/_
reindex?pretty" -H 'Content-Type: application/json' -d'
{
  "source": {
    "remote": {
      "host": "http://data-1.es.com:9200"
    },
    "index": "test"
  },
  "dest": {
    "index": "dest_test"
  }
}
'
{
  "took" : 1050,
  "timed_out" : false,
  "total" : 2,
  "updated" : 0,
  "created" : 2,
```

```
  "deleted" : 0,
  "batches" : 1,
  "version_conflicts" : 0,
  "noops" : 0,
  "retries" : {
    "bulk" : 0,
    "search" : 0
  },
  "throttled_millis" : 0,
  "requests_per_second" : -1.0,
  "throttled_until_millis" : 0,
  "failures" : [ ]
}
```

코드 6.39와 같이 reindex API를 사용하면 크러스터 간 데이터 복제도
효율적으로 진행할 수 있다.

지금까지 클러스터를 대상으로 요청하는 API들과 인덱스를 대상으
로 요청하는 API들에 대해 살펴보았다. ElasticSearch API를 처음 사용
하는 사용자가 가장 혼동하기 쉬운 부분이 이러한 클러스터 API와 인덱
스 API의 구분이다. 앞서 살펴본 API들을 숙지하여 적절히 활용하도록
하자.

## 6.5 템플릿 활용하기

지금까지 인덱스의 설정을 온라인으로 변경하는 방법에 대해서 살펴보
았다. 하지만 인덱스가 생성될 때마다 인덱스 API를 통해서 동적으로
설정을 변경해야 한다면 굉장히 번거로울 것이다. 다행히 ElasticSearch
는 템플릿 API를 통해서 특정 패턴의 이름을 가진 인덱스에 설정이 자
동 반영되도록 하는 인터페이스를 제공한다. 이번 절에서는 템플릿 API
에 대해서 살펴보자. 먼저 템플릿 API를 통해서 정의할 수 있는 항목들
은 표 6.11과 같다.

| 항목 | 설명 |
| --- | --- |
| settings | 인덱스의 설정값 |

| mappings | 인덱스의 매핑 정보 |
|---|---|
| aliases | 인덱스의 alias 정보 |

**표 6.11 템플릿 API를 통해서 정의할 수 있는 항목**

코드 6.40을 보면서 위 설정들을 기준으로 인덱스 템플릿을 생성하는 방법을 알아보자.

**코드 6.40 인덱스 템플릿 생성 방법**

```
[user@data-3.es.com~]$ curl -X PUT "localhost:9200/_template/
mytemplate_1?pretty" -H 'Content-Type: application/json' -d' ❶
{
    "index_patterns" : ["test*"], ❷
    "order": 1, ❸
    "settings" : { ❹
        "number_of_shards" : 3,
        "number_of_replicas": 1
    },
    "mappings": { ❺
      "_doc": {
        "properties": {
          "test": {
            "type": "text"
          }
        }
      }
    },
    "aliases" : { ❻
        "alias1" : {}
    }
}
'
{
  "acknowledged" : true
}
[user@data-3.es.com~]$ curl -X PUT "localhost:9200/test-1?pretty" -H
'Content-Type: application/json'
{
  "acknowledged" : true,
  "shards_acknowledged" : true,
  "index" : "test-1"
}
```

❶ 템플릿의 이름이다. 여기에서 생성한 이름은 mytemplate_1이다.

❷ 템플릿이 적용될 인덱스의 이름 패턴을 정의한다. 정규식 적용이 가능하며 코드 6.40에서는 와일드카드 패턴을 적용해서 test로 시작하는 모든 인덱스에 템플릿의 내용이 적용되도록 했다.

❸ ❷에서 설정한 패턴이 겹치는 다른 템플릿이 존재한다면, 어떤 템플릿의 값을 적용할지 결정하는 역할을 한다. order 1인 템플릿과 order 2인 템플릿의 인덱스 패턴이 겹치고 템플릿 내에 동일한 설정을 가지고 있다면 order 2의 설정을 따른다.

❹ 프라이머리 샤드의 개수, 레플리카 샤드의 개수, analyzer 정의 등 인덱스의 기본 설정을 정의할 수 있다. 여기서는 프라이머리 샤드의 개수는 3개, 레플리카 샤드의 개수는 1개로 설정했다.

❺ 인덱스에 적용할 매핑 정보를 정의할 수 있다. 여기서는 문서가 색인되면 기본적으로 _doc 타입 밑에 test라는 text 형태의 필드가 생성된다.

❻ 앞에서 살펴본 alias에 대한 설정이다. 여기서는 인덱스가 생성되면 무조건 alias1이라는 별칭을 얻는다.

코드 6.40와 같이 템플릿을 생성한 후 test-1이라는 이름의 인덱스를 생성하면 코드 6.41과 같이 템플릿에 정의된 값들이 설정되는 것을 볼 수 있다.

**코드 6.41 인덱스 템플릿으로 생성된 인덱스 설정 확인**

```
[user@data-3.es.com~]$ curl -X GET "localhost:9200/test-1?pretty"
{
  "test-1" : {
    "aliases" : {
      "alias1" : { }
    },
    "mappings" : {
      "_doc" : {
        "properties" : {
          "test" : {
            "type" : "text"
          }
```

```
          }
        }
      },
      "settings" : {
        "index" : {
          "creation_date" : "1563616044087",
          "number_of_shards" : "3",
          "number_of_replicas" : "1",
          "uuid" : "4wAmWgjjTaSy4nRoGwEi3g",
          "version" : {
            "created" : "6060099"
          },
          "provided_name" : "test-1"
        }
      }
    }
  }
}
```

만약 서로 다른 템플릿을 동일한 인덱스 패턴으로 설정했다면 인덱스
는 어떤 템플릿의 설정을 적용 받아 생성될까? 앞서 코드 6.40에서 템플
릿을 정의할 때 사용하는 order 옵션을 살펴봤다. 동일한 인덱스 패턴
이 정의된 템플릿들의 설정은 order에 따라 우선순위가 정해진다(코드
6.42).

**코드 6.42 order 옵션에 의한 템플릿의 적용**

```
[user@data-3.es.com~]$ curl -X PUT "localhost:9200/_template/template_
order_0?pretty" -H 'Content-Type: application/json' -d' ❶
{
  "index_patterns" : ["order*"], ❷
  "order" : 0, ❸
  "settings" : {
    "number_of_shards" : 2, ❹
    "number_of_replicas" : 3 ❺
  }
}
{
  "acknowledged" : true
}
[user@data-3.es.com~]$ curl -X PUT "localhost:9200/_template/template_
order_1?pretty" -H 'Content-Type: application/json' -d' ❻
{
  "index_patterns" : ["order*"], ❼
```

```
    "order" : 1, ❽
    "settings" : {
      "number_of_shards" : 4 ❾
  }
}'
{
  "acknowledged" : true
}
```

❶ template_order_0이라는 이름의 템플릿을 생성한다.

❷ order로 시작하는 인덱스 생성 요청이 오면 패턴 매칭이 된다.

❸ order는 0으로 지정하였다.

❹ 프라이머리 샤드 개수를 2로 설정하였다.

❺ 레플리카 샤드 개수를 3으로 설정하였다.

❻ template_order_1이라는 이름의 템플릿을 생성한다.

❼ order로 시작하는 인덱스 생성 요청이 오면 패턴 매칭이 된다.

❽ order는 1로 지정하였다.

❾ 프라이머리 샤드 개수를 4로 설정하였다.

코드 6.42는 동일한 인덱스 패턴 매칭 룰을 가지고 있지만 프라이머리 샤드 개수를 각각 다르게 설정하도록 정의해 놓았다. 이러한 경우는 order가 높은 쪽의 설정이 적용된다. 단, 레플리카 샤드 개수 설정의 경우는 order 값이 높은 template_order_1 템플릿에는 정의되지 않은 설정이기 때문에 order 값이 낮은 template_order_0 템플릿의 설정을 따른다. 이제 order 인덱스를 생성하고 설정을 확인해 보자.

**코드 6.43 order 인덱스를 생성한 결과**

```
[user@data-3.es.com~]$ curl -X PUT "http://localhost:9200/order?pretty"
-H 'Content-Type: application/json'
{
  "acknowledged" : true,
  "shards_acknowledged" : true,
  "index" : "order"
}
[user@data-3.es.com~]$ curl -X GET "http://localhost:9200/order?pretty"
{
```

```
  "order" : {
    "aliases" : { },
    "mappings" : { },
    "settings" : {
      "index" : {
        "creation_date" : "1605109344902",
        "number_of_shards" : "4", ❶
        "number_of_replicas" : "3", ❷
        "uuid" : "INeMyJAIS82ze2ZxBP99Fg",
        "version" : {
          "created" : "7070199"
        },
        "provided_name" : "order"
      }
    }
  }
}
```

❶ order가 높은 템플릿의 설정을 적용 받아 4개의 프라이머리 샤드가
   설정되었다.

❷ order가 높은 템플릿에 없는 설정이어서 order가 낮은 템플릿의 설
   정을 적용 받아 3개의 레플리카 샤드가 설정되었다.

가급적이면 패턴이 겹치지 않도록 설정하는 것이 좋지만, 모든 인덱스
에 일괄적으로 적용하고 싶은 설정이 있다면 와일드카드 패턴을 활용하
여 order를 잘 조절하기만 해도 다양한 설정을 복합적으로 적용하여 인
덱스를 생성할 수 있다.

   템플릿의 설정 정보는 GET 요청을 통해 확인할 수 있다(코드 6.44).

**코드 6.44 템플릿 설정 확인**

```
[user@data-3.es.com~]$ curl -X GET "localhost:9200/_template/
mytemplate_1?pretty"
{
  "mytemplate_1" : {
    "order" : 1,
    "index_patterns" : [
      "test*"
    ],
    "settings" : {
      "index" : {
```

```
          "number_of_shards" : "3",
          "number_of_replicas" : "1"
        }
      },
      "mappings" : {
        "_doc" : {
          "properties" : {
            "test" : {
              "type" : "text"
            }
          }
        }
      },
      "aliases" : {
        "alias1" : { }
      }
    }
}
```

또한 현재 클러스터에 생성되어 있는 모든 템플릿의 목록도 확인할 수
있다(코드 6.45).

**코드 6.45 템플릿 전체 목록 확인하기**

```
[user@data-3.es.com~]$ curl -X GET "localhost:9200/_cat/templates?v"
name                               index_patterns              order       version ❶
.monitoring-alerts                 [.monitoring-alerts-6]      0           6050399
.monitoring-es                     [.monitoring-es-6-*]        0           6050399
.ml-notifications                  [.ml-notifications]         0           6060099
.monitoring-logstash               [.monitoring-logstash-6-*]  0           6050399
.ml-meta                           [.ml-meta]                  0           6060099
.monitoring-kibana                 [.monitoring-kibana-6-*]    0           6050399
security_audit_log                 [.security_audit_log*]      1000
mytemplate_1                       [test*]                     1
kibana_index_template:.kibana      [.kibana]                   0
.watches                           [.watches*]                 2147483647
.ml-anomalies-                     [.ml-anomalies-*]           0           6060099
.ml-state                          [.ml-state]                 0           6060099
.triggered_watches                 [.triggered_watches*]       2147483647
.monitoring-beats                  [.monitoring-beats-6-*]     0           6050399
.ml-config                         [.ml-config]                0           6060099
security-index-template            [.security-*]               1000
.watch-history-9                   [.watcher-history-9*]       2147483647
logstash-index-template            [.logstash]                 0
```

❶ 템플릿 이름, 인덱스 패턴, 템플릿 오더, 버전순으로 클러스터에 설정해 놓은 템플릿을 보여준다. 템플릿 버전은 사용자가 설정한 버전을 통해 템플릿을 관리할 수 있게 해주며 사용하지 않는다면 정의하지 않는다.

이와 같이 인덱스 템플릿 설정을 사용하면 매번 신경 쓸 필요 없이 다양한 설정을 한번에 쉽게 적용할 수 있다.

그렇다면 템플릿은 언제 사용하는 것이 좋을까? 10장 "색인 성능 최적화"에서 좀 더 자세히 살펴보겠지만 매핑 정보를 미리 정의하기 위한 정적 매핑을 적용할 때, 혹은 인덱스의 이름 패턴별로 서로 다른 프라이머리 샤드의 개수를 설정해야 할 때 사용할 수 있다. 특히 ElasticSearch에서 인덱스를 생성할 때 기본으로 사용하는 analyzer 혹은 프라이머리 샤드의 개수 등의 값을 변경할 때 요긴하게 사용될 수 있으니 템플릿 API의 사용법을 잘 익혀두는 것이 좋다.

## 6.6 마치며

이전까지는 클러스터를 구축하는 것에 초점을 맞추었다면 이번 장에서는 구축된 클러스터를 운영하기 위한 다양한 방법을 살펴보았다. 특히 Rolling Restart를 통한 버전 업그레이드 작업, 클러스터 API를 통한 클러스터의 설정 변경, 인덱스 API를 통한 인덱스의 설정 변경 작업 등은 클러스터를 운영하는 과정에서 빈번하게 진행하는 작업들이기 때문에 잘 익혀두는 것이 좋다. 이번 장에서 살펴본 내용을 정리하면 다음과 같다.

1. ElasticSearch 클러스터 운영 중에 서비스 중단 없이 버전 업그레이드를 진행하려면 Rolling Restart 방식을 사용하면 된다.
2. 클러스터 API를 통해 샤드의 배치 방식을 변경할 수 있으며, reroute, allocation, filtering 등의 방법을 사용할 수 있다.

3. 인덱스 API를 통해 인덱스의 다양한 설정값을 변경할 수 있으며,
   open/close, alias, rollover 등이 자주 사용하는 API이다.

4. 템플릿 API를 통해 인덱스가 생성될 때 기본으로 적용되는 설정값
   을 변경할 수 있다.

# 7장

# 클러스터 성능
# 모니터링과 최적화

현재 사용 중인 클러스터의 자원 상황은 어떤지, 요청을 얼마나 빠르게 그리고 얼마나 많이 처리하고 있는지 등의 지표를 수집하고 모니터링 하는 것은 매우 중요한 운영 업무 중 하나이다. 3장에서 살펴본 프로메 테우스나 X-Pack을 통해서 쉽고 편하게 모니터링할 수 있지만, 이런 지 표들을 어떻게 수집하는지, 각각의 지표가 어떤 의미인지 이해하는 것 이 매우 중요하다. 긴급하게 클러스터의 상태나 문제를 진단해야 할 때 는 모니터링 시스템을 살펴볼 시간적 여유가 없는 경우도 있다. 이번 장 에서는 클러스터의 상태를 모니터링하고 각각의 지표를 수집하는 방법, 그리고 지표를 해석하는 방법을 살펴볼 것이다. 이번 장에서 다룰 내용 은 다음과 같다.

- 클러스터의 상태를 확인하는 방법
- 클러스터를 구성하는 노드들의 상태와 정보를 확인하는 방법
- 인덱스와 샤드의 상태와 정보를 확인하는 방법
- 성능 지표를 확인하는 방법
- 성능과 관련된 문제를 해결하는 방법

# 7.1 클러스터의 상태 확인하기

우선 클러스터의 상태를 확인하는 방법을 알아보자. ElasticSearch는 cat API를 통해서 클러스터의 상태, 노드의 상태, 샤드의 상태 등 다양한 정보를 확인할 수 있는 인터페이스를 제공한다. 그 중에서도 _cat/health는 클러스터의 상태를 알려준다.

**코드 7.1 클러스터 상태 확인하기**

```
[root@elasticsearch-data01 ~]# curl -s http://localhost:9200/_cat/
health
1548382475 02:14:35 elasticsearch green 13 10 1124 562 0 0 0 0 - 100.0%
```

코드 7.1과 같이 클러스터의 노드들 중 아무 노드에서나 _cat/health를 호출하면 클러스터의 상태 정보를 확인할 수 있다. 하지만 위와 같이 출력되면 값들의 의미를 알아보기 힘들다. 옵션을 붙여서 사람이 인식하기 더 쉽게 출력해보자.

**코드 7.2 v 옵션을 추가한 API 호출 결과**

```
[root@elasticsearch-data01 ~]# curl -s http://localhost:9200/_cat/health?v
epoch       timestamp cluster        status node.total node.data shards pri relo init
unassign pending_tasks max_task_wait_time active_shards_percent
1548382500 02:15:00  elasticsearch green          13        10
1124 562    0    0        0                0                  -
100.0%
```

코드 7.2는 v 옵션을 뒤에 추가해서 API를 호출한 화면이다. 코드 7.1과는 달리 각 값에 대한 헤더를 포함하고 있다. 또한 cat API는 format과 pretty 옵션을 통해서 사람이 좀 더 인식하기 쉬운 형태로의 출력도 지원한다.

**코드 7.3 format과 pretty 옵션을 추가한 API 호출 결과**

```
[root@elasticsearch-data01 ~]# curl -s "http://localhost:9200/_cat/
health?format=json&pretty"
[
  {
    "epoch" : "1544448132", ❶
    "timestamp" : "13:22:12", ❷
```

```
      "cluster" : "elasticsearch", ❸
      "status" : "green", ❹
      "node.total" : "13", ❺
      "node.data" : "10", ❻,
      "shards" : "886", ❼
      "pri" : "443", ❽
      "relo" : "0", ❾
      "init" : "0", ❿
      "unassign" : "0", ⓫
      "pending_tasks" : "0", ⓬
      "max_task_wait_time" : "-", ⓭
      "active_shards_percent" : "100.0%" ⓮
  }
]
```

☑️ 코드 7.2, 7.3에 나오는 옵션은 모든 cat API에 동일하게 적용되는 옵션이다. 이후에 나올 다른 cat API에서도 활용할 수 있다는 것을 기억하자.

그럼 각 필드의 값이 나타내는 의미를 살펴보자.

❶ API를 호출한 시간을 UNIX 시간 형태로 표현한 숫자이다.

❷ API를 호출한 시간을 사람이 읽기 쉬운 형태로 표현한 값이다.

❸ 클러스터의 이름이다.

❹ 클러스터의 상태이다. 클러스터의 상태는 green, yellow, red 총 3개의 값이 있다.

❺ 클러스터를 구성하고 있는 전체 노드의 개수다.

❻ 클러스터를 구성하고 있는 노드들 중 데이터 노드의 개수다.

❼ 클러스터에 존재하는 전체 샤드의 개수다. 클러스터에 너무 많은 양의 샤드가 존재하면 성능 저하를 일으킬 수 있기 때문에 모니터링해야 할 중요 지표 중 하나이다.

❽ 클러스터에 존재하는 샤드들 중 프라이머리 샤드의 개수다. ❼에서 언급한 것과 같이 샤드의 개수는 클러스터의 성능에 영향을 줄 수 있기 때문에 모니터링해야 한다.

❾ 클러스터에서 재배치되고 있는 샤드의 개수다. 이 값이 0이 아니라면 샤드들이 재배치되고 있다는 뜻이다. 재배치되고 있는 샤드의 수

가 지나치게 많을 경우 클러스터 전체적으로 인덱싱 성능이나 검색 성능이 떨어질 수 있기 때문에 재배치되는 원인을 확인해야 한다. 재배치되는 원인에 대해서는 뒤에서 자세히 살펴볼 것이다.

❿ 클러스터에서 초기화되고 있는 샤드의 개수다. 이 값이 0이 아니라면 그만큼의 프라이머리 혹은 레플리카 샤드가 새롭게 배치되고 있음을 의미한다.

⓫ 클러스터에서 어느 노드에도 배치되지 않고 남아 있는 샤드의 개수다. 이 값이 0이 아니라면 그만큼의 샤드가 배치되지 않았다는 의미이다. 클러스터의 안정성에 문제가 발생할 수 있으므로 배치되지 않은 원인을 확인해 봐야 한다.

⓬ 클러스터의 유지·보수를 위한 작업 중 실행되지 못하고 큐에 쌓여 있는 작업의 개수다. 이 값이 0이 아니라면 클러스터가 부하 상황이거나 특정 노드가 서비스 불능 상태일 가능성이 있다.

⓭ ⓬에서 확인한 작업이 실행하기까지 소요된 최대 시간이다. 이 값이 클수록 작업이 실행되지 못하고 오랫동안 큐에 있었다는 뜻이다. 역시 클러스터의 부하 상황을 나타내는 지표로 활용된다.

⓮ 전체 샤드 중에서 정상적으로 동작하는 샤드의 비율이다. 100%가 아니라면 초기화 중이거나 배치되지 않은 샤드가 존재한다는 의미이다.

_cat/health를 통해서 확인할 수 있는 값들 중에 가장 중요한 상탯값에 대해서 조금 더 살펴보자.

상탯값은 green, yellow, red 총 3개의 값이 있다. 각 값의 의미는 표 7.1과 같다.

| 값 | 의미 |
| --- | --- |
| green | 모든 샤드가 정상적으로 동작하고 있는 상태 |
| yellow | 모든 프라이머리 샤드는 정상적으로 동작하고 있으나, 일부 혹은 모든 레플리카 샤드가 정상적으로 동작하고 있지 않은 상태 |

| red | 일부 혹은 모든 프라이머리 샤드/레플리카 샤드가 정상적으로 동작하고 있지 않은 상태 |
|-----|-------------------------------------------------------------|

**표 7.1 상탯값의 의미**

표 7.1을 보면 green과 yellow 상태에서는 프라이머리 샤드가 정상적으로 동작하고 있기 때문에 데이터의 유실은 발생하지 않는다. 다만 yellow의 경우 일부 레플리카 샤드가 정상적으로 동작하지 않기 때문에 이후 레플리카 샤드가 없는 프라이머리 샤드에 문제가 생기면 클러스터의 상태가 red로 변경될 위험이 있다. red는 일부 인덱스들의 프라이머리 샤드가 배치되지 않은 상태이기 때문에 데이터의 유실이 발생할 수 있다. 우선은 각각의 값이 어떤 의미인지 정도만 이해하고, 어떤 샤드들이 배치되지 않았는지, 그리고 어떤 인덱스들이 영향을 받는지에 대해서는 뒤에서 자세히 살펴보자.

## 7.2 노드의 상태와 정보 확인하기

이번 절에서는 클러스터를 구성하는 노드들의 상태를 확인하는 방법을 알아보자. 노드들의 상태를 확인하는 cat API는 _cat/nodes이다.

**코드 7.4 노드들의 상태 확인하기**

```
[root@elasticsearch-data01 ~]# curl -s http://localhost:9200/_cat/
nodes?v
ip❶             heap.percent❷ ram.percent❸ cpu❹ load_1m❺ load_5m❻
load_15m❼ node.role❽ master❾ name❿
10.41.113.213        45       99 12   1.25   1.16   1.11 di
-      elasticsearch-data10
10.42.224.164         6       76  0   0.00   0.01   0.05 mi
-      elasticsearch-master13
10.61.242.93          7       76  0   0.00   0.01   0.05 mi
-      elasticsearch-master12
10.41.113.84         37      100 10   1.54   1.25   1.14 di
-      elasticsearch-data05
10.41.112.144        54      100 12   0.94   1.06   1.06 di
-      elasticsearch-data06
10.41.116.28         50       99 11   1.17   1.04   1.05 di
-      elasticsearch-data04
```

```
10.41.106.154              60         100   9   1.11   1.03   1.03 di
-     elasticsearch-data02
10.41.116.30               42          99   8   1.41   1.30   1.21 di
-     elasticsearch-data08
10.41.111.214              45          99  15   0.92   1.06   1.16 di
-     elasticsearch-data07
10.41.106.212              53          99   9   1.37   1.10   1.08 di
-     elasticsearch-data01
10.41.115.230              41         100  10   0.82   0.92   1.02 di
-     elasticsearch-data03
10.61.242.67               10          77   1   0.07   0.04   0.05 mi
*     elasticsearch-master11
10.41.115.90               42          98  11   0.95   0.96   1.02 di
-     elasticsearch-data09
```

_cat/nodes API의 출력 결과를 살펴보자.

❶ 노드의 IP 주소이다.

❷ 힙 메모리의 사용률이다. 이 값이 크면 클수록 사용 중인 힙 메모리의 양이 많다는 뜻이다. 일정 수준 이상 커지면 old GC에 의해서 힙 메모리의 사용률이 다시 내려간다. 만약 이 값이 낮아지지 않고 85% 이상을 계속 유지한다면 OOM(Out Of Memory, 메모리 부족)이 발생할 가능성이 크기 때문에 힙 메모리가 올라가는 이유를 확인해 봐야 한다. old GC에 대한 자세한 내용은 뒤에서 살펴볼 것이다.

❸ 메모리의 사용률이다. ❷의 heap.percent와 ram.percent는 그 의미가 다른데, heap.percent는 JVM이 할당받은 힙 메모리 내에서의 사용률이라면 ram.percent는 노드가 사용할 수 있는 전체 메모리에서 사용 중인 메모리의 사용률이다. 이 값은 대부분 90% 이상의 높은 값을 나타내는데, JVM에 할당된 힙 메모리 외의 영역은 OS에서 I/O 부하를 줄이기 위한 페이지 캐시로 사용하기 때문이다.

❹ 노드의 CPU 사용률이다. 이 값이 크면 현재 노드가 CPU를 많이 사용하고 있다는 뜻이며, 경우에 따라서는 클러스터에 응답 지연 현상이 발생할 수 있다.

❺~❼ 각각 1분, 5분, 15분의 평균 Load Average를 의미한다. 이 값이 크면 노드에 부하가 많이 발생하고 있다는 뜻이며 클러스터의 응

답 지연이 발생할 수 있다. 하지만 Load Average는 노드에 장착된 CPU 코어의 개수에 따라 같은 값이라도 그 의미가 다를 수 있기 때문에 CPU Usage와 함께 살펴보는 것이 좋다. CPU Usage도 높고 Load Average도 높다면 부하를 받고 있는 상황이다.

❽ 노드의 역할이다. d는 데이터 노드, m은 마스터 노드, i는 인제스트 노드를 의미한다. 따라서 di는 데이터 노드이면서 인제스트 노드이고, mi는 마스터 노드이면서 인제스트 노드이다.

❾ 클러스터에서 마스터 역할을 하는 노드를 표시한다. 별표(*)로 표시되며 해당 노드가 현재 클러스터 전체의 메타 데이터를 관리하는 역할을 한다. 4장에서도 이야기했지만 마스터 노드라고 부르는 노드들은 마스터 역할을 할 수 있는 노드이고, 그중 실제로 마스터 역할을 하고 있는 노드는 하나뿐이다. 별표로 표시된 서버에 문제가 생길 경우 마스터 역할을 할 수 있는 노드 중 하나가 마스터의 역할을 이어받는다. ❽에서 확인 가능한 값들 중에 m이 들어간 노드가 여기에 해당한다.

❿ 노드의 이름이다. 호스트 네임이 아니라 elasticsearch.yml 파일 내의 node.name에 정의한 값을 보여준다.

_cat/nodes는 클러스터를 구성하고 있는 노드의 개수, 그리고 각 노드의 역할과 노드의 부하 상태 등을 확인할 수 있기 때문에 중요하다. h 옵션을 활용하면 코드 7.4에서 볼 수 있는 정보 외에 다른 정보도 볼 수 있다. _cat/nodes?help를 통해서 확인할 수 있다.

 help 파라미터 역시 모든 cat API에서 사용 가능한 옵션이며, 이를 통해서 기본으로 제공되는 정보 외에 어떤 정보를 볼 수 있는지 확인할 수 있다.

코드 7.5 _cat/nodes?help 호출 결과

```
[root@elasticsearch-data01 ~]# curl -s "http://localhost:9200/_cat/nodes?help"
id                       | id,nodeId                     | unique node id
pid                      | p                             | process id
```

```
ip                         | i                      | ip address
port                       | po                     | bound transport port
http_address               | http                   | bound http address
version                    | v                      | es version
flavor                     | f                      | es distribution flavor
type                       | t                      | es distribution type
build                      | b                      | es build hash
jdk                        | j                      | jdk version
disk.total                 | dt,diskTotal           | total disk space
disk.used                  | du,diskUsed            | used disk space
disk.avail                 | d,da,disk,diskAvail    | available disk space
... (중략) ...
suggest.current            | suc,suggestCurrent     | number of current suggest ops
suggest.time               | suti,suggestTime       | time spend in suggest
suggest.total              | suto,suggestTotal      | number of suggest ops
```

아주 많은 정보를 보여준다. 위 정보들 중 보고 싶은 정보를 포함시키려
면 코드 7.6과 같이 입력하면 된다. 여기서는 노드들의 디스크 사용률
을 추가로 확인해 보자.

**코드 7.6 노드들의 디스크 사용률 확인하기**

```
[root@elasticsearch-data01 ~]# curl -s "http://localhost:9200/_cat/
nodes?v&h=id,name,disk.used_percent" ❶
id    name                  disk.used_percent
K1mW  elasticsearch-master11        18.39
KLNL  elasticsearch-master13        17.10
VEa3  elasticsearch-data01          82.49
5-3U  elasticsearch-data03          80.35
UMGj  elasticsearch-data10          81.41
OTOX  elasticsearch-data09          80.79
SRn9  elasticsearch-data02          81.34
Oe9F  elasticsearch-data08          80.40
rcy4  elasticsearch-master12        18.33
RxaF  elasticsearch-data06          81.58
980g  elasticsearch-data04          80.48
c_CG  elasticsearch-data05          80.04
PZ6b  elasticsearch-data07          80.13
```

> 💡 h 옵션을 사용하면 기본 출력되는 값을 모두 무시하고 h 옵션에 설정한 필드들
> 만 출력한다. 따라서 함께 출력해야 할 필요가 있는 필드를 모두 기입해 주어야
> 한다.

❶과 같이 입력하면 현재 노드들이 사용 중인 디스크의 사용률을 확인할 수 있다. 모니터링 시스템을 통해서도 전체 노드의 디스크 사용률을 확인할 수 있지만, 이렇게 cat API를 통해서도 확인할 수 있다.

## 7.3 인덱스의 상태와 정보 확인하기

앞서 살펴본 클러스터의 상태와 마찬가지로 인덱스의 상태도 green, yellow, red 세 개의 값으로 표현된다. 이 값의 의미는 클러스터에서 상 탯값의 의미와 동일하다. 먼저 인덱스의 상태를 살펴보자. 인덱스의 상 태를 살펴보는 cat API는 _cat/indices이다.

코드 7.7 인덱스 상태 확인하기

```
[root@elasticsearch-data01 ~]# curl -s "http://localhost:9200/_cat/indices"
health❶ status❷ index❸                          uuid❹
pri❺ rep❻ docs.count❼ docs.deleted❽ store.size❾ pri.store.size❿
green    open    elasticsearch-dev-2018.12.11    2AsA1VKZSRunTEk4vLy-wg
10   1    275374815      0            109.1gb      54.6gb
green    open    .monitoring-es-6-2018.12.09     QwhW_1KyQV2MWgkm2kflMQ
20   1      513873      3613          1010mb      504.7mb
green    open    elasticsearch-dev-2018.11.28    Vlk1hJFBT5iXVaDNnjAsgA
10   1    271008234      0            102.5gb      51.2gb
green    open    .monitoring-es-6-2018.12.12     thyQHUfsQOCv2osjpR8adw
20   1      274869      3272          581.4mb      291.6mb
green    open    elasticsearch-dev-2018.12.06    5oRaFcPYSWykDdEi0duiQg
10   1    272505343      0            105gb        52.4gb
green    open    elasticsearch-dev-2018.12.04    FmD0U4NlRmmuu4i7OmGbyw
10   1    272235552      0            103.2gb      51.6gb
green    open    elasticsearch-dev-2018.11.30    K5tHNW1cSRKhAEcP0hKV0Q
10   1    270668146      0            102.5gb      51.2gb
green    open    apm-6.5.2-onboarding-2018.12.12 ng70DAo9T0Klgv200XgJhg
10   1          0       0            5kb          2.5kb
... (중략) ...
```

각각의 값을 살펴보자.

❶ 인덱스의 상탯값이다. _cat/indices API는 개별 인덱스의 상탯값
을 볼 수 있으며, 여기에서 하나라도 yellow라면 클러스터의 상태도
yellow, 하나라도 red라면 클러스터의 상태도 red가 된다.

❷ 인덱스의 사용 여부를 의미한다. open 상태라면 읽기/쓰기가 가능한 인덱스이며, close 상태라면 읽기/쓰기가 불가능한 인덱스이다. 하지만 close 상태라도 데이터 노드에서 용량은 차지한다.

❸ 인덱스의 이름이다.

❹ 인덱스의 uuid이다.

❺ 인덱스를 구성하고 있는 프라이머리 샤드의 개수다.

❻ 인덱스의 replication 값이다. 1은 복제본이 한 개라는 의미이며, 0은 복제본이 없다는 뜻이다. 0인 상태의 인덱스는 데이터 노드들 중하나만 장애가 발생해도 프라이머리 샤드를 대체할 레플리카 샤드가 존재하지 않기 때문에 red 상태에 빠지게 된다.

❼ 인덱스에 저장된 문서의 개수다.

❽ 인덱스에서 삭제된 문서의 개수다.

❾ 인덱스가 차지하고 있는 전체 용량이다. 이 용량은 프라이머리 샤드와 레플리카 샤드 모두를 포함한 값이다. 따라서 복제본의 개수가증가할수록 배수로 증가한다.

❿ 인덱스의 프라이머리 샤드가 차지하고 있는 전체 용량이다.

_cat/indices API 역시 _cat/nodes API와 마찬가지로 h 옵션을 통해서더 많은 정보를 확인할 수 있다. 그중에서 각 인덱스의 필드데이터 캐시의 크기를 확인해 보자.

**코드 7.8 인덱스들의 필드데이터 캐시 크기 확인하기**

```
[root@elasticsearch-data01 ~]# curl -s "http://localhost:9200/_cat/
indices?v&h=index,fielddata.memory_size"
index                        fielddata.memory_size
elasticsearch-dev-2018.12.11                    1.8kb
.monitoring-es-6-2018.12.09              0b
elasticsearch-dev-2018.11.28                    0b
.monitoring-es-6-2018.12.12              0b
elasticsearch-dev-2018.12.06                    0b
elasticsearch-dev-2018.12.04                    0b
elasticsearch-dev-2018.11.30                    0b
```

_cat/indices API를 통해서 확인 가능한 값들 중 클러스터 상태와 인덱스 상태의 관계에 대해서 조금 더 살펴보자. 앞에서도 이야기한 것처럼 인덱스 상태는 클러스터 상태를 결정한다. 인덱스 상태가 단 하나라도 yellow라면 클러스터 상태도 yellow가 되고, 인덱스 상태가 단 하나라도 red라면 클러스터의 상태도 red가 된다. 이 말을 거꾸로 생각해 보면 클러스터 상태에 따라서 인덱스에 어떤 문제가 있음을 알 수 있다는 뜻이다. 먼저 클러스터 상태가 yellow일 때를 살펴보자.

**코드 7.9 클러스터 상태 확인하기**

```
[root@elasticsearch-data01 ~]# curl -s http://localhost:9200/_cat/
health?v
epoch       timestamp cluster       status node.total node.data shards
pri relo init unassign pending_tasks max_task_wait_time active_shards_
percent
1544621485 13:31:25  elasticsearch-log yellow○1❶           12        9
875 485    0    0     97❷               0
90.0%❸
```

코드 7.9를 보면 현재 클러스터 상태는 yellow 상태이며(❶) 배치되지 않은 unassigned 상태의 샤드는 97개(❷), 그리고 샤드 중 정상적으로 동작하지 않는 샤드의 비율이 90%(❸)임을 알 수 있다. 이번엔 _cat/indices를 이용해서 어떤 인덱스가 yellow 상태인지 살펴보자.

**코드 7.10 인덱스들의 상태 확인하기**

```
[root@elasticsearch-data01 ~]# curl -s http://localhost:9200/_cat/
indices?v
health status index                            uuid
pri rep docs.count docs.deleted store.size pri.store.size
yellow❶ open   elasticsearch-dev-2018.12.11
2AsA1VKZSRunTEk4vLy-wg 10  1  275374815              0     98.2gb
54.5gb
green open   .monitoring-es-6-2018.12.09      QwhW_1KyQV2MWgkm2kflMQ
20  1     513873        3640  910.3mb    504.7mb
green open   elasticsearch-dev-2018.11.28
Vlk1hJFBT5iXVaDNnjAsgA 10  1  271008234              0     92.3gb
51.2gb
```

elasticsearch–dev–2018.12.11 인덱스가 yellow 상태임을 알 수 있다
(❶). 이 인덱스 때문에 클러스터의 전체 상태가 yellow이며, 해당 인덱
스의 레플리카 샤드가 일부 혹은 전부 배치되지 않은 상태다.

 _cat/shards API를 활용하면 어떤 샤드가 배치되지 않았는지, 그리고 배치되
지 않은 원인이 무엇인지 확인할 수 있다. 다음 절에서 살펴볼 것이다.

다음으로 red 상태를 살펴보자. red 상태는 앞서 이야기한 것과 같이 일
부 혹은 모든 인덱스의 프라이머리 샤드와 레플리카 샤드가 정상적으로
동작하지 않은 상태를 의미한다.

#### 코드 7.11 클러스터 상태 확인하기

```
[root@elasticsearch-data01 ~]# curl -s http://localhost:9200/_cat/
health?v
epoch      timestamp cluster      status node.total node.data shards
pri relo init unassign pending_tasks max_task_wait_time active_shards_
percent
1545052070 13:07:50  elasticsearch-log red❶             12        9
1010 565    3❷   0     112❸             0                  -
90.0%
```

현재 클러스터의 상태는 red이며(❶) 3개의 샤드가 초기화되고 있고
(❷), 112개의 샤드가 배치되지 않은 상태(❸)임을 알 수 있다. 그럼
_cat/indices를 사용해서 어떤 인덱스가 red인지 확인해 보자.

#### 코드 7.12 red 상태인 인덱스 확인하기

```
[root@elasticsearch-data01 ~]# curl -s http://localhost:9200/_cat/
indices | grep red
red ❶   open elasticsearch-dev-2018.12.10         ky-
P7IoLS9qbpmatZLUdTg 10 0 248133247    0   49.3gb  49.3gb
yellow❷ open .monitoring-es-6-2018.12.15       Fgae_5HFReafR1esxdBjqg
20 1    547186 4528      1gb 572.5mb
yellow open elasticsearch-dev-2018.12.16
Qr9NqvjHQSCjxGVRD5tsZA 10 1 273762124    0   97.2gb    54gb
green❸  open .tasks                           XO-eVrdgQj-TtLeBFk9P4w
1 1       1   0   12.5kb   6.2kb
```

코드 7.12를 살펴보면 elasticsearch-dev-2018.12.10 인덱스가 red 상태임을 확인할 수 있다(❶). 하지만 red 이외에 yellow, green 상태인 인덱스들도 있는데(❷, ❸), 이렇게 여러 상태의 인덱스가 있어도 red가한 개 이상 있다면 클러스터의 상태는 red가 된다. red 상태는 프라이머리 샤드가 정상적으로 동작하지 않아서 저장되어야 할 문서가 저장되지 못하고 버려지는 상태이다. 이때 red 상태인 인덱스에 색인되는 문서들만 문서의 유실이 발생할 수 있다는 것을 기억하자. 즉, red가 아닌 인덱스들은 문서의 유실이 발생하지 않는다. 코드 7.12의 상태를 본다면, 클러스터의 상태는 red이지만 그중에서도 문서의 유실은 elasticsearch-dev-2018.12.10 인덱스만 해당된다. 나머지 인덱스들은 문서의 유실이 발생하지 않는다. 이렇게 클러스터의 상태가 red라고 해도 어떤 인덱스의 문서에 문제가 생길 수 있을지 cat API를 통해 침착하게 확인하면 장애의 범위와 영향을 찾는 데 도움이 된다. 만약 red 상태의 인덱스가 이미 인덱싱이 끝난 과거의 로그들이라면, 해당 인덱스의 샤드가 저장되어 있는 데이터 노드의 복구를 통해 문서의 유실 없이 장애가 종료될 수 있다. 이 내용은 다음 절에서 조금 더 자세히 살펴보자.

## 7.4 샤드의 상태 확인하기

마지막으로 cat API를 통해 확인할 수 있는 정보들 중 샤드의 상태를 확인하는 방법을 살펴보자. 샤드의 상태를 확인하는 cat API는 _cat/shards이다.

**코드 7.13 샤드 상태 확인하기**

```
[root@elasticsearch-data01 ~]# curl -s http://localhost:9200/_cat/
shards?v | more
index                         shard prirep state         docs
store ip          n
ode
.monitoring-kibana-6-2018.12.11❶ 16❷   r❸      STARTED❹
882❺ 315.5kb❻ 10.41.115.90❼  elasticsearch-data09❽
.monitoring-kibana-6-2018.12.11 16    p    STARTED         882
315.5kb 10.41.112.144 elasticsearch-data06
```

```
.monitoring-kibana-6-2018.12.11  8     p     STARTED        890
315.5kb 10.41.116.28 elasticsearch-data04
.monitoring-kibana-6-2018.12.11  8     r     STARTED        890
286.9kb 10.41.112.144 elasticsearch-data06
```

❶ 인덱스의 이름이다.

❷ 인덱스의 샤드 번호이다. 샤드 번호는 0번부터 시작하며 예제에서는 16번 샤드임을 알 수 있다.

❸ 프라이머리 샤드인지 레플리카 샤드인지를 알 수 있다. p는 프라이머리 샤드, r은 레플리카 샤드이다. 예제에서는 16번 프라이머리 샤드의 레플리카 샤드임을 알 수 있다.

❹ 샤드의 상태이다. 정상 상태, 재배치 중인 상태, 아무 곳에도 배치되지 않은 상태 등 여러 가지 경우가 있다.

❺ 샤드에 저장된 문서의 수이다. 대부분은 샤드별로 수치가 비슷하지만, 라우팅(routing) 기능을 사용할 경우 샤드마다 문서의 수가 다를 수 있다.

❻ 샤드의 크기이다.

❼ 샤드가 배치된 데이터 노드의 IP이다.

❽ 샤드가 배치된 데이터 노드의 노드 이름이다.

_cat/shards를 통해서 클러스터에 존재하는 모든 샤드의 배치 정보, 상태 정보 등을 확인할 수 있다. 그중에서도 상태 정보에 대해 조금 더 살펴보자. _cat/shards를 통해서 확인할 수 있는 샤드의 상태는 총 4개로, 각각의 의미는 표 7.2와 같다.

| 값 | 의미 |
| --- | --- |
| STARTED | 정상적인 상태 |
| INITIALIZING | 샤드를 초기화하는 상태. 최초 배치 시, 혹은 샤드에 문제가 발생하여 새롭게 배치할 때의 상태이다 |
| RELOCATING | 샤드가 현재의 노드에서 다른 노드로 이동하고 있는 상태. 새로운 데이터 노드가 추가되거나, 기존 데이터 노드에 문제가 생겨서 샤드가 새로운 노드에 배치되어야 할 때의 상태이다. |

| UNASSIGNED | 샤드가 어느 노드에도 배치되지 않은 상태. 해당 샤드가 배치된 노드에 문제가 생기거나 클러스터의 라우팅 정책에 의해 배치되지 않은 상태이다. |
|---|---|

**표 7.2 샤드의 상탯값**

코드 7.13은 STARTED로, 정상적으로 샤드가 동작하고 있음을 의미한다. yellow 상태의 클러스터를 살펴보면 UNASSIGNED 상태의 샤드를 확인할 수 있다(코드 7.14).

**코드 7.14 unassigned 상태의 샤드 확인하기**

```
[root@elasticsearch-data01 ~]# curl -s http://localhost:9200/_cat/
shards | grep UNASSIGNED
elasticsearch-dev-2018.12.02         2  r UNASSIGNED
elasticsearch-dev-2018.12.02         3  r UNASSIGNED
elasticsearch-dev-2018.12.14         3  r UNASSIGNED
elasticsearch-dev-2018.12.14         2  r UNASSIGNED
elasticsearch-dev-2018.12.05         3  r UNASSIGNED
elasticsearch-dev-2018.12.05         2  r UNASSIGNED
elasticsearch-dev-2018.12.08         5  r UNASSIGNED
elasticsearch-dev-2018.12.08         4  r UNASSIGNED
elasticsearch-dev-2018.12.13         9  r UNASSIGNED
elasticsearch-dev-2018.12.13         1  r UNASSIGNED
```

특히 UNASSIGNED 상태의 샤드는 옵션을 통해서 배치되지 않은 이유를 확인할 수 있다.

 _cat/shards 역시 다른 cat API와 동일하게 help 옵션을 통해서 더 다양한 정보를 확인할 수 있다.

**코드 7.15 unassigned 원인 확인하기**

```
[root@elasticsearch-data01 ~]# curl  -s -X GET "localhost:9200/_cat/sha
rds?h=index,shard,prirep,stale,unassigned.reason" | grep -i unassigned
elasticsearch-dev-2018.12.14 ❶       2❷  r❸ UNASSIGNED❹ NODE_LEFT❺
elasticsearch-dev-2018.12.14         3  r UNASSIGNED NODE_LEFT
elasticsearch-dev-2018.12.06         2  r UNASSIGNED NODE_LEFT
```

코드 7.15를 보면 elasticsearch-dev-2018.12.14 인덱스(❶)의 2번 샤드(❷) 중에서도 레플리카 샤드(❸)가 배치되지 않은 상태이며(❹) 해당 샤드를 저장하고 있던 데이터 노드가 클러스터에서 제외되면서(❺) unassigned 상태가 되었음을 알 수 있다.

 동일한 정보를 6장 "클러스터 운영하기"에서 살펴본 explain 기능을 이용해서도 확인할 수 있다. 다만 cat API를 이용하면 더 빠르게 간략한 정보를 확인할 수 있다.

샤드가 배치되지 않은 원인은 여러 가지로 추정할 수 있는데 가장 흔한 경우는 INDEX_CREATED와 NODE_LEFT 두 가지이다. INDEX_CREATED는 인덱스가 생성된 후 샤드가 배치되지 않았음을 의미하는데, 샤드를 특정 노드에만 배치되도록 강제하거나 특정 노드에 배치되지 않도록 강제했을 때 발생할 수 있다. NODE_LEFT는 샤드가 배치된 데이터 노드에 문제가 생겨서 클러스터에서 제외될 경우 발생하며 가장 흔하게 볼 수 있는 코드이다.

 위에서 언급한 INDEX_CREATED와 NODE_LEFT 외에도 10가지의 코드가 더 존재한다. 자세한 내용은 *https://www.elastic.co/guide/en/elasticsearch/reference/current/cat-shards.html*을 참고하자

_cat/shards API는 특히 클러스터의 상태가 red일 때 매우 중요하다. 코드 7.7에서도 이야기했지만 클러스터가 red 상태라면 먼저 _cat/indices를 통해서 어떤 인덱스가 red 상태인지 확인해야 한다. 이를 통해 문서의 유실이 발생하는지 여부를 확인할 수 있다. 만약 red 상태의 인덱스가 현재 색인이 일어나고 있는 인덱스라면 _cat/shards를 통해서 어느 정도의 비율로 문서 유실이 발생하는지 알 수 있다. 코드 7.16을 살펴보자.

**코드 7.16 red인 인덱스의 샤드 정보 확인하기**

```
[root@elasticsearch-data01 ~]# curl -s http://localhost:9200/_cat/
indices | grep ^red ❶
red    open elasticsearch-dev-2018.12.10          ky-
P7IoLS9qbpmatZLUdTg 10 0 248133247     0   49.3gb 49.3gb
```

```
[root@elasticsearch-data01 ~]# curl -s http://localhost:9200/_cat/
shards | grep elasticsearch-dev-2018.12.10
elasticsearch-dev-2018.12.10          5  p STARTED    27572606  5.4gb
10.41.106.212 elasticsearch-data01
elasticsearch-dev-2018.12.10          8  p STARTED    27579968  5.4gb
10.41.112.144 elasticsearch-data06
elasticsearch-dev-2018.12.10          9  p STARTED    27561906  5.4gb
10.41.116.28  elasticsearch-data04
elasticsearch-dev-2018.12.10          3  p STARTED    27563061  5.4gb
10.41.116.30  elasticsearch-data08
elasticsearch-dev-2018.12.10          2  p STARTED    27574150  5.4gb
10.41.113.84  elasticsearch-data05
elasticsearch-dev-2018.12.10          4  p STARTED    27574068  5.4gb
10.41.111.214 elasticsearch-data07
elasticsearch-dev-2018.12.10          6  p UNASSIGNED ❷
elasticsearch-dev-2018.12.10          7  p STARTED    27570687  5.4gb
10.41.115.230 elasticsearch-data03
elasticsearch-dev-2018.12.10          1  p STARTED    27563365  5.4gb
10.41.106.154 elasticsearch-data02
elasticsearch-dev-2018.12.10          0  p STARTED    27573436  5.4gb
10.41.115.90  elasticsearch-data09
```

코드 7.16은 장애 상황에서 cat API를 통해 장애의 범위와 영향을 빠르
게 확인하는 아주 좋은 예제이다. ❶을 통해서 현재 red 상태의 인덱스
가 elasticsearch-dev-2018.12.10이고, 해당 인덱스에서 문서 유실이
일어날 수 있다는 것을 알 수 있다. 그 다음 ❷를 통해서 6번 프라이머
리 샤드가 배치되지 않은 상태라는 것을 확인했다. 즉, 10개의 프라이
머리 샤드 중에서 6번 프라이머리 샤드 한 개만 배치되지 않은 상태이
기 때문에 문서 유실은 총 10%라고 볼 수 있다. 이렇게 cat API를 조합
하면 현재 클러스터의 장애 범위와 영향을 정확하게 파악할 수 있다.

## 7.5 stats API로 지표 확인하기

### 7.5.1 클러스터의 성능 지표

이번에는 stats API를 통해서 클러스터의 각종 성능 지표를 확인하는 방
법을 알아볼 것이다. 먼저 클러스터의 지표부터 살펴보자. 클러스터의
성능 지표는 _cluster/stats를 통해서 확인할 수 있다.

**코드 7.17 클러스터 성능 지표 확인하기**

```
[root@elasticsearch-data01 ~]# curl -s http://localhost:9200/_cluster/
stats?pretty
{
  "_nodes" : {
    "total" : 13,
    "successful" : 13,
    "failed" : 0
  },
  "cluster_name" : "elasticsearch-log",
  "cluster_uuid" : "aXRzlvW6R56xhVwfBnyXtw",
  "timestamp" : 1545225655532,
  "status" : "green",
  ... (중략) ...
    },
    "docs" : {
      "count" : 5350838005, ❶
      "deleted" : 37399 ❷
    },
    "store" : {
      "size_in_bytes" : 2215413230327 ❸
    },
    "fielddata" : {
      "memory_size_in_bytes" : 1904, ❹
      "evictions" : 0
    },
    "query_cache" : {
      "memory_size_in_bytes" : 600422969, ❺
... (중략) ...
    },
    "completion" : {
      "size_in_bytes" : 0
    },
    "segments" : {
      "count" : 5392, ❻
      "memory_in_bytes" : 2844921601, ❼
      "terms_memory_in_bytes" : 1724389223,
    ... (중략) ...
    },
    "versions" ❽: [
      "6.5.2"
    ],
    ... (중략) ...
    },
    "jvm" : {
```

```
    "max_uptime_in_millis" : 1068171898,
    "versions" ❾: [
      {
        "version" : "1.8.0_191",
        "vm_name" : "OpenJDK 64-Bit Server VM",
        "vm_version" : "25.191-b12",
        "vm_vendor" : "Oracle Corporation",
        "count" : 12
      },
      {
        "version" : "10.0.2",
        "vm_name" : "OpenJDK 64-Bit Server VM",
        "vm_version" : "10.0.2+13",
        "vm_vendor" : "\"Oracle Corporation\"",
        "count" : 1
      }
    ],
    ... (후략) ...
}
```

상당히 많은 양의 정보가 나오기 때문에 중요한 정보 위주로 확인해
보자.

❶ 클러스터에 색인된 전체 문서의 개수다.

❷ 클러스터에서 삭제된 문서의 개수다.

❸ 저장 중인 데이터의 전체 크기를 bytes 단위로 표현한 값이다.

❹ 필드 데이터 캐시의 크기이다. 필드 데이터는 문자열 필드에 대한
통계 작업을 할 때 필요한 데이터로, 필드 데이터의 양이 많으면 각
노드의 힙 메모리 공간을 많이 차지하기 때문에 이 값이 어느 정도
인지 모니터링해야 한다. 노드들의 힙 메모리 사용률이 높다면 우선
적으로 필드 데이터의 유무를 확인하는 것이 좋다.

❺ 쿼리 캐시의 크기이다. 모든 노드들은 쿼리의 결과를 캐싱하고 있는
데 이 값이 커지면 힙 메모리를 많이 차지하게 되기 때문에 이 값이
어느 정도인지 모니터링해야 한다.

❻ 세그먼트의 개수다. 4장 "ElasticSearch 기본 개념"에서 살펴본 것처
럼 ElasticSearch는 물리적으로 세그먼트에 문서를 저장한다. 세그

먼트들은 병합을 통해서 여러 개의 작은 세그먼트를 큰 세그먼트로 합친다. 6장 "클러스터 운영하기"에서 살펴본 forcemerge API를 사용하면 세그먼트의 병합을 강제로 진행하여 이 값이 줄어든다.

❼ 세그먼트가 차지하고 있는 메모리의 크기이다. 세그먼트도 힙 메모리 공간을 차지하기 때문에 힙 메모리의 사용률이 높을 경우 세그먼트의 메모리가 어느 정도를 차지하고 있는지 살펴봐야 한다. 역시 forcemerge API를 사용해서 세그먼트를 강제 병합하면 세그먼트의 메모리 사용량도 줄어들 수 있다.

❽ 클러스터를 구성하고 있는 노드들의 버전이다. 롤링 리스타트를 통한 업그레이드 등의 이유로 클러스터를 구성하고 있는 노드들의 버전이 각기 다를 수 있다.

❾ 클러스터를 구성하고 있는 노드들의 JVM 버전이다. ElasticSearch는 자바 기반의 애플리케이션이기 때문에 구동하기 위한 JVM이 반드시 필요하며 여기에서 각 노드의 JVM 버전을 보여준다. 예제에서는 클러스터 내에 두 가지 JVM 버전이 있다는 것을 알 수 있다. 같은 방식의 GC라도 JVM 버전에 따라 성능이 다를 수 있기 때문에 JVM 버전별로 테스트를 해보는 것도 좋다.

여기까지 클러스터의 중요한 성능 지표들을 확인해 보았다. 코드 7.17의 앞부분을 보면 _cat/health로 확인할 수 있는 정보들도 일부 있다.

### 7.5.2 노드의 성능 지표

다음으로 각 노드의 성능 지표를 살펴보자. 노드의 성능 지표는 _nodes/stats로 확인할 수 있다.

**코드 7.18 노드의 성능 지표 확인하기**

```
[root@elasticsearch-data01 ~]# curl -s http://localhost:9200/_nodes/
stats?pretty
{
  "_nodes" : {
    "total" : 13,
    "successful" : 13,
```

```
      "failed" : 0
    },
    "cluster_name" : "elasticsearch-log",
    "nodes" : {
      "c_CGHVIySCqaRl0QUWCXZQ" ❶ : {
        "timestamp" : 1545226475151,
        "name" : "elasticsearch-data05", ❷
        "transport_address" : "10.41.113.84:9300",
        "host" : "10.41.113.84",
        "ip" : "10.41.113.84:9300",
        "roles" ❸ : [
          "data",
          "ingest"
        ],
        "attributes" : {
          "ml.machine_memory" : "134854733824",
          "ml.max_open_jobs" : "20",
          "xpack.installed" : "true",
          "ml.enabled" : "true"
        },
        "indices" : {
          "docs" : {
            "count" : 1036548952, ❹
            "deleted" : 6404
          },
          "store" : {
            "size_in_bytes" : 219107990369 ❺
          },
          "indexing" : {
            "index_total" : 706805733, ❻
            "index_time_in_millis" : 150882690, ❼
            "index_current" : 0,
            "index_failed" : 0,
            "delete_total" : 0,
            "delete_time_in_millis" : 0,
            "delete_current" : 0,
            "noop_update_total" : 0,
            "is_throttled" : false,
            "throttle_time_in_millis" : 0
          },
          "get" ❽ : {
            "total" : 81,
            "time_in_millis" : 18,
            "exists_total" : 4,
            "exists_time_in_millis" : 8,
            "missing_total" : 77,
```

```
          "missing_time_in_millis" : 10,
          "current" : 0
        },
        "search" ➒: {
          "open_contexts" : 0,
          "query_total" : 10819,
          "query_time_in_millis" : 843183,
          "query_current" : 0,
          "fetch_total" : 7945,
          "fetch_time_in_millis" : 3730,
          "fetch_current" : 0,
          "scroll_total" : 3,
          "scroll_time_in_millis" : 452,
          "scroll_current" : 0,
          "suggest_total" : 0,
          "suggest_time_in_millis" : 0,
          "suggest_current" : 0
        },
        "merges" ➓ : {
          "current" : 0,
          "current_docs" : 0,
          "current_size_in_bytes" : 0,
    ... (중략) ...
        "query_cache" ⓫ : {
          "memory_size_in_bytes" : 43781939,
          "total_count" : 8144,
          "hit_count" : 389,
          "miss_count" : 7755,
          "cache_size" : 83,
          "cache_count" : 167,
          "evictions" : 84
        },
        "fielddata" ⓬ : {
          "memory_size_in_bytes" : 0,
          "evictions" : 0
        },
        "completion" : {
          "size_in_bytes" : 0
        },
        "segments" ⓭ : {
          "count" : 521,
          "memory_in_bytes" : 285037673,
          "terms_memory_in_bytes" : 173525477,
    ... (중략) ...
      "os" : {
        "timestamp" : 1545226475191,
```

```
      "cpu" : {
        "percent" : 13, ⓮
        "load_average" ⓯ : {
          "1m" : 0.94,
          "5m" : 1.22,
          "15m" : 1.22
        }
      },
      "mem" : {
        "total_in_bytes" : 134854733824,
        "free_in_bytes" : 4848644096,
        "used_in_bytes" : 130006089728,
        "free_percent" : 4,
        "used_percent" : 96
      },
... (중략) ...
      },
      "threads" : {
        "count" : 124,
        "peak_count" : 151
      },
      "gc" : {
        "collectors" ⓰ : {
          "young" : {
            "collection_count" : 263758,
            "collection_time_in_millis" : 14873431
          },
          "old" : {
            "collection_count" : 6,
            "collection_time_in_millis" : 8803
          }
        }
      },
... (중략) ...
    },
    "thread_pool" ⓱ : {
      "analyze" : {
        "threads" : 0,
        "queue" : 0,
        "active" : 0,
        "rejected" : 0,
        "largest" : 0,
        "completed" : 0
      },
      ... (중략) ...
      "write" : {
```

```
          "threads" : 8,
          "queue" : 0,
          "active" : 1,
          "rejected" : 0,
          "largest" : 8,
          "completed" : 653344195
        }
      },
      "fs" : {
        "timestamp" : 1545226475193,
        "total" ⑱ : {
          "total_in_bytes" : 288007913472,
          "free_in_bytes" : 63020273664,
          "available_in_bytes" : 63020273664
        },
... (후략) ...
}
```

노드의 수가 많을수록 출력 결과도 많아지고, 정보량도 굉장히 많다. 우리는 여기서 중요한 정보 몇 개만 추려서 살펴보자.

❶ 노드의 ID이다. 클러스터 내부에서 임의의 값을 부여한다. nodes라는 JSON 배열은 이 ID가 키가 된다.

❷ 노드의 이름이다. elasticsearch.yml 파일에 설정한 이름을 사용한다.

❸ 노드가 수행할 수 있는 역할이다. 코드 7.18에서 노드는 데이터 노드와 인제스트 노드의 역할을 할 수 있다.

❹ 노드가 가지고 있는 문서의 수이다. _cluster/stats API와는 다르게 단일 노드에 저장된 문서의 수를 나타낸다. 그렇기 때문에 각 노드들마다 비슷한 수준이긴 하지만 서로 문서의 수가 다르다.

❺ 노드가 저장하고 있는 문서의 크기이다. 현재 노드에 저장되어 있는 값이 얼마인지를 bytes 단위로 표시한다.

❻ 지금까지 노드가 색인한 문서의 수이다. 카운터 형식의 값으로 0부터 계속해서 값이 증가한다. 즉, 지금 호출한 값과 1분 뒤에 호출한 값이 차이가 나며 이 값의 차이가 1분 동안 색인된 문서의 개수를 나타낸다. 색인 성능을 나타내는 매우 중요한 지표 중 하나다.

❼ ❻과 더불어 매우 중요한 지표로, 색인에 소요된 시간을 의미한다. 이 값도 카운터 형식의 값이기 때문에 ms 단위로 계속해서 값이 증가한다.

❽ Rest API의 GET 요청으로 문서를 가져오는 성능에 대한 지표이다. 이 지표도 ❻과 ❼처럼 카운터 형식의 값인 total과 time_in_millis를 가지고 있다. 이 지표는 정확히 말하면 검색 성능보다는 문서를 가져오는 성능을 의미한다. 클러스터의 성능을 나타내는 중요한 지표이다.

❾ 검색 성능과 관련된 지표이다. 카운터 형식의 total과 time_in_millis를 가지고 있으며 이를 통해 클러스터의 검색 성능을 확인할 수 있다. 검색 성능을 나타내기 때문에 역시 중요한 성능 지표이다.

❿ 세그먼트 병합과 관련된 성능 지표이다. 카운터 형식의 지표로 세그먼트를 얼마나 병합했는지, 병합할 때 어느 정도의 시간이 소요되었는지를 나타낸다. 세그먼트 병합 관련 지표가 중요한 이유는 I/O가 병목 상황인지 여부를 알 수 있기 때문이다.

⓫ 앞에서도 이야기한 쿼리 캐시와 관련된 지표이다. 현재 노드에서 사용 중인 쿼리 캐시가 어느 정도인지 확인할 수 있다. 클러스터에서 확인한 값과는 다르게 노드별로 사용 중인 값을 보여준다.

⓬ 필드 데이터 캐시와 관련된 지표이다. 현재 노드에서 사용 중인 필드 데이터의 크기가 어느 정도인지 확인할 수 있다.

⓭ 노드에서 사용 중인 세그먼트와 관련된 지표이다. 세그먼트의 개수, 그리고 세그먼트들이 차지하고 있는 메모리의 크기를 보여준다. 만약 세그먼트의 개수가 너무 많거나 차지하고 있는 메모리가 너무 많을 경우 6장 "클러스터 운영하기"에서 살펴본 force_merge API를 통해서 강제로 세그먼트를 병합할 수 있다. 세그먼트 병합과 관련된 성능 개선은 11장 "검색 성능 최적화"에서 자세히 다룰 것이다.

⓮ 노드의 CPU 사용률이다. 이 값이 높으면 노드가 CPU 부하 상태에 있다는 의미이다.

**⑮** 노드의 Load Average 값이다. 각각 1분 평균, 5분 평균, 15분 평균을 의미한다. 이 값이 높으면서 동시에 **⑭**에서 확인한 CPU 사용률이 높다면 노드가 처리해야 할 처리량이 너무 많다는 의미이고, 이 값이 높지만 CPU 사용률이 낮다면 I/O에서 병목이 발생할 수 있다.

**⑯** GC와 관련된 성능 지표이다. ElasticSearch는 자바 기반의 애플리케이션이기 때문에 JVM에서 수행하는 GC의 영향을 피할 수 없다. 각각 young, old GC를 의미하며 각각의 GC가 얼마나 자주, 그리고 얼마나 오랫동안 발생하는지 나타낸다.

**⑰** 노드의 스레드 풀 상태이다. 검색에 사용하는 search 스레드, 색인에 사용하는 write 스레드 등 스레드들의 개수와 큐의 크기를 보여준다. 이 지표들 중에서는 rejected가 매우 중요한데, rejected는 현재 노드가 처리할 수 있는 양보다 많은 요청이 들어오고 있기 때문에 더 이상 처리할 수 없어서 처리를 거절한다는 의미이기 때문이다. 이에 대해서도 다음 절에서 자세히 살펴볼 것이다.

**⑱** 디스크의 사용량을 의미한다. available이 현재 남아있는 용량이기 때문에 가장 중요하다.

_nodes/stats는 클러스터의 성능 지표 중에서도 특히 색인 성능이나 검색 성능과 같은 중요한 정보들을 확인할 수 있다.

## 7.6 성능 확인과 문제 해결

이번 절에서는 앞 절에서 살펴본 내용들을 바탕으로 클러스터의 성능을 확인해 보고, 성능 부족을 나타내는 지표들이 발생할 때 어떻게 조치하면 되는지 살펴보자. 먼저 이번 절에서 다룰 지표들은 표 7.3과 같다.

| 지표 | 의미 |
|------|------|
| 색인 성능 | 초당 몇 개의 문서를 색인할 수 있는지, 그리고 각 문서를 색인하는 데 소요되는 시간이 어느 정도인지를 나타낸다. |
| 검색 성능 | 초당 몇 개의 쿼리를 처리할 수 있는지, 그리고 각 쿼리를 처리하는 데 소요되는 시간이 어느 정도인지를 나타낸다. |

| | |
|---|---|
| GC 성능 | GC가 너무 자주, 오래 발생하면 Stop-The-World 같은 응답 불가 현상이 발생한다. Stop-The-World가 얼마나 자주, 오래 발생하는지를 나타낸다. |
| rejected | 클러스터가 처리할 수 없는 수준의 요청이 들어오면 클러스터는 요청을 거절하게 되는데 그 횟수를 나타낸다. |

**표 7.3 지표 리스트**

색인 성능과 검색 성능을 최적화하는 방법은 각각 10장과 11장에서 자세히 이야기하고, 이번 절에서는 이 두 성능을 어떻게 측정할 수 있는지에 대해서만 알아볼 것이다.

색인 성능과 검색 성능은 각각 클러스터 전체 성능과 각 노드의 개별 성능으로 나눠 적용할 수 있다. 이렇게 나누는 이유는 색인이나 검색이 특정 노드로 몰릴 수도 있기 때문이다. 색인과 검색이 클러스터 내의 데이터 노드들 사이에 큰 차이 없이 가능한 한 균일하게 나뉘어야 클러스터가 최적의 성능을 낼 수 있기 때문에 클러스터의 색인, 검색 성능도 중요하지만 노드별로 색인, 검색 성능을 관리하는 것도 중요하다.

## 7.6.1 색인 성능 살펴보기

우선 색인 성능에 대해서 살펴보자. 클러스터의 색인 성능은 stats API를 통해서 확인할 수 있다.

**코드 7.19 클러스터의 색인 성능 살펴보기**

```
[root@elasticsearch-data01 ~]# curl -s http://localhost:9200/_
stats?pretty | more
{
  "_shards" : {
    "total" : 1100,
    "successful" : 1100,
    "failed" : 0
  },
  "_all" : {
    "primaries" ❶ : {
      "docs" : {
        "count" : 5364622815,
        "deleted" : 37541
      },
```

```
        "store" : {
          "size_in_bytes" : 1148567980658
        },
        "indexing" : {
          "index_total" : 4439287625 , ❷
          "index_time_in_millis" : 960911860, ❸
          "index_current" : 2,
          "index_failed" : 0,
          "delete_total" : 1,
... (중략) ...
"total" ❹ : {
        "docs" : {
          "count" : 10453985477,
          "deleted" : 72161
        },
        "store" : {
          "size_in_bytes" : 2236692347987
        },
        "indexing" : {
          "index_total" : 8041356857, ❺
          "index_time_in_millis" : 1736756347, ❻
          "index_current" : 0,
          "index_failed" : 0,
          "delete_total" : 1,
          "delete_time_in_millis" : 8,
          "delete_current" : 0,
          "noop_update_total" : 0,
          "is_throttled" : false,
          "throttle_time_in_millis" : 0
... (후략) ...
```

코드 7.19를 보면 클러스터의 색인 성능도 크게 두 가지로 나뉜다. 프라이머리 샤드에 대한 색인 성능(❶~❸)과 전체 샤드에 대한 색인 성능(❹~❻)이다. 두 값은 범위만 다를 뿐 구하는 방식은 똑같기 때문에 대표로 프라이머리 샤드에 대한 색인 성능을 구하는 방법을 알아보자.

stats API를 통해 확인할 수 있는 index_total(❷)은 호출한 시점까지 색인이 완료된 문서의 총 개수, index_time_in_millis(❸)는 색인하는 데 소요된 총 시간이다. 이 두 개의 값 모두 계속해서 값이 커지는 카운터 형식의 값이기 때문에 정확한 색인 성능을 측정하기 위해서는 일정 시간 간격의 두 값이 필요하다. 먼저 코드 7.20을 살펴보자.

**코드 7.20 10초 간격으로 색인 성능 수집**

```
[root@elasticsearch-data01 ~]# date; curl -s http://localhost:9200/_
stats?pretty| more
2018. 12. 24. (월) 22:52:37 KST
{
  "_shards" : {
    "total" : 1100,
    "successful" : 1100,
    "failed" : 0
  },
  "_all" : {
    "primaries" : {
      "docs" : {
        "count" : 5371409388,
        "deleted" : 37875
      },
      "store" : {
        "size_in_bytes" : 1176850842306
      },
      "indexing" : {
        "index_total" : 4446307646, ❶
        "index_time_in_millis" : 962450245, ❷
        ... (후략) ...
[root@elasticsearch-data01 ~]# date; curl -s http://localhost:9200/_
stats?pretty| more
2018. 12. 24. (월) 22:52:47 KST
{
  "_shards" : {
    "total" : 1100,
    "successful" : 1100,
    "failed" : 0
  },
  "_all" : {
    "primaries" : {
      "docs" : {
        "count" : 5371439634,
        "deleted" : 37222
      },
      "store" : {
        "size_in_bytes" : 1176938128352
      },
      "indexing" : {
        "index_total" : 4446337101, ❸
        "index_time_in_millis" : 962456808, ❹
        ... (후략) ...
```

두 호출 사이의 시간 간격은 10초이고 처음 호출 시에 색인된 문서의 수는 4446307646(**❶**), 10초 뒤에 색인된 문서의 수는 4446337101(**❸**)이다. 즉, 10초 동안 29455개의 문서를 색인했고, 이를 계산해 보면 초당 2945.5개의 문서를 색인했음을 알 수 있다. 그리고 처음 호출 시의 색인 소요 시간은 962450245(**❷**)이고, 10초 뒤에 색인 소요 시간은 962456808(**❹**)이다. 즉, 10초 동안 색인하는 데에 6563ms의 시간이 걸렸고, 10초 동안 29455개의 문서를 색인했기 때문에, 각각의 문서를 색인하는 데에는 29455/6563=4.5ms의 시간이 소요되었음을 알 수 있다. 즉, 이 클러스터의 프라이머리 샤드에 대한 색인 성능은 4.5ms이다. 색인하는 양이 많으면 많을수록 색인에 소요되는 시간도 늘어나기 때문에 두 값의 절대적인 값보다는 하나의 문서를 색인하는 데에 얼마나 소요되는지를 더 중요한 성능 지표로 삼아야 한다.

### 7.6.2 검색 성능 살펴보기

검색 성능 역시 색인 성능과 같은 방법으로 알아볼 수 있다. 하지만 먼저 검색 요청을 처리하는 query 과정과 fetch 과정에 대해 살펴보자.

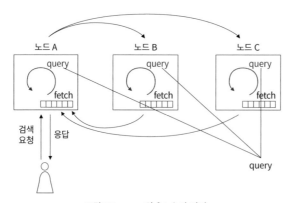

**그림 7.1** query와 fetch의 의미

그림 7.1처럼 사용자가 search API를 통해 노드 A에 검색 요청을 입력했다고 가정하자. 그럼 노드 A는 자신이 받은 검색 쿼리를 노드 B와 노드 C에 전달한다. 그러면 각각의 노드는 자신이 가지고 있는 샤드 내에

서 검색 쿼리에 해당하는 문서가 있는지 찾는 과정을 진행한다. 이 과정이 query이다. 그리고 이렇게 찾은 문서들을 리스트의 형태로 만들어서 정리하는 과정이 fetch이다. 검색 응답은 이렇게 query와 fetch의 과정이 모두 끝나야 만들어지기 때문에 검색 성능을 측정할 때 두 과정을 모두 포함하는 것이 좋다.

검색 성능 역시 stats API를 통해서 관련된 지표를 수집한다. 이번에도 10초 정도의 간격을 두고 호출할 것이다.

**코드 7.21 10초 간격으로 검색 성능 수집**

```
[root@elasticsearch-data01 ~]# date; curl -s http://localhost:9200/_
stats?pretty| more
2018. 12. 30. (일) 17:40:32 KST
{
  "_shards" : {
    "total" : 1110,
    "successful" : 1110,
    "failed" : 0
... (중략) ...
      "search" : {
        "open_contexts" : 0,
        "query_total" : 1430212, ❶
        "query_time_in_millis" : 2580672, ❷
        "query_current" : 0,
        "fetch_total" : 1428780, ❸
        "fetch_time_in_millis" : 242447, ❹
        "fetch_current" : 0,
        "scroll_total" : 1,
        "scroll_time_in_millis" : 219,
        "scroll_current" : 0,
        "suggest_total" : 0,
        "suggest_time_in_millis" : 0,
        "suggest_current" : 0
      },
... (후략) ...
[root@elasticsearch-data01 ~]# date; curl -s http://localhost:9200/_
stats?pretty| more
2018. 12. 30. (일) 17:40:42 KST
{
  "_shards" : {
    "total" : 1110,
    "successful" : 1110,
```

```
     "failed" : 0
... (중략) ...
     "search" : {
       "open_contexts" : 0,
       "query_total" : 1430217, ❺
       "query_time_in_millis" : 2580672, ❻
       "query_current" : 0,
       "fetch_total" : 1428785, ❼
       "fetch_time_in_millis" : 242448, ❽
       "fetch_current" : 0,
       "scroll_total" : 1,
       "scroll_time_in_millis" : 219,
       "scroll_current" : 0,
       "suggest_total" : 0,
       "suggest_time_in_millis" : 0,
       "suggest_current" : 0
     },
```

먼저 query 성능을 살펴보자. 앞에서도 이야기했지만 query_total 값은 호출하는 시점까지 처리된 모든 query의 총합이기 때문에 호출할 때마다 값이 증가한다. 색인 성능을 측정할 때와 비슷한 방법으로 살펴보면 된다.

두 호출 사이의 시간 간격은 10초이고 처음 호출 시의 query 수는 1430212(❶), 10초 뒤에 query 수는 1430217(❺)이다. 즉, 10초 동안 5개의 query가 실행되었고, 이를 통해 초당 0.2개의 query가 인입되었음을 알 수 있다. query 수행 시간도 같은 방법으로 측정할 수 있다. 처음 호출 시의 query 수행 시간은 2580672(❷), 10초 뒤에 query 수행 시간은 2580672(❻)이다. 즉, 10초 동안 0ms가 소요되었다는 것이고, query당 계산해 봐도 쿼리별로 거의 시간이 소요되지 않았음을(0ms) 알 수 있다.

다음으로 fetch 성능에 대해서 살펴보자. 10초 동안의 fetch 수 변화는 1428785(❼) - 1428780(❸)으로 5이고 초당 0.2개의 fetch가 일어났다. fetch의 성능은 242448(❽) - 242447(❹)로 1ms임을 알 수 있다. query와는 다르게 fetch에서는 1ms가 소요되었다. 이렇게 검색 성능으로 query와 fetch 성능을 함께 볼 수 있으며, 초당 몇 개의 query와

fetch가 발생하는지, 그리고 각각에 소요되는 시간은 어느 정도인지 알
수 있다.

### 7.6.3 GC 성능 살펴보기

이번에는 GC 성능을 측정하는 방법을 살펴볼 것이다. GC는 각 노드
에서 발생하기 때문에 nodes/stats API를 이용해서 성능 지표를 볼 수
있다.

코드 7.22 GC 성능 살펴보기

```
[root@elasticsearch-data01 ~]# curl -s http://localhost:9200/_nodes/
stats?pretty | more
{
  "_nodes" : {
    "total" : 13,
    "successful" : 13,
    "failed" : 0
  },
  "cluster_name" : "elasticsearch-log",
  "nodes" : {
    "OTOXLYfRTSeOViAPo4fOZg" : {
      "timestamp" : 1546349228138,
      "name" : "elasticsearch-data09",
      "transport_address" : "10.41.115.90:9300",
      "host" : "10.41.115.90",
      "ip" : "10.41.115.90:9300",
      "roles" : [
        "data",
        "ingest"
      ],
... (중략) ...
"jvm" : {
        ... (중략) ...
        "gc" : {
          "collectors" : {
            "young" : {
              "collection_count" : 550340, ❶
              "collection_time_in_millis" : 29416870 ❷
            },
            "old" : {
              "collection_count" : 11, ❸
              "collection_time_in_millis" : 18175 ❹
```

```
        }
      }
    },
```

nodes/stats API를 통해 확인한 값들 중에서 각 노드별 지표들을 모두 확인해 봐야 한다. 이번 예제에서는 대표적으로 한 노드만 살펴보자. 여기서 사용한 방법을 다른 노드들에서도 동일하게 사용하면 된다.

GC 성능과 관련해서 주목해야 할 부분은 총 4가지인데 ❶과 ❷는 young GC의 발생 횟수와 소요 시간을, ❸과 ❹는 old GC의 발생 횟수와 소요 시간을 의미한다. 이 값들은 모두 값이 증가하는 카운터 형식의 값이기 때문에 특정 시간 동안 얼마나 변화했는지를 측정해야 한다. 우선 해당 지표를 수집하고 해석하기에 앞서 young GC와 old GC가 무엇인지, 왜 모니터링해야 하는지 알아보자.

자바로 만든 애플리케이션은 기본적으로 JVM이라는 가상 머신 위에서 동작하는데 이때 OS는 JVM이 사용할 수 있도록 일정 크기의 메모리를 할당해 준다. 이 메모리 영역을 힙 메모리라고 부른다. JVM은 힙 메모리 영역을 데이터를 저장하는 용도로 사용한다. 시간이 갈수록 사용 중인 영역이 점점 증가하다가 어느 순간 사용할 수 있는 공간이 부족해지면 사용 중인 영역에서 더 이상 사용하지 않는 데이터들을 지워서 공간을 확보하는데 이런 일련의 과정을 가비지 컬렉션(Garbage Collection, GC)이라고 부른다.

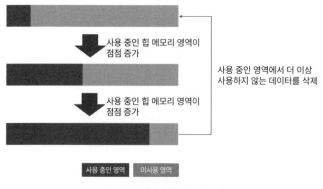

그림 7.2 가비지 컬렉션의 의미

그림 7.2에서는 사용 중인 영역, 미사용 영역 두 가지로 구분했지만 사용 중인 영역도 크게 young 영역과 old 영역 두 가지로 나뉜다. GC 역시 두 영역에서 각각 발생하기 때문에 young 영역에서 발생하는 GC를 young GC, old 영역에서 발생하는 GC를 old GC라고 부른다.

그럼 GC는 ElasticSearch 운영에 어떤 영향을 끼칠까? 크게 두 가지로 볼 수 있다. 첫 번째는 긴 GC 수행 시간에 따른 Stop-The-World 현상, 그리고 두 번째는 Out Of Memory 에러이다.

먼저 Stop-The-World 현상이 무엇인지 알아야 한다. GC는 힙 메모리에서 더 이상 사용하지 않는 데이터를 지우는 작업이다. GC 작업을 할 때, 즉 메모리에서 데이터를 지우는 동안에는 다른 스레드들이 메모리에 데이터를 쓰지 못하도록 막는다. GC가 진행되는 동안에는 다른 스레드들이 동작하지 못하기 때문에 애플리케이션이 응답 불가 현상을 일으키고 이를 Stop-The-World 현상이라고 한다. 특히 old GC는 비워야 할 메모리의 양이 매우 많기 때문에 경우에 따라서는 초 단위의 GC 수행 시간이 소요되기도 한다. 이럴 경우 ElasticSearch 클러스터가 초 단위의 응답 불가 현상을 겪게 된다.

다음은 Out Of Memory 에러이다. JVM은 GC를 통해 애플리케이션에서 필요로 하는 메모리를 계속 확보하는데, 더 이상 확보할 수 있는 영역이 없는 상황에서 애플리케이션이 계속해서 메모리를 사용하고자 하면 가용할 메모리가 없다는 Out Of Memory(이하 OOM) 에러를 발생시킨다. OOM 에러는 애플리케이션을 비정상 종료시키기 때문에 클러스터에서 노드가 아예 제외되는 현상이 일어난다.

두 경우 모두 ElasticSearch의 안정성에 큰 영향을 끼치는 이슈이기 때문에 GC와 관련된 지표를 반드시 모니터링해야 한다.

다시 본론으로 돌아가서 young GC와 old GC의 성능을 측정하는 방법을 살펴보자. 이 값들도 값이 계속 증가하기 때문에 앞서 색인과 검색 성능을 측정했을 때와 마찬가지로 일정 시간 동안 변화한 값을 측정해야 한다.

### 코드 7.23 GC 성능 측정하기

```
[root@elasticsearch-data01 ~]# date; curl -s http://localhost:9200/_
nodes/stats?pretty | more
2019. 01. 01. (화) 22:43:00 KST
{
  "_nodes" : {
    "total" : 13,
    "successful" : 13,
    "failed" : 0
  },
  "cluster_name" : "elasticsearch-log",
  "nodes" : {
    "OTOXLYfRTSeOViAPo4fOZg" : {
      ... (중략) ...
      "gc" : {
        "collectors" : {
          "young" : {
            "collection_count" : 550584, ❶
            "collection_time_in_millis" : 29429727 ❷
          },
          "old" : {
            "collection_count" : 11, ❸
            "collection_time_in_millis" : 18175 ❹
          }
        }
      },
      ... (후략) ...
[root@elasticsearch-data01 ~]# date; curl -s http://localhost:9200/_
nodes/stats?pretty | more
2019. 01. 01. (화) 22:44:00 KST
{
  "_nodes" : {
    "total" : 13,
    "successful" : 13,
    "failed" : 0
  },
  "cluster_name" : "elasticsearch-log",
  "nodes" : {
    "OTOXLYfRTSeOViAPo4fOZg" : {
      ... (중략) ...
      "gc" : {
        "collectors" : {
          "young" : {
            "collection_count" : 550598, ❺
            "collection_time_in_millis" : 29430465 ❻
```

```
      },
      "old" : {
        "collection_count" : 11, ❼
        "collection_time_in_millis" : 18175 ❽
      }
    }
  },
... (후략) ...
```

먼저 young GC와 관련된 성능을 살펴보자. 호출 시간 차이는 1분이고 그동안 young GC의 횟수는 550584(❶)에서 550598(❺)로 14만큼 증가했다. 1분 동안 총 14회의 young GC가 발생했고, 이를 통해 초당 0.2회의 young GC가 발생했음을 알 수 있다. young GC에 소요된 시간은 738ms으로(29430465(❻) - 29429727(❷)) 14회의 young GC가 발생하는 동안 738ms가 소요되었기 때문에 한 번의 young GC마다 약 53ms 정도의 시간이 소요된 셈이다.

old GC 역시 호출 시간 차이는 1분이고 그동안 old GC의 횟수가 11(❼)에서 11(❸)로 변화가 없었기 때문에 이 1분 동안에는 old GC가 발생하지 않았음을 알 수 있다. old GC가 발생하지 않았기 때문에 old GC에 소요된 시간 역시 18175ms로 변화가 없다. old GC는 자주 발생하지 않기 때문에 오랜 시간 모니터링해야 알 수 있다.

그렇다면 GC와 관련된 성능은 어느 정도 수치면 괜찮은 수준일까? 운영하는 환경마다 조금씩 다르겠지만 수십에서 수백 ms 정도의 성능을 내는 것이 안정적이다. 수백 ms도 old GC에서 수백 ms가 발생한다면 그 시간 동안 클러스터가 응답 불가 현상을 겪기 때문에 순간적으로 성능 저하가 발생한다.

## 7.6.4 rejected 살펴보기

마지막으로 rejected와 관련된 내용을 살펴보자. rejected는 ElasticSearch 클러스터 레벨에서 현재 처리량이 부족하다는 것을 알 수 있는 지표 중 하나이다. ElasticSearch는 현재 처리할 수 있는 양보다 많은 양의 요청이 들어올 경우 큐에 요청을 쌓아놓는다. 하지만 큐도 꽉 차서 더 이상 요청을 쌓아놓을 수 없으면 rejected 에러를 발생시키며 요청을 처리하지 않는다. 즉, rejected 수치가 늘어난다면 현재 클러스터의 처리량이 부족하다는 의미이다.

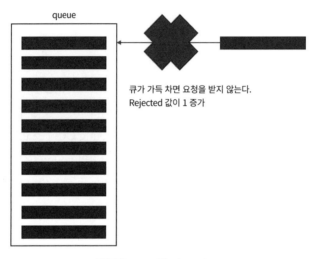

queue

큐가 가득 차면 요청을 받지 않는다.
Rejected 값이 1 증가

그림 7.3 queue와 rejected

rejected는 nodes/stats API를 통해서 확인할 수 있다.

**코드 7.24 rejected 확인하기**

```
[root@elasticsearch-data01 ~]# curl -s http://localhost:9200/_nodes/
stats?pretty | more
{
  "_nodes" : {
    "total" : 13,
    "successful" : 13,
    "failed" : 0
  },
  "cluster_name" : "elasticsearch-log",
  "nodes" : {
    "OTOXLYfRTSeOViAPo4fOZg" : {
      ... (중략) ...
      "thread_pool" : {
        "analyze" : {
          "threads" : 0,
          "queue" : 0,
          "active" : 0,
```

```
      "rejected" : 0,
      "largest" : 0,
      "completed" : 0
    },
    "ccr" : {
      "threads" : 0,
      "queue" : 0,
      "active" : 0,
      "rejected" : 0,
      "largest" : 0,
      "completed" : 0
    },
    "fetch_shard_started" : {
      "threads" : 1,
      "queue" : 0,
      "active" : 0,
      "rejected" : 0,
      "largest" : 8,
      "completed" : 37
    },
    "fetch_shard_store" : {
      "threads" : 1,
      "queue" : 0,
      "active" : 0,
      "rejected" : 0,
      "largest" : 16,
      "completed" : 521
    },
    "flush" : {
      "threads" : 4,
      "queue" : 0,
      "active" : 0,
      "rejected" : 0,
      "largest" : 4,
      "completed" : 25159
    },
    "force_merge" : {
      "threads" : 1,
      "queue" : 0,
      "active" : 0,
      "rejected" : 0,
      "largest" : 1,
      "completed" : 34
    },
```

rejected는 각 스레드별로 확인할 수 있다. write 스레드에서 rejected 가 발생한다면 색인 성능이 부족하다는 것이고 search 스레드에서

rejected가 발생한다면 검색 성능이 부족하다는 뜻이다. 이 값 역시 앞에 나왔던 다른 값들과 마찬가지로 계속해서 증가하는 카운터 형식의 값이기 때문에 일정 시간 동안에 발생한 차이를 모니터링해야 한다. 그렇다면 rejected가 발생하면 어떻게 조치할 수 있을까?

rejected가 발생하는 경우는 크게 두 가지로 볼 수 있다. 첫 번째는 요청이 점차 늘어나서 초기에 구성한 클러스터의 처리량이 부족한 경우, 그리고 두 번째는 평상시에는 부족하지 않지만 요청이 순간적으로 늘어나서 순간 요청을 처리하지 못하는 경우이다.

첫 번째 경우는 클러스터의 데이터 노드를 증설하는 것 외에는 특별한 방법이 없다. 하지만 두 번째 경우는 생각해볼 필요가 있다. 평상시에는 처리량이 부족하지 않지만 순간적으로 들어오는 많은 양의 요청을 처리하는 게 버거운 상황이라면, 이를 해결하기 위해 데이터 노드를 증설하는 것은 낭비일 수 있다.

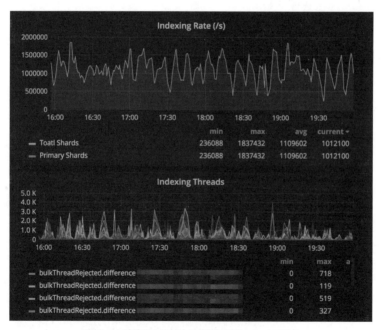

그림 7.4 순간적으로 요청이 증가했을 때의 reject 그래프

보통 순간적으로 요청이 밀려 들어와 rejected가 발생하면 그림 7.4와 같은 rejected 그래프를 볼 수 있다. 이럴 경우에는 큐를 늘리는 게 도움이 될 수 있다. 평상시에는 처리량이 부족하지 않기 때문에 큐를 늘리는 방식으로 대응하면 순간적으로 요청이 밀려 들어올 때 rejected 에러를 발생시키지 않고 일단 큐에 담아 놓았다가 순차적으로 처리할 수 있다. 큐 사이즈는 elasticsearch.yml 파일에 코드 7.25와 같이 설정할 수 있다.

**코드 7.25 스레드별로 큐 설정하기**

```
thread_pool.write.queue_size: 10000
thread_pool.search.max_queue_size: 10000
```

코드 7.25를 보면 thread_pool이라는 단어 뒤에 큐를 설정하고자 하는 스레드의 이름이 들어간다. write 스레드와 search 스레드의 설정이 약간 다른데 스레드 풀의 타입이 fixed 타입인지 fixed_auto_queue_size 타입인지에 따라서 설정 방식이 조금 다르기 때문이다. 표 7.4에 가장 빈번하게 사용되는 스레드의 타입과 큐 사이즈 설정 방법에 대해 정리해 놓았다.

| 스레드 이름 | 스레드 풀 타입 | 설정 방법 |
| --- | --- | --- |
| get<br>write<br>analyze | fixed | thread_pool.{스레드 이름}.queue_size<br>ex) thread_pool.write.queue_size: 10000 |
| search | fixed_auto_<br>queue_size | thread_pool.{스레드 이름}.max_queue_size<br>ex) thread_pool.search.max_queue_size: 10000 |

표 7.4 주요 스레드별 스레드 풀 타입과 큐 사이즈 설정 방법

 위 스레드 풀 타입 중 fixed_auto queue_size 타입은 8.x에서는 삭제될 예정이다.

다시 본론으로 돌아와서, write 큐 사이즈를 늘리면 그림 7.5와 같이 색인의 양은 그대로지만 rejected는 늘어나지 않음을 볼 수 있다. 이를 통해 순간적으로 들어온 요청들은 큐에 저장하여 순차적으로 처리한다.

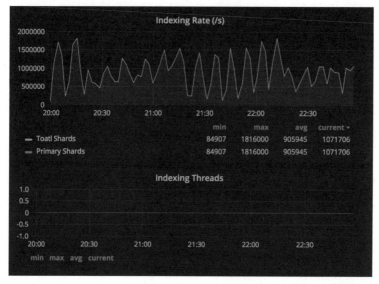

그림 7.5 큐를 늘려 대응한 모습

지금까지 stats API를 활용해서 다양한 지표들을 수집하고 해석하는 방법에 대해서 살펴보았다. 사실 여기에 있는 지표들은 대부분의 모니터링 시스템에서 수집해주기 때문에 자세한 수집 방법을 알 필요를 느끼지 못할 수도 있다. 하지만 모니터링 시스템에서 보여주는 지표들을 어떻게 수집하는 것인지 알아야 어떤 값들을 표현하는 것인지 이해할 수 있고, 모니터링 시스템의 지표들을 해석하여 안정적으로 클러스터의 운영할 수 있다.

## 7.7 마치며

이번 장에서는 ElasticSearch 클러스터를 모니터링하는 방법에 대해 살펴보았다. 이번 장에서 살펴본 내용을 정리하면 다음과 같다.

1. cat/health API로 클러스터의 상태를 확인할 수 있다.
2. cat/nodes API로 클러스터를 구성하는 노드들의 상태를 확인할 수 있다.

3. cat/indices API로 클러스터 내에 존재하는 모든 인덱스들의 상태를 확인할 수 있다.

4. cat API는 공통적으로 h 파라미터를 통해서 기본적으로 보여주는 항목 외에 추가 항목들을 볼 수 있으며, 볼 수 있는 항목들의 목록은 help 파라미터를 통해서 알 수 있다.

5. 클러스터의 상태를 표현하는 값은 green, yellow, red 3가지가 있으며 green은 프라이머리와 레플리카 샤드 모두 정상적으로 동작하는 상태, yellow는 일부 혹은 모든 레플리카 샤드가 동작하지 않는 상태, red는 일부 혹은 모든 프라이머리 샤드가 동작하지 않는 상태를 의미한다.

6. 클러스터의 상태는 인덱스의 상태와 직결되며 red 상태가 되었다고 모든 인덱스에서 데이터 유실이 발생하는 것은 아니다.

7. nodes/stats API를 통해 노드들의 성능 정보를 확인할 수 있다.

8. GC 중에서도 old GC는 Stop-The-World 현상을 일으키기 때문에 얼마나 자주 발생하는지, 한 번 발생할 때마다 얼마나 오래 발생하는지 모니터링해야 한다.

9. rejected는 클러스터가 처리할 수 있는 양보다 많은 요청이 인입되었을 때 발생하며, 큐를 늘려서 대응하거나 데이터 노드를 증설하여 대응할 수 있다.

# 8장

# 분석 엔진으로 활용하기

지금까지 ElasticSearch 클러스터를 구축하는 방법, 그리고 운영에 필요한 기본적인 개념과 운영 방법을 실제 사례들을 중심으로 설명했다. 이제부터 ElasticSearch를 활용하는 방법에 대해 살펴볼 것이다. 8장에서는 Elastic Stack을 통해서 로그를 수집하고 시각화하는 방법을, 9장에서는 ElasticSearch가 가지고 있는 검색 기능을 바탕으로 검색 엔진으로 활용하는 방법을 설명한다.

이번 장에서 다룰 내용은 다음과 같다.

- Elastic Stack의 의미와 시스템 구성 방안
- Filebeat, Logstash, Kibana의 설치 방법
- Kibana를 통해서 데이터를 시각화하는 방법
- Elastic Stack의 가용성을 확보하기 위해 이중화하는 방법

## 8.1 Elastic Stack이란

Elastic Stack은 로그를 수집, 가공하고 이를 바탕으로 분석하는 데 사용되는 플랫폼을 의미한다. 이전에는 Elastic Stack을 ELK Stack이라고 불렀다. Elastic Stack은 로그를 전송하는 Filebeat, 전송된 로그를 JSON 형태의 문서로 파싱하는 Logstash('로그스태시'라고 읽는다), 파싱된

문서를 저장하는 ElasticSearch, 그리고 데이터를 시각화할 수 있는
Kibana 이렇게 4개의 독립적인 시스템으로 구성되어 있다(그림 8.1).

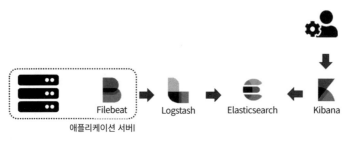

애플리케이션 서버

**그림 8.1 ElasticStack 구성**

먼저 Filebeat는 지정된 위치에 있는 로그 파일을 읽어서 Logstash 서버
로 보내주는 역할을 한다. Filebeat는 로그 파일을 읽기만 하고 별도로
가공하지 않기 때문에, 로그 파일의 포맷이 달라지더라도 별도의 작업이
필요치 않다. 로그 파일의 포맷이 달라지면 로그 파일을 실제로 파싱하
는 Logstash의 설정을 바꿔주면 되기 때문에 Filebeat와 Logstash의 역
할을 분명하게 나눠서 사용하는 것이 확장성이나 효율성 면에서 좋다.

 Filebeat에서 로그 파일을 읽어서 JSON 형태의 문서로 바로 가공할 수도 있
다. 이렇게 하면 로그 파일의 포맷이 달라져서 애플리케이션 서버들에 설치해
놓은 Filebeat를 모두 변경해야 하는 번거로움이 있다. 반면에 Filebeat에서
ElasticSearch로 로그를 바로 전송할 수 있기 때문에 더 빠르게 로그를 수집할
수 있는 장점이 생긴다. 각자 처한 상황에 맞게 구성하면 된다.

Logstash는 Filebeat로부터 받은 로그 파일들을 룰에 맞게 파싱해서
JSON 형태의 문서로 만드는 역할을 한다. 하나의 로그에 포함된 정보
를 모두 파싱할 수도 있고, 일부 필드만 파싱해서 JSON 문서로 만들 수
도 있다. 파싱할 때는 다양한 패턴을 사용할 수 있으며 대부분 grok 패
턴[1]을 이용해서 파싱 룰을 정의한다.

---

1  grok은 비정형 데이터를 정형 데이터로 변경해 주는 라이브러리로, 다양한 정규표현식 형
   태의 패턴을 제공한다.

ElasticSearch는 Logstash가 파싱한 JSON 형태의 문서를 인덱스에 저장한다. 이때의 ElasticSearch는 데이터 저장소 역할을 한다. 대부분의 경우 날짜가 뒤에 붙는 형태로 인덱스가 생성되며 해당 날짜의 데이터를 해당 날짜의 인덱스에 저장한다.

마지막으로 Kibana는 ElasticSearch에 저장된 데이터를 조회하거나 시각화할 때 사용한다. 데이터를 기반으로 그래프를 그리거나 데이터를 조회할 수 있다. Elastic Stack에서 사용자의 인입점을 맡게 된다.

그럼 본격적으로 Elastic Stack을 구성해 보자. 코드 8.1은 이번 장을 통틀어서 수집하고 파싱하고 시각화하려는 nginx 로그의 일부다.

**코드 8.1 nginx log 예제**

```
0.002 0.002 10.41.19.207 - - [22/Oct/2018:03:11:37 +0900] "POST /api/
v1/alert HTTP/1.1" 200 25 "-" "python-requests/2.19.0" "-"
```

이 로그들을 Filebeat를 통해서 수집하고, Logstash를 통해서 JSON 형태의 문서로 파싱하고, ElasticSearch에 저장하고, Kibana를 통해서 시각화해보자.

## 8.2 Filebeat 설치하기

먼저 Elastic Stack의 첫 번째 구성 요소인 Filebeat를 설치해 보자. Elastic 공식 홈페이지에서 Filebeat를 다운 받을 수 있다.

*https://www.elastic.co/downloads/beats/filebeat*

 Elastic Stack은 가급적 모든 구성 요소의 버전을 통일시키는 것이 좋다. 이 책에서는 6.4.2로 진행했으며, 버전이 다르다고 해서 이번 장에서 진행하는 설치 과정이 크게 달라지지는 않기 때문에 최신 버전으로 실시 과정을 따라 해도 된다.

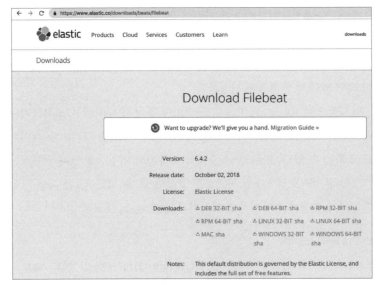

**그림 8.2** Filebeat 다운로드

다운 받은 RPM을 코드 8.2의 명령으로 설치한다.

**코드 8.2 filebeat 설치하기**

```
[root@webserver src]# rpm -ivh ./filebeat-6.4.2-x86_64.rpm
warning: ./filebeat-6.4.2-x86_64.rpm: Header V4 RSA/SHA512 Signature,
key ID d88e42b4: NOKEY
Preparing...                         ############################### [100%]
Updating / installing...
   1:filebeat-6.4.2-1                ############################### [100%]
```

설치하면 /etc/filebeat 디렉터리가 생성되며 이 디렉터리 안에 각종 환경 설정 파일이 들어있다.

**코드 8.3 /etc/filebeat 디렉터리 살펴보기**

```
[root@webserver filebeat]# ls /etc/filebeat
fields.yml  filebeat.reference.yml  filebeat.yml  modules.d
```

표 8.1은 각 파일의 역할을 정리한 것이다.

| 파일 이름 | 역할 |
|---|---|
| fields.yml | Filebeat가 Logstash를 거치지 않고 직접 ElasticSearch에 쓸 때 사용하는 타입과 필드들을 정의한다. |
| filebeat.reference.yml | filebeat.yml 파일에서 설정할 수 있는 모든 설정들이 예제 형식으로 제공된다. 이 파일의 내용을 참고해서 filebeat.yml 파일을 설정하면 된다. |
| filebeat.yml | Filebeat가 실행하면서 읽는 환경 설정 파일이다. 여기에 설정한 내용을 바탕으로 Filebeat가 설정된다. |
| modules.d | Filebeat가 직접 JSON 파싱까지 할 때 사용하는 환경 설정들을 저장하는 디렉터리다. |

**표 8.1** Filebeat 기본 파일의 역할

우리는 nginx 로그 파일을 수집해서 Logstash로 보낼 것이기 때문에 **filebeat.yml** 파일을 다음과 같이 작성한다.

**코드 8.4** filebeat.yml 파일 예제

```
filebeat.inputs:
- type: log
  enabled: true
  paths:
    - /usr/local/nginx/logs/access.log ❶
output.logstash:
  hosts: ["logstashserver:5044"]
```

❶ /usr/local/nginx/logs/access.log를 수집 대상 로그 파일로 설정했다.

환경 설정이 정말 간단하다. 수집하고자 하는 로그 파일의 위치를 설정하고, 수집한 로그 파일의 내용을 어디로 보낼 것인지 설정하면 끝난다.
설정이 완료되면 Filebeat를 시작한다.

**코드 8.5** filebeat 시작하기

```
[root@webserver filebeat]# service filebeat start
Starting filebeat (via systemctl):                    [  OK  ]
```

정상적으로 로그를 수집하고 있는지 로그를 살펴보자. 로그 파일은 /var/log/filebeat에 있다.

**코드 8.6 filebeat 로그 살펴보기**

```
2018-10-24T22:03:14.883+0900          INFO        instance/beat.go:273
Setup Beat: filebeat; Version: 6.4.2
2018-10-24T22:03:14.883+0900          INFO        pipeline/module.go:98
Beat name: webserver
2018-10-24T22:03:14.884+0900          INFO        instance/beat.go:367
filebeat start running.
2018-10-24T22:03:14.884+0900          INFO        registrar/registrar.go:134
Loading registrar data from /var/lib/filebeat/registry
2018-10-24T22:03:14.884+0900          INFO        [monitoring]      log/
log.go:114        Starting metrics logging every 30s
2018-10-24T22:03:14.884+0900          INFO        registrar/registrar.go:141
States Loaded from registrar: 2
2018-10-24T22:03:14.884+0900          WARN        beater/filebeat.go:371
Filebeat is unable to load the Ingest Node pipelines for the configured
modules because the Elasticsearch output is not configured/enabled. If
you have already loaded the Ingest Node pipelines or are using Logstash
pipelines, you can ignore this warning.
2018-10-24T22:03:14.884+0900          INFO        crawler/crawler.go:72
Loading Inputs: 1
2018-10-24T22:03:14.884+0900          INFO        log/input.go:138
Configured paths: [/usr/local/nginx/logs/access.log] ❶
2018-10-24T22:03:14.884+0900          INFO        input/input.go:114
Starting input of type: log; ID: 3098914192465854700
2018-10-24T22:03:14.884+0900          INFO        crawler/crawler.go:106
Loading and starting Inputs completed. Enabled inputs: 1
```

❶ 코드 8.4의 ❶에서 설정한 로그 파일을 찾아서 정상적으로 수집 준비를 마쳤음을 알 수 있다. 하지만 아직 Logstash 서버를 설정하지 않았기 때문에 Filebeat를 시작한다고 해도 실제 로그 전송이 이뤄지진 않는다.

그럼 이제 Filebeat가 전송한 로그를 파싱할 Logstash 서버를 설치해 보자.

## 8.3 Logstash 설치하기

Elastic 공식 홈페이지에서 Logstash를 다운 받아서 설치하자. Filebeat
와 동일한 6.4.2 버전을 다운 받아서 설치한다.

*https://www.elastic.co/downloads/logstash*

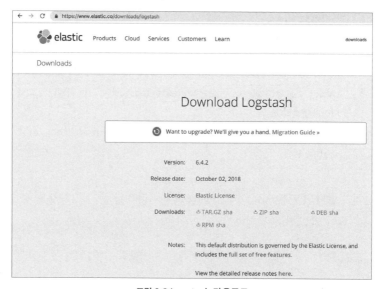

그림 8.3 Logstash 다운로드

다운 받은 후 **rpm** 명령을 이용해서 다음과 같이 설치한다.

**코드 8.7 Logstash 설치하기**

```
[root@logstashserver src]# rpm -ivh ./logstash-6.4.2.rpm
경고: ./logstash-6.4.2.rpm: Header V4 RSA/SHA512 Signature, key ID
d88e42b4: NOKEY
준비 중...                          ############################# [100%]
Updating / installing...
   1:logstash-1:6.4.2-1             ############################# [100%]
Using provided startup.options file: /etc/logstash/startup.options
Successfully created system startup script for Logstash
```

💡 설치하다가 다음과 같은 에러가 발생한다면 자바가 설치되어 있지 않아서 발생하는 것이다. 자바를 설치한 후 rpm -e 명령으로 제거하고 다시 한번 설치해야 한다.

```
[root@logstashserver src]# rpm -ivh ./logstash-6.4.2.rpm
./logstash-6.4.2.rpm: Header V4 RSA/SHA512 Signature, key ID
d88e42b4: NOKEY
준비 중...                          ################# [100%]
Updating / installing...
   1:logstash-1:6.4.2-1            ############## [100%]
could not find java; set JAVA_HOME or ensure java is in PATH
chmod: cannot access `/etc/default/logstash': 그런 파일이나 디렉
터리가 없습니다
경고: %post(logstash-1:6.4.2-1.noarch) scriptlet failed, exit
status 1
```

설치가 끝나면 기본으로 /etc/logstash 디렉터리가 생기고 환경 설정을 위한 파일 몇 개가 생성된다.

| 파일 이름 | 역할 |
|---|---|
| logstash.yml | Logstash와 관련된 설정을 할 수 있는 기본 설정 파일이다. 워커의 개수는 몇 개로 할지, 한번에 처리할 배치의 크기는 어느 정도로 할지 등 logstash와 관련한 전반적인 것들을 설정한다. |
| conf.d | 파싱에 사용할 플러그인과 그에 따른 파싱 룰을 정의하는 설정 파일이 모여 있는 디렉터리이다. |
| jvm.options | Logstash를 실행할 때 함께 설정할 JVM 옵션들을 설정하는 파일이다. GC 방식, 힙 메모리 등 JVM과 관련한 옵션들을 설정한다. |
| log4j.properties | 로그 파일 기록과 관련된 설정에 사용하는 파일이다. |

표 8.2 Logstash 기본 파일의 역할

먼저 lostash.yml 파일은 Logstash와 관련된 기본적인 사항들을 정의해 놓은 파일이다. 몇 개의 워커를 이용해 로그를 파싱할지, 한 번에 몇 개의 로그를 파싱할지 등 Logstash의 기본적인 동작을 정의할 수 있

다. Logstash에서 제공하는 기본 설정값은 특별히 튜닝할 부분이 없지만 조금 더 성능을 끌어내야 할 필요가 있을 때 pipeline.workers나 pipeline.batch.size, pipeline.batch.delay 3가지 값을 튜닝해서 사용한다. 3가지 값에 대한 설명은 표 8.3에 정리해 놓았다.

| 파일 이름 | 역할 |
| --- | --- |
| pipeline.workers | Logstash가 파싱할 때 사용할 워커의 개수를 설정한다. 기본으로 CPU 코어 수로 설정되며, CPU Usage를 높이고 더 많은 양을 처리하게 하기 위해 CPU 코어 수보다 많게 설정하기도 한다. |
| pipeline.batch.size | 하나의 워커가 파싱하기 위한 로그의 단위를 의미한다. 기본은 125개이며, 로그를 125개씩 모아서 파싱한다. 이 값이 커지면 한번에 처리하는 양이 많아지지만 오히려 처리 속도는 떨어지는 경우가 생긴다. |
| pipeline.batch.delay | 하나의 워커가 파싱을 하기 위해 로그를 모으는 시간을 의미한다. pipeline.batch.size만큼 로그가 쌓이지 않아도 여기에 설정한 시간에 도달하면 워커가 파싱을 시작한다. |

표 8.3 logstash.yml 파일의 주요 설정값

다음으로 conf.d 디렉터리 밑에 있는 파일들은 파싱에 사용할 플러그인을 정의한다. 여기서는 Filebeat가 보내온 로그를 파싱할 것이기 때문에 nginx-logs.conf라는 파일을 생성해서 코드 8.8과 같이 만들어 준다.

코드 8.8 nginx-logs.conf 파일 작성하기

```
[root@ip-10-10-10-10 conf.d]# cat nginx-logs.conf
input {
  beats {
    port => "5044" ❶
  }
}

filter {
  grok { ❷
    match => { "message" => "%{NUMBER:request_time:float}
%{NUMBER:upstream_response_time:float} %{IPORHOST:clientip}
(?:-|(%{WORD}.%{WORD})) %{USER:ident} \[%{HTTPDATE:timestamp}\]
"(?:%{WORD:verb} %{NOTSPACE:request}(?: HTTP/%{NUMBER:httpversion
})?|%{DATA:rawrequest})" %{NUMBER:response} (?:%{NUMBER:bytes}|-)
%{QS:referrer} %{QS:agent} %{QS:forwarder}" }
```

```
    }
}

output {
  file {
    path => "/var/log/logstash/output.log" ❸
  }
}
```

코드 8.8의 내용 중 중요한 부분들만 살펴보자.

❶ Filebeat를 통해 입력받는 포트로 5044번 포트를 설정했다.

❷ Logstash에서 제공하는 다양한 패턴 매칭 방식 중 GROK 패턴을 이용해서 입력된 로그 파일에 대한 파싱 룰을 정의했다.

❸ 파싱한 결과를 파일로 출력했다. Logstash의 결과를 ElasticSearch로 보내기 전에 이와 같이 먼저 파일로 해당 내용을 저장하게 해서 정상적으로 파싱되었는지 확인할 수 있다.

룰을 설정한 후 Logstash를 재시작하고 로그 파일을 살펴보면 코드 8.9와 같은 로그를 볼 수 있다.

**코드 8.9 Logstash 로그 파일 확인하기**

```
[2018-10-29T23:01:07,757][INFO ][logstash.runner          ] Starting
Logstash {"logstash.version"=>"6.4.2"} ❶
[2018-10-29T23:01:12,441][INFO ][logstash.pipeline        ] Starting
pipeline {:pipeline_id=>"main", "pipeline.workers"=>8, "pipeline.batch.
size"=>125, "pipeline.batch.delay"=>50} ❷
[2018-10-29T23:01:13,638][INFO ][logstash.inputs.beats    ] Beats
inputs: Starting input listener {:address=>"0.0.0.0:5044"} ❸
[2018-10-29T23:01:13,690][INFO ][logstash.pipeline        ]
Pipeline started successfully {:pipeline_id=>"main",
:thread=>"#<Thread:0x3dacef2e run>"}
[2018-10-29T23:01:13,815][INFO ][logstash.agent           ] Pipelines
running {:count=>1, :running_pipelines=>[:main], :non_running_
pipelines=>[]}
[2018-10-29T23:01:13,825][INFO ][org.logstash.beats.Server] Starting
server on port: 5044 ❹
[2018-10-29T23:01:14,461][INFO ][logstash.agent           ]
Successfully started Logstash API endpoint {:port=>9600}
```

```
[2018-10-29T23:01:53,614][INFO ][logstash.outputs.file    ] Opening
file {:path=>"/var/log/logstash/output.log"} ❺
```

❶ 현재 가동 중인 Logstash의 버전 정보를 확인할 수 있다. 6.4.2 버전
  이다.

❷ 앞에서 살펴본 주요 환경 설정 변수들을 확인할 수 있다. 현재는
  worker가 8개, batch 작업의 크기는 125, delay는 50이다.

❸ 코드 8.8에서 설정한 Filebeat용 5044번 포트에 대한 바인딩을 시작
  하고 있다.

❹ 커널로부터 5044번 포트를 부여받고 성공적으로 소켓을 열었음을
  확인할 수 있다.

❺ 파싱의 결과를 저장할 output.log 파일을 정상적으로 오픈했다.

여기까지의 결과를 통해서 Logstash가 정상적으로 실행되었음을 알 수
있다. 그럼 우리가 설정한 output.log 파일에 파싱한 결과가 제대로 저
장되고 있는지 살펴보자.

 Logstash의 로그 파일 위치는 /var/log/logstash/logstash-plain.log이다.

**코드 8.10 output.log 파일의 내용**

```
{"tags":["beats_input_codec_plain_applied"],"prospector":{"type
":"log"},"response":"200","referrer":"\"-\"","agent":"\"python-
requests/2.19.0\"","@timestamp":"2018-10-26T13:18:12.790Z","timesta
mp":"26/Oct/2018:03:12:03 +0900","forwarder":"\"-\"","bytes":"25","
message":"0.001 0.001 10.41.20.13 - - [26/Oct/2018:03:12:03 +0900]
\"POST /api/v1/alert HTTP/1.1\" 200 25 \"-\" \"python-requests/2.19.0\"
\"-\"","@version":"1","input":{"type":"log"},"upstream_response_
time":0.001,"request":"/api/v1/alert","source":"/usr/local/nginx/logs/
kmon-dev.access.log","host":{"name":"webserver"},"ident":"-","request_
time":0.001,"clientip":"10.41.20.13","httpversion":"1.1","offsct":37130
1,"verb":"POST","beat":{"hostname":"webserver","version":"6.4.2","name"
:"webserver"}}
```

우리가 파싱하고자 했던 로그가 그림 8.4와 같이 grok 패턴에 의해 매
칭되어 하나의 필드를 의미하게 됨을 확인할 수 있다.

그림 8.4 grok 패턴

정상적으로 파싱되는 것을 확인했으니 이제 파싱된 로그들을 Elastic Search에 저장해 보자. 코드 8.8의 내용 중 output 블록(❸)을 코드 8.11과 같이 수정한다.

코드 8.11 elasticsearch output 수정

```
output {
  elasticsearch {
    hosts => "elasticsearchserver:9200"
  }
}
```

그리고 Logstash를 다시 시작한다. 재시작되면 cat API를 통해 다음과 같이 ElasticSearch 서버에 인덱스가 생성되었는지 확인한다.

코드 8.12 인덱스 생성 확인

```
[root@elasticsearchserver elasticsearch]# curl -s http://
localhost:9200/_cat/indices
yellow open logstash-2018.10.30 BFNiqVmxTAOCE5KPmSUn_w 5 1 257226 0
42.8mb 42.8mb
yellow open logstash-2018.10.29 OWM090McSdOwewSEQbC0KQ 5 1   4120 0
1mb    1mb
```

이제 마지막으로 Kibana를 통해서 수집한 로그를 시각화해보자.

## 8.4 Kibana를 통해 로그 조회하기

Kibana를 통해 지금까지 설정한 nginx 로그 파일들을 분석해야 하기 때문에 [Management] 탭을 통해 ElasticSearch로부터 읽어 들일 인덱스의 패턴을 정의해야 한다. Kibana 초기 화면 왼쪽에서 [Management] 탭을 클릭한 다음 [Index Patterns]를 클릭한다.

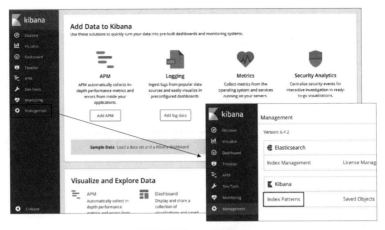

그림 8.5 Kibana 초기 화면

[Index Patterns]에서는 어떤 인덱스를 시각화할지, 또는 어떤 로그를 조회할지 설정할 수 있다. 먼저 패턴 매칭을 통해서 조회하거나 시각화에 사용할 인덱스의 이름을 지정한다. 코드 8.11에서 ElasticSearch로 output을 설정할 때 host 외의 값을 주지 않았기 때문에 우리가 진행한 예제는 기본값인 logstash-YYYY.mm.dd의 형태로 쌓이고 있을 것이다. [Index Pattern]에 'logstash-*'라고 적어주면 정상적으로 설정된다. 인덱스 패턴 매칭이 정상적으로 완료되면 [Next Step] 버튼을 클릭한다 (그림 8.6).

그림 8.6 Index Pattern 정의하기

두 번째 단계에서는 첫 번째 단계에서 설정한 인덱스 패턴에 매칭할 timestamp, 즉 로그의 발생 시간을 담고 있는 필드를 설정한다. 만약 Date 타입의 필드가 여러 개 있을 경우에는 여러 개의 필드를 보여 주지만, 우리가 쌓고 있는 인덱스에는 '@timestamp'라는 필드 하나밖에 없기 때문에 그대로 선택한다. 아래쪽의 [Create Index Pattern]을 클릭한다.

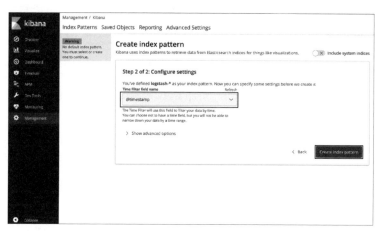

그림 8.7 timestamp 필드 설정하기

그러면 그림 8.8과 같이 설정 완료 화면이 나타난다.

그림 8.8 create index pattern 설정 완료

☑️ 인덱스 필드가 추가되거나 수정 사항이 발생할 때 이미 생성한 kibana 인덱스 패턴에는 해당 내용이 자동으로 반영되지 않는다. 그림 8.8 오른쪽 상단에 보이는 새로고침 버튼을 누르면 반영된 상태를 확인할 수 있다.

왼쪽에서 [Discover]를 클릭하면 로그가 정상적으로 조회되는지 확인할 수 있다. 간단하게 조회를 해보자. upstream_response_time이 0.2초인 로그를 조회하기 위해 검색창에 upstream_response_time:0.02를 입력하고 엔터키를 누르면 해당하는 로그들을 볼 수 있다(그림 8.9).

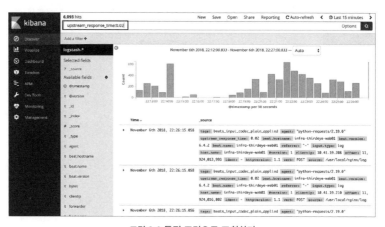

그림 8.9 특정 조건으로 조회하기

이렇게 Filebeat와 Logstash, ElasticSearch, Kibana를 설치하고 설정해서 로그를 수집하고 로그를 조회, 검색할 수 있는 시스템을 간단하게 구축했다. 이제 Kibana의 강력한 기능을 이용해서 수집한 로그들을 시각화해보자.

## 8.5 Kibana로 시각화하기

지금까지 로그를 수집하고 조회, 검색할 수 있는 시스템을 만들었으니 이 시스템을 통해 얻은 데이터를 시각화하여 통계를 내고 패턴을 분석할 것이다. 저장되어 있는 로그를 바탕으로 다음 두 가지 형태의 그래프를 만들어 보자.

- client_ip 필드를 이용하여 요청하는 클라이언트들의 IP 분류
- 시간대별 애플리케이션의 응답 코드 분포

먼저 우리가 수집하고 있는 로그들 중 client_ip 필드를 이용해서 어떤 클라이언트가 요청하고 있는지, 그리고 가장 많이 요청하는 클라이언트는 어떤 것인지 확인해 보자. 왼쪽에서 [Visualize] 탭을 클릭한 다음 [Create a Visualization] 버튼을 클릭한다.

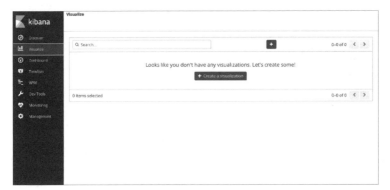

그림 8.10 Visualize 탭 화면

그래프의 형태를 선택할 수 있는 화면이 나오면 이 중에서 [Pie] 그래프를 클릭해서 선택한다(그림 8.11).

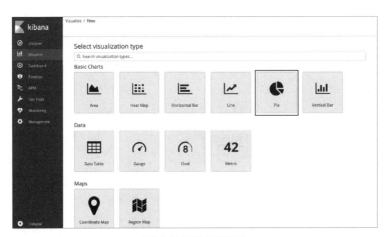

그림 8.11 그래프 선택하기

어떤 인덱스의 데이터를 시각화할 것인지 선택하는 화면이 나온다. 여기서는 logstash-* 인덱스의 데이터를 그려야 하니 'logstash-*'를 클릭한다(그림 8.12)

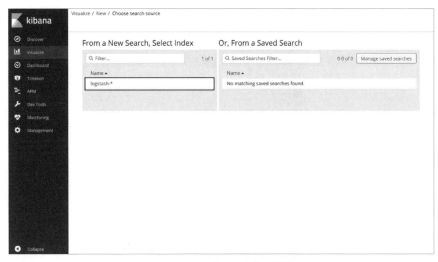

그림 8.12 인덱스 선택하기

클릭하면 큰 원이 있는 화면을 만나게 된다(그림 8.13). 이 화면에서 어떻게 진행해야 할지 난감해 하면서 포기하는 경우가 있는데 천천히 따라 하면 어렵지 않다.

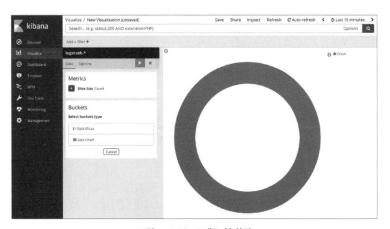

그림 8.13 Pie 그래프 첫 화면

그래프 왼쪽의 [Metrics]는 말 그대로 그래프에 표현할 수치를 의미한다. [Slice Size] 옆에 있는 화살표를 누르면 설정할 수 있는 항목이 확장된다. [Aggregation] 칼럼을 클릭하면 총 4개의 항목을 볼 수 있는데, 기본 선택되어 있는 'Count'는 개수를, 'Unique Count'는 중복을 제거한 고유한 개수를 표현한다(그림 8.14).

그림 8.14 Metrics 설정

다음으로 [Buckets]는 실제로 표현하고자 하는 필드를 선택할 때 사용한다. 여기서는 클라이언트의 IP 개수를 셀 것이기 때문에 [Buckets]에서 [Split Slices]를 선택한 다음 [Aggregation]은 'Terms'를, [Field]는 'clientip. keyword'를 선택한다. 나머지 항목은 기본값을 그대로 둔다(그림 8.15).

그림 8.15 Buckets 설정

화면 중간에 위치한 플레이 버튼을 클릭하면 설정한 내용을 바탕으로 그린 그래프를 보여준다(그림 8.16). 그래프를 만든 후에는 저장해야 한다. [Save Visualization]에 '클라이언트 IP - Top 5'로 이름을 입력하고 [Save] 버튼을 클릭해서 저장한다(그림 8.16).

그림 8.16 그래프 저장하기

다음으로 시간대별 응답 코드 분포 그래프를 그려보자. 이번엔 Vertical Bar 형태의 그래프를 선택한다(그림 8.17).

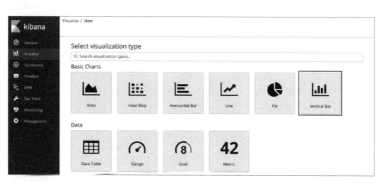

그림 8.17 Vertical Bar 선택하기

사용할 인덱스로 'logstash-*'를 클릭하면 그림 8.18과 같은 화면이 나온다.

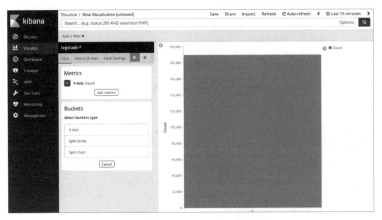

그림 8.18 Vertical Bar 그래프의 첫 화면

시간대별 로그의 흐름을 그릴 것이기 때문에 X축을 시간대로 변경해
야 한다. [Buckets]에서 [X-Axis]를 클릭하고 [Aggregation]에서 'Date
Histogram'을 선택한다. 그리고 나머지 값들은 기본으로 두고 상단에
있는 플레이 버튼을 클릭하면 X축이 시간대로 변경된 것을 확인할 수
있다(그림 8.19).

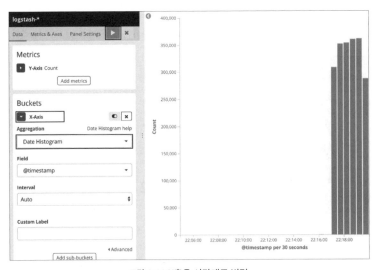

그림 8.19 X축을 시간대로 변경

이번에는 Y축을 각 응답 코드로 나눠보자. [Buckets] 항목의 하단에 있는 [Add sub-buckets] 버튼을 클릭한다. 이 버튼을 클릭하면 [Split Series]와 [Split Chart] 두 개의 버튼이 나타난다.

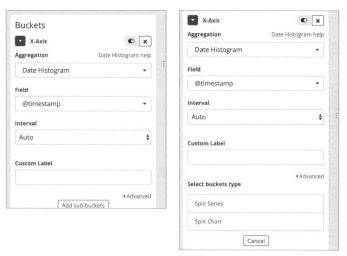

그림 8.20 Add sub-buckets 클릭 후 화면

[Split Series]를 클릭하고 [sub Aggregation]은 'Terms'를, [Field]는 'response.keyword'를 선택한 다음 플레이 버튼을 클릭하면 그래프가 시간대별 응답 코드를 보여주는 그래프로 변경된다.

그림 8.21 시간대별 응답 코드 그래프 설정

단위 시간 동안 200 OK 응답만 있음을 알 수 있다. 이런 그래프를 활용하면 200 외의 응답 코드가 발생하는지, 혹은 특정 시간대에만 200 외의 응답 코드가 발생하는지 등을 손쉽게 확인할 수 있다.

마지막으로 저장된 그래프를 바탕으로 대시보드를 만들어보자. 왼쪽에서 [Dashboard] 탭을 클릭한다. 대시보드가 없다면 그림 8.22와 같은 화면이 나온다. [Create New Dashboard] 버튼을 클릭한다.

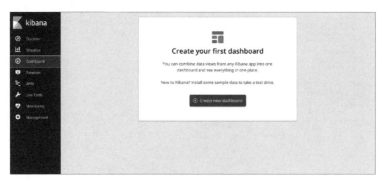

그림 8.22 Dashboard 탭의 첫 화면

Editing New Dashboard 화면에서 상단의 [Add]를 클릭하면 이전에 만든 그래프를 선택할 수 있다(그림 8.23).

그림 8.23 Add 버튼 클릭

해당 그래프를 선택하면 좌측 대시보드에 그래프가 추가된다(그림 8.24). [Save]를 클릭해서 저장하면 우리가 그린 그래프를 포함하는 대시보드가 저장된다.

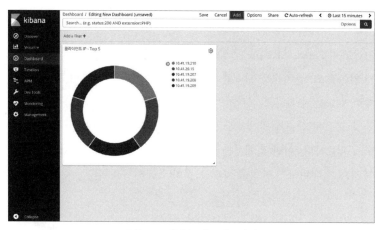

**그림 8.24** 대시보드에 그래프 추가

이런 식으로 그래프를 만들어서 대시보드에 추가하면 로그를 시각화할
수 있다. 그림 8.25는 이렇게 만든 대시보드의 예제이다. 특정 시간 동
안 유입된 요청 수, 클라이언트 IP, 클라이언트가 사용하는 Agent, 메서
드의 종류, 응답 코드 등 서비스의 품질과 관련된 다양한 정보를 쉽게
확인할 수 있다.

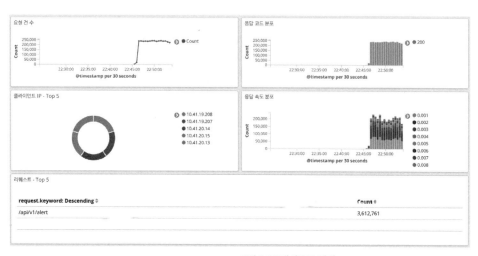

**그림 8.25** 대시보드 예제

## 8.6 Elastic Stack의 이중화

지금까지 Elastic Stack을 구성하는 각각의 서비스가 무슨 역할을 하는지 알아보고, 설치해서 시스템을 구축하는 방법을 설명했다. 하지만 실제로 로그를 수집하고 시각화하기 위한 Elastic Stack을 구축한다면, 각 구성 요소에 장애가 발생해도 동작할 수 있도록 이중화하는 작업이 반드시 필요하다. 이번 절에서는 Elastic Stack의 각 구성 요소를 이중화하여 장애에 대비하는 방법을 살펴볼 것이다.

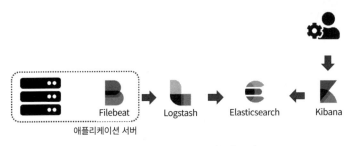

그림 8.26 현재의 ElasticStack 시스템 구성도

Filebeat, Logstash, ElasticSearch, Kibana, 이 네 가지 요소를 이중화할 수 있는지 살펴보자.

먼저 Filebeat이다. Filebeat는 로그 수집의 대상이 되는 서버에서 직접 동작하기 때문에 별도의 이중화 구성이 필요 없다. Filebeat가 설치되어 있는 서버에 장애가 발생해서 서비스에서 제외되거나 하면 로그 자체가 쌓이지 않기 때문에 이중화 구성에 대해서는 크게 고민할 필요는 없다.

Logstash는 Filebeat로부터 로그를 전달받아서 파싱한 후에 JSON 문서로 변환해서 ElasticSearch에 문서를 저장하는 역할을 한다. 때문에 Logstash 서버군에 장애가 발생하여 동작하지 않는다면 ElasticSearch에 로그를 넣지 못하게 되고, 로그 수집 불가 상태가 된다. 그렇다면 Logstash는 어떻게 이중화할 수 있을까? 크게 두 가지 방법을 고려해 볼 수 있다.

첫 번째는 로드밸런서(LoadBalancer, 이하 LB)를 활용하는 방안
이다. LB에 VIP를 설정하고 포트를 바인딩한 후에 백엔드에 n대의
Logstash 서버를 배치한다.

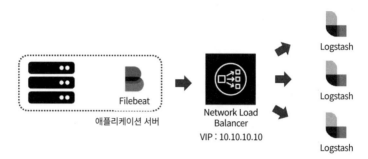

그림 8.27 Logstash에 LB를 적용했을 때의 시스템 구성도

그림 8.27과 같이 LB에 할당된 VIP가 10.10.10.10이라면 코드 8.4에서
설정했던 filebeat.yml 파일은 코드 8.13의 ❶과 같이 변경된다.

**코드 8.13 Logstash에 LB가 적용되었을 때 filebeat.yml**

```
filebeat.inputs:
- type: log
  enabled: true
  paths:
    - /usr/local/nginx/logs/access.log
output.logstash:
  hosts: ["10.10.10.10:5044"] ❶
```

이렇게 하면 로그가 급증하여 현재 유지하고 있는 Logstash 장비의 성
능이 부족한 상황에 처해도 LB의 백엔드에 Logstash 장비를 추가해주
면 되기 때문에 확장이 용이하다. 하지만 소프트웨어 LB든 하드웨어
LB든 별도의 장비가 필요하고 LB 자체를 추가적으로 운영해야 하는 단
점이 있다.

두 번째 방법은 Filebeat 서버에서 환경을 설정할 때 다수의 Logstash
서버를 기록하는 것이다.

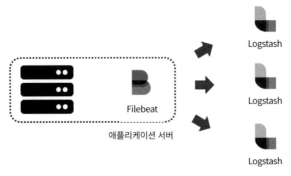

**그림 8.28** Logstash를 다수의 서버로 구성할 때의 시스템 구성도

그림 8.28과 같이 3대의 Logstash 서버가 준비되었다면 코드 8.4에서 설정한 filebeat.yml 파일은 코드 8.14와 같이 바뀐다.

**코드 8.14** Logstash를 다수의 서버로 구성했을 때의 filebeat.yml

```
filebeat.inputs:
- type: log
  enabled: true
  paths:
    - /usr/local/nginx/logs/access.log
output.logstash:
  hosts: ["logstashserver1:5044", " logstashserver2:5044", "
logstashserver3:5044"] ❶
  loadbalance: true ❷
```

❶ 다수의 Logstash 서버를 리스트 형태로 기입한다.

❷ ❶에서 설정한 Logstash 서버로 요청을 균등하게 보낼 수 있도록 loadbalance 옵션을 켠다.

위와 같이 설정하면 별도의 LB가 필요하지 않아 구성 자체는 간단하게 할 수 있지만, 처음에 구성해 놓은 Logstash 서버의 성능이 부족해서 더 늘려야 할 경우 Filebeat를 설치한 서버들에 설정해 놓은 filebeat.yml 파일을 모두 수정한 다음 재시작해야 한다는 문제점이 있다. 두 방법의 장단점이 명확하므로 각자의 환경에 맞춰서 구성하는 것이 좋다.

| 방법 | 장점 | 단점 |
|---|---|---|
| LB 기반 | Logstash 서버의 증설/축소가 자유롭다. | 하드웨어 또는 소프트웨어 LB가 필요하다. |
| 리스팅 기반 | 별도의 하드웨어 또는 소프트웨어 LB가 필요하지 않다. | Logstash 서버의 증설/축소 시 Filebeat 서버의 설정을 전부 변경해야 한다. |

표 8.4 Logstash 이중화 방법의 장단점

 위에 언급한 방법들 외에 Filebeat의 output을 Logstash가 아닌 Redis, Kafka 등으로 설정해서 이중화하는 방법도 있지만, 그런 경우에도 Logstash 자체를 이중화해야 한다는 점에서는 변함이 없다.

ElasticSearch는 그 자체가 클러스터 구성이고, 이 책에서 전체적으로 다루고 있기 때문에 따로 설명하지 않겠다.

마지막으로 Kibana의 이중화에 대해 살펴보자. Kibana는 Logstash 서버와 같이 다수의 서버로 구성하기보다는 Active/Standby 형태로 구성하는 것이 좋다.

그림 8.29를 보면 평상시에는 Active 서버를 사용하고, Standby 서버는 kibana.yml 환경 설정 파일만 Active 서버와 동일하게 맞춰 두고 Kibana 애플리케이션 자체는 실행시키지 않는다. Kibana는 ElasticSearch에 저장된 .kibana 인덱스를 통해서 환경 설정 내용을 저장하고 읽어 들이기 때문에 군이 다수의 서버로 로드밸런싱을 할 필요는 없다. 사용 중인 서버에 문제가 생겼을 때 준비해 둔 서버를 실행시켜서 .kibana 인덱스를 읽게 하면 기존과 동일한 환경으로 다시 구동시킬 수 있다.

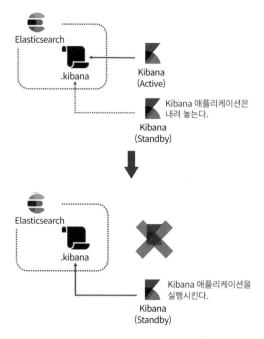

그림 8.29 Kibana의 이중화 구성

## 8.7 마치며

이번 장에서는 Elastic Stack을 이용해서 로그를 수집하고 시각화하는 방법을 살펴보았다. 이번 장에서 살펴본 내용을 정리하면 다음과 같다.

1. Elastic Stack은 Filebeat, Logstash, ElasticSearch, Kibana 이렇게 여러 개의 컴포넌트들을 조합하여 로그를 수집, 분석, 시각화하는 시스템을 의미한다.

2. Filebeat는 로그가 발생하는 애플리케이션 서버에 설치하며, 애플리케이션에서 발생하는 로그를 그대로 Logstash로 전달하는 역할을 한다.

3. Logstash는 Filebeat로부터 전달 받은 로그들을 파싱하여 JSON 형태의 문서로 만든 다음 ElasticSearch 클러스터에 저장하는 역할을 한다.

4. ElasticSaearch는 Logstash가 파싱한 JSON 형태의 문서를 저장하는 저장소의 역할을 한다.

5. Kibana는 ElasticSearch에 저장된 로그들을 조회하거나 시각화하는 역할을 한다.

6. Elastic Stack의 각 요소들을 각각의 특성에 맞게 이중화할 수 있다. Logstash는 LB를 사용하거나 filebeat.yml 파일에 Logstash 서버들을 리스팅 형태로 열거하여 이중화할 수 있고, Kibana의 경우는 Active/Standby 방식으로 Active 서버에 문제가 발생했을 경우 Standby 서버를 실행시켜서 장애가 나지 않은 것처럼 사용할 수 있다.

# 9장

B o t t o m   U p   **E l a s t i c S e a r c h**

# 검색 엔진으로 활용하기

ElasticSearch는 8장에서 본 것처럼 ElasticStack에 포함되어 로그 분석과 시각화 도구로도 많이 사용되지만, 강력한 검색 기능을 갖추고 있어 검색 엔진으로도 활용된다. 이번 장에서는 ElasticSearch를 검색 엔진으로 활용하기 위해서 필요한 기반 지식들과 쿼리를 작성하는 방법을 살펴보자. 이번 장에서 다루게 될 내용들은 다음과 같다.

- inverted index의 의미와 검색에서의 역할
- analyzer의 역할과 설정 방법
- search API를 통해 검색 쿼리를 날리는 방법
- ElasticSearch에서 제공하는 다양한 query DSL의 종류와 사용 방법

## 9.1 inverted index란

ElasticSearch를 검색 엔진으로 사용하기 위해서는 저장된 문서의 각 필드들을 어떻게 분석하는지 이해해야 한다. 그래아 어떤 검색어가 섬색 조건에 부합하여 검색 결과에 포함되고, 검색 결과에 포함이 안 되는 경우에는 왜 안되는지를 살펴볼 수 있다. 이번 절에서는 이런 분석의 기본이 되는 inverted index에 대해서 살펴보자.

먼저 I am a boy와 You are a girl 두 개의 문자열을 가진 문서가 있

다고 가정해 보자. 문서에 포함된 문자열 두 개를 공백을 기준으로 나누면 각각의 문자열은 4개의 단어로 나뉜다(그림 9.1).

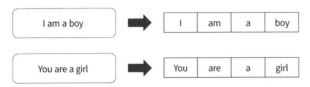

**그림 9.1** 공백을 기준으로 나눈 결과

그림 9.1과 같이 나뉜 단어들을 토큰이라고 부르며, 토큰을 만들어 내는 과정을 토크나이징이라고 한다. 특정한 기준에 의해 나뉜 토큰들은 그림 9.2와 같은 형태로 저장되는데 이것을 inverted index라고 부른다.

| Tokens | Documents |
|:---:|:---:|
| I | 1 |
| am | 1 |
| a | 1,2 |
| boy | 1 |
| girl | 2 |
| You | 2 |
| are | 2 |

1번 문서 : I am a girl
2번 문서 : You are a girl

**그림 9.2** inverted index의 구조

그림 9.2와 같은 inverted index가 생성된 상태에서 사용자가 a boy라는 문자열을 찾고 싶다고 가정해보자. 검색어로 a boy라는 문자열을 입력하면 이 문자열은 그림 9.1과 같이 공백을 기준으로 a와 boy라는 두 개의 토큰으로 나뉜다.

> 검색 대상이 된 문자열을 토크나이징하는 기준과 검색 문자열을 토크나이징하는 기준이 서로 달라서는 안 된다. I am a boy와 You are a girl 두 개의 문자열을 공백을 기준으로 토크나이징한 것처럼 검색 문자열인 a boy 역시 공백을 기준으로 토크나이징해야 한다.

그리고 이렇게 나뉜 토큰들을 바탕으로 inverted index를 검색한다.

| Tokens | Documents |
|--------|-----------|
| I | 1 |
| am | 1 |
| a | 1,2 |
| boy | 1 |
| girl | 2 |
| You | 2 |
| are | 2 |

1번과 2번 문서에 해당 단어가 존재함

그림 9.3 inverted index에서 검색어 찾기

여기서 조금 더 나아가서 만약 사용자가 대문자 I가 아닌 소문자 i로 검색한다면 어떻게 될까. 그림 9.2의 inverted index를 보면 토크나이징된 결과 중에 대문자 I는 포함되어 있지만 소문자 i는 포함되어 있지 않기 때문에 소문자 i로 검색하면 아무런 검색 결과를 얻지 못한다. 검색결과를 얻기 위해서는 토큰이 정확하게 일치해야 한다는 점을 기억해야한다.

그럼 ElasticSearch에서는 실제 어떻게 문자열을 토크나이징하는지 살펴보자. ElasticSearch는 analyze라는 API를 제공하고 있다. curl 명령을 이용해서 간단하게 I am a boy라는 문자열이 어떻게 토크나이징되는지 확인해 볼 수 있다(코드 9.1).

**코드 9.1 analyze API를 통해 토크나이징 확인하기**

```
[root@cluster ~]# curl -X POST "localhost:9200/_analyze?pretty" -H
'Content-Type: application/json' -d'
> {
>   "analyzer": "standard", ❶
>   "text": "I am a boy" ❷
> }
> '
{
  "tokens" : [ ❸
    {
      "token" : "i",
      "start_offset" : 0,
```

```
        "end_offset" : 1,
        "type" : "<ALPHANUM>",
        "position" : 0
      },
      {
        "token" : "am",
        "start_offset" : 2,
        "end_offset" : 4,
        "type" : "<ALPHANUM>",
        "position" : 1
      },
      {
        "token" : "a",
        "start_offset" : 5,
        "end_offset" : 6,
        "type" : "<ALPHANUM>",
        "position" : 2
      },
      {
        "token" : "boy",
        "start_offset" : 7,
        "end_offset" : 10,
        "type" : "<ALPHANUM>",
        "position" : 3
      }
    ]
}
```

> ✅ 검색이 정확하지 않다면 검색 대상과 검색 문자열에 대해 analyze API를 통해 어떻게 토큰나이징되는지 살펴볼 필요가 있다. 이에 대해서는 9.4 "Search API"에서 다룬다.

❶ 토크나이징에 standard analyzer를 사용한다는 의미이다. analyzer를 변경할 때마다 토크나이징 결과가 달라진다. 이에 대해서는 다음 절에서 조금 더 자세히 다룬다.

❷ 토크나이징에 사용되는 문자열을 의미한다.

❸ 토크나이징의 결과로 토큰의 배열을 돌려준다.

코드 9.1의 토큰 결과를 보면 대문자 I가 아닌 소문자 i로 토크나이징된 것을 볼 수 있는데 standard analzyer의 동작 중에 모든 문자를 소문

자화하는 과정이 포함되어 있기 때문이다. standard analyzer를 포함한
analyzer의 기본 동작에 대해서 조금 더 살펴보자.

## 9.2 analyer 살펴보기

inverted index는 저장된 문서들의 필드 값을 어떻게 분석해 놓았는
지 저장하는 아주 중요한 데이터이다. 그리고 그 데이터를 만드는 것이
analyzer이다. 이번 절에서는 analyzer의 특징을 살펴보자.

ElasticSearch의 analyzer는 그림 9.4와 같이 구성되어 있다.

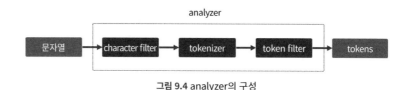

**그림 9.4** analyzer의 구성

analyzer로 인입되는 문자열은 내부적으로 character filter를 거친 후
tokenizer에 의해 가공되고 마지막으로 token filter를 거쳐 최종적으로
n개의 토큰이 생성된다. 그리고 이렇게 생성된 토큰이 inverted index
에 저장된다. 그럼 analyzer를 구성하는 각각의 요소들에 대해 조금 더
살펴보자.

먼저 character filter에 대해 살펴보자. analyzer를 통해 들어온 문자
열들은 character filter가 1차로 변경한다. 예를 들어 〈, 〉, ! 등과 같은
의미 없는 특수 문자들을 제거한다거나 HTML 태그들을 제거하는 등
문자열을 구성하고 있는 문자들을 특정한 기준으로 변경한다. 이렇게
character filter가 변경한 문자열은 tokenizer를 통해 n개의 토큰으로
나뉜다. tokenizer는 일정한 기준(공백이나 쉼표 등)에 의해 문사열을
n개의 토큰으로 나눈다. tokenizer까지 거쳐서 n개의 토큰이 생성되면
이 토큰들을 token filter가 다시 한번 변형한다. 토큰을 전부 소문자로
바꾸는 lowercase token filter가 대표적인 token filter이다. analyzer를
구성할 때는 tokenizer를 필수로 명시해야 하며 하나의 tokenizer만 설

정할 수 있다. 반면 character filter와 token filter는 필요하지 않은 경우 기술하지 않거나 여러 개의 character filter와 token filter를 기술할 수 있다.

그럼 대표적인 analyzer 중 하나인 standard analyzer의 구성을 살펴보자. standard analyzer는 한 개의 tokenizer와 3개의 token filters로 구성되어 있다(그림 9.5).

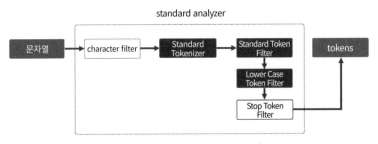

**그림 9.5 standard anayzer 의 구성[1]**

standard analyzer에 들어온 문자열은 순서대로 n개의 토큰으로 분리된다. standard tokenizer는 unicode standard annex[2]라는 룰에 따라 문자열을 분리한다. 그리고 standard token filter를 거친 다음 lowercase token filter에 의해 전부 소문자로 변형된다. standard token filter는 실질적으로는 아무런 작업을 하지 않지만, 향후 개발되는 버전에서 필터링 기능을 사용하게 될 경우에 대비하여 standard tokenizer에 포함되어 있다.

그럼 analyzer API를 통해 실제로 어떻게 토크나이징이 이루어지는지 그 과정을 살펴보자. 코드 9.2는 standard tokenizer가 문자열을 어떻게 토크나이징하는지 보여준다.

---

1  standard analyzer는 character filter가 정의되어 있지 않기 때문에 점선으로, stop token filter는 기본으로 비활성화해 놓았기 때문에 빈 네모칸으로 표시했다.
2  unicode는 컴퓨터 처리를 위한 텍스트 표현에 사용되는 범용 문자 인코딩 표준을 의미하며 unicode standard annex는 unicode를 처리하기 위한 방법들을 모아놓은 룰을 의미한다. 예를 들어 영어가 아닌 글자들(예: 한국어, 중국어)을 어떻게 표현할 것인지 등을 정의하고 있다.

**코드 9.2 standard tokenizer의 결과**

```
[root@cluster ~]# curl -X POST "localhost:9200/_analyze?pretty" -H
'Content-Type: application/json' -d'
> {
>   "tokenizer": "standard",
>   "text": "I am a boy"
> }
> '
{
  "tokens" : [
    {
      "token" : "I",
      "start_offset" : 0,
      "end_offset" : 1,
      "type" : "<ALPHANUM>",
      "position" : 0
    },
    {
      "token" : "am",
      "start_offset" : 2,
      "end_offset" : 4,
      "type" : "<ALPHANUM>",
      "position" : 1
    },
    {
      "token" : "a",
      "start_offset" : 5,
      "end_offset" : 6,
      "type" : "<ALPHANUM>",
      "position" : 2
    },
    {
      "token" : "boy",
      "start_offset" : 7,
      "end_offset" : 10,
      "type" : "<ALPHANUM>",
      "position" : 3
    }
  ]
}
```

코드 9.2는 standard tokenizer의 결과이다. 살펴보면 I am a boy라는 문자열을 각각 I, am, a, boy라는 4개의 토큰으로 나누었다. 공백을 바탕으로 문자열을 나눈다는 것도 확인할 수 있다. 아직 token filter를 거치지 않았기 때문에 I가 대문자라는 것을 기억하자. standard tokenizer 를 거친 후 생성된 4개의 토큰은 다음으로 token filter를 거치게 된다. standard token filter는 아무 작업도 하지 않기 때문에 토큰들에 변화는 없다. 다음으로 거치게 되는 lowercase token filter는 입력된 토큰들을 모두 소문자로 변형한다.

stop token filter는 stopwords로 지정한 단어가 토큰들 중에 존재 한다면 해당 토큰을 없애는 기능을 담당한다. 영어를 예로 들면 'the', 'and', 'is' 등이다. 하지만 기본 설정에서는 비활성화되어 있기 때문에 이번 예제에서는 반영되지 않았다.

최종적으로 standard analyzer를 적용하면 문자열이 어떻게 분석되 는지 코드 9.3을 통해 확인할 수 있다.

**코드 9.3 standard analyzer의 결과**

```
[root@cluster ~]# curl -X POST "localhost:9200/_analyze?pretty" -H
'Content-Type: application/json' -d'
> {
>   "analyzer": "standard",
>   "text": "I am a boy"
> }
> '
{
  "tokens" : [
    {
      "token" : "i",
      "start_offset" : 0,
      "end_offset" : 1,
      "type" : "<ALPHANUM>",
      "position" : 0
    },
    {
      "token" : "am",
      "start_offset" : 2,
      "end_offset" : 4,
      "type" : "<ALPHANUM>",
      "position" : 1
    },
    {
      "token" : "a",
      "start_offset" : 5,
```

```
      "end_offset" : 6,
      "type" : "<ALPHANUM>",
      "position" : 2
    },
    {
      "token" : "boy",
      "start_offset" : 7,
      "end_offset" : 10,
      "type" : "<ALPHANUM>",
      "position" : 3
    }
  ]
}
```

코드 9.3을 보면 최종 결과로 i, am, a, boy 이렇게 4개의 토큰이 발생하고, 이 토큰들이 inverted index를 구성하게 된다. 즉, I am a boy라는 문자열을 검색하기 위해서는 위에 명시된 4개의 토큰들 중 하나를 사용해야 함을 알 수 있다.

## 9.3 analyzer와 검색의 관계

그럼 analyzer와 검색은 어떤 상관 관계가 있을까? analyzer를 통해 생성한 토큰들이 inverted index에 저장되고, 검색할 때는 이 inverted index에 저장된 값을 바탕으로 문서를 찾는다. 그렇기 때문에 검색 니즈를 잘 파악해서 적합한 analyzer를 설정해야 하며, 기존 인덱스에 설정한 analyzer를 바꾸고 싶을 때는 인덱스를 새로 만들어서 재색인 (reindex)해야 한다.

 analyzer를 바꾼다는 것은 기존 문서 색인 시 발생한 inverted index를 바꾼다는 것을 의미한다. 때문에 analyzer를 바꾸면 기존의 inverted index는 의미가 없어지므로 새롭게 만들어 주어야 한다.

정확한 검색에 analyzer가 얼마나 중요한지 확인하기 위해 간단하게 테스트를 작성해보자. docs라는 이름의 인덱스를 만들고 title 필드와 content 필드를 정의했다(코드 9.4).

### 코드 9.4 테스트용 인덱스 만들기

```
[root@cluster ~]# curl -X PUT "localhost:9200/docs" -H 'Content-Type:
application/json' -d'
> {
>   "mappings" : {
>       "docs" : {
>           "properties" : {
>               "title" : { "type" : "text" }, ❶
>               "content": { "type": "keyword" } ❷
>           }
>       }
>   }
> }
> '
{"acknowledged":true,"shards_acknowledged":true,"index":"docs"}
```

테스트를 위해 docs 인덱스의 title 필드는 text 타입(❶)으로, content
필드는 keyword 타입(❷)으로 생성했다.

그리고 테스트용 인덱스에 문서를 입력해 보자.

### 코드 9.5 테스트용 문서 입력

```
[root@cluster ~]# curl -X PUT "localhost:9200/docs/docs/1?pretty" -H
'Content-Type: application/json' -d'
> {
>   "title": "ElasticSearch Training Book",
>   "content": "ElasticSearch is cool open source search engine"
> }
> '
{
  "_index" : "docs",
  "_type" : "docs",
  "_id" : "1",
  "_version" : 1,
  "result" : "created",
  "_shards" : {
    "total" : 2,
    "successful" : 1,
    "failed" : 0
  },
  "_seq_no" : 0,
  "_primary_term" : 1
}
```

이제 ElasticSearch라는 단어로 검색해서 title 필드에 ElasticSearch라는 단어가 있는 문서가 있는지 확인해 보자.

 쿼리와 관련된 내용은 이후의 절에서 다룰 예정이다. 이번 절에서는 예제를 따라 하면서 달라지는 검색 결과에 대해서만 살펴보자.

**코드 9.6 title 필드 검색하기**

```
[root@cluster ~]# curl -X GET "localhost:9200/docs/_
search?q=title:ElasticSearch"
{"took":77,"timed_out":false,"_shards":{"total":5,"successful":5,"skip
ped":0,"failed":0},"hits":{"total":1,"max_score":0.2876821,"hits":[{"_
index":"docs","_type":"docs","_id":"1","_score":0.2876821,"_source":
{
  "title": "ElasticSearch Training Book",
  "content": "ElasticSearch is cool open source search engine"
}
}]}}
```

정확히 우리가 입력한 문서가 검색되는 것을 볼 수 있다. 이번엔 content 필드에 ElasticSearch라는 단어가 있는 문서가 있는지 확인해 보자.

**코드 9.7 content 필드 검색하기**

```
[root@cluster ~]# curl -X GET "localhost:9200/docs/_
search?q=content:ElasticSearch"
{"took":9,"timed_out":false,"_shards":{"total":5,"successful":5,"skippe
d":0,"failed":0},"hits":{"total":0,"max_score":null,"hits":[]}}
```

우리가 입력한 문서에는 content 필드에 ElasticSearch라는 단어가 분명히 있지만 검색 결과는 아무것도 나오지 않는다. 왜 이런 결과가 발생할까? 차이는 타입에 따라 달라진 analyzer에 있다.

코드 9.4를 다시 살펴보자. title 필드는 text 타입으로 정의했고, content 필드는 keyword 타입으로 정의했다. text 타입의 기본 analyzer는 standard analzyer이고 keyword 타입의 기본 analyzer는 keyword analyzer이다. 각각의 analyzer가 각각의 필드에 저장한 내용

을 어떻게 토크나이징하는지 살펴보자. 코드 9.8은 title 필드에 저장한
문자열 ElasticSearch Training Book을 분석하는 코드다.

**코드 9.8 standard analyzer로 문자열 분석하기**

```
[root@cluster ~]# curl -X POST "localhost:9200/_analyze?pretty" -H
'Content-Type: application/json' -d'
> {
>   "analyzer": "standard",
>   "text": "ElasticSearch Training Book"
> }
> '
{
  "tokens" : [
    {
      "token" : "elasticsearch", ❶
      "start_offset" : 0,
      "end_offset" : 13,
      "type" : "<ALPHANUM>",
      "position" : 0
    },
    {
      "token" : "training",
      "start_offset" : 14,
      "end_offset" : 22,
      "type" : "<ALPHANUM>",
      "position" : 1
    },
    {
      "token" : "book",
      "start_offset" : 23,
      "end_offset" : 27,
      "type" : "<ALPHANUM>",
      "position" : 2
    }
  ]
}
```

코드 9.8을 보면 해당 문자열을 총 3개의 단어로 나누었고, 우리가 검색
할 때 사용한 elasticsearch라는 단어가 포함되어 있다(❶). 만약 코드
9.6의 검색 쿼리를 title:elasticsearch가 아니라 title:training이라
고 입력해도 같은 검색 결과를 얻을 수 있을 것이다.

코드 9.9는 keyword analyzer를 통한 문자열 분석을 보여준다.

**코드 9.9 keyword analyzer를 통한 문자열 분석**

```
[root@cluster ~]# curl -X POST "localhost:9200/_analyze?pretty" -H
'Content-Type: application/json' -d'
> {
>   "analyzer": "keyword",
>   "text": "ElasticSearch is cool open source search engine"
> }
> '
{
  "tokens" : [
    {
      "token" : "ElasticSearch is cool open source search engine",
      "start_offset" : 0,
      "end_offset" : 47,
      "type" : "word",
      "position" : 0
    }
  ]
}
```

코드 9.9를 보면 standard analzyer와는 다르게 문자열이 나뉘어지지 않고 통으로 하나의 토큰을 구성하고 있다. 그렇기 때문에 코드 9.7에서처럼 content:elasticsearch라고 검색하면 아무런 검색 결과도 나오지 않는다. inverted index에는 ElasticSearch is cool open source search engine이라는 문자열만 존재하고 elasticsearch라는 문자는 존재하지 않기 때문이다.

이처럼 analyzer에 따라서 검색 결과와 품질이 달라지기 때문에 사용자의 검색 니즈를 잘 파악해서 그에 맞는 analyzer를 설정하는 것이 중요하다. 또한 analyzer는 운영 중에 동적으로 변경할 수 없기 때문에 analyzer를 바꿀 경우 인덱스를 새로 만들어서 재색인해야 한다는 점을 기억하자.

## 9.4 Search API

지금까지 analyzer와 inverted index, 토큰 등 검색의 기본이 되는 개념
을 설명했다. 이제 이번 절부터는 실제로 인입된 문서를 검색하기 위해
필요한 search API와 search API를 뒷받침해주는 Query DSL을 살펴
볼 것이다. 앞으로 살펴볼 코드 예제들을 직접 실행해 보기 위해서는 실
제 검색 결과가 필요하기 때문에 테스트할 수 있는 테스트 데이터 셋을
github에 준비해 두었다.[3] 필요하다면 해당 파일을 다운 받고 bulk API
를 활용하여 색인 후 앞으로 살펴볼 코드 예제들을 따라가 보자.

**코드 9.10 테스트 데이터 넣기**

```
[root@cluster ~]# wget https://raw.githubusercontent.com/benjamin-btn/
ES-SampleData/master/sample09-1.json

[root@cluster ~]# curl -X POST -H "Content-Type: application/json"
--data-binary @sample09-1.json http://localhost:9200/test_data/book/_
bulk?pretty
{
  "took" : 6,
  "errors" : false,
  "items" : [
    {
"index" : {
        "_index" : "test_data",
        "_type" : "book",
        "_id" : "1",
        "_version" : 1,
        "result" : "created",
        "_shards" : {
          "total" : 2,
....
... (중략) ...
```

이제 본격적으로 search API에 대해 살펴보자. search API는 그림 9.6
과 같은 형태로 제공된다.

---

[3]  *https://raw.githubusercontent.com/benjamin-btn/ES-SampleData/master/sample09-1.json*에서 테
스트 데이터 셋을 다운 받을 수 있다.

```
/{index_name}/_search?q={query}          ⎤─ URI Search

/{index_name}/_search                    ⎤
{                                        │
    "query" : {                          │
        "term": {                        │
"field1": "test"                         ├─ RequestBody Search
}                                        │
    }                                    │
}                                        ⎦
```

**그림 9.6 search API의 형태**

search API는 간단한 형태의 URI Search 형태도 제공하고, RequestBody 작성을 통해서 다양한 옵션을 추가한 RequestBody Search 형태도 제공한다. 또한 index_name의 경우에는 한 개 이상의 인덱스를 지정해서 다수의 인덱스에 동시 쿼리를 날릴 수도 있다. 만약 모든 인덱스에 쿼리를 날린다면 코드 9.11처럼 _all이라는 형태의 API로 날릴 수도 있다.

**코드 9.11 전체 인덱스에 검색 요청하기**

```
curl -X GET "localhost:9200/_all/_search?q=user:kimchy"
```

그림 9.5에서 본 search API의 구성 요소들을 차례대로 살펴보자.

search API는 URI search를 통해 별도의 복잡한 쿼리문을 작성하지 않고도 간편하게 검색할 수 있는 인터페이스를 제공한다. 우리가 입력한 데이터를 바탕으로 'elasticsearch'라는 제목이 들어간 문서를 검색해보자.

**코드 9.12 URI search를 이용한 검색 결과**

```
[root@cluster ~]# curl -X GET "localhost:9200/test_data/_search?q=title
:elasticsearch&pretty"
{
  "took" : 1,
  "timed_out" : false,
  "_shards" : {
    "total" : 5,
    "successful" : 5,
    "skipped" : 0,
    "failed" : 0
```

```
    },
    "hits" : {
      "total" : 2,
      "max_score" : 1.935556,
      "hits" : [
        {
          "_index" : "test_data",
          "_type" : "book",
          "_id" : "5",
          "_score" : 1.935556,
          "_source" : {
            "title" : "Elasticsearch Indexing",
... (중략) ...,
            "description" : "Improve search experiences with
ElasticSearch's powerful indexing functionality — learn how with this
practical ElasticSearch tutorial, packed with tips!"
        }
      },
      {
          "_index" : "test_data",
          "_type" : "book",
          "_id" : "1",
          "_score" : 1.7046885,
          "_source" : {
            "title" : "ElasticSearch Training Book",
            ... (중략) ...,
            "description" : "ElasticSearch is cool open source search engine"
        }
      }
    ]
  }
}
```

title 필드에 elasticsearch라는 단어가 들어 있는 문서에 대한 검색을
요청했고 그 결과로 한 개의 문서가 검색되었음을 확인할 수 있다.

---

 다음 절에서 더 이야기하겠지만 q를 통한 URI search의 기본은 Query DSL 중
query_string과 동일하다.

---

RequestBody Search는 URI Search와는 달리 다양한 옵션을 JSON 문
서 형태로 만들어서 검색할 수 있다.

**코드 9.13 RequestBody Search 형태**

```
[root@cluster ~]# curl -X GET "localhost:9200/test_data/_search?pretty"
-H 'Content-Type: application/json' -d'
> {
>     "query" : {
>         "term" : { "title" : "elasticsearch" }
>     }
> }
> '
{
  "took" : 0,
  "timed_out" : false,
  "_shards" : {
    "total" : 5,
    "successful" : 5,
    "skipped" : 0,
    "failed" : 0
  },
  "hits" : {
    "total" : 2,
"max_score" : 1.935556,
    "hits" : [
      {
        "_index" : "test_data",
        "_type" : "book",
        "_id" : "5",
        "_score" : 1.935556,
        "_source" : {
          "title" : "Elasticsearch Indexing",
          ... (중략) ...,
          "description" : "Improve search experiences with
ElasticSearch's powerful indexing functionality – learn how with this
practical ElasticSearch tutorial, packed with tips!"
        }
      },
      {
        "_index" : "test_data",
        "_type" : "book",
        "_id" : "1",
        "_score" : 1.7046885,
        "_source" : {
          "title" : "ElasticSearch Training Book",
... (중략) ...,
          "description" : "ElasticSearch is cool open source search
engine"
```

```
        }
      }
    ]
  }
}
```

코드 9.14는 RequestBody를 이용해서 title 필드에 elasticsearch라는 단어가 들어간 문서를 검색하는 코드이다. ElasticSearch는 이와 같은 형태의 쿼리도 지원한다.

RequestBody에는 다양한 옵션이 들어갈 수 있지만 가장 많이 사용되는 몇 가지 옵션을 정리하면 표 9.1과 같다.

| 옵션 | 내용 |
|---|---|
| query | 실제 검색을 위한 쿼리문을 지정한다. |
| from/size | 검색 결과를 n개의 단위로 나눠서 볼 때 사용한다. |
| sort | 검색 결과를 _score가 아닌 별도의 필드를 기준으로 정렬한다. |
| source | 검색 결과 중 특정 필드의 내용만을 보고자 할 때 사용한다. |
| highlighting | 검색 결과 중 검색어와 매칭하는 부분을 강조하기 위해 사용한다. |
| boost | 검색 결과로 나온 스코어를 변경할 때 사용한다. |
| scroll | 검색 결과를 n개의 단위로 나눠서 볼 때 사용한다. from/size와 유사하지만 scroll id를 통해서 다음번 검색 결과를 가져올 수 있다. |

표 9.1 RequestBody의 옵션

query 옵션은 다음 절에서 다룰 예정이니 from과 size 옵션부터 살펴보자. from과 size 옵션은 단어에서 추측할 수 있듯이 검색 결과의 개수가 일정 수준 이상일 때 검색 결과를 가져올 시작점부터 끝점까지를 설정하는 용도로 사용한다. 예를 들어 검색 결과가 100개라면 from:0 / size:10, from:11 / size:10과 같은 형태로 10개씩 끊어서 가져올 수 있다. 기본값은 from이 0이고 size가 10이기 때문에 검색 결과가 10개 미만일 때는 잘 사용하지 않는다.

 검색 결과 개수는 json 응답 hits의 total 항목에서 알 수 있다.

하지만 10개 이상이면 from과 size의 값을 조절해서 사용해야 한다. 흔히 pagination에 활용할 수 있다. 코드 9.14는 from/size 옵션을 사용한 예제이다.

**코드 9.14 from/size를 활용한 검색**

```
[root@cluster ~]# curl -X GET "localhost:9200/test_data/_search?pretty"
-H 'Content-Type: application/json' -d'
> {
>     "from": 0,
>     "size": 3,
>     "query" : {
>         "term" : { "publisher" : "media" }
>     }
> }
> '
{
  "took" : 1,
  "timed_out" : false,
  "_shards" : {
    "total" : 5,
    "successful" : 5,
    "skipped" : 0,
    "failed" : 0
  },
  "hits" : {
    "total" : 5, ❶
    "max_score" : 0.6407243,
    "hits" : [
      {
        "_index" : "test_data",
        "_type" : "book",
        "_id" : "2",
        "_score" : 0.6407243,
        "_source" : {
          "title" : "Kubernetes: Up and Running",
          ... (중략) ...,
          "description" : "What separates the traditional enterprise
from the likes of Amazon, Netflix, and Etsy? Those companies have
refined the art of cloud native development to maintain their
competitive edge and stay well ahead of the competition. This practical
guide shows Java/JVM developers how to build better software, faster,
using Spring Boot, Spring Cloud, and Cloud Foundry."
        }
```

```
      },
      {
        "_index" : "test_data",
        "_type" : "book",
        "_id" : "3",
        "_score" : 0.6407243,
        "_source" : {
          "title" : "Cloud Native Java",
... (중략) ...,
          "description" : "What separates the traditional enterprise
from the likes of Amazon, Netflix, and Etsy? Those companies have
refined the art of cloud native development to maintain their
competitive edge and stay well ahead of the competition. This practical
guide shows Java/JVM developers how to build better software, faster,
using Spring Boot, Spring Cloud, and Cloud Foundry."
        }
      },
      {
        "_index" : "test_data",
        "_type" : "book",
        "_id" : "4",
        "_score" : 0.6407243,
        "_source" : {
          "title" : "Learning Chef",
... (중략) ...,
          "description" : "Get a hands-on introduction to the Chef,
the configuration management tool for solving operations issues in
enterprises large and small. Ideal for developers and sysadmins new
to configuration management, this guide shows you to automate the
packaging and delivery of applications in your infrastructure. You'll
be able to build (or rebuild) your infrastructure's application stack
in minutes or hours, rather than days or weeks."
        }
      }
    ]
  }
}
```

코드 9.14의 ❶을 보면 전체 검색 결과는 5개지만, size 옵션을 3으로
설정해 놓아서 0번부터 3개까지만 검색 결과가 내려오는 것을 확인할
수 있다.

다음으로 살펴볼 옵션은 sort이다. 이 옵션은 검색 결과를 특정 필드
기준으로 정렬할 때 사용한다. 보통 검색 결과는 검색어를 바탕으로 계

산된 score가 가장 높은 문서를 기준으로 정렬되지만, 다른 필드를 기준으로 검색한 결과가 필요할 경우도 있다. 예를 들면 코드 9.15와 같이 nginx와 관련된 책들을 ISBN이 빠른 기준으로 보고 싶을 때 sort 옵션을 사용할 수 있다.

**코드 9.15 sort 옵션을 활용한 검색**

```
[root@cluster ~]# curl -X GET "localhost:9200/test_data/_search?pretty"
-H 'Content-Type: application/json' -d'
> {
>     "sort" : [
>       {"ISBN.keyword": "desc"} ❶
>     ],
>     "query" : {
>         "term" : { "title" : "nginx" }
>     }
> }
> '
{
  "took" : 0,
  "timed_out" : false,
  "_shards" : {
    "total" : 5,
    "successful" : 5,
    "skipped" : 0,
    "failed" : 0
  },
  "hits" : {
    "total" : 2,
    "max_score" : null,
    "hits" : [
      {
        "_index" : "test_data",
        "_type" : "book",
        "_id" : "8",
        "_score" : null,
        "_source" : {
          "title" : "NGINX High Performance",
... (중략) ...,
          "description" : "Optimize NGINX for high-performance,
scalable web applications"
        },
        "sort" : [
          "9781785281839"
```

```
          ]
        },
        {
          "_index" : "test_data",
          "_type" : "book",
          "_id" : "9",
          "_score" : null,
          "_source" : {
            "title" : "Mastering NGINX - Second Edition",
            ... (중략) ...,
            "description" : "An in-depth guide to configuring NGINX for
your everyday server needs"
          },
          "sort" : [
            "9781782173311"
          ]
        }
      ]
    }
}
```

코드 9.15의 ❶에서 ISBN이 아닌 ISBN.keyword로 질의했음을 눈여겨보자. sort 옵션은 text 필드가 아닌 keyword나 integer와 같이 not analyzed가 기본인 필드를 기준으로 해야 한다.

다음 옵션은 source이다. 검색 결과 중에 특정한 필드의 값만 찾아볼 때 사용한다. 우리가 테스트 데이터로 가지고 있는 책 데이터를 바탕으로 검색 엔진을 만든다고 가정했을 때, 검색할 때마다 모든 필드의 내용이 필요하지는 않을 것이다. 첫 페이지에서는 책의 제목과 Description만 필요하고, 검색 후 상세 페이지로 넘어갈 때 책의 모든 정보가 필요할 것이다. 이럴 때 source 옵션을 통해 다른 불필요한 필드는 가져오지 않고 필요한 필드만 가져오게 할 수 있다.[4]

**코드 9.16 source 옵션을 활용한 검색**

```
[root@cluster ~]# curl -X GET "localhost:9200/test_data/_search?pretty"
-H 'Content-Type: application/json' -d'
> {
```

---

4   source 옵션은 다른 옵션들과는 달리 _source로 RequestBody에 지정해야 한다.

```
>     "_source" : ["title", "description"],
>     "query" : {
>          "term" : { "title" : "nginx" }
>     }
> }
> '
{
  "took" : 3,
  "timed_out" : false,
  "_shards" : {
    "total" : 5,
    "successful" : 5,
    "skipped" : 0,
    "failed" : 0
  },
  "hits" : {
    "total" : 2,
"max_score" : 1.1469179,
    "hits" : [
      {
        "_index" : "test_data",
        "_type" : "book",
        "_id" : "8",
        "_score" : 1.1469179,
        "_source" : {
          "description" : "Optimize NGINX for high-performance,
scalable web applications",
          "title" : "NGINX High Performance"
        }
      },
      {
        "_index" : "test_data",
        "_type" : "book",
        "_id" : "9",
        "_score" : 1.1374958,
        "_source" : {
          "description" : "An in-depth guide to configuring NGINX for
your everyday server needs",
          "title" : "Mastering NGINX - Second Edition"
        }
      }
    ]
  }
}
```

코드 9.16을 보면 source 옵션으로 지정한 title과 description만 검색 결과에 포함된 것을 볼 수 있다.

다음은 highlighting 옵션이다. 검색 결과 중에 어떤 부분이 쿼리문과 일치하여 검색되었는지 궁금할 경우가 있는데 highlighting 옵션은 사용자가 입력한 검색어를 강조해 준다.

**코드 9.17 highlighting 옵션을 활용한 검색**

```
[root@cluster ~]# curl -X GET "localhost:9200/test_data/_search?pretty"
-H 'Content-Type: application/json' -d'
> {
>     "query" : {
>         "term" : { "title" : "nginx" }
>     },
>     "highlight" : { ❶
>         "fields" : {
>             "title" : {}
>         }
>     }
> }
> '
{
  "took" : 53,
  "timed_out" : false,
  "_shards" : {
    "total" : 5,
    "successful" : 5,
    "skipped" : 0,
    "failed" : 0
  },
  "hits" : {
    "total" : 2,
"max_score" : 1.1469179,
    "hits" : [
      {
        "_index" : "test_data",
        "_type" : "book",
        "_id" : "8",
        "_score" : 1.1469179,
        "_source" : {
          "title" : "NGINX High Performance",
          ... (중략) ...
          "description" : "Optimize NGINX for high-performance,
```

```
scalable web applications"
      },
      "highlight" : {
        "title" : [
          "<em>NGINX</em> High Performance" ❷
        ]
      }
    },
    {
      "_index" : "test_data",
      "_type" : "book",
      "_id" : "9",
      "_score" : 1.1374958,
      "_source" : {
        "title" : "Mastering NGINX - Second Edition",
        ... (중략) ...
        "description" : "An in-depth guide to configuring NGINX for
your everyday server needs"
      },
      "highlight" : {
        "title" : [
          "Mastering <em>NGINX</em> - Second Edition" ❸
        ]
      }
    }
  ]
 }
}
```

highlighting 옵션은 검색 결과 중 어떤 필드에 highliting 효과를 줄 것
인지 설정할 수 있다(❶). 그리고 검색 결과의 _source 필드가 아닌 별
도의 highlight라는 필드를 통해서 결과가 제공되며, 코드 9.17의 ❶과
❷ 그리고 ❸을 보면 title 필드 중에서 어떤 부분이 검색어(여기에서
는 nginx)와 일치해서 검색 결과에 포함되었는지를 볼 수 있다.

---

✅  Highlighting은 코드 9.18과 같은 간단한 형태로도 제공되지만 별도의 추가 옵
션을 통해서 다양한 표현식을 연출할 수 있다. 이에 대해서는 공식 도움말을 참
고하자.

---

다음 옵션은 boost이다. 검색 결과로 나온 스코어를 변경할 때 사용한
다. 특정 검색 쿼리의 스코어를 높이거나 낮추고 싶을 때 boost 옵션을
활용하면 검색 결과로 나온 스코어를 대상으로 boost 옵션에 설정된 값
을 곱한 값이 스코어로 지정된다. 코드 9.18을 살펴보자.

코드 9.18 boost 옵션을 활용한 검색

```
[root@cluster ~]# curl -X GET "localhost:9200/test_data/_search?pretty"
-H 'Content-Type: application/json' -d'
> {
>     "query" : {
>         "match" : {
>             "title": { ❶
>                 "query" : "nginx", ❷
>                 "boost": 4 ❸
>             }
>         }
>     }
> }
> '
{
  "took" : 1,
  "timed_out" : false,
  "_shards" : {
    "total" : 5,
    "successful" : 5,
    "skipped" : 0,
    "failed" : 0
  },
  "hits" : {
    "total" : 2,
"max_score" : 4.5876716, ❹
    "hits" : [
      {
        "_index" : "test_data",
        "_type" : "book",
        "_id" : "9",
        "_score" : 4.5876716,
        "_source" : {
          "title" : "Mastering NGINX - Second Edition",
          ... (중략) ...
          "description" : "An in-depth guide to configuring NGINX for
your everyday server needs"
        }
```

```
        },
        {
          "_index" : "test_data",
          "_type" : "book",
          "_id" : "8",
          "_score" : 4.5499832,
          "_source" : {
            "title" : "NGINX High Performance",
            ... (중략) ...
            "description" : "Optimize NGINX for high-performance,
scalable web applications"
          }
        }
      ]
    }
}
[root@cluster ~]# curl -X GET "localhost:9200/test_data/_search?pretty"
-H 'Content-Type: application/json' -d'
> {
>     "query" : {
>         "term" : {
>             "title": {
>                 "value" : "nginx", ❺
>                 "boost": 4
>             }
>         }
>     }
> }
> '
{
  "took" : 1,
  "timed_out" : false,
  "_shards" : {
    "total" : 5,
    "successful" : 5,
    "skipped" : 0,
    "failed" : 0
  },
  "hits" : {
    "total" : 2,
"max_score" : 4.5876716,
    "hits" : [
      {
        "_index" : "test_data",
        "_type" : "book",
        "_id" : "9",
```

```
          "_score" : 4.5876716,
          "_source" : {
            "title" : "Mastering NGINX - Second Edition",
            ... (중략) ...
            "description" : "An in-depth guide to configuring NGINX for
your everyday server needs"
          }
        },
        {
          "_index" : "test_data",
          "_type" : "book",
          "_id" : "8",
          "_score" : 4.5499832,
          "_source" : {
            "title" : "NGINX High Performance",
            ... (중략) ...
            "description" : "Optimize NGINX for high-performance,
scalable web applications"
          }
        }
      ]
    }
}
```

boost 옵션을 쓸 때에는 ❶,❷와 같이 쿼리의 형태를 변경해서 사용해야
한다. 이후에 ❸과 같이 스코어에 줄 가중치를 설정한다. ❸에 설정한
가중치에 따라 변경된 스코어(❹)를 문서에 적용할 수 있다. 이 boost 옵
션은 match 쿼리와 term 쿼리를 사용할 때 각각 다른 옵션을 주어야 한
다. match 쿼리를 사용할 때에는 query 옵션을 사용하고 term 쿼리를
사용할 때에는 ❺와 같이 value 옵션을 주어 사용한다. 스코어를 낮게
잡고 싶을 때에는 소수점을 활용하면 된다.

마지막으로 scroll 옵션이다. scroll 옵션은 from/size와 유사해 보
이지만 검색 당시의 스냅샷을 제공해 준다는 점에서 조금 다르다. from/
size를 통해 pagnation을 하는 동안에 새로운 문서가 인입되면 기존 검
색 결과에 영향을 줄 수 있지만, scroll 옵션을 사용하면 새로운 문서
가 인입된다고 해도 scroll id가 유지되는 동안에는 검색 결과가 바뀌지
않는다. 그래서 scroll 옵션은 검색 결과가 동일하게 유지되어야 하는
pagination, 혹은 대량의 배치 작업에 주로 활용한다.

from/size의 pagination

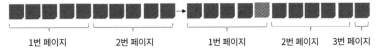

1번 페이지      2번 페이지        1번 페이지      2번 페이지   3번 페이지

scroll의 pagination

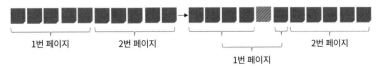

1번 페이지      2번 페이지            2번 페이지

1번 페이지

그림 9.7 from/size와 scroll의 차이점

그림 9.7을 살펴보자. from/size를 이용해 pagination을 구현하면 pagination 도중에 문서가 추가로 인입되고 해당 문서가 검색에 포함될 경우 pagination 결과가 달라질 수 있다. 처음에는 10개의 검색 결과가 나오고 size:5를 이용해서 총 두 개의 페이지로 구성했다고 가정하자. 그 후에 새로운 문서가 인입되었는데, 해당 문서가 score에 의해 5번째 검색 결과로 노출된다면 맨 처음에는 2개의 페이지로 구성된 검색 결과가 중간에 3개의 페이지로 변경된다.

하지만 scroll은 중간에 문서가 인입되어 검색 결과가 달라진다고 해도 scroll_id가 유지되고 있는 동안에는 pagination에 포함되지 않기 때문에 처음 검색 결과에서처럼 2개의 페이지를 유지한다. 이때 scroll은 API 호출 시 인자로 scroll_id를 유지하는 기간을 설정해야 하는데 이는 힙 메모리 사용량에 영향을 주기 때문에 반드시 필요한 만큼만 설정해야 한다.

> Scroll_id의 유지 기간은 노드의 힙 메모리에 영향을 주기 때문에 지나치게 길게 설정하면 Out Of Memory 에러를 발생시킬 수 있디. 사용자의 검색 패턴을 기반으로 적당한 값으로 설정해 주어야 한다. update_by_query API 와 delete_by_query API도 scroll을 기반으로 동작하니 마찬가지로 Out Of Memory 에러가 발생하지 않도록 주의하자.

코드 9.19는 scroll을 이용해서 nginx와 관련된 검색을 해보는 예제
이다.

**코드 9.19 scroll api를 통한 예제**

```
[root@cluster ~]# curl -X POST "localhost:9200/test_data/_
search?scroll=1m&pretty" -H 'Content-Type: application/json' -d'
{
    "size": 1,
    "query": {
"match" : {
"title" : "nginx"
        }
    }
}
'
{
  "_scroll_id" : "DnF1ZXJ5VGhlbkZldGNoBQAAAAAAACGFkNILXpLdTB0UkV5TXNFT
kpwajB5RGcAAAAAAAAhxZDSC16S3UwdFJFeU1zRU5KcGoweURnAAAAAAAAIgWQ0gtekt1
MHRSRX1Nc0VOSnBqMHlEZwAAAAAAACKFkNILXpLdTB0UkV5TXNFTkpwajB5RGcAAAAAAA
AiRZDSC16S3UwdFJFeU1zRU5KcGoweURn", ❶
  "took" : 1,
  "timed_out" : false,
  "_shards" : {
    "total" : 5,
    "successful" : 5,
    "skipped" : 0,
    "failed" : 0
  },
  "hits" : {
    "total" : 2,
    "max_score" : 1.1374958,
    "hits" : [
      {
        "_index" : "test_data",
        "_type" : "book",
        "_id" : "8",
        "_score" : 1.1374958,
        "_source" : {
          "title" : "NGINX High Performance",
          ... (중략) ...
        }
      }
    ]
  }
}
```

```
[root@cluster ~]# curl -X POST "localhost:9200/_search/scroll?pretty"
-H 'Content-Type: application/json' -d'
> {
>     "scroll" : "1m",
>     "scroll_id" : "DnF1ZXJ5VGhlbkZldGNoBQAAAAAAACGFkNILXpLdTB0UkV5TX
NFTkpwajB5RGcAAAAAAAAhxZDSC16S3UwdFJFeU1zRU5KcGoweURnAAAAAAAAAIgWQ0gte
kt1MHRSRXlNc0V0SnBqMHlEZwAAAAAAACKFkNILXpLdTB0UkV5TXNFTkpwajB5RGcAAAAA
AAAAiRZDSC16S3UwdFJFeU1zRU5KcGoweURn" ❷
> }
> '
{
  "_scroll_id" : "DnF1ZXJ5VGhlbkZldGNoBQAAAAAAACGFkNILXpLdTB0UkV5TXNFT
kpwajB5RGcAAAAAAAAhxZDSC16S3UwdFJFeU1zRU5KcGoweURnAAAAAAAAAIgWQ0gtekt1
MHRSRXlNc0V0SnBqMHlEZwAAAAAAACKFkNILXpLdTB0UkV5TXNFTkpwajB5RGcAAAAAAAAA
AiRZDSC16S3UwdFJFeU1zRU5KcGoweURn",
  "took" : 1,
  "timed_out" : false,
  "_shards" : {
    "total" : 5,
    "successful" : 5,
    "skipped" : 0,
    "failed" : 0
  },
  "hits" : {
    "total" : 2,
    "max_score" : 1.1374958,
    "hits" : [
      {
        "_index" : "test_data",
        "_type" : "book",
        "_id" : "9",
        "_score" : 0.6548752,
        "_source" : {
          "title" : "Mastering NGINX - Second Edition",
          ... (중략) ...
        }
      }
    ]
  }
}
```

❶을 보면 기존 검색 결과와는 다르게 scroll_id라는 항목이 추가로 내
려오면서 size 옵션에 의해 총 두 개의 결과 중 한 개만 나왔다. ❷를 보
면 그 후의 검색 결과는 별도의 쿼리 없이 scroll_id만으로 다음 검색

결과를 볼 수 있음을 알 수 있다. scroll은 이렇게 `scroll_id`를 이용해서 다음번 검색 결과를 받아올 수 있기 때문에 쿼리를 다시 날려야 하는 `from/size`보다 더 편하게 pagination을 구현할 수 있다. 특히 scroll 옵션은 대규모의 batch 처리에 주로 사용된다.

## 9.5 Query DSL이란

앞 절에서는 search API의 다양한 옵션들을 살펴보았다. 이번 절에서는 search API에서 가장 중요한 부분을 담당하는 검색 쿼리에 대해서 살펴보자. 검색 쿼리는 Query DSL(Domain Specific Language)이라 불리며 크게 Query Context와 Filter Context로 분류한다.

| 옵션 | 내용 |
|---|---|
| Query context | Full text search를 의미하며, 검색어가 문서와 얼마나 매칭되는지를 표현하는 score라는 값을 가진다. |
| Filter context | 검색어가 문서에 존재하는지 여부를 Yes나 No 형태의 검색 결과로 보여준다. Query context와는 다르게 score 값을 가지지 않는다. |

표 9.2 ElasticSearch 쿼리의 종류

먼저 Query Context에 대해서 살펴보자. Query Context는 Full Text Search라고도 하며, score라는 값으로 검색어가 문서와 얼마나 매칭되는지를 계산한다. 앞 절에서 이야기한 analyzer를 활용해서 검색한다. 흔히 말하는 전문 검색이 여기에 속한다.

Filter Context는 Query Context와는 달리 검색어가 문서에 존재하는지 여부를 검사한다. 존재 여부를 검사하기 때문에 Yes나 No 형태의 응답만 가능하며, 얼마나 매칭되는지를 의미하는 score 값은 존재하지 않는다. 예를 들어 직원 정보에서 성별이 남자인지 여자인지의 여부를 검색하는 경우는 Filter Context로 볼 수 있다. 이와 달리 도서관에서 책 내용을 검색할 때 특정 주제를 포함하는 책을 검색하는 경우는 Query Context라고 볼 수 있다. 그럼 각각에 대해서 조금 더 자세히 살펴보자.

## 9.6 Query Context

먼저 Query Context에 대해서 살펴보자. 표 9.3은 이번 절에서 살펴볼 쿼리 컨텍스트의 종류이다.[5]

| 종류 | 내용 |
|------|------|
| match | 검색어가 토크나이징된 토큰들이 존재하는지 여부를 확인한다. |
| match_phrase | match와 비슷하지만 검색어에 입력된 순서를 지켜야 한다. |
| multi_match | match와 동작 원리는 같으며 다수의 필드에 검색하기 위해 사용한다. |
| query_string | and 와 or 같이 검색어 간 연산이 필요할 때 사용한다. |

표 9.3 Query Context종류

### 9.6.1 match 쿼리

먼저 match 쿼리는 Query Context 중에서도 가장 많이 사용되는 쿼리이다. match 쿼리는 검색어로 들어온 문자열을 analyzer를 통해 분석한 후 inverted index에서 해당 문자열의 토큰을 가지고 있는 문서를 검색한다. 문서의 해당 필드에 설정해 놓은 analyzer를 기본으로 사용하며, 별도의 analyzer를 사용할 때는 직접 명시해 주면 된다.

코드 9.20 match 쿼리 예제

```
[root@cluster ~]# curl -X POST "localhost:9200/test_data/_
search?pretty" -H 'Content-Type: application/json' -d'
> {
>     "query": {
>         "match" : {
>             "description" : "nginx guide"
>         }
>     }
> }
> '
```

---

5  이 책에서는 주요하게 사용되는 몇몇 Query Context만을 다룬다. 다른 Query Context 정보가 필요하다면 *https://www.elastic.co/guide/en/elasticsearch/reference/current/full-text-queries.html*을 참고하자.

코드 9.21을 살펴보자. 사용자는 description에 'nginx guide'라는 문자열을 입력했다. ElasticSearch는 analyzer를 통해 해당 검색어를 nginx 와 guide라는 두 개의 토큰으로 만들고, inverted index를 조회해서 두 개의 토큰이 가장 많이 포함된 문서들을 기준으로 _score를 생성해서 검색 결과를 돌려준다. 검색 결과에 어떤 문서들이 포함되었는지 살펴 보자(코드 9.21).

**코드 9.21 match 쿼리의 결과**

```
{
  "took" : 4,
  "timed_out" : false,
  "_shards" : {
    "total" : 5,
    "successful" : 5,
    "skipped" : 0,
    "failed" : 0
  },
  "hits" : {
    "total" : 8, ❶
"max_score" : 2.2772717,
    "hits" : [
      {
        "_index" : "test_data",
        "_type" : "book",
        "_id" : "9",
        "_score" : 2.2772717,
        "_source" : {
          "title" : "Mastering NGINX - Second Edition",
          ... (중략) ...
          "description" : "An in-depth guide to configuring NGINX for
your everyday server needs" ❷
        }
      },
      {
        "_index" : "test_data",
        "_type" : "book",
        "_id" : "8",
        "_score" : 1.4963015,
        "_source" : {
          "title" : "NGINX High Performance",
          ... (중략) ...
          "description" : "Optimize NGINX for high-performance,
```

```
scalable web applications" ❸
      }
    },
    {
      "_index" : "test_data",
      "_type" : "book",
      "_id" : "7",
      "_score" : 0.75365186,
      "_source" : {
        "title" : "Getting Started with Impala",
        ... (중략) ...
        "description" : "Learn how to write, tune, and port SQL
queries and other statements for a Big Data environment, using Impala—
the massively parallel processing SQL query engine for Apache Hadoop.
The best practices in this practical guide help you design database
schemas that not only interoperate with other Hadoop components,
and are convenient for administers to manage and monitor, but also
accommodate future expansion in data size and evolution of software
capabilities. Ideal for database developers and business analysts, the
latest revision covers analytics functions, complex types, incremental
statistics, subqueries, and submission to the Apache incubator."
      }
    },
    {
      "_index" : "test_data",
      "_type" : "book",
      "_id" : "3",
      "_score" : 0.34579334,
      "_source" : {
        "title" : "Cloud Native Java",
        ... (중략) ...
        "description" : "What separates the traditional enterprise
from the likes of Amazon, Netflix, and Etsy? Those companies have
refined the art of cloud native development to maintain their
competitive edge and stay well ahead of the competition. This practical
guide shows Java/JVM developers how to build better software, faster,
using Spring Boot, Spring Cloud, and Cloud Foundry."
      }
    },
    {
      "_index" : "test_data",
      "_type" : "book",
      "_id" : "4",
      "_score" : 0.28950414,
      "_source" : {
        "title" : "Learning Chef",
```

```
        ... (중략) ...
        "description" : "Get a hands-on introduction to the Chef,
the configuration management tool for solving operations issues in
enterprises large and small. Ideal for developers and sysadmins new
to configuration management, this guide shows you to automate the
packaging and delivery of applications in your infrastructure. You'll
be able to build (or rebuild) your infrastructure's application stack
in minutes or hours, rather than days or weeks."
      }
    },
    {
      "_index" : "test_data",
      "_type" : "book",
      "_id" : "11",
      "_score" : 0.2323668,
      "_source" : {
        "title" : "Linux Kernel Development, Second Edition",
        ... (중략) ...
        "description" : "The Linux kernel is one of the most
important and far-reaching open-source projects. That is why Novell
Press is excited to bring you the second edition of Linux Kernel
Development, Robert Love's widely acclaimed insider's look at the
Linux kernel. This authoritative, practical guide helps developers
better understand the Linux kernel through updated coverage of all the
major subsystems as well as new features associated with the Linux
2.6 kernel. You'll be able to take an in-depth look at Linux kernel
from both a theoretical and an applied perspective as you cover a wide
range of topics, including algorithms, system call interface, paging
strategies and kernel synchronization. Get the top information right
from the source in Linux Kernel Development."
      }
    },
    {
      "_index" : "test_data",
      "_type" : "book",
      "_id" : "2",
      "_score" : 0.18232156,
      "_source" : {
        "title" : "Kubernetes: Up and Running",
        ... (중략) ...
        "description" : "What separates the traditional enterprise
from the likes of Amazon, Netflix, and Etsy? Those companies have
refined the art of cloud native development to maintain their
competitive edge and stay well ahead of the competition. This practical
guide shows Java/JVM developers how to build better software, faster,
using Spring Boot, Spring Cloud, and Cloud Foundry."
```

```
        }
      },
      {
        "_index" : "test_data",
        "_type" : "book",
        "_id" : "6",
        "_score" : 0.18232156,
        "_source" : {
          "title" : "Hadoop: The Definitive Guide, 4th Edition",
          ... (중략) ...
          "description" : "Get ready to unlock the power of your data.
With the fourth edition of this comprehensive guide, you'll learn how
to build and maintain reliable, scalable, distributed systems with
Apache Hadoop. This book is ideal for programmers looking to analyze
datasets of any size, and for administrators who want to set up and run
Hadoop clusters."
        }
      }
    ]
  }
}
```

❶ 11개의 문서 중 8개의 문서가 검색되었음을 알 수 있다.

❷ nginx와 guide를 모두 포함하고 있는 문서의 _score가 가장 높으며 검색 결과가 최상단에 노출된다.

❸ 그 다음으로는 nginx가 포함된 문서가 _score가 높으며 다음번 검색 결과에 노출된다.

---

✅　　_score를 계산하는 로직은 이 책의 범위를 벗어나므로 생략한다.

---

코드 9.21을 보면 검색어는 nginx guide이지만 검색 결과 중에는 nginx 만 포함된 문서도 있고, guide만 포함된 문서도 있다. 이런 검색 결과를 볼 수 있는 이유는 analyzer를 통해 생성된 토큰들을 기준으로 얼마나 매칭되는가를 계산하기 때문이다.

여기서 알아둘 것이 있다. match 쿼리는 analyzer를 통해서 분석한 토큰을 기준으로 검색하며 이때 어떤 토큰이 먼저 있는지에 대한 순 서는 고려하지 않는다. 즉, 검색어에 nginx guide가 들어오든 guide nginx가 들어오든 같은 결과를 보여준다.

## 9.6.2 match_phrase 쿼리

다음 쿼리 컨텍스트는 match_phrase이다. match가 analyzer를 통해 생성된 토큰들의 순서를 고려하지 않는 것과 달리 match_phrase는 검색어의 순서도 고려한다. 예를 들어 코드9.22와 같이 Kernel Linux라고 쿼리문을 입력해 보자. match 쿼리의 경우 이 검색어를 kernel과 linux라는 두 개의 토큰으로 만들고 두 개의 단어 중 하나라도 포함되어 있다면 검색 결과를 보여 주겠지만 match_phrase는 kernel linux라는 두 개의 토큰을 만드는 것은 동일하지만 kernel linux라는 정확한 순서를 가진 단어를 찾기 때문에 두 개의 단어 중 하나만 포함되어 있다면 검색 결과를 보여주지 못한다.

코드 9.22 match와 match_phrase의 차이

```
[root@cluster ~]# curl -X POST "localhost:9200/test_data/_
search?pretty" -H 'Content-Type: application/json' -d'
> {
>     "query": {
>         "match" : {
>             "description" : "Kernel Linux" ❶
>         }
>     }
> }
> '
{
  "took" : 2,
  "timed_out" : false,
  "_shards" : {
    "total" : 5,
    "successful" : 5,
    "skipped" : 0,
    "failed" : 0
  },
  "hits" : {
    "total" : 2,
"max_score" : 4.0193443,
    "hits" : [
      {
```

```
        "_index" : "test_data",
        "_type" : "book",
        "_id" : "11",
        "_score" : 4.0193443,
        "_source" : {
            "title" : "Linux Kernel Development, Second Edition",
            ... (중략) ...
            "description" : "The Linux kernel ❷ is one of the most
important and far-reaching open-source projects. That is why Novell
Press is excited to bring you the second edition of Linux Kernel
Development, Robert Love's widely acclaimed insider's look at the
Linux kernel. This authoritative, practical guide helps developers
better understand the Linux kernel through updated coverage of all the
major subsystems as well as new features associated with the Linux
2.6 kernel. You'll be able to take an in-depth look at Linux kernel
from both a theoretical and an applied perspective as you cover a wide
range of topics, including algorithms, system call interface, paging
strategies and kernel synchronization. Get the top information right
from the source in Linux Kernel Development."
        }
    },
    {
        "_index" : "test_data",
        "_type" : "book",
        "_id" : "10",
        "_score" : 2.9277878,
        "_source" : {
            "title" : "Linux Kernel Development, Third Edition",
            ... (중략) ...
            "description" : "Linux Kernel ❸ Development details the
design and implementation of the Linux kernel, presenting the content
in a manner that is beneficial to those writing and developing kernel
code, as well as to programmers seeking to better understand the
operating system and become more efficient and productive in their
coding."
        }
    }
    ]
  }
}
```

```
[root@cluster ~]# curl -X POST "localhost:9200/test_data/_
search?pretty" -H 'Content-Type: application/json' -d'
> {
>     "query": {
>         "match_phrase" : {
```

```
>                 "description" : "Kernel Linux" ❹
>         }
>     }
> }
> '
{
  "took" : 1,
  "timed_out" : false,
  "_shards" : {
    "total" : 5,
    "successful" : 5,
    "skipped" : 0,
    "failed" : 0
  },
  "hits" : {
    "total" : 0,
    "max_score" : null,
    "hits" : [ ] ❺
  }
}
```

❶ match 쿼리로 Kernel Linux라는 문자열을 검색하였다.

❷ 순서와 상관없이 Kernel과 Linux가 포함된 문서가 검색되었다.

❸, ❹ match_phrase 쿼리로 Kernel Linux라는 문자열을 검색하였다.

❺ 아무런 문서도 검색되지 않았다.

하지만 Linux Kernel이라는 순서로 match_phrase 쿼리를 입력하면 정확한 검색 결과를 돌려준다(코드 9.23).

**코드 9.23 match_phrase 결과**

```
[root@cluster ~]# curl -X POST "localhost:9200/test_data/_
search?pretty" -H 'Content-Type: application/json' -d'
> {
>     "query": {
>         "match_phrase" : {
>                 "description" : "Linux Kernel" ❶
>         }
>     }
> }
> '
{
  "took" : 1,
```

```
"timed_out" : false,
"_shards" : {
  "total" : 5,
  "successful" : 5,
  "skipped" : 0,
  "failed" : 0
},
"hits" : {
  "total" : 2,
"max_score" : 3.7943385,
  "hits" : [
    {
      "_index" : "test_data",
      "_type" : "book",
      "_id" : "11",
      "_score" : 3.7943385,
      "_source" : {
        "title" : "Linux Kernel Development, Second Edition",
        ... (중략) ...
        "description" : "The Linux kernel is one of the most ❷
```
important and far-reaching open-source projects. That is why Novell
Press is excited to bring you the second edition of Linux Kernel
Development, Robert Love's widely acclaimed insider's look at the
Linux kernel. This authoritative, practical guide helps developers
better understand the Linux kernel through updated coverage of all the
major subsystems as well as new features associated with the Linux
2.6 kernel. You'll be able to take an in-depth look at Linux kernel
from both a theoretical and an applied perspective as you cover a wide
range of topics, including algorithms, system call interface, paging
strategies and kernel synchronization. Get the top information right
from the source in Linux Kernel Development."
```
      }
    },
    {
      "_index" : "test_data",
      "_type" : "book",
      "_id" : "10",
      "_score" : 2.737807,
      "_source" : {
        "title" : "Linux Kernel Development, Third Edition",
        ... (중략) ...
        "description" : "Linux Kernel Development details the ❸
```
design and implementation of the Linux kernel, presenting the content
in a manner that is beneficial to those writing and developing kernel
code, as well as to programmers seeking to better understand the
operating system and become more efficient and productive in their
coding."

```
          }
        }
      ]
    }
  }
}
```

❶ match_phrase 쿼리로 Linux Kernel이라는 문자열을 검색하였다.

❷, ❸ Linux Kernel이라는 문자열이 순서대로 정렬된 문서가 검색되었다.

검색어의 순서가 중요할 경우에는 match_phrase를, 순서에 구애받지 않는 경우에는 match를 사용하면 된다.

### 9.6.3 multi_match 쿼리

다음으로 살펴볼 쿼리 컨텍스트는 multi_match이다. multi_match는 match와 동일하지만 두 개 이상의 필드에 match 쿼리를 날릴 수 있다.

**코드 9.24 multi match 결과**

```
[root@cluster ~]# curl -X GET "localhost:9200/test_data/_search?pretty"
-H 'Content-Type: application/json' -d'
> {
>   "query": {
>     "multi_match" : {
>       "query":    "kernel",
>       "fields": [ "title", "description" ] ❶
>     }
>   }
> }
> '
{
  "took" : 2,
  "timed_out" : false,
  "_shards" : {
    "total" : 5,
    "successful" : 5,
    "skipped" : 0,
    "failed" : 0
  },
  "hits" : {
    "total" : 2,
```

```
"max_score" : 2.0420237,
    "hits" : [
      {
        "_index" : "test_data",
        "_type" : "book",
        "_id" : "11",
        "_score" : 2.0420237,
        "_source" : {
          "title" : "Linux Kernel Development, Second Edition", ❷
          ... (중략) ...
          "description" : "The Linux kernel is one of the most
important and far-reaching open-source projects. That is why Novell
Press is excited to bring you the second edition of Linux Kernel
Development, Robert Love's widely acclaimed insider's look at the
Linux kernel. This authoritative, practical guide helps developers
better understand the Linux kernel through updated coverage of all the
major subsystems as well as new features associated with the Linux
2.6 kernel. You'll be able to take an in-depth look at Linux kernel
from both a theoretical and an applied perspective as you cover a wide
range of topics, including algorithms, system call interface, paging
strategies and kernel synchronization. Get the top information right
from the source in Linux Kernel Development."
        }
      },
      {
        "_index" : "test_data",
        "_type" : "book",
        "_id" : "10",
        "_score" : 1.5588844,
        "_source" : {
          "title" : "Linux Kernel Development, Third Edition",
          ... (중략) ...
          "description" : "Linux Kernel Development details the design
and implementation of the Linux kernel, presenting the content in a ❸
manner that is beneficial to those writing and developing kernel code,
as well as to programmers seeking to better understand the operating
system and become more efficient and productive in their coding."
        }
      }
    ]
  }
}
```

❶ title, description 필드를 대상으로 kernel이라는 문자열을 검색하였다.

❷ title 필드에 kernel이라는 문자열이 포함된 문서가 검색되었다.

❸ description 필드에 kernel이라는 문자열이 포함된 문서가 검색되었다.

### 9.6.4 query_string 쿼리

마지막으로 살펴볼 쿼리 컨텍스트는 query_string이다. query_string은 and와 or 같은 검색어 간 연산이 필요한 경우에 사용한다. 경우에 따라서 match 쿼리나 multi_match와 동일하게 동작할 수도 있고 regular expression 기반의 쿼리가 될 수도 있다. 예를 들어 코드 9.25와 같이 query_string을 만들면 match 쿼리와 같은 의미를 만들어 낼 수 있다.

코드 9.25 query_string 예제

```
[root@cluster ~]# curl -X POST "localhost:9200/test_data/_
search?pretty" -H 'Content-Type: application/json' -d'
{
    "query": {
        "match" : {
            "title" : "Linux" ❶
        }
    }
}
'
{
  "took" : 3,
  "timed_out" : false,
  "_shards" : {
    "total" : 5,
    "successful" : 5,
    "skipped" : 0,
    "failed" : 0
  },
  "hits" : {
    "total" : 2,
    "max_score" : 1.0243747,
    "hits" : [
      {
        "_index" : "test_data",
        "_type" : "book",
        "_id" : "11",
```

```
      "_score" : 1.0243747,
      "_source" : {
        "title" : "Linux Kernel Development, Second Edition",
        ... (중략) ...
        "description" : "The Linux kernel is one of the most
important and far-reaching open-source projects. That is why Novell
Press is excited to bring you the second edition of Linux Kernel
Development, Robert Love's widely acclaimed insider's look at the
Linux kernel. This authoritative, practical guide helps developers
better understand the Linux kernel through updated coverage of all the
major subsystems as well as new features associated with the Linux
2.6 kernel. You'll be able to take an in-depth look at Linux kernel
from both a theoretical and an applied perspective as you cover a wide
range of topics, including algorithms, system call interface, paging
strategies and kernel synchronization. Get the top information right
from the source in Linux Kernel Development."
      }
    },
    {
      "_index" : "test_data",
      "_type" : "book",
      "_id" : "10",
      "_score" : 0.88982445,
      "_source" : {
        "title" : "Linux Kernel Development, Third Edition",
        ... (중략) ...
        "description" : "Linux Kernel Development details the design
and implementation of the Linux kernel, presenting the content in a
manner that is beneficial to those writing and developing kernel code,
as well as to programmers seeking to better understand the operating
system and become more efficient and productive in their coding."
      }
    }
  ]
 }
}
```

```
[root@cluster ~]# curl -X POST "localhost:9200/test_data/_
search?pretty" -H 'Content-Type: application/json' -d'
{
    "query": {
        "query_string" : {
            "fields": ["title"],
            "query": "Linux" ❷
        }
    }
}
```

```
}
'
{
  "took" : 4,
  "timed_out" : false,
  "_shards" : {
    "total" : 5,
    "successful" : 5,
    "skipped" : 0,
    "failed" : 0
  },
  "hits" : {
    "total" : 2,
    "max_score" : 1.0243747,
    "hits" : [
      {
        "_index" : "test_data",
        "_type" : "book",
        "_id" : "11",
        "_score" : 1.0243747,
        "_source" : {
          "title" : "Linux Kernel Development, Second Edition",
          ... (중략) ...
          "description" : "The Linux kernel is one of the most
important and far-reaching open-source projects. That is why Novell
Press is excited to bring you the second edition of Linux Kernel
Development, Robert Love's widely acclaimed insider's look at the
Linux kernel. This authoritative, practical guide helps developers
better understand the Linux kernel through updated coverage of all the
major subsystems as well as new features associated with the Linux
2.6 kernel. You'll be able to take an in-depth look at Linux kernel
from both a theoretical and an applied perspective as you cover a wide
range of topics, including algorithms, system call interface, paging
strategies and kernel synchronization. Get the top information right
from the source in Linux Kernel Development."
        }
      },
      {
        "_index" : "test_data",
        "_type" : "book",
        "_id" : "10",
        "_score" : 0.88982445,
        "_source" : {
          "title" : "Linux Kernel Development, Third Edition",
          ... (중략) ...
          "description" : "Linux Kernel Development details the design
and implementation of the Linux kernel, presenting the content in a
```

manner that is beneficial to those writing and developing kernel code, as well as to programmers seeking to better understand the operating system and become more efficient and productive in their coding."
```
        }
      }
    ]
  }
}
```

❶ title 필드에 elasticsearch가 포함된 문서를 검색하는 match 쿼리이다.

❷ ❶과 같은 역할을 하는 query_string 형태의 쿼리이다.

또한 코드 9.26처럼 와일드카드 검색을 할 수도 있다.

**코드 9.26 query_string을 통한 와일드카드 검색**

```
[root@cluster ~]# curl -X POST "localhost:9200/test_data/_
search?pretty" -H 'Content-Type: application/json' -d'
{
    "query": {
        "query_string" : {
          "fields": ["title"],
          "query": "*nux"
        }
    }
}
'
{
  "took" : 4,
  "timed_out" : false,
  "_shards" : {
    "total" : 5,
    "successful" : 5,
    "skipped" : 0,
    "failed" : 0
  },
  "hits" : {
    "total" : 2,
    "max_score" : 1.0,
    "hits" : [
      {
        "_index" : "test_data",
        "_type" : "book",
```

```
          "_id" : "11",
          "_score" : 1.0, ❶
          "_source" : {
            "title" : "Linux Kernel Development, Second Edition",
            ... (중략) ...
            "description" : "The Linux kernel is one of the most
important and far-reaching open-source projects. That is why Novell
Press is excited to bring you the second edition of Linux Kernel
Development, Robert Love's widely acclaimed insider's look at the
Linux kernel. This authoritative, practical guide helps developers
better understand the Linux kernel through updated coverage of all the
major subsystems as well as new features associated with the Linux
2.6 kernel. You'll be able to take an in-depth look at Linux kernel
from both a theoretical and an applied perspective as you cover a wide
range of topics, including algorithms, system call interface, paging
strategies and kernel synchronization. Get the top information right
from the source in Linux Kernel Development."
          }
        },
        {
          "_index" : "test_data",
          "_type" : "book",
          "_id" : "10",
          "_score" : 1.0,
          "_source" : {
            "title" : "Linux Kernel Development, Third Edition",
            ... (중략) ...
            "description" : "Linux Kernel Development details the design
and implementation of the Linux kernel, presenting the content in a
manner that is beneficial to those writing and developing kernel code,
as well as to programmers seeking to better understand the operating
system and become more efficient and productive in their coding."
          }
        }
      ]
    }
}
```

query_string을 통한 와일드카드 검색은 코드 9.26의 결과와는 다르게
❶과 같이 스코어링을 하지 않을뿐더러, 검색 성능에 좋지 않기 때문에
경우에 따라서는 다른 쿼리로 수정해서 사용하는 것이 좋다.

## 9.7 Filter Context

다음으로 살펴볼 Filter Context는 Term Level Query라고도 부르며 이름에서 알 수 있듯이 해당 문서에 대한 필터링에 사용되는 쿼리이다. Query Context가 검색어가 문서에 얼마나 매칭되는지를 계산하고 찾는다면, Filter Context는 검색어의 포함 여부를 찾는 형태다. 둘 사이의 가장 큰 차이점은 검색어를 analyze하느냐의 여부이다.

| 종류 | 내용 |
| --- | --- |
| term | 검색어로 입력한 단어와 정확하게 일치하는 단어가 있는지를 찾는다. |
| terms | term과 유사하지만 여러 개의 단어를 기준으로 하나 이상 일치하는 단어가 있는지 찾는다. |
| range | 특정 범위 안에 있는 값이 있는지 찾는다. |
| wildcard | 와일드카드 패턴에 해당하는 값이 있는지 찾는다. |

표 9.4 Filter Context의 종류

### 9.7.1 term 쿼리

먼저 가장 많이 사용하는 term 쿼리에 대해 살펴보자. term 쿼리는 정확하게 일치되는 단어를 찾을 때 사용한다. analyze를 하지 않기 때문에 당연히 대소문자를 구분한다. 코드 9.27을 보면 차이점을 쉽게 이해할 수 있다.

코드 9.27 term 쿼리의 특징

```
[root@cluster ~]# curl -X POST "localhost:9200/test_data/_
search?pretty" -H 'Content-Type: application/json' -d'
{
    "query": {
        "term" : {
            "title" : "Linux" ❶
        }
    }
}
'
{
```

```
    "took" : 1,
   "timed_out" : false,
   "_shards" : {
     "total" : 5,
     "successful" : 5,
     "skipped" : 0,
     "failed" : 0
   },
   "hits" : {
     "total" : 0,
     "max_score" : null,
     "hits" : [ ]
   }
 }
```

```
[root@cluster ~]# curl -X POST "localhost:9200/test_data/_
search?pretty" -H 'Content-Type: application/json' -d'
{
    "query": {
        "term" : {
            "title" : "linux" ❷
        }
    }
}
'
{
  "took" : 4,
  "timed_out" : false,
  "_shards" : {
    "total" : 5,
    "successful" : 5,
    "skipped" : 0,
    "failed" : 0
  },
  "hits" : {
    "total" : 2,
    "max_score" : 1.0243747,
    "hits" : [
      {
        "_index" : "test_data",
        "_type" : "book",
        "_id" : "11",
        "_score" : 1.0243747,
        "_source" : {
          "title" : "Linux Kernel Development, Second Edition",
          ... (중략) ...
```

```
      "description" : "The Linux kernel is one of the most
important and far-reaching open-source projects. That is why Novell
Press is excited to bring you the second edition of Linux Kernel
Development, Robert Love's widely acclaimed insider's look at the
Linux kernel. This authoritative, practical guide helps developers
better understand the Linux kernel through updated coverage of all the
major subsystems as well as new features associated with the Linux
2.6 kernel. You'll be able to take an in-depth look at Linux kernel
from both a theoretical and an applied perspective as you cover a wide
range of topics, including algorithms, system call interface, paging
strategies and kernel synchronization. Get the top information right
from the source in Linux Kernel Development."
      }
    },
    {
      "_index" : "test_data",
      "_type" : "book",
      "_id" : "10",
      "_score" : 0.88982445,
      "_source" : {
        "title" : "Linux Kernel Development, Third Edition",
        ... (중략) ...
        "description" : "Linux Kernel Development details the design
and implementation of the Linux kernel, presenting the content in a
manner that is beneficial to those writing and developing kernel code,
as well as to programmers seeking to better understand the operating
system and become more efficient and productive in their coding."
      }
    }
  ]
  }
}
```

❶ term 쿼리를 통해 대문자가 포함된 Linux라는 문자열로 검색하였다.

❷ term 쿼리를 통해 대문자가 포함되지 않은 linux라는 문자열로 검색하였다.

코드 9.27에서 볼 수 있는 두 개의 쿼리는 비슷해 보이지만 전혀 다른 결과를 보여준다. 첫 번째 쿼리는 검색 결과가 아무것도 없지만 두 번째 쿼리는 검색 결과가 나온다. 왜 이런 일이 발생할까? 앞에서 본 inverted index에 대해서 살펴보자. 우리가 색인에 사용한 문서의 정확한 title은 text 타입으로 저장된 Linux Kernel Development, Third Edition이다. 이 문자열을 standard analyzer를 통해 분석하면 5개의 토큰이 생성된다.

linux, kernel, development, third, edition

즉, 이 문자열에 대한 inverted index는 이 5개의 토큰으로 이루어진다. term 쿼리는 이 inverted index에 있는 것들 중 정확하게 일치하는 값을 찾기 때문에 첫 번째 쿼리인 Linux는 찾지 못하고 두 번째 쿼리인 linux는 찾을 수 있다. term 쿼리는 analyze를 하지 않기 때문에 발생하는 현상이다. term 쿼리를 앞 절에서 본 match 쿼리로 바꾸면 두 경우 모두 같은 결과가 나오는 것을 확인할 수 있다.

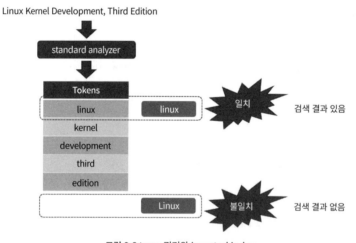

**그림 9.8** term 쿼리와 inverted index

그림 9.8처럼 Title 필드에 적용된 analyzer가 어떻게 토큰을 만드는지 정확히 파악해야 term 쿼리로 검색 결과를 얻을 수 있다. 그래서 보통 text 타입의 필드를 대상으로 할 때는 term 쿼리보다 match 쿼리를 사용하는 것이 일반적이다.

### 9.7.2 terms 쿼리

terms 쿼리는 둘 이상의 term을 검색할 때 사용하는 쿼리이며, 다수의
단어를 한 번에 검색할 때 사용한다. term을 여러 번 사용해서 쿼리하는
것과 동일하기 때문에 별도의 예제를 살펴보진 않을 것이다.

### 9.7.3 range 쿼리

range 쿼리는 범위를 지정하여 특정 값의 범위 이내에 있는 경우를 검
색할 때 사용한다.

코드 9.28 range 쿼리의 예제

```
[root@cluster ~]# curl -X GET "localhost:9200/test_data/_search?pretty"
-H 'Content-Type: application/json' -d'
> {
>   "query": {
>     "range" : {
>       "release_date" : {
>         "gte" : "2015/01/01",
>         "lte" : "2015/12/31"
>       }
>     }
>   }
> }
> '
{
  "took" : 2,
  "timed_out" : false,
  "_shards" : {
    "total" : 5,
    "successful" : 5,
    "skipped" : 0,
    "failed" : 0
  },
  "hits" : {
    "total" : 3,
    "max_score" : 1.0,
    "hits" : [
      {
        "_index" : "test_data",
        "_type" : "book",
        "_id" : "5",
```

```
        "_score" : 1.0,
        "_source" : {
          "title" : "Elasticsearch Indexing",
          ... (중략) ...
          "description" : "Improve search experiences with
ElasticSearch's powerful indexing functionality – learn how with this
practical ElasticSearch tutorial, packed with tips!"
        }
      },
      {
        "_index" : "test_data",
        "_type" : "book",
        "_id" : "8",
        "_score" : 1.0,
        "_source" : {
          "title" : "NGINX High Performance",
          ... (중략) ...
          "description" : "Optimize NGINX for high-performance,
scalable web applications"
        }
      },
      {
        "_index" : "test_data",
        "_type" : "book",
        "_id" : "6",
        "_score" : 1.0,
        "_source" : {
          "title" : "Hadoop: The Definitive Guide, 4th Edition",
          ... (중략) ...
          "description" : "Get ready to unlock the power of your data.
With the fourth edition of this comprehensive guide, you'll learn how
to build and maintain reliable, scalable, distributed systems with
Apache Hadoop. This book is ideal for programmers looking to analyze
datasets of any size, and for administrators who want to set up and run
Hadoop clusters."
        }
      }
    ]
  }
}
```

코드 9.29는 range 쿼리의 예제이다. release_date를 기준으로 2015년
1월 1일부터 2015년 12월 31일까지 발행된 책들을 검색하는 쿼리이다.

## 9.7.4 wildcard 쿼리

마지막으로 살펴볼 Filter Context는 wildcard 쿼리다. 이름에서 알 수 있듯이 와일드카드 특수문자를 이용한 일종의 Full-Scan 검색이 가능한 쿼리이다. 이 쿼리도 text 필드가 아닌 keyword 타입의 쿼리에 사용해야 한다(코드 9.29).

코드 9.29 wildcard 쿼리의 예제

```
[root@cluster ~]# curl -X GET "localhost:9200/_search?pretty" -H
'Content-Type: application/json' -d'
> {
>     "query": {
>         "wildcard" : { "publisher.keyword" : "*Media*" }
>     }
> }
> '
{
  "took" : 12,
  "timed_out" : false,
  "_shards" : {
    "total" : 10,
    "successful" : 10,
    "skipped" : 0,
    "failed" : 0
  },
  "hits" : {
    "total" : 5,
    "max_score" : 1.0,
    "hits" : [
      {
        "_index" : "test_data",
        "_type" : "book",
        "_id" : "3",
        "_score" : 1.0,
        "_source" : {
          "title" : "Cloud Native Java",
          ... (중략) ...
          "description" : "What separates the traditional enterprise
from the likes of Amazon, Netflix, and Etsy? Those companies have
refined the art of cloud native development to maintain their
competitive edge and stay well ahead of the competition. This practical
guide shows Java/JVM developers how to build better software, faster,
using Spring Boot, Spring Cloud, and Cloud Foundry."
```

```
        }
      },
      {
        "_index" : "test_data",
        "_type" : "book",
        "_id" : "4",
        "_score" : 1.0,
        "_source" : {
          "title" : "Learning Chef",
          ... (중략) ...
          "description" : "Get a hands-on introduction to the Chef,
the configuration management tool for solving operations issues in
enterprises large and small. Ideal for developers and sysadmins new
to configuration management, this guide shows you to automate the
packaging and delivery of applications in your infrastructure. You'll
be able to build (or rebuild) your infrastructure's application stack
in minutes or hours, rather than days or weeks."
        }
      },
      {
        "_index" : "test_data",
        "_type" : "book",
        "_id" : "7",
        "_score" : 1.0,
        "_source" : {
          "title" : "Getting Started with Impala",
          ... (중략) ...
          "description" : "Learn how to write, tune, and port SQL
queries and other statements for a Big Data environment, using Impala-
the massively parallel processing SQL query engine for Apache Hadoop.
The best practices in this practical guide help you design database
schemas that not only interoperate with other Hadoop components,
and are convenient for administers to manage and monitor, but also
accommodate future expansion in data size and evolution of software
capabilities. Ideal for database developers and business analysts, the
latest revision covers analytics functions, complex types, incremental
statistics, subqueries, and submission to the Apache incubator."
        }
      },
      {
        "_index" : "test_data",
        "_type" : "book",
        "_id" : "2",
        "_score" : 1.0,
        "_source" : {
          "title" : "Kubernetes: Up and Running",
```

```
        ... (중략) ...
        "description" : "What separates the traditional enterprise
from the likes of Amazon, Netflix, and Etsy? Those companies have
refined the art of cloud native development to maintain their
competitive edge and stay well ahead of the competition. This practical
guide shows Java/JVM developers how to build better software, faster,
using Spring Boot, Spring Cloud, and Cloud Foundry."
      }
    },
    {
      "_index" : "test_data",
      "_type" : "book",
      "_id" : "6",
      "_score" : 1.0,
      "_source" : {
        "title" : "Hadoop: The Definitive Guide, 4th Edition",
        ... (중략) ...
        "description" : "Get ready to unlock the power of your data.
With the fourth edition of this comprehensive guide, you'll learn how
to build and maintain reliable, scalable, distributed systems with
Apache Hadoop. This book is ideal for programmers looking to analyze
datasets of any size, and for administrators who want to set up and run
Hadoop clusters."
      }
    }
  ]
 }
}
```

코드 9.29는 publisher 중에 Media라는 단어가 포함된 모든 책을 검색
해 준다. 하지만 wildcard query는 모든 inverted index를 하나하나 확
인하기 때문에 검색 속도가 매우 느리다. 특히 코드 9.29처럼 시작부
터 *를 포함하는 쿼리는 문서의 개수가 늘어날수록 검색 결과도 선형적
으로 늘어나기 때문에 주의해야 한다. 사실 wildcard 쿼리를 사용할 때
는 꼭 wildcard 쿼리를 써야 하는지를 먼저 재고해야 한다. 만약 코드
9.29처럼 publisher 중에 Media라는 단어가 포함된 책을 찾을 경우에
는 match 쿼리를 활용하는 편이 더 빠르다. 코드 9.30은 코드 9.29의
wildcard 쿼리와 동일한 결과를 만들어 내는 match 쿼리이다.

**코드 9.30 match 쿼리를 응용한 wildcard 쿼리**

```
[root@cluster ~]# curl -X POST "localhost:9200/test_data/_
search?pretty" -H 'Content-Type: application/json' -d'
> {
>     "query": {
>         "match" : {
>             "publisher" : "Media"
>         }
>     }
> }
> '
{
  "took" : 3,
  "timed_out" : false,
  "_shards" : {
    "total" : 5,
    "successful" : 5,
    "skipped" : 0,
    "failed" : 0
  },
  "hits" : {
    "total" : 5,
    "max_score" : 0.9995246,
    "hits" : [
      {
        "_index" : "test_data",
        "_type" : "book",
        "_id" : "3",
        "_score" : 0.9995246,
        "_source" : {
          "title" : "Cloud Native Java",
          ... (중략) ...
          "description" : "What separates the traditional enterprise
from the likes of Amazon, Netflix, and Etsy? Those companies have
refined the art of cloud native development to maintain their
competitive edge and stay well ahead of the competition. This practical
guide shows Java/JVM developers how to build better software, faster,
using Spring Boot, Spring Cloud, and Cloud Foundry."
        }
      },
      {
        "_index" : "test_data",
        "_type" : "book",
        "_id" : "7",
        "_score" : 0.9331132,
```

```
      "_source" : {
        "title" : "Getting Started with Impala",
        ... (중략) ...
        "description" : "Learn how to write, tune, and port SQL
queries and other statements for a Big Data environment, using Impala—
the massively parallel processing SQL query engine for Apache Hadoop.
The best practices in this practical guide help you design database
schemas that not only interoperate with other Hadoop components,
and are convenient for administers to manage and monitor, but also
accommodate future expansion in data size and evolution of software
capabilities. Ideal for database developers and business analysts, the
latest revision covers analytics functions, complex types, incremental
statistics, subqueries, and submission to the Apache incubator."
      }
    },
    {
      "_index" : "test_data",
      "_type" : "book",
      "_id" : "4",
      "_score" : 0.2876821,
      "_source" : {
        "title" : "Learning Chef",
        ... (중략) ...
        "description" : "Get a hands-on introduction to the Chef,
the configuration management tool for solving operations issues in
enterprises large and small. Ideal for developers and sysadmins new
to configuration management, this guide shows you to automate the
packaging and delivery of applications in your infrastructure. You'll
be able to build (or rebuild) your infrastructure's application stack
in minutes or hours, rather than days or weeks."
      }
    },
    {
      "_index" : "test_data",
      "_type" : "book",
      "_id" : "2",
      "_score" : 0.18232156,
      "_source" : {
        "title" : "Kubernetes: Up and Running",
        ... (중략) ...
        "description" : "What separates the traditional enterprise
from the likes of Amazon, Netflix, and Etsy? Those companies have
refined the art of cloud native development to maintain their
competitive edge and stay well ahead of the competition. This practical
guide shows Java/JVM developers how to build better software, faster,
using Spring Boot, Spring Cloud, and Cloud Foundry."
```

```
        }
      },
      {
        "_index" : "test_data",
        "_type" : "book",
        "_id" : "6",
        "_score" : 0.18232156,
        "_source" : {
          "title" : "Hadoop: The Definitive Guide, 4th Edition",
          ... (중략) ...
          "description" : "Get ready to unlock the power of your data.
With the fourth edition of this comprehensive guide, you'll learn how
to build and maintain reliable, scalable, distributed systems with
Apache Hadoop. This book is ideal for programmers looking to analyze
datasets of any size, and for administrators who want to set up and run
Hadoop clusters."
        }
      }
    ]
  }
}
```

실제로 두 쿼리를 실행해 보면 match 쿼리가 wildcard 쿼리에 비해 훨씬 속도가 빠르다.

 대소문자를 정확하게 구분할 수 있다면 match 쿼리가 아닌 term 쿼리를 사용해도 된다.

## 9.8 bool query를 이용해 쿼리 조합하기

지금까지 Query Context와 Filter Context를 살펴보았다. 사실 이 두 가지 쿼리만 가지고는 검색 조건을 맞추기가 불가능하다. 예를 들어 특정 시기 동안 발행된 nginx 관련 도서를 검색하기 위해서는 range 쿼리와 match 쿼리 두 가지가 함께 필요하기 때문이다. 그래서 이번 절에서는 두 가지 이상의 쿼리를 조합해서 사용하는 방법을 살펴볼 것이다. 그 중에서도 가장 대중적이고 많이 사용되는 bool query에 대해서 살펴보자. 표 9.5는 bool query에서 사용할 수 있는 항목을 정리한 것이다.

| 항목 | 설명 | 스코어링 | 캐싱 |
|------|------|---------|------|
| must | 항목 내 쿼리에 일치하는 문서를 검색 | O | X |
| filter | 항목 내 쿼리에 일치하는 문서를 검색 | X | O |
| should | 항목 내 쿼리에 일치하는 문서를 검색 | O | X |
| must_not | 항목 내 쿼리에 일치하지 않는 문서를 검색 | X | O |

표 9.5 bool query의 항목들

쿼리의 문서 일치/불일치 여부와 검색된 문서의 스코어 계산 여부, 캐싱 여부에 따라 항목이 나뉜다. 위 특징들을 기준으로 bool query의 must, should는 Query Context에서 실행되고, filter, must_not은 Filter Context에서 실행된다. 앞에서는 쿼리별로 Query Context와 Filter Context를 개별적으로 사용했다면, bool query는 Query/Filter Context를 혼합해서 사용할 수 있다. 코드 9.31의 쿼리를 살펴보자.

코드 9.31 bool query 예제

```
[root@cluster ~]# curl -X POST "localhost:9200/test_data/_
search?pretty" -H 'Content-Type: application/json' -d'
{
  "query": {
    "bool" : {
      "must": [
        {
          "match": {
            "title": "nginx"
          }
        }
      ],
      "filter": [
        {
          "range" : {
            "release_date" : {
                "gte" : "2016/01/01",
                "lte" : "2017/12/31"
            }
          }
        }
      ]
    }
```

```
      }
    }
  '
  {
    "took" : 2,
    "timed_out" : false,
    "_shards" : {
      "total" : 5,
      "successful" : 5,
      "skipped" : 0,
      "failed" : 0
    },
    "hits" : {
      "total" : 1,
      "max_score" : 1.1374958,
      "hits" : [
        {
          "_index" : "test_data",
          "_type" : "book",
          "_id" : "9",
          "_score" : 1.1374958,
          "_source" : {
            "title" : "Mastering NGINX - Second Edition",
            ... (중략) ...
            "description" : "An in-depth guide to configuring NGINX for
your everyday server needs"
          }
        }
      ]
    }
  }
```

코드 9.31은 match 쿼리와 range 쿼리 두 개를 조합했다. must 절에서
는 match 쿼리로 title에 nginx라는 단어가 들어간 문서를 찾고 filter 절
에서는 range 쿼리로 release_date가 2016년 1월 1일부터 2017년 12월
31일 사이인 문서를 찾는다. 여기서 한 가지 주의할 점은 filter context
에 포함되는 쿼리들은 filter 절에 넣는 것이 좋다는 것이다. 코드 9.32를
보면 release_date 필드에 대한 검색 쿼리를 filter 절이 아닌 must 절에
포함시켜도 동일한 검색 결과가 나오지만(❶), 실제로 실행해 보면 코
드 9.31이 코드 9.32보다 빠르다.

코드 9.32 **filter** 절 사용 여부에 따른 검색 속도 차이

```
[root@cluster ~]# curl -X POST "localhost:9200/test_data/_
search?pretty" -H 'Content-Type: application/json' -d'
{
  "query": {
    "bool" : {
      "must": [
        {
          "match": {
            "title": "nginx"
          }
        },
        {
          "range" : { ❶
            "release_date" : {
               "gte" : "2014/01/01",
               "lte" : "2017/12/31"
            }
          }
        }
      ]
    }
  }
}
'
{
  "took" : 2,
  "timed_out" : false,
  "_shards" : {
    "total" : 5,
    "successful" : 5,
    "skipped" : 0,
    "failed" : 0
  },
  "hits" : {
    "total" : 2,
    "max_score" : 2.1374958,
    "hits" : [
      {
        "_index" : "test_data",
        "_type" : "book",
        "_id" : "9",
        "_score" : 2.1374958,
        "_source" : {
          "title" : "Mastering NGINX - Second Edition",
```

```
        ... (중략) ...
        "description" : "An in-depth guide to configuring NGINX for
your everyday server needs"
      }
    },
    {
      "_index" : "test_data",
      "_type" : "book",
      "_id" : "8",
      "_score" : 2.0925694,
      "_source" : {
        "title" : "NGINX High Performance",
        ... (중략) ...
        "description" : "Optimize NGINX for high-performance,
scalable web applications"
      }
    }
  ]
 }
}
```

이와 같은 현상이 발생하는 이유는 must 절에 포함된 Filter Context들은 score를 계산하는 데 활용되기 때문에 불필요한 연산이 들어가지만, filter 절에 포함되면 Filter Context에 맞게 score 계산이 되지 않기 때문이다. 코드 9.31을 보면 2016년 1월부터 2017년 12월까지의 문서인지 아닌지가 중요한 것이지 2016년 1월과 2017년 12월 중에서 어느 쪽의 점수가 더 높아야 하는 것은 아니기 때문이다. 또한 filter 절에서 실행된 range 쿼리는 캐싱의 대상이 되기 때문에 결과를 빠르게 응답 받을 가능성이 높다. 하지만 title에 nginx 검색은 match 쿼리이며 내부적인 룰에 의해서 점수가 더 높은 책이 먼저 검색되어야 할 필요가 있기 때문에 must 절에 포함시켜야 한다. 따라서 검색 조건이 yes 또는 no만을 포함하는 경우라면 filter 절에 넣어 Filter Context에서 실행되게 하고, 매칭의 정도가 중요한 조건이라면 must 혹은 should 절에 포함시켜서 Query Context에서 실행되도록 해야 한다. 반면에 must_not 절은 쿼리에 일치하지 않는 문서를 검색하는 항목이다(코드 9.33).

**코드 9.33 must_not 절**

```
[root@cluster ~]# curl -X POST "localhost:9200/test_data/_
search?pretty" -H 'Content-Type: application/json' -d'
{
  "query": {
    "bool" : {
      "must": [
        {
          "match": {
            "title": "nginx"
          }
        },
        {
          "range" : {
            "release_date" : {
                "gte" : "2014/01/01",
                "lte" : "2017/12/31"
            }
          }
        }
      ],
      "must_not": [
        {
          "match": {
            "description": "performance" ❶
          }
        }
      ]
    }
  }
}
'
{
  "took" : 3,
  "timed_out" : false,
  "_shards" : {
    "total" : 5,
    "successful" : 5,
    "skipped" : 0,
    "failed" : 0
  },
  "hits" : {
    "total" : 1,
    "max_score" : 2.1374958,
    "hits" : [
```

```
    {
      "_index" : "test_data",
      "_type" : "book",
      "_id" : "9",
      "_score" : 2.1374958,
      "_source" : {
        "title" : "Mastering NGINX - Second Edition",
        ... (중략) ...
        "description" : "An in-depth guide to configuring NGINX for
          your everyday server needs" ❷
      }
    }
  ]
 }
}
```

❶ description 필드에 performance라는 문자열이 포함된 문서를 찾는 match 쿼리를 must_not 절 안에서 실행하였다.

❷ description 필드에 performance라는 문자열이 포함되지 않은 문서를 검색하였다.

이와 같이 must_not 절은 사용자가 검색 쿼리를 통해 원치 않는 문서를 제외할 수 있는 항목이다. 이 must_not 절은 앞서 살펴본 filter 절과 마찬가지로 Filter Context에서 실행되어 마찬가지로 score 계산을 하지 않으며 문서 캐싱의 대상이 된다.

마지막으로 should 절에 대해 살펴보자. 표 9.5의 내용만으로는 must 절과 should 절이 큰 차이가 없어 보이지만, should 절은 minimum_should_match라는 옵션을 제공한다. minimum_should_match 옵션은 should 항목에 포함된 쿼리 중 적어도 설정된 수치만큼의 쿼리가 일치할 때 검색 결과를 보여주는 옵션이다. 이 옵션은 should 절을 사용할 때 꼭 써야만 하는 옵션은 아니다. 코드 9.34와 9.35를 통해 그 차이를 살펴보자.

**코드 9.34 minimum_should_match를 사용하지 않은 should 절**

```
[root@cluster ~]# curl -X POST "localhost:9200/test_data/_
search?pretty" -H 'Content-Type: application/json' -d'
```

```
{
  "query": {
    "bool" : {
      "must": [
        {
          "match": {
            "title": "nginx"
          }
        }
      ],
      "filter": [
        {
          "range" : {
            "release_date" : {
              "gte" : "2014/01/01",
              "lte" : "2017/12/31"
            }
          }
        }
      ],
      "should": [
        {
          "match": { ❶
            "title": "performance"
          }
        },
        {
          "match": { ❷
            "description": "scalable web"
          }
        }
      ]
    }
  }
}
'
{
  "took" : 4,
  "timed_out" : false,
  "_shards" : {
    "total" : 5,
    "successful" : 5,
    "skipped" : 0,
    "failed" : 0
  },
  "hits" : {
```

```
      "total" : 2,
      "max_score" : 5.1777415,
      "hits" : [
        {
          "_index" : "test_data",
          "_type" : "book",
          "_id" : "8",
          "_score" : 5.1777415, ❸
          "_source" : {
            "title" : "NGINX High Performance",
            ... (중략) ...
            "description" : "Optimize NGINX for high-performance,
scalable web applications"
          }
        },
        {
          "_index" : "test_data",
          "_type" : "book",
          "_id" : "9",
          "_score" : 1.1374958,
          "_source" : {
            "title" : "Mastering NGINX - Second Edition",
            ... (중략) ...
            "description" : "An in-depth guide to configuring NGINX for
your everyday server needs"
          }
        }
      ]
  }
}
```

코드 9.34를 통해서 검색된 결과는 should 절을 사용하지 않은 코드 9.32의 결과와 동일한 것처럼 보인다. 하지만 검색된 결과 중 should 절 내에 ❶, ❷와 일치하는 부분이 있는 문서는 ❸과 같이 스코어가 올라가게 된다. 즉, 하나의 쿼리 내에서 스코어를 올려주는 boost 같은 기능 외에 검색을 통해 문서의 스코어를 올려줄 때 사용할 수 있다. 이번에는 코드 9.35를 살펴보자.

### 코드 9.35 minimum_should_match 를 사용한 should 절

```
[root@cluster ~]# curl -X POST "localhost:9200/test_data/_
search?pretty" -H 'Content-Type: application/json' -d'
```

```
{
  "query": {
    "bool" : {
      "must": [
        {
          "match": {
            "title": "nginx"
          }
        }
      ],
      "filter": [
        {
          "range" : {
            "release_date" : {
                "gte" : "2014/01/01",
                "lte" : "2017/12/31"
            }
          }
        }
      ],
      "should": [
        {
          "match": { ❶
            "title": "performance"
          }
        },
        {
          "match": { ❷
            "description": "scalable web"
          }
        }
      ] ,
      "minimum_should_match": 1 ❸
    }
  }
}
'
{
  "took" : 2,
  "timed_out" : false,
  "_shards" : {
    "total" : 5,
    "successful" : 5,
    "skipped" : 0,
    "failed" : 0
  },
```

```
  "hits" : {
    "total" : 1, ❹
    "max_score" : 5.1777415,
    "hits" : [
      {
        "_index" : "test_data",
        "_type" : "book",
        "_id" : "8",
        "_score" : 5.1777415,
        "_source" : {
          "title" : "NGINX High Performance",
          ... (중략) ...
          "description" : "Optimize NGINX for high-performance,
scalable web applications"
        }
      }
    ]
  }
}
```

❸과 같이 minimum_should_match 옵션을 사용한 쿼리는 전혀 다른 결과를 보여줄 수 있다. ❶과 ❷의 쿼리 중 적어도 하나는 일치해야 결과를 리턴하는 옵션이다. 같은 should 절을 사용한 코드 9.34가 문서 두 개를 검색한 반면, 코드 9.35에서는 ❹와 같이 결과가 하나만 나온다. 이처럼 minimum_should_match 옵션의 사용 여부에 따라 결과가 크게 상이해질 수 있으니 잘 숙지하여 사용하도록 하자.

## 9.9 마치며

이번 장에서는 ElasticSearch를 검색 엔진으로 활용하기 위해 필요한 기반 지식들을 살펴보았다. 사실 검색 쿼리들을 조합해서 정확한 검색 결과를 얻기 위해서는 이번 장에서 다룬 내용만으로는 부족하다. 이번 장에서 다룬 내용들은 검색을 하기 위한 최소한의 지식들이며, 원하는 검색 결과를 얻기 위해서는 다양한 쿼리들을 직접 시험해 보고 조합해 보고, 결과를 분석하면서 왜 이런 결과가 나오는지 알아내야 한다. 검색 결과가 원하는 대로 나오지 않는다면 analyze API를 사용해서 토크나이징이 어떻게 되는지 먼저 살펴보고, 원하는 토큰이 존재하는데도 검색이 되지 않는다면 match, match_phase, term 쿼리로 바꿔 가면서 테스트해 보아야 한다. 검색 엔진으로 ElasticSearch를 잘 활용하기 위해서는 더 많은 학습과 테스트가 필요하다는 것을 꼭 명심해야 한다.

이번 장에서 살펴본 내용을 정리하면 다음과 같다.

1. ElasticSearch는 analyzer로 문서의 각 필드를 분석해서 토큰을 생성한다.

2. analyzer를 통해서 생성된 토큰은 inverted index에 저장된다.

3. analyzer를 변경하면 기존에 생성한 토큰들이 의미를 잃기 때문에 다시 인덱싱해야 한다.

4. 어떤 analzyer를 사용했느냐에 따라서 생성되는 토큰이 다르기 때문에 같은 검색어에 대한 결과도 다를 수 있다. 의도한 대로 검색되지 않는다면 analyzer API를 통해서 해당 필드의 analyzer가 검색어를 포함한 토큰을 생성하는지 확인해야 한다.

5. search API는 여러 가지 옵션을 제공한다. 이를 통해서 검색 결과를 정렬하거나 from/size 혹은 scroll을 이용해서 pagination을 할 수 있다.

6. query 문은 크게 query context와 filter context가 있다. query context는 각 문서가 검색어와 얼마나 연관이 있는지 _score를 통해 순위를 매기고, filter context는 각 문서에 검색어가 포함되어 있는지 여부만 계산한다.

7. filter context는 비트맵 형태로 결과가 캐싱되기 때문에 빠른 검색 결과를 보여준다.

8. query context와 filter context는 bool query로 조합할 수 있으며, 이를 통해서 나양한 형태의 검색을 진행할 수 있다.

# 10장

# 색인 성능 최적화

지금까지 ElasticSearch를 클러스터 환경으로 구축하고, 검색 엔진과 ElasticStack으로 활용하는 방법을 살펴보았다. ElasticSearch는 클러스터 환경으로 구축할 수 있기 때문에 노드 추가를 통해 색인 성능을 더 높일 수 있다. 하지만 노드를 추가하지 않고도 ElasticSearch의 설정을 변경함으로써 불필요한 리소스를 줄일 수 있고, 이를 통해 색인 성능을 향상시킬 수 있다. 이번 장에서는 이러한 불필요한 낭비를 줄이는 Elastic Search 클러스터의 색인 성능 최적화에 대해 살펴보자. 이번 장에서 다룰 내용은 다음과 같다.

- 정적 매핑 적용하기
- _all field 비활성화
- refresh_interval 변경하기
- bulk API 활용하여 색인하기
- 그 외에 색인 성능을 확보하는 다양한 방법

## 10.1 정적 매핑 적용하기

앞서 4장 "ElasticSearch 기본 개념"에서 살펴본 것처럼 ElasticSearch는 매핑 정보를 바탕으로 문서를 색인하고 저장하며, 매핑 정보와 맞지 않는 문서가 색인될 때는 에러를 출력하고 경우에 따라서는 아예 색인이 되지 않는 방식으로 동작한다. 이번 절에서는 매핑 정보를 생성하는 방법과 어떻게 매핑 정보를 생성하느냐에 따라 발생하는 성능 차이에 대해서 알아볼 것이다.

먼저 매핑 정보를 생성하는 방법에 대해서 살펴보자. 4장 "ElasticSearch 기본 개념"에서 잠깐 언급했지만 매핑 정보를 생성하는 방법에는 동적 매핑(dynamic mapping)과 정적 매핑(static mapping) 두 가지 방법이 있다.

동적 매핑은 그 이름처럼 매핑 정보를 동적으로 생성하는 것이다. ElasticSearch는 매핑 정보를 미리 만들어 두지 않아도 최초 색인되는 문서를 기준으로 매핑 정보를 만들어 낸다. 그림 10.1과 같은 상황을 가정해 보자.

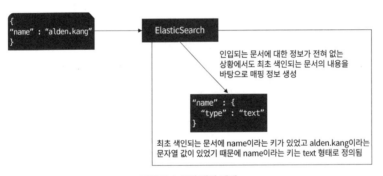

그림 10.1 동적 매핑 예제

최초로 색인된 문서에 name이라는 키가 있었고 alden.kang이라는 문자열 값이 있었기 때문에 사용자는 { "name": "alden.kang" }이라는 JSON 문서를 색인한다. ElasticSearch는 해당 문서를 색인하면서 해당 문서에 대한 매핑 정보가 생성되어 있지 않다는 것을 확인하면 해당 문서를 분석해서 적절한 매핑 정보를 동적으로 생성한다. 해당 문서에는 name이라는 키가 있고, name이라는 키는 alden.kang이라는 문자열 형태의 데이터를 가지고 있기 때문에 name이라는 키는 text 형태의 데이터를

가진다는 매핑 정보를 생성한다. 이렇게 동적 매핑을 사용하면 문서의
매핑 정보를 미리 만들어 둘 필요가 없기 때문에 훨씬 편하다.

　반대로 정적 매핑은 매핑 정보를 미리 만들어 두는 것이다. 그림 10.2
와 같은 상황을 가정해 보자.

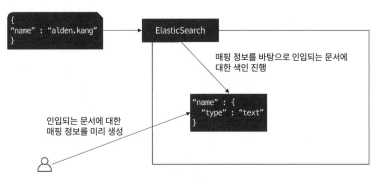

**그림 10.2** 정적 매핑 예제

사용자는 문서를 색인하기 전에 미리 API를 사용하여 매핑 정보를 만들
어 둔다. 그 후 ElasticSearch는 미리 정의된 매핑 정보를 바탕으로 인입
되는 문서를 분석해서 색인 작업을 진행한다.

　이 두 가지 매핑 정보 생성 방법의 장단점을 정리하면 표 10.1과
같다.

| 방식 | 장점 | 단점 |
|------|------|------|
| 동적 매핑<br>(Dynamic mapping) | 미리 매핑 정보를 생성하지 않아도 된다. | 불필요한 필드가 생성될 수 있다. |
| 정적 매핑<br>(Static mapping) | 필요한 필드만 정의해서 사용할 수 있다. | 미리 매핑 정보를 생성해야 한다. |

**표 10.1** 매핑 정보 생성 방법에 따른 장단점

동적 매핑을 사용하면 불필요한 매핑 정보가 생성될 수 있으며, 이런 불
필요한 매핑 정보는 불필요한 색인 작업을 유발하게 되어 색인 성능을
저하시킬 수 있다. 반대로 정적 매핑을 적용하면 필요한 필드들만 정의
해서 사용할 수 있고 불필요한 매핑 정보를 사용하지 않기 때문에 색인

성능을 향상시킬 수 있다. 특히 문자열 형태의 필드에서 색인 성능 차이가 더 크게 발생하는데 간단한 테스트를 통해서 좀 더 자세히 살펴보자.

문자열 필드는 text와 keyword 타입으로 나눌 수 있는데 그 성격에 따라 분석 방법이 다르기 때문에 성능에도 차이가 있다. 먼저 문자열 형태의 자료가 들어갔을 때 동적 매핑이 어떻게 매핑 정보를 생성하는지 살펴보자.

**코드 10.1 문자열의 동적 매핑**

```
[root@elasticsearchserver elasticsearch]# curl -X POST "localhost:9200/
string_index/_doc?pretty" -H 'Content-Type: application/json' -d'
 {
   "mytype": "String Data Type"
 }
 '
{
  "_index" : "string_index",
  "_type" : "_doc",
  "_id" : "1WNgFGwBCkJOmtuX07ZP",
  "_version" : 1,
  "result" : "created",
  "_shards" : {
    "total" : 2,
    "successful" : 2,
    "failed" : 0
  },
  "_seq_no" : 0,
  "_primary_term" : 1
}
[root@elasticsearchserver elasticsearch]# curl -X GET "localhost:9200/
string_index/_mapping?pretty"
{
  "string_index" : {
    "mappings" : {
      "_doc" : {
        "properties" : {
          "mytype" : {
            "type" : "text", ❶
            "fields" : {
              "keyword" : {
                "type" : "keyword", ❷
                "ignore_above" : 256 ❸
              }
```

```
              }
            }
          }
        }
      }
    }
  }
}
```

코드 10.1을 살펴보면 mytype이라는 문자열 데이터에 text 타입(❶)과 keyword 타입(❷) 두 가지가 생성되었다. 즉, 문자열 데이터에 대한 동적 매핑 결과는 text 타입과 keyword 타입 두 개의 타입을 만든다는 것을 알 수 있다. 또한 동적 매핑에 의해 생성되는 keyword 타입은 ignore_above라는 속성(❸)이 하나 더 붙는데 문자열 중 해당 길이 이상인 값은 색인에 포함하지 않는다는 뜻이다. 코드 10.1의 예제에서는 문자열 중 길이가 256 이상인 문자열이 있다면 257번째 문자부터는 삭제되어 검색에 활용되지 않는다는 뜻이다. 이는 검색 결과에 영향을 줄 수 있기 때문에 설정에 주의해야 한다.

정적 매핑을 적용할 때는 그림 10.2와 같이 문서를 색인하기 전에 API를 통해서 문서의 필드와 타입에 대해 먼저 정의하면 된다. 코드 10.2를 참고하자.

**코드 10.2 문자열의 정적 매핑**

```
[root@elasticsearchserver elasticsearch]# curl -X PUT "localhost:9200/
keyword_index?pretty" -H 'Content-Type: application/json' -d'
 {
   "mappings" ❶: {
     "_doc": {
       "properties": {
         "mytype" ❷: {
           "type": "keyword" ❸
         }
       ]
     }
   }
 }
 '
{
  "acknowledged" : true,
```

```
  "shards_acknowledged" : true,
  "index" : "keyword_index"
}
```

❶ 정적 매핑을 위한 정보는 mappings 아래에 정의된다.

❷ 필드의 이름이다.

❸ 필드의 데이터 타입을 정의한다.

이제 동적 매핑을 통해 문자열 필드의 데이터 타입을 정의한 경우와 정적 매핑을 통해 keyword로만 정의한 경우의 성능 차이를 살펴보자. 코드 10.3은 동적 매핑과 정적 매핑의 성능 차이를 알아보기 위해 색인할 데이터의 예시이다.

**코드 10.3 색인 성능 테스트 데이터**

```
{ "title": "ElasticSearch Training Book", "publisher": "insight",
"ISBN": "9788966264849", "release_date": "2020/09/30", "description" ❶
: "ElasticSearch is cool open source search engine" }
{ "title" : "Kubernetes: Up and Running", "publisher": "O'Reilly
Media, Inc.", "ISBN": "9781491935675", "release_date": "2017/09/03",
"description" : "What separates the traditional enterprise from the
likes of Amazon, Netflix, and Etsy? Those companies have refined the
art of cloud native development to maintain their competitive edge and
stay well ahead of the competition. This practical guide shows Java/
JVM developers how to build better software, faster, using Spring Boot,
Spring Cloud, and Cloud Foundry." }
{ "title" : "Cloud Native Java", "publisher": "O'Reilly Media, Inc.",
"ISBN": "9781449374648", "release_date": "2017/08/04", "description"
: "What separates the traditional enterprise from the likes of Amazon,
Netflix, and Etsy? Those companies have refined the art of cloud native
development to maintain their competitive edge and stay well ahead of
the competition. This practical guide shows Java/JVM developers how to
build better software, faster, using Spring Boot, Spring Cloud, and
Cloud Foundry." }
{ "title" : "Learning Chef", "publisher": "O'Reilly Media, Inc.",
"ISBN": "9781491944936", "release_date": "2014/11/08", "description" :
"Get a hands-on introduction to the Chef, the configuration management
tool for solving operations issues in enterprises large and small.
Ideal for developers and sysadmins new to configuration management,
this guide shows you to automate the packaging and delivery of
applications in your infrastructure. You'll be able to build (or
rebuild) your infrastructure's application stack in minutes or hours,
```

```
rather than days or weeks." }
... (중략) ...
```

코드 10.3의 예제 데이터는 총 100,000건이고, bulk API를 사용하여 색인할 예정이다. 여기에서 text 타입으로 사용하려는 필드는 description (❶)이다. 나머지 필드들은 text 외 타입으로 사용하려는 문자열 필드들이다. 먼저 동적 매핑을 사용했을 때의 성능은 코드 10.4와 같다.

**코드 10.4 동적 매핑을 통한 색인**

```
[root@elasticsearchserver elasticsearch]# wget https://raw.
githubusercontent.com/benjamin-btn/ES-SampleData/master/sample10-1.json
[root@elasticsearchserver elasticsearch]# time curl -X POST
'localhost:9200/dynamic/_doc/_bulk?pretty' -s -H 'Content-Type:
application/x-ndjson' --data-binary @sample10-1.json > /dev/null

real  0m4.219s ❶
user  0m0.017s
sys   0m0.069s
```

❶ time 기능을 활용하여 측정한 총 색인 시간은 4.219s이다.

dynamic 인덱스는 bulk API를 통한 색인으로 최초에 색인된 문서를 확인하여 코드 10.5와 같이 동적 매핑을 생성한 후에 전체 문서를 색인한다.

**코드 10.5 동적 매핑을 통해 성생된 매핑 정보 확인**

```
[root@elasticsearchserver elasticsearch]# curl -X GET 'localhost:9200/
dynamic/_mapping?pretty'
{
  "dynamic" : {
    "mappings" : {
      "_doc" : {
        "properties" : {
          "ISBN" : {
            "type" : "text",
            "fields" : {
              "keyword" : {
                "type" : "keyword",
                "ignore_above" : 256
              }
```

```
            }
          },
          "description" : {
            "type" : "text",
            "fields" : {
              "keyword" : {
                "type" : "keyword",
                "ignore_above" : 256
              }
            }
          },
          "publisher" : {
            "type" : "text",
            "fields" : {
              "keyword" : {
                "type" : "keyword",
                "ignore_above" : 256
              }
            }
          },
          "release_date" : {
            "type" : "date",
            "format" : "yyyy/MM/dd HH:mm:ss||yyyy/MM/dd||epoch_millis"
          },
          "title" : {
            "type" : "text",
            "fields" : {
              "keyword" : {
                "type" : "keyword",
                "ignore_above" : 256
              }
            }
          }
        }
      }
    }
  }
}
```

최초에 문자열 형태로 색인된 ISBN, description, publisher, title 필드
에 대해 모두 text 타입과 keyword 타입이 생성된 것을 확인할 수 있다.

이번엔 정적 매핑 방식을 이용해서 원래 의도한 description만 text
타입으로 생성하고, 나머지 문자열 데이터는 모두 keyword 타입으로 정

의하여 인덱스를 생성할 것이다. 동일한 환경에서 테스트하기 위해 앞
서 생성한 dynamic 인덱스는 삭제하고 테스트를 수행하자.

**코드 10.6 정적 매핑을 통한 매핑 정보 생성**

```
[root@elasticsearchserver elasticsearch]# curl -XDELETE
'localhost:9200/dynamic?pretty' -H 'Content-Type: application/json'
{
  "acknowledged" : true
}
[root@elasticsearchserver elasticsearch]# curl -XPUT 'localhost:9200/
static' -H 'Content-Type: application/json' -d '
> {
>   "mappings": {
>     "_doc": {
>       "properties": {
>         "title": {
>           "type": "keyword" ❶
>         },
>         "publisher": {
>           "type": "keyword"
>         },
>         "ISBN": {
>           "type": "keyword"
>         },
>         "release_date": {
>           "type": "date",
>           "format" : "yyyy/MM/dd HH:mm:ss||yyyy/MM/dd||epoch_millis"
>         },
>         "description": {
>           "type": "text" ❷
>         }
>       }
>     }
>   }
> }
> '
{
  "acknowledged" : true,
  "shards_acknowledged" : true
}
[root@elasticsearchserver elasticsearch]# time curl -XPOST
'localhost:9200/static/_doc/_bulk?pretty' -s -H 'Content-Type:
application/x-ndjson' --data-binary @sample10-1.json > /dev/null
```

```
real  0m3.116s ❸
user  0m0.017s
sys   0m0.071s
```

❶ 문자열 데이터가 색인되는 title 필드에 keyword 타입만 사용하도록 타입을 지정했다.

❷ 문자열 데이터가 색인되는 description 필드에 text 타입만 사용하도록 타입을 지정했다.

❸ time 기능을 활용하여 측정한 총 색인 시간은 3.116s이다.

정적 매핑을 이용해서 문자열 데이터에 대한 타입을 text, keyword로 미리 매핑 정보를 생성했더니 약 1초 이상의 색인 시간이 단축되어 25% 정도의 성능 향상이 있음을 확인할 수 있다. 동적 매핑으로 매핑 정보가 자동으로 생성되면 문자열 데이터에 대한 색인을 할 때 text와 keyword 타입을 모두 색인해야 하지만 코드 10.6처럼 정적 매핑을 이용해서 text 혹은 keyword만 매핑 정보를 생성해 놓으면 두 번해야 할 색인 작업이 한 번으로 줄어들기 때문이다. 이처럼 문자열이 저장될 필드에 대해 사용자의 의도대로 text, keyword 타입을 분류하여 미리 매핑을 정의해 두는 것만으로도 색인 성능을 향상시킬 수 있다.

　정적 매핑을 통한 성능 향상은 문자열 형태의 필드에서 효과가 가장 크며, 문자열 필드가 많으면 많을수록 분석이 불필요한 필드를 keyword 타입으로 변경해서 성능 향상 효과를 볼 수 있다.

## 10.2 _all 필드 비활성화

_all 필드는 사용자가 색인한 문서의 모든 필드 값을 하나의 큰 문자열 형태의 필드로 색인하는 필드이다.

```
{                                                    {
"first_name":"John",                                 "first_name":"John",
"last_name":"Smith",          ➜                      "last_name":"Smith",
"date_of_birth":"1970-10-24"                         "date_of_birth":"1970-10-24"
}                                                    "_all":"John Smith 1970-10-24"
                                                     }
```

색인될 때 3개 필드의 값을 모두 합친 _all 필드가 생성됨

**그림 10.3** _all 필드

 _all 필드는 ElasticSearch 5.X 이하 버전에만 해당한다.

그림 10.3을 보면 사용자가 색인하는 문서에는 first_name, last_name, date_of_birth라는 3개의 필드가 존재한다. 하지만 이 문서가 실제로 색인되면 이 3개의 필드 외에 _all 필드라는, 사용자가 정의하지 않은 메타데이터 성격의 필드가 생긴다. _all 필드에는 각각의 필드에 있는 데이터가 거대한 하나의 문자열 데이터처럼 가공, 색인된다. 그림 10.3 에서는 _all 필드에 다른 3개의 필드에 있는 값들을 모두 합친 John Smith 1970-10-24가 들어 있다. 그래서 문서의 필드가 많으면 많을수록 _all 필드 자체의 내용도 커지고 _all 필드를 색인하기 위해 성능이 추가로 필요해지기 때문에 성능을 저하시킬 수 있다.[1]

그럼 _all 필드는 왜 존재하는 것일까? _all 필드를 사용하는 가장 큰 이유는 검색할 때 필드명 없이 검색하기 위해서이다. 어떤 필드들이 존재하는지 잘 알 수 없어서 필드명 없이 전체 필드를 대상으로 검색해야 하는 경우에 _all 필드가 필요하다.

코드 10.7과 10.8을 보면 _all 필드가 있을 때와 없을 때의 데이터 검색 방식이 어떻게 다른지 알 수 있다.

**코드 10.7 _all 필드를 활성화했을 때 _all 필드를 통해 검색한 결과**

```
[root@elasticsearchserver elasticsearch]# curl -X GET 'localhost:9200/
all_enabled/_search?pretty' -d '
{
  "query": {
    "match": {
```

---

1  _all 필드는 세그먼트로 저장되지는 않는다.

```
            "_all": "linux" ❶
      }
    }
  }
'
{
  "took" : 1,
  "timed_out" : false,
  "_shards" : {
    "total" : 5,
    "successful" : 5,
    "skipped" : 0,
    "failed" : 0
  },
  "hits" : {
    "total" : 2,
    "max_score" : 1.2538308,
    "hits" : [
      {
        "_index" : "all_enabled",
        "_type" : "doc",
        "_id" : "11",
        "_score" : 1.2538308,
        "_source" : {
          "title" : "Linux Kernel Development, Second Edition",
          ... (중략) ...
          "description" : "The Linux kernel is one of the most
important and far-reaching open-source projects. That is why Novell
Press is excited to bring you the second edition of Linux Kernel
Development, Robert Love's widely acclaimed insider's look at the
Linux kernel. This authoritative, practical guide helps developers
better understand the Linux kernel through updated coverage of all the
major subsystems as well as new features associated with the Linux
2.6 kernel. You'll be able to take an in-depth look at Linux kernel
from both a theoretical and an applied perspective as you cover a wide
range of topics, including algorithms, system call interface, paging
strategies and kernel synchronization. Get the top information right
from the source in Linux Kernel Development."
        }
      },
      {
        "_index" : "all_enabled",
        "_type" : "doc",
        "_id" : "10",
        "_score" : 1.2359366,
        "_source" : {
```

```
        "title" : "Linux Kernel Development, Third Edition",
        ... (중략) ...
        "description" : "Linux Kernel Development details the design
and implementation of the Linux kernel, presenting the content in a
manner that is beneficial to those writing and developing kernel code,
as well as to programmers seeking to better understand the operating
system and become more efficient and productive in their coding."
     }
   },
... (중략) ...
```

코드 10.7의 ❶처럼 _all 필드를 통해 linux라는 쿼리를 실행하면
description 필드를 지정하지 않아도 linux를 찾아 해당 문서를 리턴한
다. 코드 10.7의 쿼리는 linux라는 단어가 description 필드에 있는지
찾아보려는 코드 10.8과 같은 검색 결과를 돌려 준다.

**코드 10.8 description 필드를 통해 검색**

```
[root@elasticsearchserver elasticsearch]# curl -X GET 'localhost:9200/
all_disabled/_search?pretty' -d '
{
  "query": {
    "match": {
      "description": "linux"
    }
  }
}
'
{
  "took" : 2,
  "timed_out" : false,
  "_shards" : {
    "total" : 5,
    "successful" : 5,
    "skipped" : 0,
    "failed" : 0
  },
  "hits" : {
    "total" : 2,
    "max_score" : 1.2538308,
    "hits" : [
      {
        "_index" : "all_enabled",
```

```
      "_type" : "doc",
      "_id" : "11",
      "_score" : 1.2538308,
      "_source" : {
        "title" : "Linux Kernel Development, Second Edition",
        ... (중략) ...
        "description" : "The Linux kernel is one of the most
important and far-reaching open-source projects. That is why Novell
Press is excited to bring you the second edition of Linux Kernel
Development, Robert Love's widely acclaimed insider's look at the
Linux kernel. This authoritative, practical guide helps developers
better understand the Linux kernel through updated coverage of all the
major subsystems as well as new features associated with the Linux
2.6 kernel. You'll be able to take an in-depth look at Linux kernel
from both a theoretical and an applied perspective as you cover a wide
range of topics, including algorithms, system call interface, paging
strategies and kernel synchronization. Get the top information right
from the source in Linux Kernel Development."
      }
    },
    {
      "_index" : "all_enabled",
      "_type" : "doc",
      "_id" : "10",
      "_score" : 1.2359366,
      "_source" : {
        "title" : "Linux Kernel Development, Third Edition",
        ... (중략) ...
        "description" : "Linux Kernel Development details the design
and implementation of the Linux kernel, presenting the content in a
manner that is beneficial to those writing and developing kernel code,
as well as to programmers seeking to better understand the operating
system and become more efficient and productive in their coding."
      }
    },
... (중략) ...
```

코드 10.8은 색인된 문서들 중에 description이라는 필드가 이미 있다는 것을 알고 있는 상태에서 실행할 수 있는 검색 방법이다. 때문에 색인된 문서들의 정보를 전혀 모르는 상태에서는 코드 10.7과 같이 필드명을 명시하지 않고 _all 필드를 통해서 검색할 수밖에 없을 것이다. 만약 _all 필드를 비활성화한 다음 _all 필드를 통해서 검색하려 한다면 어떻게 될까? 코드 10.9는 _all 필드를 비활성화한 후 _all 필드를 통해서 검색했을 때의 결과이다.

**코드 10.9 _all 필드를 비활성화한 후 _all 필드를 통해 검색한 결과**

```
[root@elasticsearchserver elasticsearch]# curl -X GET 'localhost:9200/
all_disabled/_search?pretty' -d '
{
  "query": {
    "match": {
      "_all": "linux"
    }
  }
}
'
{
  "took" : 2,
  "timed_out" : false,
  "_shards" : {
    "total" : 5,
    "successful" : 5,
    "failed" : 0
  },
  "hits" : {
    "total" : 0,
    "max_score" : null,
    "hits" : [ ]
  }
}
```

_all 필드를 비활성화하면 _all 필드로 검색했을 때 검색 결과가 나타나지 않는다.

지금까지 살펴본 것처럼 _all 필드를 사용하는 가장 큰 이유는 검색할 내용이 어떤 필드에 있는지 명확하지 않을 때 전체 필드를 대상으로 검색할 수 있기 때문이다. _all 필드를 비활성화하면 필드명을 기입하지 않은 검색 쿼리들에 대해서는 제대로 된 검색 결과를 보여주지 못하기 때문에 _all 필드를 비활성화하기 전에 현재 사용 중인 검색 쿼리들을 먼저 살펴보고 _all 필드의 비활성화 여부를 결정해야 한다.

그럼 _all 필드는 어떻게 비활성화할 수 있을까? 이 부분은 앞에서 살펴본 정적 매핑과 관련이 있다. 코드 10.10을 살펴보자.

### 코드 10.10 _all 필드 비활성화

```
[root@elasticsearchserver elasticsearch]# curl -X PUT "localhost:9200/
my_index?pretty" -H 'Content-Type: application/json' -d'
 {
   "mappings": {
     "my_type": {
       "_all": {
         "enabled": false ❶
       },
       "properties": {
         "content": {
           "type": "text"
         }
       }
     }
   }
 }
 '
{
  "acknowledged" : true,
  "shards_acknowledged" : true
}
[root@elasticsearchserver elasticsearch]# curl -X GET "localhost:9200/
my_index/_mapping?pretty"
{
  "my_index" : {
    "mappings" : {
      "my_type" : {
        "_all" : {
          "enabled" : false ❷
        },
        "properties" : {
          "content" : {
            "type" : "text"
          }
        }
      }
    }
  }
}
```

❶ 정적 매핑과 비슷하게 동적 매핑에 의해 _all 필드가 자동 생성되기
  전에 비활성화한다.

❷ 매핑 정보를 통해서 _all 필드가 비활성화되었음을 알 수 있다.

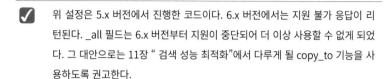

> 위 설정은 5.x 버전에서 진행한 코드이다. 6.x 버전에서는 지원 불가 응답이 리
> 턴된다. _all 필드는 6.x 버전부터 지원이 중단되어 더 이상 사용할 수 없게 되었
> 다. 그 대안으로는 11장 " 검색 성능 최적화"에서 다루게 될 copy_to 기능을 사
> 용하도록 권고한다.

그럼 _all 필드가 있을 때와 없을 때의 성능 차이를 살펴보자. 테스트는
코드 10.3에서 사용한 데이터를 사용해서 테스트할 것이다. 먼저, 코드
10.11은 _all 필드는 활성화하고 동적 매핑한 인덱스 색인 테스트 결과
이다.

**코드 10.11 _all 필드 활성화 후 동적 매핑한 인덱스 색인 테스트 결과**

```
[root@elasticsearchserver elasticsearch]# time curl -XPOST
'localhost:9200/dynamic_all_enable/mytype/_bulk?pretty' -s -H 'Content-
Type: application/x-ndjson' --data-binary @sample10-1.json > /dev/null

real  0m5.797s ❶
user  0m0.016s
sys   0m0.059s
[root@elasticsearchserver elasticsearch]# curl -XDELETE
'localhost:9200/dynamic_all_enable?pretty' -H 'Content-Type:
application/json' ❷
{
  "acknowledged" : true
}
```

❶ bulk API로 색인한 결과 5.797s가 소요되었다.

❷ 다른 테스트도 동일한 환경에서 진행하기 위해 생성한 인덱스를 삭
제하였다.

코드 10.12는 _all 필드를 비활성화하고 동적 매핑한 인덱스 색인 테스
트 결과이다.

**코드 10.12 _all 필드 비활성화 후 동적 매핑한 인덱스 색인 테스트 결과**

```
[root@elasticsearchserver elasticsearch]# curl -XPUT 'localhost:9200/
dynamic_all_disabled' -H 'Content-Type: application/json' -d '
```

```
> {
>   "mappings": {
>     "mytype": {
>       "_all": {
>         "enabled": false ❶
>       }
>     }
>   }
> }
> '
{"acknowledged":true,"shards_acknowledged":true,"index":"dynamic_all_
disabled"}
[root@elasticsearchserver elasticsearch]# time curl -XPOST
'localhost:9200/dynamic_all_disabled/mytype/_bulk?pretty' -s -H
'Content-Type: application/x-ndjson' --data-binary @sample10-1.json > /
dev/null

real  0m4.947s ❷
user  0m0.013s
sys   0m0.060s
[root@elasticsearchserver elasticsearch]# curl -XDELETE
'localhost:9200/dynamic_all_disabled?pretty' -H 'Content-Type:
application/json'
{
  "acknowledged" : true
}
```

❶ _all 필드를 비활성화하여 인덱스를 생성하였다.

❷ bulk API로 색인한 결과 4.947s가 소요되었다.

코드 10.11의 5.797s보다 약 0.849s 빠르게 색인이 완료되었다. _all 필드를 비활성화한 것만으로 약 14%의 색인 성능 향상 효과를 얻었다. 마지막으로 _all 필드를 비활성화하고 정적 매핑한 인덱스 색인 테스트 결과를 살펴보자(코드 10.13).

**코드 10.13 _all 필드 비활성화 후 정적 매핑한 인덱스 색인 테스트 결과**

```
[root@elasticsearchserver elasticsearch]# curl -XPUT 'localhost:9200/
static_all_disabled' -H 'Content-Type: application/json' -d '
> {
>   "mappings": {
>     "mytype": {
>       "_all": {
```

```
>        "enabled": false
>      },
>      "properties": {  ❶
>        "title": {
>          "type": "keyword"
>        },
>        "publisher": {
>          "type": "keyword"
>        },
>        "ISBN": {
>          "type": "keyword"
>        },
>        "release_date": {
>          "type": "date",
>          "format" : "yyyy/MM/dd HH:mm:ss||yyyy/MM/dd||epoch_millis"
>        },
>        "description": {
>          "type": "text"
>        }
>      }
>    }
>  }
> }
> '
{"acknowledged":true,"shards_acknowledged":true,"index":"static_all_
disabled"}
[root@elasticsearchserver elasticsearch]# time curl -XPOST
'localhost:9200/static_disabled/mytype/_bulk?pretty' -s -H 'Content-
Type: application/x-ndjson' --data-binary @sample10-1.json > /dev/null

real  0m3.656s  ❷
user  0m0.016s
sys   0m0.057s
```

❶ 정적 매핑으로 인덱스를 생성하였다.

❷ bulk API로 색인한 결과 3.656s가 소요되었다.

코드 10.11에서 _all 필드를 활성화하고 동적 매핑한 인덱스 색인 테스트 결과인 5.797s보다 약 2.141s 단축했다. _all 필드를 비활성화하고 정적 매핑을 적용한 것만으로 약 36%의 색인 성능 향상 효과를 얻었다. 적지 않은 성능 향상을 확인한 만큼 5.x 버전 사용자는 반드시 확인해야 할 사항이다.

지금까지 _all 필드를 비활성화하여 성능 향상을 만들어 내는 방법을 살펴보았다. 앞 절과 이번 절에서의 핵심은 불필요한 필드 정의를 최소화하여 색인 성능을 낭비하지 않도록 하는 것이다. 계속해서 ElasticSearch의 기능을 조정하여 색인 성능을 향상시키는 방법을 살펴보겠다.

## 10.3 refresh_interval 변경하기

refresh_interval에 대해서 살펴보기 전에 refresh를 먼저 살펴보자. ElasticSearch는 색인되는 문서들을 메모리 버퍼 캐시에 먼저 저장한 후 특정 조건이 되면 메모리 버퍼 캐시에 저장된 색인 정보나 문서들을 디스크에 세그먼트 단위로 저장한다. 색인된 문서는 이렇게 세그먼트 단위로 저장되어야 검색이 가능해지며, 이런 일련의 작업들을 refresh라고 한다. 이 refresh를 얼마나 주기적으로 할 것인지를 결정하는 값이 refresh_interval이다.

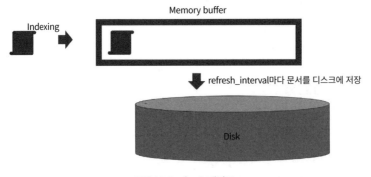

**그림 10.4** refresh 개념도

refresh_interval의 기본값은 1초이다. ElasticSearch가 '준 실시간 검색 엔진'이라 불리는 것은 이 refresh_interval이 1초로 설정되어 있어 문서가 색인되고 1초 후에 검색이 가능하기 때문이다. 하지만 위에서도 언급한 것처럼 refresh 작업은 디스크 I/O를 발생시키기 때문에 성능을 저하시킬 수 있다. 그렇다고 해서 I/O 발생을 늦추기 위해 refresh

작업의 주기를 너무 길게 설정하면 색인된 문서를 검색할 수 없어서 ElasticSearch 본연의 기능에 문제가 생길 수 있다. 그렇기 때문에 사용하고자 하는 용도에 맞게 refresh_interval을 적절히 조절할 필요가 있다. 실시간 검색 엔진으로 사용하고자 한다면 refresh_interval을 기본값인 1초로 설정해야 한다. 이렇게 설정하지 않으면 사용자가 색인한 문서가 바로 검색되지 않기 때문이다. 하지만 대용량의 로그를 수집하는 것이 주된 목적이고 색인한 로그를 당장 검색해서 사용할 필요가 없다면 refresh_interval을 충분히 늘려서 색인 성능을 확보할 수 있다.

그림 10.5 refresh_interval 설정별 Disk I/O 발생 빈도

그림 10.5와 같이 초당 한 건씩 문서를 색인하는 클러스터가 있다고 가정하자. 만약 refresh_interval이 1초라면 메모리 버퍼 캐시 영역에서 디스크에 문서를 초당 한 건씩 저장하게 되고 5건의 문서를 저장하기 위해서 총 5번의 Disk I/O가 발생한다. 이러한 I/O 리소스 낭비를 피하기 위해 refresh_interval을 5초로 설정하면 5초 동안 문서는 메모리 버퍼 캐시 영역에 저장되었다가 한 번에 디스크로 문서를 저장하기 때문에 한 번의 Disk I/O만으로 문서 검색이 가능해진다. refresh_interval은 인덱스 설정 중 하나이기 때문에 인덱스의 settings API를 통해 변경할 수 있다. 또한 여러 번 다른 값으로도 변경할 수 있기 때문에 새벽에는 refresh_interval을 늘리고, 업무 시간 중에는 다시 낮추거나 하는 식으로도 변경할 수 있다.

**코드 10.14 refresh_interval 설정 방법**

```
[root@elasticsearchserver elasticsearch]# curl -X PUT "localhost:9200/
refresh_index/_settings?pretty" -H 'Content-Type: application/json' -d'
```

```
> {
>   "index.refresh_interval": "2h" ❶
> }
> '
{
  "acknowledged" : true
}
[root@elasticsearchserver elasticsearch]# curl -X GET "localhost:9200/
refresh_index/_settings?pretty"
{
  "refresh_index" : {
    "settings" : {
      "index" : {
        "refresh_interval" : "2h",
        "number_of_shards" : "5",
        "provided_name" : "refresh_index",
        "creation_date" : "1564059746200",
        "number_of_replicas" : "1",
        "uuid" : "1iFb3nuuQfmUqS2MjPDUNg",
        "version" : {
          "created" : "6060099"
        }
      }
    }
  }
}
```

❶ refresh_interval을 2시간으로 설정했다.

코드 10.14의 인덱스는 2시간이 지나야 사용자의 문서를 검색할 수 있다. 또한 코드 10.15과 같이 refresh_interval 설정을 아예 비활성화시킬 수도 있다.

**코드 10.15 refresh_interval 비활성화**

```
[root@elasticsearchserver elasticsearch]# curl -X PUT "localhost:9200/
refresh_index/_settings?pretty" -H 'Content-Type: application/json' -d'
 {
   "index.refresh_interval": "-1" ❶
 }
 '
{
  "acknowledged" : true
}
```

```
[root@elasticsearchserver elasticsearch]# curl -X GET "localhost:9200/
refresh_index/_settings?pretty"
{
  "refresh_index" : {
    "settings" : {
      "index" : {
        "refresh_interval" : "-1",
        "number_of_shards" : "5",
        "provided_name" : "refresh_index",
        "creation_date" : "1564059746200",
        "number_of_replicas" : "1",
        "uuid" : "1iFb3nuuQfmUqS2MjPDUNg",
        "version" : {
          "created" : "6060099"
        }
      }
    }
  }
}
```

❶ refresh_interval을 -1로 설정하면 비활성화된다.

코드 10.15과 같이 비활성화된 인덱스는 사용자가 다시 활성화시킬 때까지 인덱스 버퍼에 문서를 최대한 저장한다. 인덱스 마이그레이션이나 다량의 문서를 한 번에 인덱스에 저장하는 작업을 진행할 때 refresh_interval을 비활성화해 놓았다가 작업이 완료된 후에 기존의 refresh_interval을 복구하는 방식으로 작업을 진행하면 I/O 비용을 절약할 수 있어 전체 클러스터의 색인 성능에 도움이 된다.

 refresh_interval은 다른 update settings와 마찬가지로 null로 초기화할 수 있다. 기본값인 1초로 설정을 복구하려면 null 값으로 설정을 초기화하면 된다.

## 10.4 bulk API

마지막으로 bulk API에 대해서 살펴보자. bulk API는 한 번에 다량의 문서를 색인, 삭제, 수정할 때 사용할 수 있는 API이다. 우리는 지금까지 예제를 통해 PUT, POST DELETE와 같은 메서드를 이용하여 문서를 하나씩 색인하고 삭제했다. 하나의 문서를 처리할 때 시스템은 클라이언트와 네트워크 세션을 맺고 끊기를 반복하기 때문에 여러 건의 문서를 처리할 때 단건으로 맺고 끊기를 반복하는 방식으로 처리하면 시스템에 부하를 일으킨다. 그렇기 때문에 여러 건의 문서를 처리할 때는 bulk API를 통해 문서 색인, 업데이트 등의 작업을 모아서 한 번에 수행하는 것이 좋다. bulk API는 인덱스에 수행할 동작들을 json 형태로 나열하여 사용하기도 하고, 해당 내용을 파일로 저장하여 사용하기도 한다. 코드 10.16을 살펴보자.

**코드 10.16 json 형태로 나열된 명령들을 bulk API로 실행하기**

```
[root@elasticsearchserver elasticsearch]# curl -X POST
"localhost:9200/_bulk?pretty" -H 'Content-Type: application/x-ndjson'
-d'
 { "index": { "_index": "bulk_index", "_type": "_doc", "_id": "1" } } ❶
 { "mydoc": "first doc" } ❷
 { "index": { "_index": "bulk_index", "_type": "_doc", "_id": "2" } }
 { "mydoc": "second doc" }
 { "index": { "_index": "bulk_index", "_type": "_doc", "_id": "3" } }
 { "mydoc": "third doc" }
 '
{
  "took" : 113,
  "errors" : false,
  "items" : [
    {
      "index" : {
        "_index" : "bulk_index",
        "_type" : "_doc",
        "_id" : "1",
        "_version" : 1,
        "result" : "created",
        "_shards" : {
          "total" : 2,
          "successful" : 2,
          "failed" : 0
        },
        "_seq_no" : 0,
        "_primary_term" : 1,
        "status" : 201
      }
```

```
      },
      {
        "index" : {
          "_index" : "bulk_index",
          "_type" : "_doc",
          "_id" : "2",
          "_version" : 1,
          "result" : "created",
          "_shards" : {
            "total" : 2,
            "successful" : 2,
            "failed" : 0
          },
          "_seq_no" : 0,
          "_primary_term" : 1,
          "status" : 201
        }
      },
      {
        "index" : {
          "_index" : "bulk_index",
          "_type" : "_doc",
          "_id" : "3",
          "_version" : 1,
          "result" : "created",
          "_shards" : {
            "total" : 2,
            "successful" : 2,
            "failed" : 0
          },
          "_seq_no" : 0,
          "_primary_term" : 1,
          "status" : 201
        }
      }
    ]
}
```

코드 10.16의 ❶과 같이 처음에는 수행할 동작 index를 정의히고 동작
을 수행할 인덱스의 메타 데이터를 나열해준다. ❶은 bulk_index라는
이름의 인덱스에 _doc이라는 타입을 만들고, 문서의 id가 1인 메타 정보
를 가리킨다. 실제 색인할 문서는 ❷와 같은 형태로 정의해 준다. bulk
API에서 수행할 수 있는 동작을 표 10.2에 정리해 놓았다.

| bulk API 동작 | 설명 |
|---|---|
| index | 문서 색인. 인덱스에 지정한 문서 아이디가 있을 때는 업데이트 |
| create | 문서 색인. 인덱스에 지정한 문서 아이디가 없을 때에만 색인 가능 |
| delete | 문서 삭제 |
| update | 문서 변경 |

**표 10.2** bulk API에서 수행할 수 있는 동작

index와 create는 모두 문서를 색인하는 동작이지만 index는 기존에
동일한 id의 문서가 존재하면 해당 문서를 업데이트하고, create는 이
미 동일한 id의 문서가 존재하면 색인하지 못한다. 코드 10.17를 살펴
보자.

**코드 10.17** bulk API의 index와 create로 색인하기

```
[root@elasticsearchserver elasticsearch]# curl -X POST
"localhost:9200/_bulk?pretty" -H 'Content-Type: application/x-ndjson'
-d'
{ "index": { "_index": "bulk_actions", "_type": "_doc", "_id": "1" } }
{ "mydoc": "index action, id 1" }
{ "create": { "_index": "bulk_actions", "_type": "_doc", "_id": "2" } }
{ "mydoc": "create action, id 2" }
{ "index": { "_index": "bulk_actions", "_type": "_doc", "_id": "2" } }
{ "mydoc": "index action, id 2" }
{ "create": { "_index": "bulk_actions", "_type": "_doc", "_id": "2" } }
{ "mydoc": "create action, id 2" }
'
{
  "took" : 143,
  "errors" : true,
  "items" : [
    {
      "index" : { ❶
        "_index" : "bulk_actions",
        "_type" : "_doc",
        "_id" : "1",
        "_version" : 1,
        "result" : "created",
        "_shards" : {
          "total" : 2,
          "successful" : 2,
```

```
          "failed" : 0
        },
        "_seq_no" : 0,
        "_primary_term" : 1,
        "status" : 201
      }
    },
    {
      "create" : { ❷
        "_index" : "bulk_actions",
        "_type" : "_doc",
        "_id" : "2",
        "_version" : 1,
        "result" : "created",
        "_shards" : {
          "total" : 2,
          "successful" : 2,
          "failed" : 0
        },
        "_seq_no" : 0,
        "_primary_term" : 1,
        "status" : 201
      }
    },
    {
      "index" : { ❸
        "_index" : "bulk_actions",
        "_type" : "_doc",
        "_id" : "2",
        "_version" : 2, ❹
        "result" : "updated", ❺
        "_shards" : {
          "total" : 2,
          "successful" : 2,
          "failed" : 0
        },
        "_seq_no" : 1,
        "_primary_term" : 1,
        "status" : 200
      }
    },
    {
      "create" : { ❻
        "_index" : "bulk_actions",
        "_type" : "_doc",
        "_id" : "2",
```

```
        "status" : 409,
        "error" : { ❼
          "type" : "version_conflict_engine_exception",
          "reason" : "[_doc][2]: version conflict, document already
exists (current version [2])",
          "index_uuid" : "2EOvwAX9ScG72pYh5bUWUQ",
          "shard" : "2",
          "index" : "bulk_actions"
        }
      }
    }
  ]
}
```

코드 10.17는 bulk API의 index와 create 동작을 번갈아 가며 수행한
결과이다. ❶과 ❷는 각각 index와 create 동작을 정상적으로 수행하여
문서가 색인되었다. ❸은 이미 존재하는 id가 2인 문서에 대해 index 동
작을 수행한 결과이다. 정상적으로 색인되었지만 이미 존재하는 문서
에 색인을 진행했기 때문에 버전 정보가 변경되었으며(❹), updated되
었음을 확인할 수 있다(❺). 동일하게 id가 2인 문서에 대해 create 동작
을 수행한 결과(❻) 에러가 발생했고(❼), 문서가 이미 존재하여 색인에
실패하였음을 확인할 수 있다.

delete와 update도 확인해 보자(코드 10.18).

**코드 10.18 bulk API의 delete와 update**

```
[root@elasticsearchserver elasticsearch]# curl -X POST
"localhost:9200/_bulk?pretty" -H 'Content-Type: application/x-ndjson'
-d'
{ "delete": { "_index": "bulk_actions", "_type": "_doc", "_id": "2" } } ❶
{ "update": { "_index": "bulk_actions", "_type": "_doc", "_id": "1" } }
{ "doc": { "mydoc": "update action, id 2" } } ❷
'
{
  "took" : 18,
  "errors" : false,
  "items" : [
    {
      "delete" : {
        "_index" : "bulk_actions",
        "_type" : "_doc",
```

```
      "_id" : "2",
      "_version" : 3,
      "result" : "deleted",
      "_shards" : {
        "total" : 2,
        "successful" : 2,
        "failed" : 0
      },
      "_seq_no" : 2,
      "_primary_term" : 1,
      "status" : 200
    }
  },
  {
    "update" : {
      "_index" : "bulk_actions",
      "_type" : "_doc",
      "_id" : "1",
      "_version" : 2,
      "result" : "updated",
      "_shards" : {
        "total" : 2,
        "successful" : 2,
        "failed" : 0
      },
      "_seq_no" : 1,
      "_primary_term" : 1,
      "status" : 200
    }
  }
 ]
}
```

문서의 삭제는 delete를 통해 진행한다(❶). update는 ❷와 같이 변경될 문서나 추가될 필드와 데이터를 정의하여 실행한다. 코드 10.19과 같이 일부 _id 메타데이터 없이 bulk API를 사용할 수도 있다.

**코드 10.19 bulk API의 메디데이터 변경**

```
[root@elasticsearchserver elasticsearch]# curl -X POST "localhost:9200/
bulk_meta/_doc/_bulk?pretty" -H 'Content-Type: application/json' -d' ❶
 { "index": { "_id": "1" } } ❷
 { "mydoc": "index action, id 1" }
 { "index": { } } ❸
```

```
  { "mydoc": "index action, id 2" }
> '
{
  "took" : 110,
  "errors" : false,
  "items" : [
    {
      "index" : {
        "_index" : "bulk_meta",
        "_type" : "_doc",
        "_id" : "1",
        "_version" : 1,
        "result" : "created",
        "_shards" : {
          "total" : 2,
          "successful" : 2,
          "failed" : 0
        },
        "_seq_no" : 0,
        "_primary_term" : 1,
        "status" : 201
      }
    },
    {
      "index" : {
        "_index" : "bulk_meta",
        "_type" : "_doc",
        "_id" : "imP_LmwBCkJOmtuXH7js", ❹
        "_version" : 1,
        "result" : "created",
        "_shards" : {
          "total" : 2,
          "successful" : 1,
          "failed" : 0
        },
        "_seq_no" : 0,
        "_primary_term" : 1,
        "status" : 201
      }
    }
  ]
}
```

URL에 인덱스의 이름과 타입 정보를 주면(❶) bulk API의 메타 정
보로 문서의 id만 줄 수 있다(❷). 또한, 문서의 id까지 제거하면(❸)

ElasticSearch가 문서의 id를 임의로 만들어서 색인할 수도 있다(❹). 이 외에도 bulk API의 동작들을 JSON 파일로 정의하여 bulk API를 수행할 수 있다. 코드 10.20을 살펴보자.

**코드 10.20 파일에 정의된 동작들에 대해 bulk API를 수행하는 방법**

```
[root@elasticsearchserver elasticsearch]# cat bulk.json
{ "index": { "_index": "file_bulk", "_type": "_doc", "_id": "1" } }
{ "mydoc": "file bulk" }
{ "update": { "_index": "file_bulk", "_type": "_doc", "_id": "1" } }
{ "doc": { "mydoc": "file bulk update" } }
[root@elasticsearchserver elasticsearch]# curl -X POST
"localhost:9200/_bulk?pretty" -H 'Content-Type: application/json'
--data-binary @bulk.json
{
  "took" : 137,
  "errors" : false,
  "items" : [
    {
      "index" : {
        "_index" : "file_bulk",
        "_type" : "_doc",
        "_id" : "1",
        "_version" : 1,
        "result" : "created",
        "_shards" : {
          "total" : 2,
          "successful" : 2,
          "failed" : 0
        },
        "_seq_no" : 0,
        "_primary_term" : 1,
        "status" : 201
      }
    },
    {
      "update" : {
        "_index" : "file_bulk",
        "_type" : "_doc",
        "_id" : "1",
        "_version" : 2,
        "result" : "updated",
        "_shards" : {
          "total" : 2,
```

```
        "successful" : 2,
        "failed" : 0
      },
      "_seq_no" : 1,
      "_primary_term" : 1,
      "status" : 200
    }
  }
 ]
}
```

이렇게 bulk API를 통해 문서 작업을 한번에 묶어서 요청하면 다수의 문서에 대한 작업을 다수의 API 호출로 처리하는 것보다 더 빠르게 처리할 수 있기 때문에 색인 성능을 최적화할 수 있다. 그렇다면 문서를 한 건씩 색인하는 요청과 bulk API를 통해 색인하는 요청이 실제로 어느 정도까지 차이가 발생하는지 1만 건의 문서를 색인해서 결과를 확인해 보자. 코드 10.21는 1만 건의 문서를 한 건씩 색인한 결과이다.

**코드 10.21 1만 건의 문서를 한 건씩 색인한 결과**

```
[root@elasticsearchserver elasticsearch]# wget https://raw.
githubusercontent.com/benjamin-btn/ES-SampleData/master/nonbulk.sh
[root@elasticsearchserver elasticsearch]# cat nonbulk.sh
#!/bin/bash

curl -s -X POST 'localhost:9200/nonbulk/doc?pretty' -H 'Content-Type:
application/json' -d '
{ "title": "ElasticSearch Training Book", "publisher": "insight",
"ISBN": "9788966264849", "release_date": "2020/09/30", "description":
"ElasticSearch is cool open source search engine" }' > /dev/null
curl -s -X POST 'localhost:9200/nonbulk/doc?pretty' -H 'Content-Type:
application/json' -d '
{ "title" : "Kubernetes: Up and Running", "publisher": "OReilly
Media, Inc.", "ISBN": "9781491935675", "release_date": "2017/09/03",
"description" : "What separates the traditional enterprise from the
likes of Amazon, Netflix, and Etsy? Those companies have refined the
art of cloud native development to maintain their competitive edge and
stay well ahead of the competition. This practical guide shows Java/
JVM developers how to build better software, faster, using Spring Boot,
Spring Cloud, and Cloud Foundry." }' > /dev/null
curl -s -X POST 'localhost:9200/nonbulk/doc?pretty' -H 'Content-Type:
application/json' -d '
```

```
{ "title" : "Cloud Native Java", "publisher": "OReilly Media, Inc.",
"ISBN": "9781449374648", "release_date": "2017/08/04", "description"
: "What separates the traditional enterprise from the likes of Amazon,
Netflix, and Etsy? Those companies have refined the art of cloud native
development to maintain their competitive edge and stay well ahead of
the competition. This practical guide shows Java/JVM developers how to
build better software, faster, using Spring Boot, Spring Cloud, and
Cloud Foundry." }' > /dev/null
... (중략) ...
[root@elasticsearchserver elasticsearch]# time /bin/sh nonbulk.sh

real  1m52.722s
user  0m20.610s
sys   0m29.967s
```

코드 10.21을 보면 단일 색인 요청을 1만 번 실행했을 때 1분 52초가 소요되었다. 코드 10.22는 동일한 문서들을 bulk API로 색인했을 때의 결과이다.

**코드 10.22 bulk API를 활용하여 1만 건의 문서를 색인한 결과**

```
[root@elasticsearchserver elasticsearch]# wget https://raw.
githubusercontent.com/benjamin-btn/ES-SampleData/master/sample10-2.json
[root@elasticsearchserver elasticsearch]# time curl -X POST
'localhost:9200/bulk/doc/_bulk?pretty' -s -H 'Content-Type:
application/x-ndjson' --data-binary @sample10-2.json > /dev/null

real  0m0.506s
user  0m0.002s
sys   0m0.012s
```

bulk API를 활용하니 1초가 채 걸리지 않았다. 이처럼 여러 개의 문서를 한 번에 색인할 때 bulk API의 사용 여부에 따라 성능의 차이가 매우 크다는 것을 알 수 있다. 여러 건의 문서에 대해 색인과 업데이트가 필요한 경우에는 bulk API를 통해 색인 성능을 확보하는 것이 좋다.

## 10.5 그 외의 색인 성능을 확보하는 방법들

지금까지 다뤄온 색인 성능 확보 방법 외에도 색인 성능을 확보할 수 있는 방법을 몇 가지 더 알아보자. 먼저 문서의 id 없이 색인하는 방법이다. 문서를 색인할 때 PUT 메서드로 문서의 id를 지정하여 색인할 수 있고, POST 메서드로 ElasticSearch가 문서의 id를 임의로 생성하게 하여 색인할 수도 있다. 코드 10.23을 살펴보자.

**코드 10.23 메서드별 문서의 id**

```
[root@elasticsearchserver elasticsearch]# curl -X PUT "localhost:9200/
putmethod_index/_doc/1?pretty" -H 'Content-Type: application/json' -d'
 {
   "comment": "It's a document by PUT Method"
 }
 '
{
  "_index" : "putmethod_index",
  "_type" : "_doc",
  "_id" : "1", ❶
  "_version" : 1,
  "result" : "created",
  "_shards" : {
    "total" : 2,
    "successful" : 2,
    "failed" : 0
  },
  "_seq_no" : 0,
  "_primary_term" : 1
}
[root@elasticsearchserver elasticsearch]# curl -X POST "localhost:9200/
postmethod_index/_doc?pretty" -H 'Content-Type: application/json' -d'
 {
   "comment": "It's a document by POST Method"
 }
 '
{
  "_index" : "postmethod_index",
  "_type" : "_doc",
  "_id" : "hmO5KWwBCkJOmtuXcbi-", ❷
  "_version" : 1,
  "result" : "created",
  "_shards" : {
    "total" : 2,
    "successful" : 2,
    "failed" : 0
  },
  "_seq_no" : 0,
```

```
  "_primary_term" : 1
}
```

코드 10.23과 같이 PUT 메서드를 이용한 색인은 타입 뒤에 문서의 id를 지정하여 ❶과 같이 지정한 id로 색인된다. 이렇게 색인된 문서는 사용자가 문서의 id를 지정하기 때문에 색인된 문서를 가져올 때도 id를 통해서 빠르게 가져올 수 있다는 장점이 있다. 반면에, POST 메서드를 이용한 색인은 문서의 id를 지정하지 않아 ElasticSearch가 임의의 id를 부여한다(❷). POST를 통해 문서의 id를 지정하지 않고 색인하는 경우 기존에 동일한 id를 가진 문서가 없다는 전제 조건하에 색인되기 때문에 해당 문서가 이미 존재하는 문서인지 확인하는 과정을 생략한다. 그렇기 때문에 PUT을 이용한 색인보다 POST를 이용한 색인이 조금 더 빠르다.

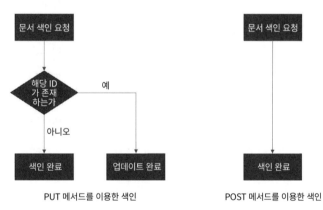

그림 10.6 PUT과 POST의 색인 방식 차이

다음은 레플리카 샤드 갯수를 0으로 설정하여 색인 성능을 확보하는 방법이다. 문서 색인이 요청되면 프라이머리 샤드가 완전히 색인이 완료된 이후에 레플리카 샤드를 복제한다. 이렇게 레플리카 샤드의 복제 수행까지 끝낸 다음 클라이언트에게 수행한 작업에 대한 결과를 리턴한다.

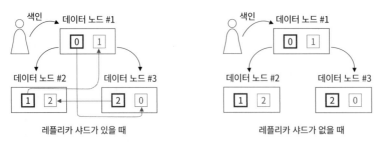

**그림 10.7** 레플리카 샤드가 있을 때와 없을 때의 색인 차이

그림 10.7과 같이 데이터 노드 #1이 사용자의 색인 요청을 받았다고 가정해 보자. 클러스터에는 데이터 노드 #2와 #3까지 총 3대의 데이터 노드가 있고 프라이머리 샤드가 3개(0, 1, 2) 그리고 레플리캬 샤드가 각각 한 개씩 있다. 레플리카 샤드가 있을 때에는 데이터 노드 #1이 0번 샤드에 색인할 문서들을 색인하고 1번과 2번 샤드에 색인해야 할 문서들은 각각 데이터 노드 #2와 #3에 전달한다. 그리고 각각의 데이터 노드들은 자신이 가지고 있는 프라이머리 샤드를 복사해 레플리카 샤드를 만든 후 색인 작업을 마무리한다. 하지만 레플리카 샤드가 없다면 각각 자신이 가지고 있는 샤드만 색인한 후 색인 작업을 마무리한다. 그렇기 때문에 레플리카 샤드가 없다면 전체적인 색인 성능이 향상된다.

레플리카 샤드는 ElasticSearch 클러스터의 안정성을 위해 꼭 필요한 요소이지만 최초 원본 문서를 한 번 더 저장하는 것이므로 성능의 측면에서 보면 색인 성능 낭비라고도 볼 수 있다. 클러스터를 운영하는 환경에 복제본이 꼭 필요하지 않다면 레플리카 샤드를 추가하지 않는 것도 색인 성능을 확보할 수 있는 방법 중 하나이다. 실제로 하둡과 같은 별도의 저장소에 사용자의 문서를 복제하거나, 데이터가 유실되어도 상관없는 경우에는 레플리카 샤드 없이 운영하기도 한다. 또, 대용량의 로그 데이터를 색인할 경우에는 레플리카 샤드 없이 프라이머리 샤드만 두어 문서를 색인한 후 모든 색인이 완료되면 레플리카 샤드를 추가하는 형태로도 운영한다.

## 10.6 마치며

이번 장에서는 색인 성능을 최적화하는 방법을 알아보았다. 다음 장에서는 검색 성능을 최적화하는 방법에 대해 살펴볼 것이다. 이번 장에서 살펴본 내용을 정리하면 다음과 같다.

1. 동적 매핑은 매핑 정보를 자동으로 생성해 주지만, 불필요한 필드를 만들 수 있어서 성능 저하를 일으킬 수 있다.
2. 정적 매핑은 미리 매핑 정보를 생성해 두어야 하지만, 필요한 필드들만 사용하기 때문에 성능 향상에 도움이 된다.
3. _all 필드는 모든 필드들의 데이터를 바탕으로 text 타입의 필드를 추가로 생성하기 때문에 성능 저하를 일으킬 수 있다(_all 필드는 ElasticSearch 5.x 이하의 버전에만 해당한다).
4. refresh_interval을 적절히 활용하여 디스크 I/O의 빈도수를 줄이면 색인 리소스를 절약할 수 있다.
5. bulk API를 활용하여 한번에 다량의 문서를 색인하면 색인 성능 향상을 꾀할 수 있다.
6. 문서 id 지정이 필요하지 않다면 POST 메서드를 이용해 색인하는 것이 PUT 메서드를 이용해 색인하는 것보다 성능 향상에 도움이 된다.
7. 레플리카 샤드가 꼭 필요한 상황이 아니라면 프라이머리 샤드만을 이용해서 운영하는 것도 성능 향상에 도움이 된다.

# 11장

# 검색 성능 최적화

10장에서는 색인 성능을 최적화하는 방법을 살펴보았다. ElasticSearch 는 궁극적으로 사용자가 요청하는 쿼리에 대해 검색을 수행하고 응답해 주는 애플리케이션이다. 검색 서비스는 응답 속도가 생명이기 때문에 일정 수준 이상의 응답 속도를 보장해야 한다. 이번 장에서는 색인만큼 중요한 검색 성능을 최적화하는 방법에 대해 살펴보자. 이번 장에서 다루게 될 내용은 아래와 같다.

- ElasticSearch 캐시의 종류와 특성
- 검색 쿼리 튜닝하기
- 샤드 배치 결정하기
- forcemerge API 활용하기
- 그 외의 검색 성능을 확보하는 방법들

## 11.1 ElasticSearch 캐시의 종류와 특성

ElasticSearch로 요청되는 다양한 검색 쿼리는 동일한 요청에 대해 좀 더 빠른 응답을 주기 위해 해당 쿼리의 결과를 메모리에 저장한다. 결과 를 메모리에 저장해 두는 것을 메모리 캐싱이라고 하며 이때 사용하는 메모리 영역을 캐시 메모리라고 한다. 표 11.1은 ElasticSearch에서 제공하는 대표적인 캐시 영역의 종류이다.

| 캐시 영역 | 설명 |
|---|---|
| Node query cache | 쿼리에 의해 각 노드에 캐싱되는 영역이다. |
| Shard request cache | 쿼리에 의해 각 샤드에 캐싱되는 영역이다. |
| Field data cache | 쿼리에 의해 필드를 대상으로 각 노드에 캐싱되는 영역이다. |

**표 11.1** ElasticSearch의 캐시 영역

## 11.1.1 Node Query Cache

먼저, Node Query Cache에 대해 알아보자. Node Query Cache는 9장 "검색 엔진으로 활용하기"에서 살펴본 filter context에 의해 검색된 문서의 결과가 캐싱되는 영역이다. 그림 11.1을 살펴보자.

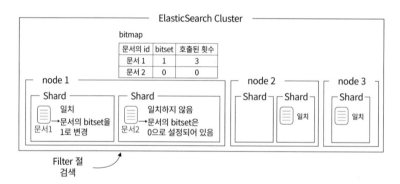

**그림 11.1** Node Query Cache의 구조

그림 11.1과 같이 사용자가 filter context로 구성된 쿼리로 검색하면 내부적으로 각 문서에 0과 1로 설정할 수 있는 bitset을 설정한다. filter context로 호출한 적이 있는 문서는 bitset을 1로 설정하여 사용자가 호출한 적이 있다는 것을 문서에 표시해 둔다. ElasticSearch는 문서별로 bitset을 설정하면서, 사용자의 쿼리 횟수와 bitset이 1인 문서들 사이에 연관 관계를 지속적으로 확인한다. bitset이 1인 문서들 중에 자주 호출되었다고 판단한 문서들을 노드의 메모리에 캐싱한다. 다만 세그먼

트 하나에 저장된 문서의 수가 10,000개 미만이거나, 검색 쿼리가 인입되고 있는 인덱스가 전체 인덱스 사이즈의 3% 미만일 경우에는 filter context를 사용하더라도 캐싱되지 않는다. 코드 11.1을 보면서 filter context 쿼리의 결과가 어떻게 캐싱되는지 확인해 보자.

**코드 11.1 Node Query Cache 현황 살펴보기**

```
[ec2-user@ip-172-31-12-196 ES-Tutorial-1]$ curl -s -X GET
"localhost:9200/_cat/nodes?v&h=name,qcm❶?v&pretty"
name            qcm
data-node            0b ❷
[ec2-user@ip-172-31-12-196 ES-Tutorial-1]$ curl -s -X GET
"localhost:9200/_cat/segments/nodequerycache?v&h=index,shard,segment,do
cs.count"
index           shard segment docs.count
nodequerycache 0      _x          88265 ❸
nodequerycache 1      _x          87611
nodequerycache 2      _x          87788
nodequerycache 3      _x          87443
nodequerycache 4      _x          87893
```

❶ 사용된 Query Cache Memory의 용량을 확인하는 항목이다.

❷ 현재 노드에 캐싱된 메모리 사용량을 나타낸다.

❸ 총 5개의 샤드로 구성된 인덱스이며, 하나의 세그먼트에 80,000개 이상의 문서가 저장되어 있다.

처음에는 캐싱된 영역이 없기 때문에 0byte로 출력된다. 앞서 이야기했듯, 하나의 세그먼트에 10,000개 이상의 문서가 저장되어 있는지도 확인해야 한다. 이제 코드 11.2를 통해 filter context로 구성된 검색 쿼리를 요청해 보자. 코드 11.2는 다른 코드들에 비해 출력 결과가 길기 때문에 유심히 살펴봐야 한다.

**코드 11.2 filter context 구문으로 검색 쿼리 요청하기**

```
curl -X GET "localhost:9200/nodequerycache/_search?pretty" -H 'Content-
Type: application/json' -d'
{
"from": 0, "size": 10000,
"query": {
```

```
      "bool": {
        "must": {
          "match": {
            "city": "Brogan"
          }
        },
        "filter": {  ❶
          "range": {
            "age": {
              "gte": 30
            }
          }
        }
      }
    }
  }
}
'
{
  "took" : 83,  ❷
  "timed_out" : false,
  "_shards" : {
    "total" : 5,
    "successful" : 5,
    "skipped" : 0,
    "failed" : 0
  },
  "hits" : {
    "total" : 439,
    "max_score" : 6.95667,
    "hits" : [
      {
        "_index" : "nodequerycache",
        "_type" : "account",
        "_id" : "b1Ax5G4BrLh6MYmmSNGE",
        "_score" : 6.95667,
        "_source" : {
          "account_number" : 1,
          "balance" : 39225,
          "firstname" : "Amber",
          "lastname" : "Duke",
          "age" : 32,
          "gender" : "M",
          "address" : "880 Holmes Lane",
          "employer" : "Pyrami",
          "email" : "amberduke@pyrami.com",
          "city" : "Brogan",
```

```
                "state" : "IL"
              }
           },
           {
              "_index" : "nodequerycache",
              "_type" : "account",
              "_id" : "31Ax5G4BrLh6MYmmSugI",
              "_score" : 6.95667,
              "_source" : {
                "account_number" : 1,
                "balance" : 39225,
                "firstname" : "Amber",
                "lastname" : "Duke",
                "age" : 32,
                "gender" : "M",
                "address" : "880 Holmes Lane",
                "employer" : "Pyrami",
                "email" : "amberduke@pyrami.com",
                "city" : "Brogan",
                "state" : "IL"
              }
           },
... (중략) ...

[ec2-user@ip-172-31-12-196 ES-Tutorial-1]$ curl -s -X GET
"localhost:9200/_cat/nodes?v&h=name,qcm?v&pretty"
name                    qcm
data-node               0b ❸
{
  "took" : 42, ❹
  "timed_out" : false,
  "_shards" : {
    "total" : 5,
    "successful" : 5,
    "skipped" : 0,
    "failed" : 0
  },
  "hits" : {
    "total" : 439,
    "max_score" : 6.95667,
    "hits" : [
      {
        "_index" : "nodequerycache",
        "_type" : "account",
        "_id" : "b1Ax5G4BrLh6MYmmSNGE",
        "_score" : 6.95667,
```

```
          "_source" : {
            "account_number" : 1,
            "balance" : 39225,
            "firstname" : "Amber",
            "lastname" : "Duke",
            "age" : 32,
            "gender" : "M",
            "address" : "880 Holmes Lane",
            "employer" : "Pyrami",
            "email" : "amberduke@pyrami.com",
            "city" : "Brogan",
            "state" : "IL"
          }
       },
 ... (중략) ...

  {
    "took" : 55, ❺
    "timed_out" : false,
    "_shards" : {
      "total" : 5,
      "successful" : 5,
      "skipped" : 0,
      "failed" : 0
    },
    "hits" : {
      "total" : 439,
      "max_score" : 6.95667,
      "hits" : [
        {
          "_index" : "nodequerycache",
          "_type" : "account",
          "_id" : "b1Ax5G4BrLh6MYmmSNGE",
          "_score" : 6.95667,
          "_source" : {
            "account_number" : 1,
            "balance" : 39225,
            "firstname" : "Amber",
            "lastname" : "Duke",
            "age" : 32,
            "gender" : "M",
            "address" : "880 Holmes Lane",
            "employer" : "Pyrami",
            "email" : "amberduke@pyrami.com",
            "city" : "Brogan",
            "state" : "IL"
```

```
        }
      },
... (중략) ...

[ec2-user@ip-172-31-12-196 ES-Tutorial-1]$ curl -s -X GET
"localhost:9200/_cat/nodes?v&h=name,qcm?v&pretty"
name                    qcm
data-node         44.2kb ❻

[ec2-user@ip-172-31-12-196 ES-Tutorial-1]$ curl -X GET "localhost:9200/
nodequerycache/_search?pretty" -H 'Content-Type: application/json' -d'
{
"from": 0, "size": 10000,
"query": {
    "bool": {
      "must": {
        "match": {
          "city": "Brogan"
        }
      },
      "filter": {
        "range": {
          "age": {
            "gte": 30
          }
        }
      }
    }
  }
}
'
{
  "took" : 16, ❼
  "timed_out" : false,
  "_shards" : {
    "total" : 5,
    "successful" : 5,
    "skipped" : 0,
    "failed" : 0
  },
  "hits" : {
    "total" : 439,
    "max_score" : 6.95667,
    "hits" : [
      {
        "_index" : "nodequerycache",
```

```
          "_type" : "account",
          "_id" : "b1Ax5G4BrLh6MYmmSNGE",
          "_score" : 6.95667,
          "_source" : {
            "account_number" : 1,
            "balance" : 39225,
            "firstname" : "Amber",
            "lastname" : "Duke",
            "age" : 32,
            "gender" : "M",
            "address" : "880 Holmes Lane",
            "employer" : "Pyrami",
            "email" : "amberduke@pyrami.com",
            "city" : "Brogan",
            "state" : "IL"
          }
        },
```

```
[ec2-user@ip-172-31-12-196 ES-Tutorial-1]$ curl -X GET "localhost:9200/
nodequerycache/_search?pretty" -H 'Content-Type: application/json' -d'
{
"from": 0, "size": 10000,
"query": {
    "bool": {
      "must": {
        "match": {
          "city": "Brogan"
        }
      },
      "filter": {
        "range": {
          "age": {
            "gte": 30
          }
        }
      }
    }
  }
}
'
{
  "took" : 11, ➑
  "timed_out" : false,
  "_shards" : {
    "total" : 5,
    "successful" : 5,
```

```
      "skipped" : 0,
      "failed" : 0
    },
    "hits" : {
      "total" : 439,
      "max_score" : 6.95667,
      "hits" : [
        {
          "_index" : "nodequerycache",
          "_type" : "account",
          "_id" : "b1Ax5G4BrLh6MYmmSNGE",
          "_score" : 6.95667,
          "_source" : {
            "account_number" : 1,
            "balance" : 39225,
            "firstname" : "Amber",
            "lastname" : "Duke",
            "age" : 32,
            "gender" : "M",
            "address" : "880 Holmes Lane",
            "employer" : "Pyrami",
            "email" : "amberduke@pyrami.com",
            "city" : "Brogan",
            "state" : "IL"
          }
        },
```

❶ bool 쿼리의 filter 절에 range 쿼리를 정의하였다.

❷ 최초 요청이 리턴되는 데 걸린 시간은 83ms이다.

❸ Query Cache Memory에 캐싱되지 않았음을 볼 수 있다.

❹,❺ 캐싱될 때까지 동일한 쿼리를 몇 번 더 실행했고, 각각 42, 55ms 의 응답 속도를 보인다.

❻ 동일한 filter context 요청을 받은 결과, 44.2kb의 Query Cache Memory가 캐싱되었음을 확인할 수 있다.

❼,❽ 다시 동일한 쿼리가 들어올 때 16, 11ms의 응답 속도를 보인다.

코드 11.2의 결과를 살펴보면 한 번의 쿼리에 대해서는 캐싱되지 않고 여러 번 실행해야 캐싱된 것을 볼 수 있다. 동일한 쿼리를 여러 번 받은 노드들은 Query Cache Memory에 해당 문서를 캐싱하고, 이후에는 메모리 영역에서 데이터를 리턴한다. 캐싱되기 전에는 최대 응답 속도가 83ms이었지만 캐싱된 이후에는 응답 속도가 11ms로, 최대 7.5배나 검색 응답 속도가 향상되었다. Node Query Cache는 기본적으로 활성화되어 있으며, 코드 11.3과 같이 활성/비활성을 설정할 수 있다.

**코드 11.3 Node Query Cache 활성/비활성 설정하기**

```
[ec2-user@ip-172-31-12-196 ES-Tutorial-1]$ curl -X POST
"localhost:9200/nodequerycache/_close❶?pretty" -H 'Content-Type:
application/json'
{
  "acknowledged" : true
}
[ec2-user@ip-172-31-12-196 ES-Tutorial-1]$ curl -X PUT "localhost:9200/
nodequerycache/_settings?pretty" -H 'Content-Type: application/json'
-d'
{
  "index.queries.cache.enabled": true ❷
}
'
{
  "acknowledged" : true
}
[ec2-user@ip-172-31-12-196 ES-Tutorial-1]$ curl -X POST
"localhost:9200/nodequerycache/_open❸?pretty" -H 'Content-Type:
application/json'
{
  "acknowledged" : true,
  "shards_acknowledged" : true
}
```

❶ Node Query Cache 설정은 dynamic setting이 아니다. 인덱스를 close로 바꾸고 설정해야 한다.

❷ true로 활성화하고 false로 비활성화한다. 기본값은 true이다.

❸ ❷ 설정 이후 다시 인덱스를 open해 주어야 접근 가능하다.

많은 문서가 캐싱되어 허용된 캐시 메모리 영역이 가득 차면 LRU(Least Recently Used Algorithm) 알고리즘[1]에 의해 캐싱된 문서를 삭제한다.

---

1  LRU 알고리즘은 캐시 영역에 저장된 내용들 중 가장 오래된 내용을 지우는 알고리즘이다.

각 노드의 elasticsearch.yml 파일에 코드 11.4와 같이 설정해서 Node Query Cache 영역을 조정할 수 있다.

**코드 11.4 Node Query Cache 영역 조정하기**

```
indices.queries.cache.size: 10% ❶
```

❶ 데이터 노드의 elasticsearch.yml 파일에 설정하여야 하며 노드 재시작이 필요하다. 메모리의 일정 비율로 설정할 수도 있고 512mb와 같이 절댓값을 주어서 설정할 수도 있다. 노드 재시작이 필요하기 때문에 값을 변경할 때는 충분히 테스트한 후에 변경하는 것이 좋다.

검색 요청 쿼리를 작성할 때 최대한 filter context를 활용하여 Node Query Cache에 문서가 캐싱될 수 있도록 하면 캐시의 효과를 활용할 수 있기 때문에 더 빠른 검색이 가능해진다. 그러니 filter context를 적용할 수 있는 조건이라면 꼭 filter context를 활용하도록 하자.

## 11.1.2 Shard Request Cache

다음으로 Shard Request Cache에 대해 살펴보자. 앞에서 살펴본 Node Query Cache가 노드에 할당된 캐시 영역이라면 Shard Request Cache는 샤드를 대상으로 캐싱되는 영역이며, 특정 필드에 의한 검색이기 때문에 전체 샤드에 캐싱된다. Shard Request Cache는 ElasticSearch 클러스터에 기본적으로 활성화되어 있는 캐시이다. 다만 이 Shard Request Cache는 앞서 살펴본 Node Query Cache 영역과 달리 문서의 내용을 캐싱하는 것이 아니라, 집계 쿼리의 집계 결과 혹은 9.4 절에서 살펴본 RequestBody의 파라미터 중 size를 0으로 설정했을 때의 쿼리 응답 결과에 포함되는 매핑된 분서의 수에 대해서만 캐싱한다. 그림 11.2를 살펴보자.

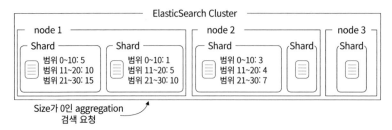

**그림 11.2** Shard Request Cache의 구조

그림 11.2를 보면 모든 노드에 있는 샤드들이 각각 범위 0~10 사이에 속하는 문서의 개수, 범위 11~20에 속하는 문서의 개수, 범위 21~30에 속하는 문서의 개수를 캐싱하고 있다.

Node Query Cache가 검색 엔진에서 활용하기 적합한 캐시 영역이라면 이 Shard Request Cache는 분석 엔진에서 활용하기 적합한 캐시 영역이라 할 수 있다. 다만 이 영역은 샤드에 refresh 동작을 수행하면 캐싱된 내용이 사라진다. 즉, 문서 색인이나 업데이트를 한 이후 refresh를 통해 샤드의 내용이 변경되면 기존에 캐싱된 결과가 초기화된다. 따라서 계속해서 색인이 일어나고 있는 인덱스에는 크게 효과가 없다. 코드 11.5와 같이 Shard Request Cache의 현재 상황을 살펴볼 수 있다.

**코드 11.5** Shard Request Cache 현황 살펴보기

```
[ec2-user@ip-172-31-12-196 ES-Tutorial-1]$ curl -s -X GET
"localhost:9200/_cat/nodes?v&h=name,rcm❶?v&pretty"
name                    rcm
data-node               0b
```

❶ 사용된 Shard Request Cache Memory의 용량을 확인하는 항목이다.

코드 11.6과 같이 색인이 진행되지 않는 인덱스를 대상으로 size가 0인 집계 쿼리를 요청해 보자.

**코드 11.6 집계 쿼리 실행 후 Shard Request Cache 현황 살펴보기**

```
[ec2-user@ip-172-31-12-196 ES-Tutorial-1]$ curl -X GET "localhost:9200/
nodequerycache/_search?pretty" -H 'Content-Type: application/json' -d'
{
    "size": 0, ❶
    "aggs" : {
        "cityaggs" : {
            "terms" : { "field" : "city.keyword" }
        }
    }
}
'
{
  "took" : 26, ❷
  "timed_out" : false,
  "_shards" : {
    "total" : 5,
    "successful" : 5,
    "skipped" : 0,
    "failed" : 0
  },
  "hits" : {
    "total" : 439000,
    "max_score" : 0.0,
    "hits" : [ ]
  },
  "aggregations" : {
    "cityaggs" : {
      "doc_count_error_upper_bound" : 523,
      "sum_other_doc_count" : 436991,
      "buckets" : [
        {
          "key" : "Belvoir",
          "doc_count" : 878
        },
        {
          "key" : "Klagetoh",
          "doc_count" : 214
        },
        {
          "key" : "Frank",
          "doc_count" : 117
        },
        {
          "key" : "Orviston",
```

```
        "doc_count" : 116
      },
      {
        "key" : "Shrewsbury",
        "doc_count" : 116
      },
      {
        "key" : "Konterra",
        "doc_count" : 115
      },
      {
        "key" : "Rockingham",
        "doc_count" : 114
      },
      {
        "key" : "Avoca",
        "doc_count" : 113
      },
      {
        "key" : "Dargan",
        "doc_count" : 113
      },
      {
        "key" : "Deltaville",
        "doc_count" : 113
      }
    ]
  }
 }
}

[ec2-user@ip-172-31-12-196 ES-Tutorial-1]$ curl -s -X GET
"localhost:9200/_cat/nodes?v&h=name,rcm?v&pretty"
name                    rcm
data-node         3.7kb ❸
[ec2-user@ip-172-31-12-196 ES-Tutorial-1]$ curl -X GET "localhost:9200/
nodequerycache/_search?pretty" -H 'Content-Type: application/json' -d'
{
    "size": 0,
    "aggs" : {
        "cityaggs" : {
            "terms" : { "field" : "city.keyword" }
        }
    }
}
'
{
```

```
"took" : 7, ❹
"timed_out" : false,
"_shards" : {
  "total" : 5,
  "successful" : 5,
  "skipped" : 0,
  "failed" : 0
},
"hits" : {
  "total" : 439000,
  "max_score" : 0.0,
  "hits" : [ ]
},
"aggregations" : {
  "cityaggs" : {
... (중략) ...
```

❶ Shard Request Cache는 size가 0이어야 캐싱된다.

❷ 집계 쿼리 요청에 26ms의 응답 속도를 보여 준다.

❸ 집계 쿼리를 요청하자 Shard Request Cache 메모리 영역에 3.7kb
가 캐싱됨을 확인할 수 있다.

❹ 캐싱 이후에 동일한 쿼리에 대해 7ms의 응답 속도를 보여 준다.

이후에 코드 11.7과 같이 문서를 색인하면 세그먼트 업데이트가 일어난
샤드에서는 캐시 메모리가 사라진다.

**코드 11.7 색인 이후 Shard Request Cache 사용 현황**

```
[ec2-user@ip-172-31-12-196 ES-Tutorial-1]$ curl -X POST
"localhost:9200/nodequerycache/account?pretty" -H 'Content-Type:
application/json' -d'

{
  "account_number": 37,
  "balance": 18612,
  "firstname": "Mcgee",
  "lastname": "Mooney",
  "age": 39,
  "gender": "M",
  "address": "826 Fillmore Place",
  "employer": "Reversus",
  "email": "mcgeemooney@reversus.com",
```

```
      "city": "Tooleville",
      "state": "OK"
  }
  '
  {
    "_index" : "nodequerycache",
    "_type" : "account",
    "_id" : "ytN75G4BpcYtHfRHSpI1",
    "_version" : 1,
    "result" : "created",
    "_shards" : {
      "total" : 2,
      "successful" : 1,
      "failed" : 0
    },
    "_seq_no" : 87446,
    "_primary_term" : 3
  }
[ec2-user@ip-172-31-12-196 ES-Tutorial-1]$ curl -s -X GET
"localhost:9200/_cat/nodes?v&h=name,rcm?v&pretty"
name                      rcm
data-node                 0b
```

 위 인덱스는 5개의 샤드로 구성된 인덱스이다. 모든 샤드에 색인 내용이 고르게
전달될 때 캐시는 0b로 전환된다. 샤드가 많으면 점진적으로 캐시가 사라지니
실습 중 캐시가 전부 사라지지 않는다면 특정 샤드가 색인되지 않았다는 뜻이다.

Shard Request Cache도 기본적으로 활성화되어 있다. 다만, Node
Query Cache와 달리 dynamic setting이어서 인덱스를 대상으로 온라
인 중에 설정이 가능하다(코드 11.8).

**코드 11.8 Shard Request Cache 활성/비활성화 설정하기**

```
[ec2-user@ip-172-31-12-196 ES-Tutorial-1]$ curl -X PUT "localhost:9200/
nodequerycache/_settings?pretty" -H 'Content-Type: application/json' -d'
{
    "index.requests.cache.enable": true ❶
}
'
{
  "acknowledged" : true
}
```

❶ true/false로 활성/비활성화할 수 있다.

Shard Request Cache 활성/비활성화 설정은 dynamic setting에 속해 운영 중에 바로 변경이 가능하다. 또한, 검색 시에도 활성/비활성화를 설정할 수 있다(코드 11.9).

**코드 11.9 검색 시에 Shard Request Cache 활성/비활성화하기**

```
[ec2-user@ip-172-31-12-196 ES-Tutorial-1]$ curl -X GET "localhost:9200/
nodequerycache/_search?request_cache=false❶&pretty" -H 'Content-Type:
application/json' -d'
{
    "size": 0,
    "aggs" : {
        "cityaggs" : {
            "terms" : { "field" : "city.keyword" }
        }
    }
}
'
{
  "took" : 26,
  "timed_out" : false,
  "_shards" : {
    "total" : 5,
    "successful" : 5,
    "skipped" : 0,
    "failed" : 0
  },
  "hits" : {
    "total" : 439014,
    "max_score" : 0.0,
    "hits" : [ ]
  },
  "aggregations" : {
    "cityaggs" : {
      "doc_count_error_upper_bound" : 523,
      "sum_other_doc_count" : 437005,
      "buckets" : [
        {
          "key" : "Belvoir",
          "doc_count" : 878
        },
        {
```

```
              "key" : "Klagetoh",
              "doc_count" : 214
          },
          {
              "key" : "Frank",
              "doc_count" : 117
          },
          {
              "key" : "Orviston",
              "doc_count" : 116
          },
          {
              "key" : "Shrewsbury",
              "doc_count" : 116
          },
          {
              "key" : "Konterra",
              "doc_count" : 115
          },
          {
              "key" : "Rockingham",
              "doc_count" : 114
          },
          {
              "key" : "Avoca",
              "doc_count" : 113
          },
          {
              "key" : "Dargan",
              "doc_count" : 113
          },
          {
              "key" : "Deltaville",
              "doc_count" : 113
          }
        ]
      }
    }
}
[ec2-user@ip-172-31-12-196 ES-Tutorial-1]$ curl -s -X GET
"localhost:9200/_cat/nodes?v&h=name,rcm?v&pretty"
name                    rcm
data-node               0b ❷
[ec2-user@ip-172-31-12-196 ES-Tutorial-1]$ curl -X GET "localhost:9200/
nodequerycache/_search?request_cache=true❸&pretty" -H 'Content-Type:
application/json' -d'
```

```
{
    "size": 0,
    "aggs" : {
        "cityaggs" : {
            "terms" : { "field" : "city.keyword" }
        }
    }
}
'
{
  "took" : 7,
  "timed_out" : false,
  "_shards" : {
    "total" : 5,
    "successful" : 5,
    "skipped" : 0,
    "failed" : 0
  },
  "hits" : {
    "total" : 439014,
    "max_score" : 0.0,
    "hits" : [ ]
  },
  "aggregations" : {
    "cityaggs" : {
      "doc_count_error_upper_bound" : 523,
      "sum_other_doc_count" : 437005,
      "buckets" : [
        {
          "key" : "Belvoir",
          "doc_count" : 878
        },
        {
          "key" : "Klagetoh",
          "doc_count" : 214
        },
        {
          "key" : "Frank",
          "doc_count" : 117
        },
        {
          "key" : "Orviston",
          "doc_count" : 116
        },
        {
          "key" : "Shrewsbury",
```

```
          "doc_count" : 116
        },
        {
          "key" : "Konterra",
          "doc_count" : 115
        },
        {
          "key" : "Rockingham",
          "doc_count" : 114
        },
        {
          "key" : "Avoca",
          "doc_count" : 113
        },
        {
          "key" : "Dargan",
          "doc_count" : 113
        },
        {
          "key" : "Deltaville",
          "doc_count" : 113
        }
      ]
    }
  }
}
[ec2-user@ip-172-31-12-196 ES-Tutorial-1]$ curl -s -X GET
"localhost:9200/_cat/nodes?v&h=name,rcm?v&pretty"
name                    rcm
data-node               3.7kb ❹
```

❶ 파라미터를 request_cache=false로 설정하여 쿼리를 요청하였다.
   request_cache가 false로 설정되면 Shard Request Cache가 비활성
   화된다.

❷ ❶번의 설정으로 캐싱되지 않았다.

❸ 파라미터를 request_cache=true로 설정하여 쿼리를 요청하였다.
   request_cache가 true로 설정되면 Shard Request Cache가 활성화
   된다.

❹ ❸번의 설정으로 캐싱되었다.

Shard Request Cache 설정을 기본으로 활성화한 다음, 색인이 종료된 과거 인덱스는 request_cache를 true로 집계하고 색인이 한참 진행 중인 인덱스는 false로 집계하는 방식으로 사용하면, 과거 인덱스에 대해서는 캐싱 데이터를 리턴해서 빠르게 결과를 전달받고, 색인이 빈번하게 진행 중이어서 캐싱이 어려운 인덱스는 불필요하게 캐싱하는 낭비를 막을 수 있다. 과거 인덱스에 색인이 들어오면 캐싱된 데이터가 초기화되기 때문에 인덱스를 쓰지 못하도록 read only 처리하는 것도 캐싱 데이터를 유지시킬 수 있는 방법이다. 마찬가지로 각 노드의 elasticsearch.yml 파일에 아래 코드 11.10과 같은 설정으로 Shard Request Cache 영역을 조정할 수 있다.

**코드 11.10 Shard Request Cache 영역 조정하기**

```
indices.requests.cache.size: 10% ❶
```

❶ 데이터 노드의 elasticsearch.yml 파일에 설정하여야 하며 노드를 재시작해야 한다.

### 11.1.3 Field Data Cache

마지막으로 Field Data Cache는 인덱스를 구성하는 필드에 대한 캐싱이다. Field Data Cache 영역은 주로 검색 결과를 정렬하거나 집계 쿼리를 수행할 때 지정한 필드만을 대상으로 해당 필드의 모든 데이터를 메모리에 저장하는 캐싱 영역이다. 그림 11.3을 살펴보자.

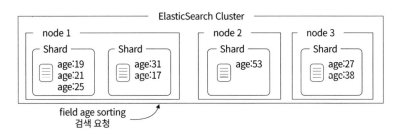

**그림 11.3** Field Data Cache 구조

그림 11.3에서 age 필드를 대상으로 정렬하는 검색을 한다면, 각 노드의 샤드에서는 요청에 맞는 문서와 정렬된 값을 리턴한다. 이때, 정렬된 age 필드의 값들이 Field Data Cache에 캐싱된다. 즉, 노드 1에서는 두 개의 샤드에 각각 age 필드의 값이 19, 21, 25인 데이터와 31, 17인 데이터가 캐싱되고, 노드 2에는 age 필드의 값이 53인 데이터가, 마지막으로 노드 3에는 age 필드의 값이 27, 38인 데이터들이 캐싱된다. Field Data Cache 영역은 text 필드 데이터 타입에 대해서는 기본적으로 캐싱을 허용하지 않는다. text 필드 데이터 타입은 다른 필드 데이터 타입에 비해 캐시 메모리에 큰 데이터가 저장되기 때문에 메모리를 과도하게 사용하게 된다. 이런 부작용을 막기 위해 text 필드 데이터 타입은 기본적으로 Field Data Cache에 캐싱되지 않는다. 코드 11.11은 Field Data Cache 메모리 사용 현황을 확인하는 방법이다.

**코드 11.11 Field Data Cache 현황 살펴보기**

```
[ec2-user@ip-172-31-12-196 ES-Tutorial-1]$ curl -s -X GET
"localhost:9200/_cat/nodes?v&h=name,fm❶?v&pretty"
name                    fm
data-node        0b
```

❶ 사용된 Field Data Memory의 용량을 확인한다.

앞서 코드 11.9에서 사용한 쿼리를 다시 한번 사용할 것이다. 이번에는 size를 기본값으로 설정하고 요청한다(코드 11.12).

**코드 11.12 size가 있는 쿼리 집계 후 Field Data Cache 현황 살펴보기**

```
[ec2-user@ip-172-31-12-196 ES-Tutorial-1]$ curl -X GET "localhost:9200/
nodequerycache/_search? pretty" -H 'Content-Type: application/json' -d'
{
    "from": 0, "size": 10, ❶
    "aggs" : {
        "cityaggs" : {
            "terms" : { "field" : "city.keyword" }
        }
    }
}
'
```

```
{
  "took" : 20, ❷
  "timed_out" : false,
  "_shards" : {
    "total" : 5,
    "successful" : 5,
    "skipped" : 0,
    "failed" : 0
  },
  "hits" : {
    "total" : 439014,
    "max_score" : 1.0,
    "hits" : [
      {
        "_index" : "nodequerycache",
        "_type" : "account",
        "_id" : "AFAx5G4BrLh6MYmmRrpL",
        "_score" : 1.0,
        "_source" : {
          "account_number" : 6,
          "balance" : 5686,
          "firstname" : "Hattie",
          "lastname" : "Bond",
          "age" : 36,
          "gender" : "M",
          "address" : "671 Bristol Street",
          "employer" : "Netagy",
          "email" : "hattiebond@netagy.com",
          "city" : "Dante",
          "state" : "TN"
        }
      },
    ... (중략) ...
[ec2-user@ip-172-31-12-196 ES-Tutorial-1]$ curl -s -X GET
"localhost:9200/_cat/nodes?v&h=name,fm?v&pretty"
name                    fm
data-node        2.7kb ❸
[ec2-user@ip-172-31-12-196 ES-Tutorial-1]$ curl -X GET "localhost:9200/
nodequerycache/_search?request_cache=false&pretty" -H 'Content-Type:
application/json' -d'
{
    "from": 0, "size": 10,
    "aggs" : {
        "cityaggs" : {
            "terms" : { "field" : "city.keyword" }
        }
```

```
      }
  }
'
{
  "took" : 10, ❹
  "timed_out" : false,
  "_shards" : {
    "total" : 5,
    "successful" : 5,
    "skipped" : 0,
    "failed" : 0
  },
  "hits" : {
    "total" : 439014,
    "max_score" : 1.0,
    "hits" : [
      {
        "_index" : "nodequerycache",
        "_type" : "account",
        "_id" : "AFAx5G4BrLh6MYmmRrpL",
        "_score" : 1.0,
        "_source" : {
          "account_number" : 6,
          "balance" : 5686,
          "firstname" : "Hattie",
          "lastname" : "Bond",
          "age" : 36,
          "gender" : "M",
          "address" : "671 Bristol Street",
          "employer" : "Netagy",
          "email" : "hattiebond@netagy.com",
          "city" : "Dante",
          "state" : "TN"
        }
      },
... (중략) ...
```

❶ 집계 쿼리에 size를 10으로 설정했다.

❷ 20ms의 응답 속도로 결과를 리턴했다.

❸ 2.7kb의 Field Data Cache가 메모리에 캐싱되었다.

❹ ❸에서 캐싱된 데이터로 인해 동일한 쿼리의 응답 속도가 10ms로 단축됐다.

이렇게 집계 쿼리 속도가 2배 이상 향상되었음을 확인할 수 있다. Field Data Cache 영역은 집계를 수행한 필드의 모든 데이터를 메모리에 로딩하기 때문에 집계 시에 불러들일 데이터의 양을 고려하여 사용해야 한다. Field Data Cache 영역도 캐시 사이즈를 별도로 설정할 수 있으며, 코드 11.13을 elasticsearch.yml 파일에 설정해야 한다.

**코드 11.13 Field Data Cache 영역 조정하기**

```
indices.fielddata.cache.size: 10% ❶
```

❶ 데이터 노드의 elasticsearch.yml 파일에 설정하여야 하며 노드를 다시 시작해야 한다. 메모리의 일정 비율로 설정하거나 절댓값(예: 12gb)을 설정할 수도 있다. 기본값 설정 시 한계가 없기 때문에 메모리를 지나치게 많이 사용하는 일을 막기 위해서이다.

지금까지 살펴본 캐시 영역들은 모두 메모리에 할당한 힙 메모리 영역을 사용한다. 예를 들어 메모리 16G를 힙 메모리로 할당한 노드에서 10%를 특정 캐시 영역에 할당했다면 약 1.6G 정도의 데이터를 캐싱할 수 있으며, 이후부터는 LRU 알고리즘에 의해 삭제되니 클러스터의 캐싱 환경에 따라 적절히 설정하도록 하자.

## 11.1.4 캐시 영역 클리어

마지막으로 각 캐시 영역을 클리어하는 방법에 대해 알아보자.

**코드 11.14 Cache 영역 클리어**

```
[ec2-user@ip-172-31-12-196 ES-Tutorial-1]$ curl -X POST
"localhost:9200/nodequerycache/_cache/clear?query=true&pretty" -H
'Content-Type: application/json' ❶
{
  "_shards" : {
    "total" : 10,
    "successful" : 5,
    "failed" : 0
  }
}
[ec2-user@ip-172-31-12-196 ES-Tutorial-1]$ curl -X POST
```

```
"localhost:9200/nodequerycache/_cache/clear?request=true&pretty" -H
'Content-Type: application/json' ❷
{
  "_shards" : {
    "total" : 10,
    "successful" : 5,
    "failed" : 0
  }
}
[ec2-user@ip-172-31-12-196 ES-Tutorial-1]$ curl -X POST
"localhost:9200/nodequerycache/_cache/clear?fielddata=true&pretty" -H
'Content-Type: application/json' ❸
{
  "_shards" : {
    "total" : 10,
    "successful" : 5,
    "failed" : 0
  }
}
```

❶ Node Query Cache 데이터를 클리어한다.

❷ Shard Request Cache 데이터를 클리어한다.

❸ Field Data Cache 데이터를 클리어한다.

코드 11.14는 앞에서 살펴본 Node Query Cache, Shard Request Cache, Field Data Cache를 인덱스별로 클리어하는 예제이다. 인덱스를 대상으로 캐시를 클리어하는 명령이므로 인덱스 이름 대신 _all을 사용하여 클러스터에 저장된 인덱스 전체를 대상으로 캐시를 클리어할 수도 있다. 한정된 메모리에 불필요하게 캐시 데이터를 저장하지 말고 해당 인덱스에서 캐시 데이터를 삭제하면서 운영하는 편이 성능 면에서 유리하다.

이번 절에서는 ElasticSearch에서 주로 사용하는 캐시 영역에 대해 알아보았다. 캐싱 방법이나 영역이 각각 다르니 차이점을 잘 구분하여 알아두고, 캐싱에 유리한 전략을 세워 검색 쿼리에 대해 빠른 응답을 받을 수 있도록 하자.

## 11.2 검색 쿼리 튜닝하기

앞 절에서 살펴본 캐싱을 이용한 성능 향상도 중요하지만 결국 쿼리를
어떻게 만드느냐가 가장 중요할 것이다. 검색 성능을 떨어트리는 요인
중 하나는 너무 많은 필드를 사용하는 것이다. 검색 쿼리를 작성하다 보
면 여러 가지 필드의 요구 사항에 맞춰서 응답을 받아야 할 때가 있다.
또한, 하나의 문서에 굉장히 많은 필드를 담아야 하는 경우도 있다. 물
론 처음에 인덱스의 매핑 정보를 생성할 때에 우선적으로 불필요한 필
드들을 제외해야 하지만 매핑 구조에 따라 필드가 많아지는 경우도 있
다. 이런 경우에는 별수 없이 많은 필드에 걸쳐 검색을 해야 하는 경우
도 생긴다. 이렇게 많은 필드를 하나의 필드로 모아서 검색할 수 있는
기능이 copy_to 기능이다. 코드 11.15를 살펴보자.

**코드 11.15 여러 개의 필드로 검색하기**

```
[root@elasticsearchserver elasticsearch]# curl -X PUT "localhost:9200/
copyto_index?pretty" -H 'Content-Type: application/json' -d'
{
"mappings": {
    "_doc": {
      "properties": {
        "first_name": {
          "type":     "text"
        },
        "last_name": {
          "type":     "text"
        }
      }
    }
  }
}
'
{
  "acknowledged" : true,
  "shards_acknowledged" : true,
  "index" : "copyto_index"
}
[root@elasticsearchserver elasticsearch]# curl -X GET "localhost:9200/
copyto_index/_mapping?pretty"
{
```

```
    "copyto_index" : {
      "mappings" : {
        "_doc" : {
          "properties" : {
            "first_name" : {
              "type" : "text"
            },
            "last_name" : {
              "type" : "text"
            }
          }
        }
      }
    }
}
[root@elasticsearchserver elasticsearch]# curl -X POST "localhost:9200/
copyto_index/_doc?pretty" -H 'Content-Type: application/json' -d'
{
"first_name": "alden",
  "last_name": "kang"
}
'
{
  "_index" : "copyto_index",
  "_type" : "_doc",
  "_id" : "jmN1M2wBCkJOmtuXirg9",
  "_version" : 1,
  "result" : "created",
  "_shards" : {
    "total" : 2,
    "successful" : 2,
    "failed" : 0
  },
  "_seq_no" : 0,
  "_primary_term" : 1
}
[root@elasticsearchserver elasticsearch]# curl -X GET "localhost:9200/
copyto_index/_search?pretty" -H 'Content-Type: application/json' -d'
{
  "query": {
    "bool": {
      "must":
      [
        { "match": { "first_name": "alden"} }, ❶
        { "match": { "last_name": "kang"} } ❷
      ]
    }
```

```
    }
  }
  '
  {
    "took" : 2,
    "timed_out" : false,
    "_shards" : {
      "total" : 5,
      "successful" : 5,
      "skipped" : 0,
      "failed" : 0
    },
    "hits" : {
      "total" : 1,
      "max_score" : 0.5753642,
      "hits" : [
        {
          "_index" : "copyto_index",
          "_type" : "_doc",
          "_id" : "jmN1M2wBCkJOmtuXirg9",
          "_score" : 0.5753642,
          "_source" : {
            "first_name" : "alden",
            "last_name" : "kang"
          }
        }
      ]
    }
  }
```

코드 11.15에서는 first_name 필드와 last_name 필드를 대상으로 검색하기 위해 ❶과 ❷처럼 match 쿼리를 두 번 사용할 수밖에 없었다. 만약 검색할 때마다 이 두 개의 필드를 항상 사용해야 한다면 copy_to를 이용하여 하나의 필드에서 검색하는 것이 검색 성능에 더 좋다. 그림 11.4를 살펴보자.

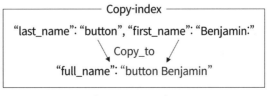

**그림 11.4** copy_to 의 구조

그림 11.4와 같이 last_name 필드의 값과 first_name 필드의 값을 full_
name이라는 새로운 필드로 복사해서 두 필드의 값을 한 번에 검색할 수
있다. 코드 11.16은 기존 인덱스에 copy_to 필드를 추가하여 활용하는
방법이다.

**코드 11.16 copy_to 필드를 활용하여 단일 필드로 검색하기**

```
[root@elasticsearchserver elasticsearch]# curl -X PUT "localhost:9200/
copyto_index/_doc/_mapping?pretty" -H 'Content-Type: application/json' -d'
{
"_doc": {
    "properties": {
      "first_name": {
        "type":    "text",
        "copy_to": "full_name" ❶
      },
      "last_name": {
        "type":    "text",
        "copy_to": "full_name" ❷
      },
      "full_name": { ❸
        "type": "text"
      }
    }
  }
}
'
{
  "acknowledged" : true
}
[root@elasticsearchserver elasticsearch]# curl -X GET "localhost:9200/
copyto_index/_mapping?pretty"
{
  "copyto_index" : {
    "mappings" : {
      "_doc" : {
        "properties" : {
          "first_name" : {
            "type" : "text",
            "copy_to" : [
              "full_name"
            ]
          },
          "full_name" : {
```

```
                    "type" : "text"
                },
                "last_name" : {
                    "type" : "text",
                    "copy_to" : [
                        "full_name"
                    ]
                }
            }
        }
    }
  }
}
[root@elasticsearchserver elasticsearch]# curl -X POST "localhost:9200/
copyto_index/_doc?pretty" -H 'Content-Type: application/json' -d'
{
"first_name": "banjamin",
"last_name": "button" ❹
}
'
{
  "_index" : "copyto_index",
  "_type" : "_doc",
  "_id" : "kGODM2wBCkJOmtuXfLhw",
  "_version" : 1,
  "result" : "created",
  "_shards" : {
    "total" : 2,
    "successful" : 2,
    "failed" : 0
  },
  "_seq_no" : 0,
  "_primary_term" : 1
}
[root@elasticsearchserver elasticsearch]# curl -X GET "localhost:9200/
copyto_index/_search?pretty" -H 'Content-Type: application/json' -d'
{
"query": {
    "match": {
        "full_name": "benjamin button" ❺
    }
  }
}
'
{
  "took" : 9,
```

```
    "timed_out" : false,
    "_shards" : {
      "total" : 5,
      "successful" : 5,
      "skipped" : 0,
      "failed" : 0
    },
    "hits" : {
      "total" : 1,
      "max_score" : 0.2876821,
      "hits" : [
        {
          "_index" : "copyto_index",
          "_type" : "_doc",
          "_id" : "kGODM2wBCkJOmtuXfLhw",
          "_score" : 0.2876821,
          "_source" : {
            "first_name" : "banjamin",
            "last_name" : "button"
          }
        }
      ]
    }
}
```

코드 11.16의 ❶과 ❷처럼 같이 모아서 검색할 필드에 copy_to 필드를 지정하고 검색에 사용할 필드 ❸을 매핑에 추가한다. 이후에 추가된 필드 ❸을 대상으로는 색인하지 않는다(❹). 이렇게 되면 코드 11.15에서 bool 쿼리로 찾던 문서를 ❺와 같이 단일 쿼리로 수행할 수 있다. 가능하면 처음에 매핑 스키마 계획을 세울 때 최소한의 필드를 사용할 수 있도록 하고, 불가피하게 많은 필드들을 대상으로 검색해야 한다면 copy_to 기능을 최대한 활용하도록 하자.

이번에는 불필요하게 사용되는 쿼리에 대해 살펴보자. 문서를 검색할 때 match 쿼리를 많이 사용한다. match 쿼리는 Query Context에 속하는 쿼리이다. Query Context는 analyzer를 통해 검색어를 분석하는 과정이 포함되기 때문에 분석을 위한 추가 시간이 필요하다. 반면에 Filter Context에 속하는 term 쿼리는 검색어를 분석하는 과정을 거치지 않는다. 그렇기 때문에 match 쿼리보다 term 쿼리가 성능이 더 좋다. 코드 11.17을 살펴보자.

**코드 11.17 match 쿼리 대신 term 쿼리 활용하기**

```
[root@elasticsearchserver elasticsearch]# curl -X PUT "localhost:9200/
term_index?pretty" -H 'Content-Type: application/json' -d'
{
"mappings": {
    "_doc": {
      "properties": {
        "title": {
          "type": "keyword" ❶
        },
        "comment": {
          "type": "text"
        }
      }
    }
}
}
'
{
  "acknowledged" : true,
  "shards_acknowledged" : true,
  "index" : "term_index"
}
[root@elasticsearchserver elasticsearch]# curl -X POST "localhost:9200/
term_index/_doc?pretty" -H 'Content-Type: application/json' -d'
{
  "title": "ElasticSearch Training Book",
  "content": "ElasticSearch is cool open source search engine"
}
'
{
  "_index" : "term_index",
  "_type" : "_doc",
  "_id" : "kWObM2wBCkJOmtuXKbjO",
  "_version" : 1,
  "result" : "created",
  "_shards" : {
    "total" : 2,
    "successful" : 2,
    "failed" : 0
  },
  "_seq_no" : 0,
  "_primary_term" : 1
}
[root@elasticsearchserver elasticsearch]# curl -X GET "localhost:9200/
```

```
term_index/_search?pretty" -H 'Content-Type: application/json' -d'
{
"query": {
    "match": {
       "title": "ElasticSearch Training Book" ❷
     }
  }
}
'
{
  "took" : 4,
  "timed_out" : false,
  "_shards" : {
    "total" : 5,
    "successful" : 5,
    "skipped" : 0,
    "failed" : 0
  },
  "hits" : {
    "total" : 1,
    "max_score" : 0.2876821,
    "hits" : [
      {
        "_index" : "term_index",
        "_type" : "_doc",
        "_id" : "kmOdM2wBCkJOmtuXd7hw",
        "_score" : 0.2876821,
        "_source" : {
          "title" : " ElasticSearch Training Book",
          "content" : "ElasticSearch is cool open source search engine"
        }
      }
    ]
  }
}
[root@elasticsearchserver elasticsearch]# curl -X POST "localhost:9200/
term_index/_search?pretty" -H 'Content-Type: application/json' -d'
{
"query": {
    "term": {
       "title": "ElasticSearch Training Book" ❸
     }
  }
}
'
{
```

```
  "took" : 2,
  "timed_out" : false,
  "_shards" : {
    "total" : 5,
    "successful" : 5,
    "skipped" : 0,
    "failed" : 0
  },
  "hits" : {
    "total" : 1,
    "max_score" : 0.2876821,
    "hits" : [
      {
        "_index" : "term_index",
        "_type" : "_doc",
        "_id" : "lGOhM2wBCkJOmtuXwrht",
        "_score" : 0.2876821,
        "_source" : {
          "title" : "ElasticSearch Training Book",
          "content" : "ElasticSearch is cool open source search engine"
        }
      }
    ]
  }
}
```

코드 11.17에서 keyword 필드 데이터 타입으로 매핑된 문자열 필드
(❶)는 match 쿼리를 사용하는 것(❷)보다 term 쿼리를 사용하는 것
(❸)이 성능상 더 유리하다. 앞서 이야기한 것과 같이 match 쿼리는
analyzer를 통해 검색어를 분석하는데, keyword 필드는 분석하지 않는
필드이기 때문에 검색할 때도 검색어를 분석하지 않는 term 쿼리가 더
적합하다.

또한, ElasticSearch에서는 수치 계산이 없는 숫자형 데이터는
keyword 필드 데이터 타입으로 매핑하도록 권고한다. 코드 11.18을 살
펴보자.

**코드 11.18 숫자형 자료형에 대해 keyword 필드 데이터 타입 활용하기**

```
[root@elasticsearchserver elasticsearch]# curl -X PUT "localhost:9200/
account_index?pretty" -H 'Content-Type: application/json' -d'
{
```

```
    "mappings": {
      "_doc": {
        "properties": {
          "account_no": {
            "type": "keyword"
          },
          "comment": {
            "type": "text"
          }
        }
      }
    }
}
'
{
  "acknowledged" : true,
  "shards_acknowledged" : true,
  "index" : "account_index"
}
```

회원의 고유 번호나 계좌 번호 같은 숫자형 데이터는 숫자이긴 하지만 해당 데이터를 더하거나 빼는 연산이 필요 없는 데이터이다. 이러한 데이터는 주로 고유 번호나 계좌 번호와 정확히 일치하는 문서를 찾는 쿼리를 작성하게 되기 때문에 keyword 필드 데이터 타입으로 정의하고 term 쿼리를 사용하는 것이 적합하다. 숫자형 데이터는 주로 연산이나 range 같은 범위 검색 쿼리에 최적화되어 있기 때문에 같은 숫자형이라고 하더라도 용도에 따라 적합한 데이터 타입을 정의하고 검색 쿼리를 작성하는 것이 좋다. 또한, keyword 필드 데이터 타입으로 생성하였기 때문에 filter context를 통해 문서 캐싱을 하기에도 좋아 검색 성능에 도움이 된다. 다만, 이렇게 keyword 필드 데이터 타입으로 저장된 수치들은 계산이 되지 않으니 용도에 맞게 활용하도록 하자.

## 11.3 샤드 배치 결정하기

데이터의 프라이머리 샤드와 레플리카 샤드를 적절히 배치하여 인덱스를 설정하는 것은 굉장히 중요한 문제이다. ElasticSearch는 프라이머리 샤드의 개수를 한번 설정하면 변경할 수 없기 때문에 처음 샤드 개수를 설정할 때 신중하게 설정해야 한다. 아래는 클러스터의 샤드 배치를 잘못 설정했을 때 발생할 수 있는 이슈들이다.

- 데이터 노드 간 디스크 사용량 불균형
- 색인/검색 성능 부족
- 데이터 노드 증설 후에도 검색 성능이 나아지지 않음
- 클러스터 전체의 샤드 개수가 지나치게 많음

샤드 배치를 계획 없이 진행했다가 겪게 되는 문제 중 하나는 클러스터 내의 데이터 노드 간 볼륨 사용량이 불균형해지는 문제이다.

그림 11.5 노드 간 볼륨 사용량의 불균형 문제

그림 11.5처럼 사용자는 3대의 데이터 노드로 클러스터를 구성하고, 인덱스를 생성할 때 프라이머리 샤드를 4개로 구성했다고 가정해보자. 데이터 노드 3대 중 한 대는 다른 노드에 비해 하나의 샤드를 더 가져갈 수밖에 없다. 색인이 계속 진행되어 디스크에 저장한 문서가 많아질수록 Node 1만 디스크 사용량이 높아진다. 이러한 문제를 해결하기 위해서는 노드의 개수에 맞게 인덱스의 샤드 개수를 설정해야 클러스터 성능에 유리하다.

　이번에는 색인/검색 성능이 떨어지는 사례를 살펴보자. 앞서 살펴본 디스크 사용량의 불균형 문제와도 연관이 있다. 샤드의 개수를 너무 적게 설정해도 디스크 사용량뿐만 아니라 색인/검색 성능에도 안 좋은 영향을 준다. 그림 11.6을 살펴보자.

**그림 11.6** 노드 개수보다 샤드를 적게 설정한 경우

그림 11.6은 3대의 데이터 노드에 두 개의 프라이머리 샤드를 설정하여 인덱스를 생성한 경우이다. 샤드를 할당받은 두 대의 노드는 검색과 색인에 참여할 수 있지만, 샤드를 할당받지 못한 노드는 클러스터에 할당되어도 색인과 검색에 참여할 수 없다. 다만, 인덱스가 지속적으로 생성된다면 새롭게 생성된 인덱스에 대해서는 샤드를 먼저 할당받는다.

**그림 11.7** 노드 개수보다 샤드를 적게 설정한 경우 인덱스가 추가될 때

그림 11.7처럼 새로운 인덱스가 생성되었다고 해도 특정 노드가 샤드를 배치받지 못한 상황은 그대로 유지된다.

앞에서 살펴본 문제들은 노드의 개수와 샤드의 개수를 동일하게 설정하는 것으로 어느 정도 해결할 수 있다. 하지만 노드의 개수와 샤드의 개수를 동일하게 설정했을 때도 문제가 생기는 시점이 있다. 바로 노드를 증설할 때이다. 이미 여러 번 언급했듯, 인덱스의 프라이머리 샤드는 일단 그 개수를 설정하면 변경하기 어렵다. 그런데 이미 노드 개수와 샤드 개수를 동일하게 설정한 상황에서 노드를 증설하면 앞서 설정한 노드의 개수가 샤드의 개수보다 더 많아지는 상황이 발생한다. 그림 11.8을 살펴보자.

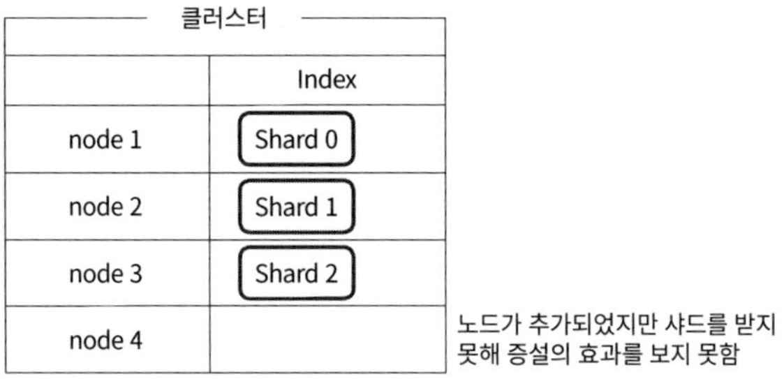

그림 11.8 클러스터에 노드를 증설한 경우

그림 11.8은 최초에 클러스터를 구성할 때는 노드 3대로 시작해서 샤드의 개수도 3으로 설정한 경우이다. 이 경우에는 노드 4번을 추가해도 할당받을 샤드가 없기 때문에 색인/검색 성능에 영향을 미치지 못한다. 디스크 용량 증설 효과와 성능 향상을 기대하며 노드를 증설하였지만 증설된 노드에 할당할 샤드가 없기 때문에 노드 증설의 효과를 느낄 수 없다. 이러한 상황을 모두 고려하여 샤드의 개수를 노드의 n배수로 설정하는 것이 증설 효과를 볼 수 있는 샤드 계획 방법 중 하나이다. 그렇다면, 위 상황에서 노드 한 대를 추가했다고 가정하고 그림 11.9를 살펴보자.

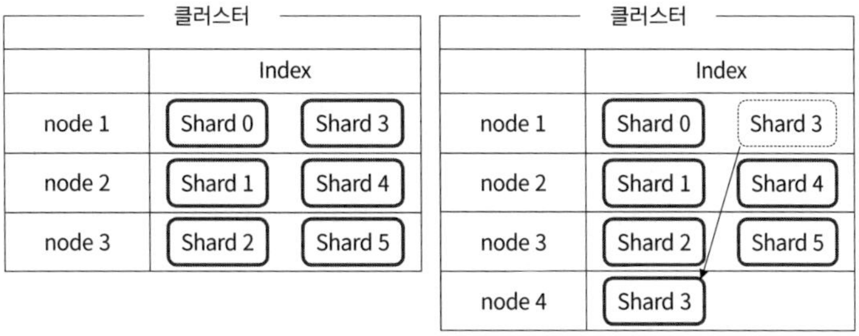

그림 11.9 샤드의 개수를 노드의 N배수로 설정한 상황에서 노드 한 대를 추가했을 경우

그림 11.9를 보면 노드 한 대를 추가하여 샤드를 할딩 받았지만 저음에 살펴본 노드 간 볼륨 사용량의 불균형이 발생한다. 노드 1과 4는 샤드가 하나이고, 노드 2와 3은 샤드가 두 개이기 때문이다. 모든 노드에 샤드를 동일하게 할당하고 균형 있게 볼륨을 사용하기 위해서는 증설될

노드의 예측이 중요하다. 처음에 클러스터를 구성할 때 어느 정도의 증설을 미리 계획하여 최초 구성한 노드의 개수와 증설된 이후 노드의 개수의 최소 공배수로 샤드의 개수를 설정하면 위와 같은 문제를 모두 예방할 수 있다. 그림 11.10을 살펴보자.

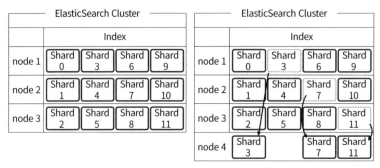

**그림 11.10** 최소 공배수로 설정한 샤드의 경우

그림 11.10은 최초에 노드를 3대로 구성하고 한 대 정도의 노드가 증설될 것을 가정하여 샤드의 개수를 12로 설정한 경우이다. 이렇게 하면 클러스터 운영 중 노드 한 대를 증설했을 때 각각의 노드가 가지고 있는 4개의 샤드 중에서 증설된 노드에 샤드를 한 개씩 재분배하면 된다. 이를 통해 노드가 한 대 증설되었음에도 모든 노드는 3개의 샤드를 할당받아 색인/검색에 참여할 뿐만 아니라, 볼륨 사용량도 동일해진다.

 위의 예시는 프라이머리 샤드만을 기준으로 설명하였다. 대부분 레플리카 샤드를 두어 클러스터를 운영할 것이기 때문에 샤드 계획을 세울 때 레플리카 샤드도 고려하여 적용해야 한다.

지금까지 데이터 노드에 할당될 샤드를 미리 예측해 보고 이에 맞춰 샤드 개수를 계획하는 방법을 알아보았다. 여기에 추가적으로 데이터 노드에 할당된 샤드들의 정보를 알고 있어야 하는 마스터 노드에 관해서도 고려할 점이 있다. 클러스터 내에 샤드가 많아지면 마스터 노드가 관리해야 하는 정보도 늘어난다. 클러스터에 추가되는 노드나 인덱스, 샤드가 증가하면 증가할수록 마스터 노드는 이 정보들을 관리하기 위해 할당된 힙 메모리를 점점 더 많이 사용하게 된다. 데이터 노드의 사용량에 큰 문제가 없는데 클러스터의 성능이 제대로 나오지 않는다면 마스터 노드의 성능을 확인해 보아야 한다. ElasticSearch는 이렇게 클러스터 내에 샤드가 너무 많아져서 클러스터 전체 성능이 저하되는 것을 막기 위해 하나의 노드에서 조회할 수 있는 샤드의 개수를 제한하는 설정이 있다. 코드 11.19를 살펴보자.

**코드 11.19 클러스터 내에 노드당 샤드 조회 제한 설정**

```
[root@elasticsearchserver elasticsearch]# curl -X PUT "localhost:9200/_
cluster/settings?pretty" -H 'Content-Type: application/json' -d'
{
  "transient": {
    "cluster.max_shards_per_node": 2000 ❶
  }
}
'
{
  "acknowledged" : true,
  "persistent" : { },
  "transient" : {
    "cluster" : {
      "max_shards_per_node" : "2000"
    }
  }
}
```

❶ 노드당 검색 요청에 응답할 수 있는 최대 샤드 개수를 2,000개로 설정하였다.

마스터 노드로 설정된 노드의 사용량을 모니터링해가며 클러스터에 적절한 전체 샤드 개수를 설정하도록 하자.

지금까지 안정적인 클러스터 운영을 위해 어떻게 샤드를 배치해야 하는지 알아보았다. 다음 절에서는 검색 성능을 위해 세그먼트를 강제로 병합시키는 forcemerge API에 대해 알아보자.

## 11.4 forcemerge API

forcemerge API에 대해 살펴보기 전에 4장에서 살펴본 세그먼트를 떠올려 보자. 인덱스는 샤드로 나뉘고, 샤드는 다시 세그먼트로 나눌 수 있다. 사용자가 색인한 문서는 최종적으로 가장 작은 단위인 세그먼트에 저장된다. 또한, 세그먼트는 작은 단위로 시작했다가 특정 시점이 되면 다수의 세그먼트들을 하나의 세그먼트로 합친다. 세그먼트가 잘 병합되어 있으면 검색 성능도 올라간다. 그림 11.11을 살펴보자.

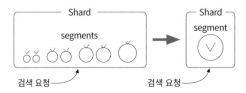

그림 11.11 많은 세그먼트로 구성된 샤드와 하나의 세그먼트로 구성된 샤드의 검색 요청

샤드에 여러 개의 세그먼트가 있다면 해당 세그먼트들이 모두 검색 요청에 응답을 주어야 한다. 쿼리마다 많은 세그먼트에 접근해야 한다면 이는 곧 I/O를 발생시켜 성능 저하로 이어질 것이다. 하지만 세그먼트가 하나로 합쳐져 있다면, 사용자의 검색 요청에 응답해야 하는 세그먼트가 하나이기 때문에 성능이 더 좋아질 수 있다. forcemerge API는 이렇게 세그먼트를 강제로 병합할 때 사용하는 API이다. 코드 11.20을 살펴보자.

코드 11.20 forcemerge API로 샤드 내 세그먼트를 강제로 병합하는 방법

```
[root@elasticsearchserver elasticsearch]# curl -X GET "localhost:9200/_
cat/segments/forcemerge?v&h=index,shard,prirep,segment,docs,count,size&
pretty" ❶
index      shard prirep segment      size
forcemerge 0     p      _c        7.3mb ❷
forcemerge 0     p      _l        7.3mb
forcemerge 0     p      _m       414.2kb
forcemerge 0     p      _n      1001.9kb
forcemerge 0     p      _o       858.7kb
forcemerge 1     p      _c        7.4mb
forcemerge 1     p      _l       457.5kb
```

```
forcemerge 1      p      _m        7.2mb
forcemerge 1      p      _n      1003.9kb
forcemerge 1      p      _o       684.9kb
forcemerge 2      p      _c        7.4mb
forcemerge 2      p      _l        7.2mb
forcemerge 2      p      _m       457.5kb
forcemerge 2      p      _n      1004.5kb
forcemerge 2      p      _o       683.3kb
forcemerge 3      p      _c        7.4mb
forcemerge 3      p      _l        7.2mb
forcemerge 3      p      _m       505.5kb
forcemerge 3      p      _n       965.3kb
forcemerge 3      p      _o       606.1kb
forcemerge 4      p      _c        7.5mb
forcemerge 4      p      _l       505.7kb
forcemerge 4      p      _m        7.2mb
forcemerge 4      p      _n       923.9kb
forcemerge 4      p      _o       701.9kb
[root@elasticsearchserver elasticsearch]# curl -X POST "localhost:9200/
forcemerge/_forcemerge?max_num_segments=1❸&pretty" -H 'Content-Type:
application/json'
{
  "_shards" : {
    "total" : 10,
    "successful" : 5,
    "failed" : 0
  }
}
[root@elasticsearchserver elasticsearch]# curl -X GET "localhost:9200/_
cat/segments/forcemerge?v&h=index,shard,prirep,segment,docs,count,size&
pretty"
index        shard prirep segment    size
forcemerge 0      p      _p      15.6mb ❹
forcemerge 1      p      _p      15.5mb
forcemerge 2      p      _p      15.5mb
forcemerge 3      p      _p      15.4mb
forcemerge 4      p      _p      15.5mb
```

❶ cat API를 통해 세그먼트의 현황을 확인한다.

❷ forcemerge 인덱스는 총 5개의 프라이머리 샤드로 구성되어 있고,
다시 샤드 하나당 5개의 세그먼트로 구성되어 있다.

❸ max_num_segments 옵션을 활용하여 forcemerge 인덱스를 구성하는
샤드의 세그먼트를 하나로 병합한다.

❹ 하나의 샤드당 하나의 세그먼트로 병합했다.

이렇게 하나의 샤드에 하나의 세그먼트로 병합된 인덱스는 검색 시 훨씬 적은 파일에 접근하게 된다. 하지만 무조건 세그먼트가 적다고 좋은 것은 아니다. 예를 들어, 샤드 하나의 크기가 100GB 정도인데 세그먼트가 하나라면 작은 크기의 문서를 찾을 때에도 100GB의 크기 전체를 대상으로 검색해야 해서 세그먼트 병합 전보다 성능이 떨어질 수 있다.

 이런 경우는 애초에 샤드 계획을 잘못 잡은 케이스로 볼 수 있다. 클러스터의 적절한 샤드 크기를 찾는 방법은 12장에서 다룰 예정이다.

클러스터의 특성에 맞게 샤드 계획을 잘 수립하여 하나의 샤드에 적절한 용량이 할당되도록 하고, 샤드 내 세그먼트를 병합할 때 적절한 용량으로 병합하는 것이 중요하다. 또한, 세그먼트를 병합했는데 이후에 색인이 발생되면 다시 세그먼트가 늘어나게 되어 병합 작업의 효과를 보기 어렵다. 색인이 모두 끝난 인덱스는 병합 작업을 진행하고 난 이후 readonly 모드로 설정하여 더 이상 세그먼트가 생성되지 못하게 하는 것이 좋다.

## 11.5 그 외의 검색 성능을 확보하는 방법들

앞서 알아본 검색 성능을 확보하는 방법 외에도 ElasticSearch에서 권고하는 검색 성능 확보 방법들이 있다. ElasticSearch에서는 문서를 모델링할 때 가급적이면 간결하게 구성하도록 권고한다. Parent/Child 구조의 join 구성이나 nested 타입같이 문서를 처리할 때 문서 간의 연결 관계 처리를 필요로 하는 구성은 권장하지 않는다. 또한 painless script[2]를 사용하여 하나의 문서를 처리할 때마다 부가적으로 리소스를 사용하지 않도록 하는 것도 권고 사항이다. 코드 11.21을 살펴보자.

---

2  painless script는 쿼리만으로 원하는 데이터를 조회하기 어려울 때 사용하는 ElasticSearch 전용 스크립트 언어이다.

**코드 11.21 nested datatype으로 구성된 문서 모델링**

```
[root@elasticsearchserver elasticsearch]# curl -X PUT "localhost:9200/
nested_index?pretty" -H 'Content-Type: application/json' -d'
{
  "mappings": {
    "_doc": {
      "properties": {
        "name": {
          "type": "keyword"
        },
        "devices": {
          "type": "nested" ❶
        }
      }
    }
  }
}
'

{
  "acknowledged" : true,
  "shards_acknowledged" : true,
  "index" : "nested_index"
}
[root@elasticsearchserver elasticsearch]# curl -X POST "localhost:9200/
nested_index/_doc?pretty" -H 'Content-Type: application/json' -d'
{
  "name": "alden",
  "devices": [
    {
      "device_name": "iPhone11"
    },
    {
      "device_name": "iPad Pro"
    },
    {
      "device_name": "Galaxy Note 10"
    }
  ]
}
'

{
  "_index" : "nested_index",
  "_type" : "_doc",
  "_id" : "z9PRJ28BpcYtHfRHb5Lf",
  "_version" : 1,
```

```
      "result" : "created",
      "_shards" : {
        "total" : 2,
        "successful" : 1,
        "failed" : 0
      },
      "_seq_no" : 0,
      "_primary_term" : 1
    }
    [root@elasticsearchserver elasticsearch]# curl -X GET "localhost:9200/
    nested_index/_search?pretty"
    {
      "took" : 0,
      "timed_out" : false,
      "_shards" : {
        "total" : 5,
        "successful" : 5,
        "skipped" : 0,
        "failed" : 0
      },
      "hits" : {
        "total" : 1,
        "max_score" : 1.0,
        "hits" : [
          {
            "_index" : "nested_index",
            "_type" : "_doc",
            "_id" : "z9PRJ28BpcYtHfRHb5Lf",
            "_score" : 1.0,
            "_source" : {
              "name" : "alden",
              "devices" : [
                {
                  "device_name" : "iPhone11"
                },
                {
                  "device_name" : "iPad Pro"
                },
                {
                  "device_name" : "Galaxy Note 10"
                }
              ]
            }
          }
        ]
      }
    }
```

코드 11.21은 devices라는 필드를 nested 타입으로 정의했다(❶). 코드 11.22에서는 같은 데이터를 일반적인 문서의 형태로 구성했다.

**코드 11.22 nested datatype을 사용하지 않은 형태의 문서 모델링**

```
[root@elasticsearchserver elasticsearch]# curl -X PUT "localhost:9200/
general_index?pretty" -H 'Content-Type: application/json' -d'
{
  "mappings": {
    "_doc": {
      "properties": {
        "name": {
          "type": "keyword"
        },
        "devices": {
          "type": "keyword" ❶
        }
      }
    }
  }
}
'
{
  "acknowledged" : true,
  "shards_acknowledged" : true,
  "index" : "general_index"
}
[root@elasticsearchserver elasticsearch]# curl -X POST "localhost:9200/
general_index/_doc?pretty" -H 'Content-Type: application/json' -d'
{
  "name": "alden",
  "devices": "iPhone11"
}
'
{
  "_index" : "general_index",
  "_type" : "_doc",
  "_id" : "0dPaJ28BpcYtHfRHN5Jv",
  "_version" : 1,
  "result" : "created",
  "_shards" : {
    "total" : 2,
    "successful" : 1,
    "failed" : 0
  },
```

```
    "_seq_no" : 0,
    "_primary_term" : 1
}
[root@elasticsearchserver elasticsearch]# curl -X POST "localhost:9200/
general_index/_doc?pretty" -H 'Content-Type: application/json' -d'
{
  "name": "alden",
  "devices": "iPad Pro"
}
'
{
  "_index" : "general_index",
  "_type" : "_doc",
  "_id" : "0tPaJ28BpcYtHfRHaJKW",
  "_version" : 1,
  "result" : "created",
  "_shards" : {
    "total" : 2,
    "successful" : 1,
    "failed" : 0
  },
  "_seq_no" : 1,
  "_primary_term" : 1
}
[root@elasticsearchserver elasticsearch]# curl -X POST "localhost:9200/
general_index/_doc?pretty" -H 'Content-Type: application/json' -d'
{
  "name": "alden",
  "devices": "Galaxy Note 10"
}
'
{
  "_index" : "general_index",
  "_type" : "_doc",
  "_id" : "09PaJ28BpcYtHfRHoZJj",
  "_version" : 1,
  "result" : "created",
  "_shards" : {
    "total" : 2,
    "successful" : 1,
    "failed" : 0
  },
  "_seq_no" : 0,
  "_primary_term" : 1
}
```

```
[root@elasticsearchserver elasticsearch]# curl -X GET "localhost:9200/
general_index/_search?pretty"
{
  "took" : 0,
  "timed_out" : false,
  "_shards" : {
    "total" : 5,
    "successful" : 5,
    "skipped" : 0,
    "failed" : 0
  },
  "hits" : {
    "total" : 3,
    "max_score" : 1.0,
    "hits" : [
      {
        "_index" : "general_index",
        "_type" : "_doc",
        "_id" : "0dPaJ28BpcYtHfRHN5Jv",
        "_score" : 1.0,
        "_source" : {
          "name" : "alden",
          "devices" : "iPhone11"
        }
      },
      {
        "_index" : "general_index",
        "_type" : "_doc",
        "_id" : "0tPaJ28BpcYtHfRHaJKW",
        "_score" : 1.0,
        "_source" : {
          "name" : "alden",
          "devices" : "iPad Pro"
        }
      },
      {
        "_index" : "general_index",
        "_type" : "_doc",
        "_id" : "09PaJ28BpcYtHfRHoZJj",
        "_score" : 1.0,
        "_source" : {
          "name" : "alden",
          "devices" : "Galaxy Note 10"
        }
      }
    ]
```

```
    }
}
```

❶ 코드 11.22는 devices 필드를 keyword 타입으로 정의했다.

코드 11.21과 코드 11.22를 비교해 보면 nested 타입은 문서 1건, 그렇지 않은 경우는 문서 3건을 저장하기 때문에 nested 타입이 훨씬 빠를 것이라고 예상할 수 있지만, 실제로 ElasticSearch에서는 문서가 점점 많아지면 문서 간의 연결 고리를 고려해야 하는 nested 타입보다 코드 11.21처럼 일반적인 형태의 문서로 여러 개 모델링하는 쪽이 성능에 도움이 된다. 다만, 코드 11.21은 nested 타입에 저장될 데이터 개수가 고정적일 때에 가능한 대안으로, nested 타입에 저장될 데이터의 개수가 유동적일 때에는 별수 없이 성능 손실을 감수하고 사용하는 수밖에 없다.

그 외에 ElasticSearch는 레플리카 샤드를 가능한 한 충분히 둘 것을 권고한다. 레플리카 샤드는 데이터 안정성을 확보하는 역할을 할 뿐만 아니라, 검색 요청에 대해 많은 샤드들이 결과를 리턴해 주는 역할을 한다. 그림 11.12를 살펴보자.

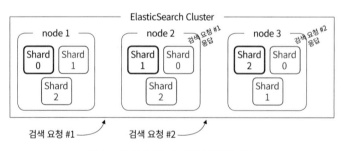

그림 11.12 검색 성능을 위한 레플리카 샤드

그림 11.12와 같이 검색 요청이 한 번에 여러 건이 들어올 때 요청에 응답을 줄 데이터가 샤드 0번에 있다고 가정하면, 검색 요청 #1은 노드 2번에 있는 레플리카 샤드 0번이 응답해 주고, 연달아 들어온 검색 요청 #2는 노드 3번에 있는 레플리카 샤드 0번이 응답해 줄 수 있다. 이렇게

하면 동시에 들어온 검색 요청에 서로 다른 노드가 응답해 줄 수 있기 때문에 더 좋은 검색 성능을 보여준다. 즉, 레플리카 샤드가 많을수록 검색 성능은 더욱 좋아지게 된다. 다만, 레플리카 샤드는 인덱싱 성능과 볼륨 사용량의 낭비가 발생하니 클러스터의 용량을 고려해서 추가하는 것이 좋다.

## 11.6 마치며

이번 장에서는 검색 성능을 최적화하는 방법에 대해 알아보았다. 다음 장에서는 이번 장에서 살펴본 샤드 배치 전략을 바탕으로 시나리오를 만들고 성능을 테스트하는 방법에 대해 살펴보자. 이번 장에서 살펴본 내용을 정리하면 다음과 같다.

1. ElasticSearch는 다양한 캐시 영역을 두어 사용자의 검색 요청에 대한 내용들을 캐싱하는데, 이 캐시 영역들을 적절히 사용하면 검색 성능을 향상시킬 수 있다.
2. Node Query Cache는 쿼리 결과를 각 노드에 캐싱하는 영역이다. 활성화 상태가 기본이다.
3. Shard Request Cache는 쿼리 결과 중 집계 데이터에 관한 결과를 각 샤드에 캐싱하는 영역이다. 활성화 상태가 기본이다.
4. Field Data Cache는 쿼리의 대상이 되는 필드의 데이터들을 캐싱하는 영역이다. 활성화 상태가 기본이다.
5. 문서를 검색할 대상 필드를 줄이거나, 쿼리의 종류를 바꾸는 것만으로도 검색 성능을 향상시킬 수 있다.
6. forcemerge API를 활용하여 색인이 끝난 인덱스의 샤드 내 세그먼트를 강제로 병합하면 검색 성능을 향상시킬 수 있다.
7. 꼭 필요한 상황이 아니면 nested 타입과 같은 복잡한 형태의 데이터 타입을 사용하지 말아야 한다.
8. 클러스터 용량에 여유가 있다면 레플리카 샤드를 추가로 만들어서 검색 성능의 향상을 기대할 수 있다.

# ElasticSearch 클러스터 구축 시나리오

지금까지 우리는 ElasticSearch의 기본 개념, 구성, 쿼리, 그리고 성능 최적화까지 많은 내용을 살펴보았다. 이번 장에서는 앞에서 살펴본 내용들을 바탕으로, 시나리오를 통해 실제 클러스터를 구성할 때 고려해야 할 항목들을 알아볼 것이다. ElasticSearch는 주로 두 가지 용도로 사용한다.

- 분석 엔진으로 ElasticSearch 클러스터를 구성
- 검색 엔진으로 ElasticSearch 클러스터를 구성

ElasticSearch는 클라이언트에 저장되는 로그를 장기간 모아 데이터를 분석/집계하는 분석 엔진으로 사용하거나, 검색에 쓰일 데이터를 저장하여 사용자의 검색 요청에 데이터를 제공하는 형태의 검색 엔진으로 서비스하는 것이 일반적이다. 이 중 분석 엔진으로 ElasticSearch 클러스터 구성을 계획할 경우에는 하루에 적재되는 문서의 전체 용량과 보관 기간을 사전에 산정하는 것이 필수적이다. 물론 특정 용량이나 기간을 산정하기는 어려운 일이지만 대략적으로 하루 데이터의 용량을 대/중/소로 나누고, 보관 기간은 단기/중기/장기간의 형태로 산정할 수 있다.

반면에, 검색 엔진으로 ElasticSearch 클러스터 구성을 계획할 때에는 여러 개의 인덱스를 사용하지 않는 것이 일반적이다. 검색 서비스로 제

공할 인덱스 몇 개만 지속적으로 사용하는 게 일반적이며, 분석 엔진과 달리 응답 시간이 가장 중요한 요소가 된다.

> ✓ 분석 엔진에서도 응답 시간이 물론 중요하지만 그보다 데이터를 보관할 수 있는 크기가 가장 중요한 요소다.

이처럼 클러스터의 용도에 따라 구성이 크게 달라진다. 이번 장에서 살펴볼 몇 가지 시나리오를 통해 클러스터를 구성하는 방법을 익혀 두면, 향후 다른 형태의 클러스터를 구성할 때에도 응용할 수 있다. 그럼 먼저 ElasticSearch 클러스터를 분석 엔진으로 구성할 때의 시나리오를 살펴보자.

## 12.1 시나리오 #1 - 일 100GB 데이터 분석용 클러스터

첫 번째 시나리오는 분석 엔진으로 ElasticSearch 클러스터를 구성하는 시나리오이다.

- 시나리오 #1: 하루에 100GB 정도의 데이터를 저장하면서 보관 기간이 한 달인 분석 엔진 클러스터
- 인덱스 이름 패턴: elasticsearch-YYYY.MM.dd
- 프라이머리 샤드 기준 하루에 색인되는 인덱스의 용량: 100GB × 1(일) = 100GB
- 인덱스 보관 기간: 30일
- 레플리카 샤드 개수: 1개
- 클러스터에 저장되는 전체 예상 용량: 100GB × 30(일) × 2(레플리카 샤드 1개) = 6TB
- 데이터 노드 한 대에 저장할 수 있는 용량: 2TB
- 클러스터에 저장될 인덱스의 총 개수: 30개

먼저, 시나리오를 바탕으로 클러스터에 저장되는 전체 용량을 산정할 수 있다. 레플리카 샤드는 데이터 노드 장애에 대비하여 한 개로 산정

하였다. 이 클러스터는 보관 기간인 한 달 동안 총 6TB의 저장 공간이 필요하다고 산정할 수 있다. 클러스터의 전체 용량을 산정하고 나면 데이터 노드로 사용할 노드의 용량을 기준으로 최소 몇 대의 데이터 노드가 필요한지 산정할 수 있다. 이 시나리오에서는 2TB의 SSD 디스크를 사용하는 데이터 노드로 가정하였다. 인덱스는 30일만 보관할 예정이기 때문에 인덱스의 이름을 일별 패턴으로 생성하면 클러스터에는 총 30개의 인덱스가 생성된다. 지금까지의 데이터를 살펴보면 클러스터 전체 데이터 사이즈를 6TB로 산정해서 노드 3대만으로 구성하면 될 것 같지만 클러스터 전체 용량은 이보다 더 크게 할당해야 한다. ElasticSearch는 기본적으로 노드의 디스크 사용률을 기준으로 샤드를 배치하기 때문에 노드의 디스크 사용률이 low watermark 기본값인 85%가 넘으면 해당 노드에 샤드 할당을 지양한다. 따라서 노드의 최대 데이터 적재 용량을 80%로 잡고 시나리오를 작성해보자.

 항상 계획된 대로 데이터가 색인되면 문제 없겠지만 특정 이벤트에 의해 로그가 갑자기 늘어나는 경우를 충분히 고려해야 한다. 여기서는 80%로 가정하였지만 민감한 서비스일수록 보수적으로 산정하는 것이 안정적인 클러스터 운영에 도움이 된다.

6TB의 용량이 전체 용량의 80%가 되어야 하기 때문에 클러스터의 전체 용량은 7.5TB로 산정할 수 있다. 따라서 데이터 노드의 대수도 3대가 아닌 4대가 되어야 한다. 하지만, 노드의 디스크 사용량 측면에서는 이렇게 정상적인 상태만 고려하면 안된다. 예를 들어, 데이터 노드 한 대가 장애가 발생했다고 가정해 보자. 레플리카 샤드를 1로 설정하여 한 대의 노드 장애에 대해서는 클러스터의 yellow 상태를 보장한다. 하지만 노드의 장애가 오랜 시간 이어질 수 있기 때문에 해당 노드에 저장된 문서들을 다른 노드에서 충분히 받아줄 수 있을 만큼의 용량을 확보해야 한다. 그림 12.1을 살펴보자.

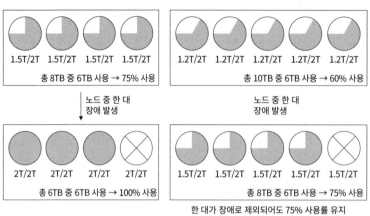

그림 12.1 노드 한 대에 장애가 발생했을 때 각 노드의 볼륨 사용량

데이터 노드가 4대일 때에는 총 8TB가 확보되어 6TB의 데이터를 수용하는 데 문제가 없지만 노드 한 대에 장애가 발생해서 클러스터에 노드가 3대만 남게 되면 모든 데이터 노드의 디스크가 가득 차게 된다. 하지만 5대로 구성하게 되면 총 10TB가 확보되어 데이터 노드 한 대에 장애가 발생하더라도 8TB까지 저장할 수 있기 때문에 데이터 노드 장애를 시급하게 복구하지 않아도 된다. 즉, 데이터 노드의 장애 상황까지 고려하여 클러스터를 총 5대의 데이터 노드로 구성해야 한다.

- 데이터 노드 대수: 5대
- 데이터 노드 한 대의 볼륨 할당률: 6TB / 10TB × 100 = 60%
- 데이터 노드 한 대 장애 시 데이터 노드 한 대의 볼륨 할당률: 6TB / 8TB × 100 = 75%

용량에 대한 노드 개수를 산정했다면 11장 "검색 성능 최적화"에서 살펴본 샤드 계획에 대한 내용을 적용해 보자. 샤드의 개수 산정은 클러스터의 색인 및 검색 성능과 밀접한 관계가 있다. 11장에서 모든 노드가 색인과 검색에 참여하면서 데이터 노드 간 볼륨 사용량의 불균형이 생기는 것은 막기 위해 데이터 노드의 n배로 샤드의 개수를 산정하는 방법을 살펴보았다. 보통 분석 엔진에서는 샤드 하나의 크기를 20~40G

정도로 할당하는 것을 권고하기 때문에 이 사이즈보다 더 커지는 것은 지양해야 한다. 하지만 샤드를 이보다 조금 더 작은 용량으로 산정하는 것은 성능상 큰 문제가 되지 않는다.

- 인덱스를 구성하는 프라이머리 샤드의 개수: 10개
- 클러스터의 전체 인덱스에 의해 생성되는 샤드의 총 개수: 10(개) × 30(일) × 2(레플리카 샤드) = 600개
- 인덱스 하나를 기준으로 노드 한 대에 할당되는 샤드 개수: 10(개) × 2(레플리카 샤드) / 5(노드 개수) = 4개
- 인덱스 전체를 기준으로 노드 한 대에 할당되는 샤드의 총 개수 : 10(개) × 2(레플리카 샤드) × 30(일) / 5(노드 개수) = 120개

현재 용량을 기준으로 산정한 데이터 노드의 개수는 5대이다. 노드 5대가 모두 색인 및 검색에 참여하고, 보관 기간 연장이나 문서 증가를 고려하여 노드의 2배수인 10개의 프라이머리 샤드를 산정하였다. 하루에 색인되는 용량은 총 100GB로, 10개의 프라이머리 샤드로 구성된다면 샤드 하나의 크기는 10GB 정도로 할당된다.[1]

하루에 레플리카 샤드를 포함하여 총 20개의 샤드를 생성하게 되고, 데이터 노드 5대가 샤드를 4개씩 나눠 갖게 된다. 30일이 지나면 총 600개의 샤드가 생성되고, 데이터 노드 5대가 샤드 120개씩을 나눠 갖게 된다. 지금까지 살펴본 내용을 바탕으로 시나리오 #1의 전체 클러스터 구성을 정리하면 다음과 같다.

- 시나리오 #1: 하루에 100GB 정도의 데이터를 저장하면서 보관 기간이 한 달(30일)인 분석 엔진 클러스터
- 인덱스 이름 패턴: elasticsearch-YYYY.MM.dd
- 프라이머리 샤드 기준 하루에 색인되는 인덱스의 용량: 100GB × 1(일) = 100GB

---

1 샤드 하나의 크기가 40GB가 넘어가면 성능 저하가 뚜렷이 나타난다. 하나의 샤드에 너무 큰 용량의 데이터가 할당되지 않도록 주의하자.

- 인덱스 보관 기간: 30일
- 레플리카 샤드 개수: 1개
- 클러스터에 저장되는 전체 예상 용량: 100GB × 30(일) × 2(레플리카 샤드 1개) = 6TB
- 데이터 노드 한 대에 할당할 수 있는 볼륨 용량: SSD 2TB
- 클러스터에 저장될 인덱스의 총 개수: 30개
- 데이터 노드 대수: 5대
- 데이터 노드 한 대의 볼륨 할당률: 6TB / 10TB × 100 = 60%
- 데이터 노드 한 대 장애 시 나머지 데이터 노드 한 대당 볼륨 할당률: 6TB / 8TB × 100 = 75%
- 인덱스를 구성하는 프라이머리 샤드의 개수: 10개
- 클러스터의 전체 인덱스에 의해 생성되는 샤드의 총 개수: 10(개) × 30(일) × 2(레플리카 샤드) = 600개
- 인덱스 하나를 기준으로 노드 한 대에 할당되는 샤드 개수: 10(개) × 2(레플리카 샤드) / 5(노드 개수) = 4개
- 인덱스 전체를 기준으로 노드 한 대에 할당되는 샤드의 총 개수: 10(개) × 2(레플리카 샤드) × 30(일) / 5(노드 개수) = 120개

마지막으로 11장에서 분석 엔진에 유용한 성능 확보 방법을 추가로 적용해 보자.

- 색인이 끝난 인덱스는 forcemerge API로 검색 성능 확보
- 색인이 끝난 인덱스는 readonly로 설정하여 Shard Request Cache 가 삭제되지 않도록 설정

## 12.2 시나리오 #2 - 일 1GB의 데이터 분석과 장기간 보관용 클러스터

이번 절에서는 하루에 1GB 미만의 소량의 데이터를 저장하면서 보관 기간이 연 단위가 넘는 클러스터를 가정하여 시나리오를 작성해 보자.

앞서 살펴본 시나리오 #1과 마찬가지로 클러스터 산정에 필요한 항목을 정리하면 다음과 같다.

- 시나리오 #2: 하루에 1GB 정도의 데이터를 저장하면서 보관 기간이 3년인 분석 엔진 클러스터
- 인덱스 이름 패턴: elasticsearch-YYYY.MM
- 프라이머리 샤드 기준 한 달에 색인되는 인덱스의 용량: 1GB × 30(일) = 30GB
- 인덱스 보관 기간: 3년
- 레플리카 샤드 개수: 1개
- 클러스터에 저장되는 전체 예상 용량: 30GB × 36(개월) × 2(레플리카 샤드 1개) = 2.16TB
- 데이터 노드 한 대에 할당할 수 있는 용량: SSD 2TB
- 클러스터에 저장될 인덱스의 총 개수: 36개

몇 가지 사항을 제외하면 앞서 살펴본 시나리오 #1과 크게 다르지 않다. 차이점이라면 시나리오 #2에서는 인덱스를 일별 단위가 아니라 월별로 보관하는 것이 좋다. 일별로 보관하도록 설정하면 긴 보관 기간에 따른 클러스터 내 전체 샤드의 개수가 증가하는 것이 클러스터 운영에 부담이 될 수 있다.[2]

시나리오 #2의 경우에 인덱스를 일별로 생성한다면 3년이 지난 이후에는 1,095개의 인덱스가 생성되지만, 월별로 생성한다면 36개의 인덱스만 존재한다. 또한 저장 공간의 측면을 고려하자면 데이터 노드는 2대로 충분하지만 노드 한 대에서 장애가 발생했을 경우 노드가 한 대만 존재하게 되기 때문에 3대로 산정한다.

- 데이터 노드 대수: 3대

---

2  클러스터 내에 전체 샤드 개수가 너무 많아지면 마스터 노드에 부하가 가중된다. 데이터 노드의 여력이 충분한데 클러스터 전체 성능이 저하된다면 마스터 노드의 사용량을 모니터링해보자.

- 데이터 노드 한 대의 볼륨 할당률: 2.16TB / 6TB × 100 = 36%
- 데이터 노드 한 대 장애 시 데이터 나머지 노드 한 대당 볼륨 할당률: 2.16TB / 4TB × 100 = 54%

클러스터의 전체 가용량이 6TB가 되었다. 사용하게 될 전체 용량이 2.16TB이기 때문에 꽤 많은 용량이 남는다. 남는 용량은 레플리카 샤드를 추가해서 안정성을 강화하는 형태로 활용할 수 있다. 레플리카 샤드가 두 개가 되면 어떤 장점이 있을까? 그림 12.2를 살펴보자.

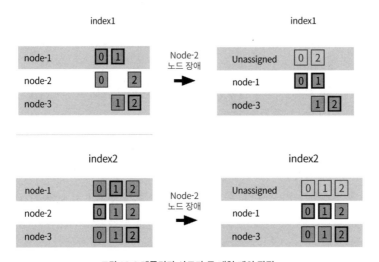

**그림 12.2** 레플리카 샤드가 두 개일 때의 장점

레플리카 샤드가 한 개인 위쪽 클러스터의 node-2에 장애가 발생해서 unassigned 상태가 되면 0번과 2번 샤드는 프라이머리 샤드만 남게 된다. 또한, 오랜 시간 node-2가 복구되지 못한다면 node-1, 3은 unassigned 상태인 샤드를 다시 배치하기 위해 리소스를 사용하게 된다. 반면에 레플리카 샤드가 2개인 아래쪽 클러스터는 node-2에서 장애가 발생하더라도 모든 복제본이 하나씩 더 존재하기 때문에 데이터 안정성이 보장된다. 또한, 이 상황에서는 남아있는 node-1과 node-3이 0, 1, 2 샤드를 모두 저장하고 있다. 즉, node-2가 오랜 시간 복구되지 않더라도 이미 노드별로 0,1,2 샤드를 모두 가지고 있기 때문에

unassigned 상태인 샤드들을 복구하기 위해 리소스를 낭비하지 않게 된다. 물론 장애가 발생한 노드를 계속 복구하지 못한다면 unassigned 상태의 샤드가 계속 남아 있게 되겠지만 레플리카 샤드가 한 개인 클러스터에 비해 장애가 발생한 순간에는 더 안정적으로 운영할 수 있다. 또한, 장애가 발생하지 않은 상황에서는 더 많은 노드가 검색 요청에 대한 응답을 줄 수 있기 때문에 검색 성능도 향상된다. 그럼, 레플리카 샤드를 두 개로 설정하여 산정 항목을 수정해보자.

- 시나리오 #2: 하루에 1GB 정도의 데이터를 저장하면서 보관 기간이 3년 정도 되는 분석 엔진 클러스터
- 인덱스 이름 패턴: elasticsearch-YYYY.MM
- 프라이머리 샤드 기준 한 달에 색인되는 인덱스의 용량: 1GB × 30(일) = 30GB
- 인덱스 보관 기간: 3년
- 레플리카 샤드 개수: 1개 → 2개
- 클러스터에 저장되는 전체 예상 용량: 30GB × 36(개월) × 3(레플리카 샤드 2개) = 3.24TB
- 데이터 노드 한 대에 할당할 수 있는 볼륨 용량: SSD 2TB
- 클러스터에 저장될 인덱스의 총 개수: 36개
- 데이터 노드 대수: 3대
- 데이터 노드 한 대의 볼륨 할당률: 3.24TB / 6TB × 100 = 54%
- 데이터 노드 한 대 장애 시 나머지 데이터 노드 한 대당 볼륨 할당률: 3.24TB / 4TB × 100 = 81%

이제 샤드의 개수를 산정해보자. 마찬가지로 노드 개수의 2배인 6개로 프라이머리 샤드 개수를 산정하면 다음과 같이 구성할 수 있다.

- 인덱스를 구성하는 프라이머리 샤드의 개수: 6개
- 클러스터의 전체 인덱스에 의해 생성되는 샤드의 총 개수: 6개 × 36(개월) × 3(레플리카 샤드) = 648개

- 인덱스 전체를 기준으로 노드 한 대에 할당되는 샤드의 총 개수: 6개
  × 3(레플리카 샤드) * 36(개월) / 3(노드 개수) = 216개

지금까지 살펴본 내용을 바탕으로 시나리오 #2의 전체 클러스터 구성
을 살펴보자.

- 시나리오 #2: 하루에 1GB 정도의 데이터를 저장하면서 보관 기간이
  3년인 분석 엔진 클러스터
- 인덱스 이름 패턴: elasticsearch-YYYY.MM
- 프라이머리 샤드 기준 한 달에 색인되는 인덱스의 용량: 1GB ×
  30(일) = 30GB
- 인덱스 보관 기간: 3년
- 레플리카 샤드 개수: 1개 → 2개
- 클러스터에 저장되는 전체 예상 용량: 30GB × 36(개월) × 3(레플리
  카 샤드 2개) = 3.24TB
- 데이터 노드 한 대에 할당할 수 있는 볼륨 용량: SSD 2TB
- 클러스터에 저장될 인덱스의 총 개수: 36개
- 데이터 노드 대수: 3대
- 데이터 노드 한 대의 볼륨 할당률: 3.24TB / 6TB × 100 = 54%
- 데이터 노드 한 대 장애 시 데이터 노드 한 대의 볼륨 할당률: 3.24TB
  / 4TB × 100 = 81%
- 인덱스를 구성하는 프라이머리 샤드의 개수: 6개
- 클러스터의 전체 인덱스에 의해 생성되는 샤드의 총 개수: 6(개) ×
  36(개월) × 3(레플리카 샤드) = 648개
- 인덱스 하나를 기준으로 노드 한 대에 할당되는 샤드 개수: 6(개) ×
  3(레플리카 샤드) / 3(노드 개수) = 6개
- 인덱스 전체를 기준으로 노드 한 대에 할당되는 샤드의 총 개수:
  6(개) × 3(레플리카 샤드) × 36(개월) / 3(노드 개수) = 216개

시나리오 #2와 같이 인덱스를 오랜 기간 저장하는 구조에서는 close

API가 유용할 수 있다. 특히 실제 조회는 하지 않지만 보관해야 할 필요가 있을 때 유용하다. 예를 들어 데이터는 최근 1년 분량만 조회할 수 있으면 되는데 금융법 등에 의해 3년을 보관해야 하는 경우, 조회하지 않는 인덱스들은 close API를 적용하여 보관은 하되 클러스터의 성능에 영향을 주지 않도록 제외시킬 수 있다.

 close API를 적용한 인덱스는 색인이나 검색이 되지 않는다. 필요하면 다시 인덱스를 open API로 open해야 색인과 검색이 가능해진다. 또한, 여러 개의 인덱스에 걸쳐 alias를 설정하면 인덱스 하나만 close되어도 색인과 검색이 되지 않으므로 반드시 close할 인덱스를 alias에서 미리 제외해야 한다.

이번에도 분석 엔진에 유용한 성능 확보 방법을 추가로 적용한다.

- 색인이 끝난 인덱스는 forcemerge API로 검색 성능 확보
- 색인이 끝난 인덱스는 read only로 설정하여 Shard Request Cache 가 삭제되지 않도록 설정
- 조회하지 않는 1년이 지난 인덱스는 read only 설정을 해제하고 close API로 클러스터의 open 샤드에서 제외 처리

## 12.3 시나리오 #3 - 일 100GB의 데이터 분석과 장기간 보관 클러스터

시나리오 #3은 시나리오 #1과 시나리오 #2의 어려운 요구 사항을 모두 가지고 있는 시나리오이다. 하루에 색인되는 용량도 크고 오랜 기간 보관해야 하는 상황이다. 마찬가지로 클러스터 구성에 필요한 항목들을 정의해 보자.

- 시나리오 #3: 하루에 100GB 이상의 큰 데이터를 저장하면서 보관 기간이 1년인 클러스터
- 인덱스 이름 패턴: elasticsearch-YYYY.MM.dd
- 프라이머리 샤드 기준 하루에 색인되는 인덱스의 용량: 100GB ×

1(일) = 100GB

- 인덱스 보관 기간: 1년(365일)
- 레플리카 샤드 개수: 1개
- 클러스터에 저장되는 전체 예상 용량: 100GB × 365(일) × 2(레플리카 샤드) = 73TB
- 데이터 노드 한 대에 할당할 수 있는 용량: SSD 2TB
- 클러스터에 저장될 인덱스의 총 개수: 365개

시나리오 #3대로라면 디스크 저장 공간이 총 73TB가 필요하고, 데이터 노드가 37대는 되어야 모든 용량을 저장할 수 있다. 시나리오 #1에서 본 watermark나 장애 상황까지 고려하면 이보다 훨씬 많은 노드가 필요하다. 보통 이렇게 오랜 기간 저장하는 데이터는 모든 데이터를 자주 분석하지는 않는다. 최근 1일, 1주, 1개월 혹은 3개월 등의 기준으로 데이터를 조회하며, 1년치 데이터를 조회하는 경우는 일 년에 몇 회 정도다. 이렇게 1년에 몇 번 조회하지 않는 데이터는 위해 많은 비용을 지불하는 낭비를 막기 위해 데이터 노드를 hotdata/warmdata 형태로 구성할 수 있다. 자주 조회하게 될 최근 데이터는 hotdata 영역에 저장하고, 자주 보지는 않지만 연간 분석을 위해 가끔씩 조회하게 될 데이터는 warmdata에 저장하는 방식을 취하면 사용자의 데이터 보관 요구와 비용 절감이라는 두 마리 토끼를 잡을 수 있다. 여기서 이야기하는 hotdata/warmdata 구성은 ElasticSearch가 기본적으로 제공하는 기능은 아니다. 샤드 배치를 통해 hotdata/warmdata처럼 사용하는 것이다. 보통 빠른 응답을 위해 SSD 디스크를 사용할 것을 권고하지만 warmdata 구성에 사용할 디스크는 상대적으로 저렴하면서 고용량의 저장 공간을 제공하는 SATA 디스크를 사용한다. 그럼 시나리오에 hotdata/warmdata 노드에 인덱스를 보관할 기간 설정을 추가해보자.

- hotdata 노드 인덱스 보관 기간: 1개월
- hotdata 노드에 저장되는 전체 예상 용량: 100GB × 2(레플리카 샤드) × 30(일) = 6TB

- warmdata 노드 한 대에 할당할 수 있는 용량: SATA 10TB
- warmdata 노드 인덱스 보관 기간: 11개월
- warmdata 노드에 저장되는 전체 예상 용량: 100GB × 2(레플리카 샤드) × 335(일) = 67TB

이제, 준비된 조건들을 바탕으로 클러스터 볼륨 현황과 노드 대수를 산정해 보자. hotdata, warmdata 모두 노드 한 대의 장애 발생까지 고려해서 산정한다.

- hotdata 노드 대수: 5대
- hotdata 노드 한 대의 볼륨 할당률: 6TB / 10TB × 100 = 60%
- hotdata 노드 한 대 장애 시 데이터 노드 한 대의 볼륨 할당률: 6TB / 8TB × 100 = 75%
- warmdata 노드 대수: 10대
- warmdata 노드 한 대의 볼륨 할당률: 67TB / 100TB × 100 = 67%
- warmdata 노드 한 대 장애 시 데이터 노드 한 대의 볼륨 할당률: 67TB / 90TB × 100 = 74%

프라이머리 샤드의 개수는 hotdata 노드 수량의 2배인 10개로 산정했다.

- 인덱스를 구성하는 프라이머리 샤드의 개수: 10개
- 클러스터의 전체 인덱스에 의해 생성되는 샤드의 총 개수: 10(개) × 365(일) × 2(레플리카 샤드) = 7300개
- 인덱스 전체를 기준으로 hotdata 노드 한 대에 할당되는 샤드의 총 개수: 10(개) * 2(레플리카 샤드) * 30(일) / 5(노드 개수) = 120개
- 인덱스 전체를 기준으로 warmdata 노드 한 대에 할당되는 샤드의 총 개수: 10(개) × 2(레플리카 샤드) × 335(일) / 10(노드 개수) = 670개

hotdata/warmdata 구성에서는 하나의 인덱스에 대해 각 데이터 서버군에 할당되는 샤드의 개수가 다름을 알 수 있다. 보통 hotdata와

warmdata 노드의 개수가 다르기 때문에 샤드 개수를 잘 산정하지 않으면 hotdata에 있을 때는 hotdata 노드들 간 균등하게 배치되어 있던 샤드가 warmdata로 넘어갈 때 불균등하게 배치될 수도 있다. 11장에서 살펴본 노드의 디스크 사용량 불균형 현상을 피하기 위해서 hotdata 노드에서 생성된 인덱스의 샤드가 warmdata 노드로 재분배되더라도 warmdata 노드에 샤드가 균등하게 분배될 수 있게 샤드의 개수를 산정해야 한다. 샤드가 hotdata 노드에서 warmdata 노드로 분배될 때 균등하게 분배되게 하려면 hotdata 노드의 개수와 warmdata 노드 개수의 최소 공배수로 샤드를 설정하여 인덱스를 생성하면 된다. 위의 시나리오에서 살펴본 바와 같이 hotdata 노드 5대와 warmdata 노드 10대의 최소 공배수는 10이다. 그림 12.3을 살펴보자.

그림 12.3 Hot/Warm 구성에서의 샤드 이동

그림을 보면 샤드는 레플리카 샤드를 포함해서 총 20개이다. hotdata 노드에서는 노드 5대에 샤드를 4개씩 분배했다. 한 달이 지난 인덱스를 hotdata에서 warmdata 노드로 이동할 때 노드 10대에 2개씩 분배한다.

hotdata/warmdata 노드 설정은 다음 세 가지 사항을 포함해야 한다.

- 데이터 노드에 해당 노드를 hotdata 노드로 사용할 것인지, warmdata 노드로 사용할 것인지 설정
- 최초 인덱스 생성 시 hotdata 노드로 샤드가 할당될 수 있도록 설정
- 한 달이 지난 이후 인덱스의 설정을 warmdata 노드로 할당하도록 설정

먼저 데이터 노드에 해당 노드를 hotdata 노드로 사용할지, warmdata 노드로 사용할지 설정하는 방법을 알아보자. 데이터 노드별로 설정이 다르기 때문에 이 설정은 elasticsearch.yml 파일에 설정해야 한다(코드 12.1).

**코드 12.1 elasticsearch.yml 파일에 설정된 hot/warm data 노드 설정**

```
node.attr.box_type: hotdata ❶
node.attr.box_type: warmdata ❷
```

❶ hotdata 노드에 설정해야 하는 설정이다.

❷ warmdata 노드에 설정해야 하는 설정이다.

코드 12.1의 설정이 각각의 데이터 노드군에 설정되어 있어도 인덱스는 아직 hot/warmdata 노드별로 할당이 되지 않는다. 새로 생성되는 인덱스는 hotdata 노드에만 배치되어야 하는데 이 설정은 인덱스에 설정해야 한다. 코드 12.2를 살펴보자.

**코드 12.2 hotdata 설정을 인식하는 인덱스 생성 방법**

```
[root@elasticsearchserver elasticsearch]# curl -X PUT "localhost:9200/
elasticsearch-2019.12.22?pretty" -H 'Content-Type: application/json'
-d'
> {
```

```
> "mappings": {
> "_doc": {
> "properties": {
> "mytype": {
> "type": "keyword"
> }
> }
> }
> },
> "settings": {
> "index": {
> "number_of_shards": 10,
> "number_of_replicas": 1,
> "routing.allocation.require.box_type" : "hotdata" ❶
> }
> }
> }
> '
{
  "acknowledged" : true,
  "shards_acknowledged" : false,
  "index" : "elasticsearch-2019.12.22"
}
```

❶ 인덱스가 생성될 때 노드에 box_type이 hotdata로 설정된 노드에만
  샤드가 할당되도록 설정한다.

코드 12.2와 같이 생성된 인덱스는 hotdata 노드로 설정된 노드에만
샤드를 분배한다. 하지만 이미 많은 인덱스가 생성된 상황에서 hot/
warmdata 노드 구조로 변경이 필요할 수도 있다. 이 경우에는 코드
12.2처럼 hotdata 노드로 샤드를 할당하도록 설정한 인덱스는 의도대
로 hotdata 노드로 샤드가 분배되겠지만 기존에 생성한 인덱스들은
box_type을 hotdata 노드로 설정하지 않았기 때문에 별도로 인덱스를
설정해 주어야 한다. 코드 12.3을 살펴보자.

**코드 12.3 기존 인덱스에 box_type을 설정하는 방법**

```
[root@elasticsearchserver elasticsearch]# curl -X PUT "localhost:9200/
elasticsearch-2019.12.21❶/_settings?pretty" -H 'Content-Type:
application/json' -d'
{
```

```
            "index.routing.allocation.require.box_type" : "hotdata" ❷
}
'
{
  "acknowledged" : true
}
```

❶ box_type이 hotdata로 설정되지 않은 인덱스를 대상으로 작업한다.
❷ box_type을 hotdata로 설정한다.

인덱스 이름인 ❶에 _all이나 2019.12.* 등으로 설정하여 여러 인덱스의
box_type을 동시에 변경할 수 있다. 이후에 신규로 생성되는 인덱스는
무조건 box_type이 hotdata로 설정되도록 와일드카드 패턴으로 템플
릿을 생성해준다. 코드 12.4를 살펴보자.

**코드 12.4 Template에 hotdata box_type 설정하는 방법**

```
[root@elasticsearchserver elasticsearch]# curl -X PUT "localhost:9200/_
template/hottepmlate?pretty" -H 'Content-Type: application/json' -d'
> {
>   "index_patterns" : ["*"], ❶
>   "order": 1,
>   "settings" : {
>     "number_of_shards" : 10,
>     "number_of_replicas": 1,
>     "routing.allocation.require.box_type" : "hotdata" ❷
>   },
>   "mappings": {
>     "_doc": {
>       "properties": {
>         "mytype": {
>           "type": "keyword"
>         }
>       }
>     }
>   }
> }
> '
{
  "acknowledged" : true
}
```

❶ 모든 인덱스가 생성될 때 해당 템플릿의 설정이 적용되도록 와일드 카드로 패턴을 생성하였다

❷ 인덱스가 생성될 때 box_type이 hotdata로 생성되도록 설정하였다.

이후부터 와일드카드 패턴에 의해 생성되는 모든 인덱스는 box_type이 hotdata로 설정되어 생성되며, 생성된 인덱스는 무조건 hotdata 노드로 샤드를 분배하게 된다.

이후 한 달이 지난 인덱스에 대해서는 코드 12.3의 ❷번 설정을 hotdata 대신 warmdata로 설정하면 warmdata 노드로 샤드를 재배치한다. 하지만 매일매일 인덱스를 warmdata 노드로 넘기기는 어렵다. 이러한 작업은 수작업으로 하지 않고 자동화 배치 시스템으로 구성해야 신경 쓰지 않고 자연스럽게 hot/warmdata 노드 구조를 유지할 수 있다. 이렇게 자동화 배치 시스템을 구성해서 샤드를 hotdata 노드에서 warmdata 노드로 재배치하는 과정은 부록 A "curator를 이용한 클러스터 관리"에서 살펴보자.

지금까지 살펴본 내용을 바탕으로 시나리오 #3의 전체 클러스터 구성을 정리해 보자.

- 시나리오 #3: 하루에 100GB 이상의 큰 데이터를 저장하면서 보관 기간이 연 단위 정도 되는 클러스터
- 인덱스 이름 패턴: elasticsearch-YYYY.MM.dd
- 프라이머리 샤드 기준 하루에 색인되는 인덱스의 용량: 100GB × 1(일) = 100GB
- hotdata 노드 인덱스 보관 기간: 1개월
- warmdata 노드 인덱스 보관 기간: 11개월
- 레플리카 샤드 개수: 1개
- 클러스터에 저장되는 전체 예상 용량: 100GB × 365(일) × 2(레플리카 샤드) = 73TB
- hotdata 노드 한 대에 할당할 수 있는 볼륨 용량: SSD 2TB
- warmdata 노드 한 대에 할당할 수 있는 볼륨 용량: SATA 10TB

- 클러스터에 저장될 인덱스의 총 개수: 365개
- hotdata 노드에 저장되는 전체 예상 용량: 100GB × 2(레플리카 샤드) × 30(일) = 6TB
- warmdata 노드에 저장되는 전체 예상 용량: 100GB × 2(레플리카 샤드) × 335(일) = 67TB
- hotdata 노드 대수: 5대
- hotdata 노드 한 대의 볼륨 할당률: 6TB / 10TB × 100 = 60%
- hotdata 노드 한 대 장애 시 나머지 데이터 노드 한 대당 볼륨 할당률: 6TB / 8TB × 100 = 75%
- warmdata 노드 대수: 10대
- warmdata 노드 한 대의 볼륨 할당률: 67TB / 100TB × 100 = 67%
- warmdata 노드 한 대 장애 시 다른 데이터 노드 한 대당 볼륨 할당률: 67TB / 90TB × 100 = 74%
- 인덱스를 구성하는 프라이머리 샤드의 개수: 10개
- 클러스터의 전체 인덱스에 의해 생성되는 샤드의 총 개수: 10(개) × 365(일) × 2(레플리카 샤드) = 7300 개
- 인덱스 전체를 기준으로 hotdata 노드 한 대에 할당되는 샤드의 총 개수: 10(개) × 2(레플리카 샤드) × 30(일) / 5(노드 개수) = 120개
- 인덱스 전체를 기준으로 warmdata 노드 한 대에 할당되는 샤드의 총 개수: 10(개) × 2(레플리카 샤드) × 335(일) / 10(노드 개수) = 670개

마찬가지로 분석 엔진에 유용한 성능 확보 방법, 샤드 재배치 작업을 추가로 적용한다.

- 색인이 끝난 인덱스는 forcemerge API로 검색 성능 확보
- 색인이 끝난 인덱스는 read only로 설정하여 Shard Request Cache가 초기화되어 삭제되지 않도록 설정
- 한 달이 지난 인덱스는 hotdata 노드에서 warmdata 노드로 샤드 재배치

지금까지 분석 엔진 구성 상황을 가정하여 시나리오를 작성하고 클러 스터에 필요한 사항들을 살펴보았다. 검색 엔진은 분석 엔진과는 특성 이 많이 달라서 추가적으로 검토해야 할 항목들이 있다. 다음 절에서는 검색 엔진을 대상으로 시나리오를 작성하고 필요한 항목들에 대해 살펴 보자.

## 12.4 시나리오 #4 - 검색 엔진으로 활용하는 클러스터

이번에는 검색 엔진으로 서비스하는 상황을 가정하여 시나리오를 세워 보자.

- 100ms 내에 검색 결과가 제공되어야 한다.
- 검색 엔진에 사용할 데이터는 500GB이다.
- 검색 요구사항이 변경되어 매핑이 변경될 수 있다.

검색 엔진의 경우는 분석 엔진과 달리 빠른 응답 속도가 서비스의 질을 좌우한다. 또한, 검색 엔진으로 서비스할 때는 분석 엔진과 같이 많은 인덱스를 사용하는 경우가 드물다. 보통 검색 엔진에 사용할 데이터는 이미 준비된 상태에서 서비스하며, 인덱스의 필드가 추가되거나 필드 데이터 타입이 변경되는 등의 매핑 변경이 있을 때 인덱스를 새롭게 생 성 후 재색인하여 운영한다. 앞서 언급했듯이 검색 엔진 시나리오에서 가장 중요한 부분은 응답 속도이다. 사용자가 요청한 검색 쿼리가 특정 시간 내에 응답을 줄 수 있어야 한다. 예를 들어 검색 엔진이 100ms 내 에 응답을 주어야 한다고 가정하면, 이 조건을 충족시키기 위해 데이터 를 가지고 있는 노드가 모두 100ms 내에 응답해야 한다. 다르게 이야기 하면 데이터 노드 한 대가 반드시 100ms 내에 응답을 주어야 하며, 모 든 노드가 동일한 성능을 보장해야 한다는 이야기이다. 본격적인 테스 트 과정에 앞서 검색 요청이 어떻게 처리되는지 먼저 살펴보자.

ElasticSearch는 기본적으로 1 쿼리 1 샤드 1 스레드를 기준으로 검색 요청을 처리한다. 그림 12.4를 살펴보자.

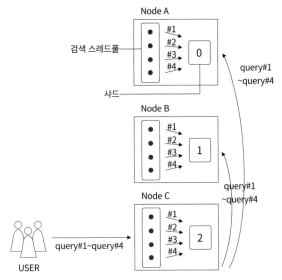

**그림 12.4** 각 노드에 샤드가 1개씩 있을 때 검색 요청이 처리되는 과정

각 노드에 샤드가 1개씩 있고, 각 노드에는 4개의 CPU 코어가 있다고 가정해 보자. 검색 요청을 처리하기 위한 검색 스레드 풀에는 CPU 코어 수와 같은 수인 4개의 스레드가 생성되어 있다. 사용자가 검색 요청을 날리면 검색 요청을 가장 처음 받은 Node C가 검색 스레드 풀에서 스레드를 하나 꺼내서 자신이 가지고 있는 2번 샤드에 검색 요청에 해당하는 문서가 있는지 찾아본다. 그와 동시에 노드 A, B에 있는 0번, 1번 샤드에도 검색 요청에 해당하는 문서가 있는지 찾아달라는 요청을 보낸다. 그림 12.4에서 볼 수 있듯이 쿼리는 모든 노드에 동일하게 요청하며 각각의 노드는 자신의 검색 스레드 풀에 있는 샤드에서 문서를 검색한다. 하지만 샤드가 1개 이상 있다면 검색 요청은 어떻게 처리될까? 그림 12.5를 살펴보자.

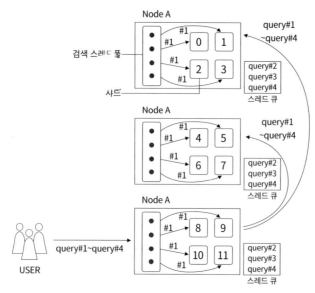

**그림 12.5** 각 노드에 샤드가 4개씩 있을 때 검색 요청이 처리되는 과정

그림 12.5는 12.4와는 다르게 각 노드에 4개의 샤드가 있다. 이럴 경우 스레드 풀에 있는 4개의 스레드가 각각의 샤드에서 문서를 찾기 때문에 모든 스레드를 사용하게 된다. 즉, 검색 요청의 처리를 완료하기 전까지 모든 검색 쿼리가 처리되지 못하고 검색 스레드 큐에 위치한다. 만약 큐가 가득 차면 rejected 현상을 일으킬 수도 있다. 샤드가 지나치게 많으면 검색 성능을 저하시키는 원인이 된다. 따라서 클러스터를 검색 엔진으로 구축할 경우 성능 테스트를 통해 적정한 수준의 샤드 수를 결정해야 한다.

그럼 실제 테스트는 어떻게 진행할 수 있을까? 먼저 데이터 노드 한 대로 클러스터를 구성하고, 해당 노드에 데이터를 저장한 후 사용자의 검색 쿼리에 대한 응답을 100ms 이하로 줄 수 있는지 테스트해야 한다. 이때 클러스터 구성은 데이터 노드 한 대, 레플리카 샤드 없이 프라이머리 샤드만 1개로 구성한다.

 데이터 노드 한 대로 구성하면 어차피 레플리카 샤드는 할당되지 않은 상태에 머물게 된다.

그리고 해당 샤드에 데이터를 계속 색인하면서 샤드의 크기가 커짐에 따라 검색 성능이 어떻게 변화하는지를 측정한다. 이렇게 구성해야 데이터 노드가 샤드 하나로 검색 요청을 처리할 때의 성능을 측정할 수 있다. 샤드 하나당 하나의 검색 스레드만 사용해야 검색 스레드 큐에 검색 쿼리가 너무 많이 쌓이지 않아서 하나의 샤드에서 측정된 검색 성능을 보장할 수 있기 때문이다.

쿼리에 대한 응답은 응답 데이터 중 **took** 필드를 통해 확인할 수 있다. 이 값이 100ms 이하로 나오면 사용자의 검색 엔진 요구에 맞는 엔진이 되는 것이다. 그림 12.6을 살펴보자.

**그림 12.6** 검색 엔진 요구 조건을 찾기 위한 환경 구성

그림 12.6처럼 하나의 노드로 클러스터를 구성하고 검색 엔진에 사용할 인덱스를 하나의 프라이머리 샤드로만 구성한다. 코드 12.5를 살펴보자.

**코드 12.5 단일 프라이머리 샤드로 구성된 인덱스를 생성하는 방법**

```
[root@elasticsearchserver elasticsearch]# curl -X PUT "localhost:9200/
singleshard?pretty" -H 'Content-Type: application/json' -d'
{
  "mappings": {
    "_doc": {
      "properties": {
        "mytype": {
          "type": "keyword"
        }
      }
    }
  },
  "settings": {
    "index": {
      "number_of_shards": 1, ❶
      "number_of_replicas": 0 ❷
```

```
      }
    }
  }
}
'
{
  "acknowledged" : true,
  "shards_acknowledged" : false,
  "index" : "singleshard"
}
```

❶ 단일 샤드를 위해 프라이머리 샤드 개수를 1로 설정하였다.

❷ 단일 샤드를 위해 레플리카 샤드 개수를 0으로 설정하였다.

단일 노드로 구성된 클러스터에 단일 샤드로 구성된 인덱스가 생성되었다. 이 인덱스에 준비한 데이터를 색인하고 사용자가 요청할 수 있는 쿼리를 요청한다. 일반적으로 인덱스의 크기가 커질수록 쿼리의 응답 속도인 took이 증가한다.

 샤드의 크기가 커질수록 검색 쿼리의 응답 속도는 느려진다.

**코드 12.6 인덱스에 색인하고 검색 응답 속도 확인하기**

```
[root@elasticsearchserver elasticsearch]# curl -X POST "localhost:9200/
bank/_search?pretty" -H 'Content-Type: application/json' -d '{
  "query": {
    "query_string": {
      "query": "*" ❶
    }
  }
}
'
{
  "took" : 97, ❷
"timed_out" : false,
... (중략) ...

[ec2-user@ip-172-31-3-154 monitor]$ curl -X POST "localhost:9200/bank/
account/_bulk?pretty" -H 'Content-Type: application/x-ndjson' --data-
binary @accounts.json ❸
{
  "took" : 285,
```

```
  "errors" : false,
  "items" : [
    {
      "index" : {
        "_index" : "bank",
        "_type" : "account",
        "_id" : "ior7tHEBVxqpXoQnHtZY",
        "_version" : 1,
        "result" : "created",
... (중략) ...

[ec2-user@ip-172-31-3-154 shard]$ curl -X POST "localhost:9200/bank/_
search?pretty" -H 'Content-Type: application/json' -d '{
  "query": {
    "query_string": {
      "query": "*"
    }
  }
}
'
{
  "took" : 145, ❹
"timed_out" : false,
... (중략) ...
```

❶ query_string 쿼리를 사용하여 와일드카드로 검색하였다.

❷ 데이터가 추가된 후의 시간과 비교하기 위해 미리 인덱스에 데이터
를 소량 저장해두었고, 색인 전의 tooks는 97ms이다.

❸ bulk API를 통해 데이터를 추가로 색인한다.

❹ bulk 색인 이후 데이터가 추가로 저장되어 커진 단일 샤드를 대상으
로 동일한 query_string 쿼리로 검색했을 때 145ms의 응답 속도를
보여준다.

---

✅ 스크립트를 이용한 검색 테스트는 *https://github.com/alden-kang/
elasticsearch-scripts/blob/master/search-test.py*를 참고하자.

---

위의 과정대로 색인과 검색을 반복하다가 사용자가 원하는 응답 속도인
100ms에 도달하는 순간 색인을 멈춘다. 이 인덱스는 단일 프라이머리

샤드로 구성되었기 때문에 이때 생성된 인덱스의 크기가 곧 단일 샤드의 크기가 된다. 이렇게 노드 한 대가 사용자의 요구인 100ms의 속도로 검색 결과를 리턴해줄 수 있는 샤드의 적정 크기를 측정한다. 일반적으로 샤드의 크기가 커짐에 따라 응답 시간도 증가하는 양의 상관관계를 보인다(그림 12.6).

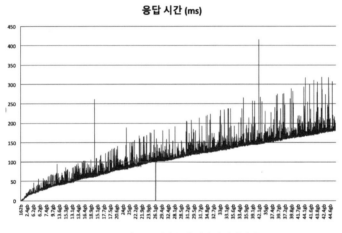

**응답 시간 (ms)**

그림 12.7 샤드 크기와 응답 시간의 상관관계

실제 서비스할 전체 데이터 크기를 테스트를 통해 산정한 인덱스의 크기로 나누면 그 값이 사용자가 원하는 응답 속도를 보여줄 수 있는 샤드의 개수가 된다. 여기서는 테스트를 통해 인덱스의 크기가 25GB였을 때 100ms의 응답 속도에 도달했다고 가정한다. 시나리오상의 인덱스 크기 500GB를 25GB로 나누어 샤드의 개수를 20개로 산정한다. 지금까지 살펴본 내용을 바탕으로 시나리오 #4의 전체 클러스터 구성을 살펴보자.

- 시나리오 #4: 사용자의 검색 요청에 대해 100ms 내의 응답을 줄 수 있는 검색 엔진 클러스터
- 인덱스 이름 패턴: search_index_v1
- 프라이머리 샤드 기준 하루에 색인되는 인덱스의 용량: 500GB × 1(일) = 500GB

- 인덱스 보관 기간: 재색인 요구가 있을 때까지 보관
- 레플리카 샤드 개수: 1개
- 클러스터에 저장되는 전체 예상 용량: 500GB × 1(일) × 2(레플리카 샤드) = 500GB
- 클러스터의 전체 인덱스에 의해 생성되는 샤드의 총 개수: 20(개) × 2(레플리카 샤드) = 40개

검색 엔진의 경우는 클러스터의 전체 디스크 사용량이 크게 중요하지 않다. 디스크 사용량보다는 스레드 풀로 사용할 CPU 코어와 메모리를 충분히 확보해 두는 편이 중요하다. 시나리오상의 검색 엔진은 전체 데이터가 요청된다 해도 500GB의 용량만 사용할 뿐이다. 이 용량을 모든 노드의 힙 메모리에 올린다고 가정해 보자. 노드 한 대당 30GB의 힙 메모리를 할당해 놓았다고 가정하면 20대로 구성해야 모든 데이터를 검색하는 쿼리가 입력되었을 때 Full GC가 발생하지 않을 것이다.

- 데이터 노드 대수: 20대
- 데이터 노드의 메모리 할당: 64GB
- 데이터 노드의 힙 메모리 할당: 30GB
- 클러스터 전체의 힙 사이즈: 30GB × 20(대) = 600GB 〉 인덱스 전체 크기 500GB
- 인덱스 하나를 기준으로 데이터 노드 한 대에 할당되는 샤드 개수: 20(개) × 2(레플리카 샤드) / 20(노드 개수) = 2개

 위의 데이터 노드 대수는 모든 데이터가 불려진다는 최악의 경우를 고려하여 산정되었다. 클러스터를 구성하는 비용 또한 중요한 문제이니 실제 데이터를 색인하여 성능을 확인하면서 수량을 결정하도록 하자.

이렇게 구성된 클러스터는 노드당 2개의 샤드가 할당된다. ElasticSearch는 노드의 CPU 코어를 자동으로 인식하여 동작한다. 위와 같이 클러스터를 구성한 다음 서비스 환경과 유사한 상황에서 검색 쿼리를 요청하

여 의도한 대로 성능이 나오는지 응답 속도를 확인해 보아야 한다.

추가적으로 고려해야 할 부분은 검색 요구사항의 변경으로 인덱스의 매핑 정보가 바뀌는 것이다. 이 경우에는 사용 중인 인덱스의 매핑을 변경하기 어렵기 때문에 새롭게 인덱스를 생성하고 데이터를 재색인해야 한다. 하지만 인덱스의 이름은 고유해야 하기 때문에 기존 검색 요청을 처리하던 인덱스 이름의 변경이 필요하다. 이럴 경우 애플리케이션을 수정하고 재배포하는 등의 작업이 발생하기 때문에 alias API를 통해 별칭을 설정해서 사용하는 것이 좋다. 그림 12.8을 살펴보자.

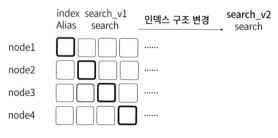

그림 12.8 검색 엔진에 _alias API 활용하기

최초 인덱스를 생성할 때 search_v1과 같이 인덱스 이름에 버전 정보를 넣어 생성하고 alias API를 통해 search라는 별칭을 설정한 다음 색인과 검색은 별칭을 통해 진행한다. 이후 매핑 정보가 변경되면 search_v2라는 인덱스를 생성하고 search_v1로부터 데이터를 재색인한다. 이후에 별칭인 search만 search_v2를 바라보도록 변경하면 재색인된 데이터를 동일한 별칭을 통해 서비스할 수 있다. 그 외에도 색인이 공존하는 검색 엔진이 아니라면 앞서 살펴본 시나리오들과 마찬가지로 forcemerge API나 인덱스 read_only 설정을 적용하여 더욱 좋은 성능을 확보할 수 있다. 또 레플리카 샤드를 추가로 확보하여 검색 성능을 확보하도록 하자.

- 색인이 끝난 인덱스는 forcemerge API로 검색 성능 확보
- 색인이 끝난 인덱스는 read only로 설정하여 Shard Request Cache 가 초기화되어 삭제되지 않도록 설정

- 상황에 따라 레플리카 샤드를 추가하여 검색 성능 확보

## 12.5 마치며

이번 절에서는 분석 엔진과 검색 엔진을 대상으로 시나리오를 만들어 클러스터를 구축하는 방법에 대해 알아보았다. 이번 장에서 다룬 시나리오들이 모든 시나리오를 대체할 수는 없겠지만, 많은 경우를 포괄할 수 있는 시나리오들이기 때문에 클러스터를 구축할 때 참고하면 많은 도움이 될 것이다. 이번 장에서 살펴본 내용을 정리하면 다음과 같다.

- 분석 엔진으로 사용하고자 할 때는 인덱스의 크기와 보관 기간을 기준으로 클러스터 전체 용량을 산정하여 클러스터를 구성한다.
- 검색 엔진으로 사용하고자 할 때는 응답 요구 속도를 기준으로 샤드 사이즈를 구하는 테스트를 진행하여 클러스터를 구성한다.

# curator를 이용한 클러스터 관리

ElasticSearch 클러스터를 운영하기 위해서는 오래된 인덱스를 지우거나, hot/warm 구성에서 hotdata 노드에 있는 인덱스를 warmdata 노드로 옮기거나, _forcemerge API로 더 이상 추가 색인을 하지 않도록 설정하여 인덱스의 검색 성능을 확보하는 등 주기적으로 해야 하는 작업들이 있다. 이런 작업들이 필요할 때마다 API를 이용해서 진행하거나 수작업으로 진행해야 한다면 ElasticSearch 클러스터를 운영하는 데 큰 걸림돌이 될 것이다. 이번 장에서는 운영에 필요한 작업들을 자동화할 수 있는 ElasticSearch Curator(이하 curator)에 대해서 살펴볼 것이다.

## A.1 curator 설치하기

curator를 설치하기에 앞서 어떤 버전의 curator를 설치해야 할지 확인해 보자. curator는 ElasticSearch 클러스터 버전에 의존적이기 때문에 버전을 확인하고 설치해야 한다. 이 책에서는 ElasticSearch 6.x와 7.x 버전이 기준이기 때문에 curator는 5 버전을 사용한다.

## Version Compatibility

> ⚠️ **IMPORTANT** Each listed version of Elasticsearch Curator has been fully tested against unmodified release versions of Elasticsearch. **Modified versions of Elasticsearch may not be fully supported.**

The current version of Curator is 5.8.1

| Curator Version | ES 1.x | ES 2.x | ES 5.x | ES 6.x | ES 7.x |
| --- | --- | --- | --- | --- | --- |
| 3 | ☑ | ☑ | ✕ | ✕ | ✕ |
| 4 | ✕ | ☑ | ☑ | ✕ | ✕ |
| 5 | ✕ | ✕ | ☑ | ☑ | ☑ |

그림 A.1 Curator 버전과 ElasticSearch 버전과의 호환성 표

 ElasticSearch 2.x 버전을 사용하고 있다면 최신 버전의 Curator는 사용할 수 없으며 Curator 3 혹은 Curator 4 버전을 사용해야 한다. 버전 의존성은 *https://www.elastic.co/guide/en/elasticsearch/client/curator/5.8/version-compatibility.html*에서 확인할 수 있다.

어떤 버전을 사용할지 결정했다면 curator를 설치해 보자. curator는 여러 가지 방법으로 설치할 수 있지만, 파이썬 기반으로 만들어져 있기 때문에 pip를 사용해서 설치하는 것이 가장 빠르다. 설치하는 OS에 영향을 받지 않기 때문에 선호하는 방법이다.

먼저 코드 A.1과 같이 virtualenv를 이용해 독립적인 패키지 환경을 생성하자.

 시스템 패키지로 설치할 예정이라면 virtualenv를 사용하는 과정은 생략해도 된다. 하지만 ElasticSearch 클러스터의 버전이 다양하고 curator 역시 다양한 버전을 사용해야 한다면 가급적 virtualenv를 이용해서 독립적으로 동작할 수 있도록 하는 것이 좋다.

**코드 A.1 virtualenv로 독립적인 패키지 환경 구성하기**

```
[deploy@ip-10-200-15-171 ~]$ virtualenv venv
  No LICENSE.txt / LICENSE found in source
New python executable in /home/deploy/venv/bin/python2
Also creating executable in /home/deploy/venv/bin/python
Installing setuptools, pip, wheel...
done.
```

코드 A.2처럼 생성한 환경으로 전환한 후 pip 명령을 이용해서 curator 를 설치한다.

**코드 A.2 독립적인 패키지 환경에서 curator 설치**

```
[deploy@ip-10-200-15-171 ~]$ . venv/bin/activate
(venv) [deploy@ip-10-200-15-171 ~]$ pip install elasticsearch-curator
DEPRECATION: Python 2.7 reached the end of its life on January 1st,
2020. Please upgrade your Python as Python 2.7 is no longer maintained.
pip 21.0 will drop support for Python 2.7 in January 2021. More details
about Python 2 support in pip, can be found at https://pip.pypa.io/en/
latest/development/release-process/#python-2-support
Collecting elasticsearch-curator
  Downloading elasticsearch-curator-5.8.1.tar.gz (225 kB)
     |████████████████████████████████| 225 kB 1.1 MB/s
Collecting elasticsearch<8.0.0,>=7.0.4
  Using cached elasticsearch-7.6.0-py2.py3-none-any.whl (88 kB)
Collecting urllib3<1.25,>=1.24.2
  Using cached urllib3-1.24.3-py2.py3-none-any.whl (118 kB)
... (중략) ...
```

curator 설치 완료 후 정상적으로 설치되었는지 확인해 보자(코드 A.3).

**코드 A.3 curator 설치 확인하기**

```
(venv) [deploy@ip-10-200-15-171 ~]$ curator --version
curator, version 5.8.1
```

--help 옵션과 함께 실행해 보면 간단한 사용 방법이 출력된다(코드 A.4).

**코드 A.4 curator 실행하기**

```
(venv) [deploy@ip-10-200-15-171 ~]$ curator --help
Usage: curator [OPTIONS] ACTION_FILE
```

```
Curator for Elasticsearch indices.

See http://elastic.co/guide/en/elasticsearch/client/curator/current

Options:
  --config PATH  Path to configuration file. Default: ~/.curator/
curator.yml
  --dry-run      Do not perform any changes.
  --version      Show the version and exit.
  --help         Show this message and exit.
```

코드 A.4에서 볼 수 있는 것처럼 curator를 실행하기 위해서는 OPTIONS
와 ACTION_FILE이 필요하다.

먼저 OPTIONS에 대해 살펴보자.

| 옵션 | 내용 |
|---|---|
| --config PATH | Curator를 실행할 ElasticSearch 클러스터에 대한 정보를 지정한다. 기본 값은 .curator/curator.yml이며 다수의 클러스터가 있을 경우 클러스터별로 이름을 다르게 지어서 관리한다. |
| --dry-run | ACTION_FILE에 정의된 작업들을 진행하되 실제로 반영하지는 않는다. 원하는 방식으로 작업이 진행될지 미리 확인해 보는 용도로 사용한다. |
| --version | Curator의 버전을 출력한다. |
| --help | 간단한 사용 방법을 출력한다. |

**표 A.1 OPTIONS를 통해서 설정하는 값들**

이 중에서 dry-run 옵션은 ACTION_FILE에 정의한 작업이 원하는 대로
잘 동작하는지 확인할 수 있는 옵션이기 때문에 실제 작업을 반영하기
전에 반드시 돌려서 확인해야 한다.

다음은 ACTION_FILE에 대해 살펴보자. ACTION_FILE은 실제로 적
용할 작업의 내용을 정의하는 파일이다.

```
actions:
  1:
    action:
    description:
    options
    filters:
  2:
    action:
    description:
    options:
    filters:
  .... (후략) ....
```

그림 A.2 ACTION_FILE의 형태

ACTION_FILE은 그림 A.2와 같이 actions라는 가장 큰 필드 아래에 여러 개의 action으로 구성되어 있다. 각각의 action은 작업 한 개를 의미하며 description, options, filters로 구성되어 있다.

| 필드 | 내용 |
| --- | --- |
| description | 작업 내용에 대한 간략한 설명을 기입한다. 필수 항목은 아니다. |
| options | 작업과 관련된 설정을 기입한다. 재시도 횟수, 타임아웃 등의 값을 설정할 수 있다. |
| filters | 작업의 대상이 되는 인덱스를 정의한다. 정규 표현식을 활용해서 다양한 방법으로 정의할 수 있다. |

표 A.2 ACTION의 구성 요소

여러 개의 클러스터에 동일한 형태의 작업, 예를 들어 30일이 넘은 인덱스를 삭제하는 등의 작업을 적용할 경우에는 하나의 ACTION_FILE을 여러 개의 클러스터에 사용할 수 있다.

지금까지 curator를 설치하고 정상적으로 설치되었는지 간단하게 확인해 보았다. 이제 curator를 통해서 할 수 있는 작업들을 본격적으로 살펴보자.

## A.2 config 파일 설정하기

curator를 실행하기 위해서는 작업 대상이 되는 ElasticSearch 클러스터에 대한 정보를 저장해 놓은 config 파일과 실행할 작업을 정의해 놓은 action 파일이 필요하다. 이번 절에서는 그중 config 파일을 설정하는 방법에 대해 살펴보자. config 파일은 코드 A.5와 같이 작성한다.

**코드 A.5 config 파일 예제**

```
---
client: ❶
  hosts:
    - application-logs.elasticsearch.cluster ❷
  port: 9200 ❸
  url_prefix:
  use_ssl: False ❹
  certificate:
  client_cert:
  client_key:
  ssl_no_validate: False
  http_auth:
  timeout: 30 ❺
  master_only: False

logging: ❻
  loglevel: INFO
  logfile: logs/curator.log
  logformat: default
  blacklist: ['elasticsearch', 'urllib3']
```

❶ 작업의 대상이 되는 ElasticSearch 클러스터의 접속 정보를 정의한다. application-logs.elasticsearch.cluster라는 도메인을 가지고 있는 클러스터(❷)에 9200번 포트로 접속(❸)하며, SSL은 사용하지 않고(❹) 타임아웃은 30초(❺)라는 것을 알 수 있다.

❻ curator 작업 결과 로그에 대한 내용을 정의한다. 로그 파일의 위치, 로그 레벨 등을 정의한다.

> ☑️ hosts의 경우 여러 대의 노드를 기입할 수도 있지만, 로드 밸런서를 사용할 경우 로드 밸런서의 대표 도메인을 사용하는 경우도 있다.

## A.3 오래된 인덱스 삭제하기

오래된 인덱스를 삭제하는 작업은 특히 ElasticSearch 클러스터를 분석 엔진 용도로 사용할 때 필요하다. 하지만 매일매일 수작업으로 인덱스를 삭제할 순 없으며, 그 과정에서 지워서는 안 되는 인덱스들을 실수로 지울 수도 있기 때문에 curator를 이용한 자동화는 필수다. 먼저 action 파일부터 정의해 보자.

**코드 A.6 30일 이상된 인덱스를 삭제하는 action**

```
actions:
  1:
    action: delete_indices ❶
    options:
      ignore_empty_list: True ❷
    filters: ❸
    - filtertype: age ❹
      source: name ❺
      direction: older ❻
      timestring: '%Y.%m.%d' ❼
      unit: days ❽
      unit_count: 30 ❾
```

❶ 하고자 하는 작업을 정의한다. delete_indices는 인덱스를 삭제하는 작업임을 알려준다. action은 curator에 미리 정의되어 있는 값들만 사용할 수 있으며 그 외의 값들은 사용할 수 없다.

❷ filters를 통해서 작업 대상이 되는 인덱스들의 목록을 정리하는데, curator는 작업 대상이 되는 인덱스의 목록이 비어 있다면(작업 대상이 되는 인덱스가 없다면) 기본적으로 에러를 일으키고 종료된다. 만약 ACTION_FILE에 여러 개의 작업을 정의해 놓았을 경우 작업 대상이 없어도 다음 작업을 진행해야 하는 경우가 생기는데 이럴 때 ignore_empty_list 옵션을 사용하지 않으면 중간에서 에러가 나면서 종료되기 때문에 curator가 정의해 놓은 작업을 진행하지 못한다. ignore_empty_list를 True로 설정해서 작업 대상 인덱스가 없어도 에러가 나지 않게 해준다.

❸ 작업 대상 인덱스들을 필터링하는 기준을 정의한다. 인덱스의 나이를 기준으로(❹) 인덱스의 이름을 보고(❺) unit_count에 정의된 것보다 더 오래된 인덱스들을 지운다.(❻) 삭제 대상이 되는 인덱스는 인덱스 이름에 %Y.%m.%d의 패턴을 사용하는 인덱스들만 기준으로 삼고(❼), 날짜를 기준으로(❽), 30일 이상된(❾) 인덱스들을 대상으로 한다 .

코드 A.6에서 중요한 부분은 ❼이다. ❼과 같이 정의해 놓았다면 application-logs-2020.05.02는 패턴과 일치해서 삭제 대상 인덱스에 포함되겠지만 application-logs-2020-05-02와 같이 생성된 인덱스는 패턴이 일치하지 않아서 삭제 대상 인덱스에 포함되지 않는다. 만약 타임스트링 패턴이 다양하게 들어가 있는 클러스터의 경우 source 항목을 name이 아닌 creation_date를 사용해서 정의하면 된다(코드 A.7).

**코드 A.7 source를 변경한 경우**

```
actions:
  1:
    action: delete_indices
    options:
      ignore_empty_list: True
    filters:
    - filtertype: age
      source: creation_date
      direction: older
      unit: days
      unit_count: 30
```

30일이 넘는 인덱스를 삭제해야 할 경우에는 unit_count를 변경해 주면 된다.

**코드 A.8 90일이 지난 인덱스를 삭제하는 action**

```
actions:
  1:
    action: delete_indices
    options:
      ignore_empty_list: True
```

```
  filters:
  - filtertype: age
    source: creation_date
    direction: older
    unit: days
    unit_count: 90
```

만약 클러스터 안에 보관 기간이 서로 다른 인덱스가 존재한다면 어떻게 할 수 있을까? 여러 개의 필터를 사용하면 된다. application-logs로 시작하는 인덱스의 보관 기간은 1주일(❶), access-logs로 시작하는 인덱스의 보관 기간은 30일(❷)이라고 가정해 보자.

**코드 A.9 인덱스별로 보관 기간이 다를 경우**

```
actions:
  1:
    action: delete_indices
    options:
      ignore_empty_list: True
    filters:
    - filtertype: pattern
      kind: regex
      value: '^application-logs.*'
    - filtertype: age
      source: name
      direction: older
      timestring: '%Y.%m.%d'
      unit: days
      unit_count: 7 ❶
  2:
    action: delete_indices
    options:
      ignore_empty_list: True
    filters:
    - filtertype: pattern
      kind: regex
      value: '^access-logs.*'
    - filtertype: age
      source: name
      direction: older
      timestring: '%Y.%m.%d'
      unit: days
      unit_count: 30 ❷
```

한발 더 나아가서 access-logs로 시작하는 인덱스만 30일을 보관하고
이를 제외한 다른 인덱스는 1주일만 보관하고자 한다면 코드 A.10과 같
이 작성하면 된다.

**코드 A.10 특정 인덱스 한 개만 보관 기간이 다를 경우**

```
actions:
  1:
    action: delete_indices
    options:
      ignore_empty_list: True
    filters:
    - filtertype: pattern
      kind: regex
      value: '^access-logs.*'
    - filtertype: age
      source: name
      direction: older
      timestring: '%Y.%m.%d'
      unit: days
      unit_count: 30
  2:
    action: delete_indices
    options:
      ignore_empty_list: True
    filters:
    - filtertype: pattern
      kind: regex
      value: '^access-logs.*'
      exclude: True ❶
    - filtertype: age
      source: name
      direction: older
      timestring: '%Y.%m.%d'
      unit: days
      unit_count: 7
```

❶ 앞의 예제들은 필터링의 대상이 되는 인덱스가 작업의 대상이었지
만 exclude 옵션을 사용하면 반대로 필터링의 대상이 되는 인덱스를
작업의 대상에서 제외한다.

exclude 옵션은 kibana의 Visualize나 대시보드를 저장하는 인덱스를
삭제 대상에서 제외할 수도 있다.

**코드 A.11 kibana 인덱스 삭제 제외**

```
actions:
  1:
    action: delete_indices
    options:
      ignore_empty_list: True
    filters:
    - filtertype: pattern
      kind: regex
      value: '*'
    - filtertype: age
      source: name
      direction: older
      timestring: '%Y.%m.%d'
      unit: days
      unit_count: 30
    - filtertype: kibana ❶
      exclude: True
```

앞서 살펴본 예제들은 value 옵션에 정의한 인덱스를 대상으로 삭제가 진행되지만 코드 A.11은 다르다. 전체 인덱스에 대해 30일보다 오래된 인덱스를 삭제하기 때문에 의도치 않게 .kibana 인덱스를 삭제할 수도 있다. 애써 작성한 Visualize와 대시보드를 유지하기 위해 꼭 설정하는 것이 좋다. 위와 같이 다양한 방법을 통해서 인덱스의 보관 주기를 설정할 수 있다.

## A.4 스냅샷 생성하기

ElasticSearch 클러스터에서는 삭제하지만, 어딘가에 인덱스의 문서들을 저장해 두고 필요할 때 복구해서 조회해야 하는 경우가 있다. 관련 법규 때문에 오래된 로그를 계속해서 저장해야 하는 경우가 여기에 속한다. 앞 장에서 살펴본 것처럼 hot/warm 구조를 통해서 오래된 로그를 가지고 있을 수도 있지만, 충분한 데이터 노드의 확보가 어려울 경우 다른 곳에 인덱스의 내용을 저장해 두고 필요할 때만 복구해서 조회할 수 있다. 이럴 때 curator를 통해서 매일 스냅샷을 저장해 두면 운영에 도움이 된다. 코드 A.12은 30일이 넘는 인덱스들의 스냅샷을 생성해서 저장하는 작업이다.

**코드 A.12 snapshot 작업**

```
actions:
  1:
    action: snapshot
    options:
      repository: log-archive ❶
      name: <snapshots-{now/d-30d{yyyy.MM.dd}}> ❷
      ignore_unavailable: True
      wait_for_completion: True ❸
      skip_repo_fs_check: False
      ignore_empty_list: True
    filters:
    - filtertype: age
      source: name
      direction: older
      timestring: '%Y.%m.%d'
      unit: days
      unit_count: 30
```

❶ 스냅샷을 저장할 리포지터리를 지정한다.

❷ 생성될 스냅샷의 이름을 지정한다. 중간에 d-30d라는 형태의 날짜
계산식이 있는데, 현재 날짜를 기준으로 30일 전의 날짜를 계산하는
계산식이다. 만약 오늘 날짜가 3월 31일이라면 해당 계산식에 따라
스냅샷의 이름은 snapshots-2020.03.01이 된다.

❸ 스냅샷 생성 작업을 동기적으로 사용할 수도 있고 비동기적으로 사
용할 수도 있는데, wait_for_completion 옵션을 True로 설정하면 스
냅샷 생성 작업이 동기적으로 동작하여 스냅샷 생성 작업이 완료될
때까지 이후의 작업은 동작하지 않는다. 스냅샷 생성 후 추가로 인
덱스를 지우는 작업을 한다면 이 값이 반드시 True여야 한다.

위에서도 언급했지만 스냅샷을 생성한 후에는 스냅샷 생성이 완료된 인
덱스들은 삭제하는 것이 좋다. 그래서 보통 코드 A.13과 같이 스냅샷
생성 후 인덱스를 삭제하는 작업을 함께 정의한다.

**코드 A.13 스냅샷 생성 후 인덱스 삭제**

```
actions:
  1:
```

```
  action: snapshot
  options:
    repository: log-archive
    name: <snapshots-{now/d-30d{yyyy.MM.dd}}>
    ignore_unavailable: True
    wait_for_completion: True
    skip_repo_fs_check: False
    ignore_empty_list: True
  filters:
  - filtertype: age
    source: name
    direction: older
    timestring: '%Y.%m.%d'
    unit: days
    unit_count: 30
2:
  action: delete_indices
  options:
    ignore_empty_list: True
  filters:
  - filtertype: age
    source: name
    direction: older
    timestring: '%Y.%m.%d'
    unit: days
    unit_count: 30
```

## A.5 forcemerge 작업

더 이상 색인이 발생하지 않는 인덱스는 forcemerge 작업으로 세그먼
트들을 강제 병합해서 인덱스의 크기와 세그먼트의 수를 줄여서 검색
성능을 향상시킬 수 있다. curator를 통해서도 forcemerge 작업을 할
수 있으며, 이 역시 자동화하여 매일 진행하는 것이 좋다(코드 A.14).

**코드 A.14 forcemerge 예제**

```
actions:
  1:
    action: forcemerge ❶
    options:
      max_num_segments: 1 ❷
      timeout_override:
```

```
      continue_if_exception: False
    filters: ❸
    - filtertype: age
      source: name
      direction: older
      timestring: '%Y.%m.%d'
      unit: days
      unit_count: 1
      exclude:
```

❶ forcemerge 작업에 대한 정의임을 알려 준다.

❷ forcemerge API 호출 시 파라미터로 넘겨 주는 `max_num_segments` 값을 정의한다. 기본값은 없으며 반드시 설정해야 하는 값이다. 보통은 1로 설정해서 모든 세그먼트를 병합하도록 해준다.

❸ 여기서는 모든 인덱스 중 하루가 지난 인덱스들을 대상으로 한다.

## A.6 allocation 작업

마지막으로 살펴볼 작업은 allocation 작업이다. 앞 장에서 언급한 hot/warmdata 구조에서 사용할 작업이다. 예를 들어 최근 1개월간의 인덱스는 hotdata 노드에, 1개월이 넘은 인덱스는 warmdata 노드로 옮기는 작업이 필요할 때 curator를 통해 자동화하면 효율적으로 운영할 수 있다. 코드 A.15를 살펴보자.

**코드 A.15 hot/warmdata 노드 간 이동**

```
actions:
  1:
    action: allocation
    options:
      key: box_type ❶
      value: warmdata ❷
      allocation_type: require
      wait_for_completion: False ❸
      timeout_override:
      continue_if_exception: False
      disable_action: False
    filters: ❹
    - filtertype: age
```

```
source: name
direction: older
timestring: '%Y.%m.%d'
unit: days
unit_count: 30
exclude:
```

❶, ❷ 인덱스 설정 중 box_type 값(❶)을 warmdata로 변경(❷)하라는
의미이다. 대상이 되는 인덱스들은 box_type 값이 hotdata인 상태
인데 이 값을 warmdata로 바꾸면 해당 인덱스가 hotdata 노드에서
warmdata 노드로 이동하게 된다.

❸ 인덱스 이동 작업은 시간이 많이 소요되기 때문에 완료되기까지 기
다리지 않고 비동기적으로 동작하도록 설정한다.

❹ 30일이 지난 인덱스들을 대상으로 한다.

## A.7 여러 개의 작업 조합하기

지금까지 살펴본 작업들을 별개의 파일로 만들어서 각각 실행시킬 수
도 있지만, 하나의 파일로 저장해 놓고 사용하면 작업의 흐름을 더 명확
하게 파악할 수 있어서 효율적이다. 대부분의 ElasticSearch 클러스터는
여러 개의 작업을 한번에 돌려야 하는 경우가 많다. 예를 들어 그림 A.3
과 같은 형태의 작업이 필요할 수 있다.

그림 A.3 클러스터 전체 작업

그림 A.3의 작업을 curator로 변환하면 코드 A.16와 같다.

**코드 A.16 클러스터 전체 작업**

```
actions:
  1:
    action: allocation
    options:
      key: box_type
      value: warmdata
      allocation_type: require
      wait_for_completion: False
      timeout_override:
      continue_if_exception: False
      disable_action: False
    filters:
    - filtertype: age
      source: name
      direction: older
      timestring: '%Y.%m.%d'
      unit: days
      unit_count: 30
      exclude:
  2:
    action: snapshot
    options:
      repository: benx-log-archive
      name: <snapshots-{now/d-300d{yyyy.MM.dd}}>
      ignore_unavailable: True
      wait_for_completion: True ❶
      skip_repo_fs_check: False
      ignore_empty_list: True
    filters:
    - filtertype: age
      source: name
      direction: older
      timestring: '%Y.%m.%d'
      unit: days
      unit_count: 300
  3:
    action: delete_indices
    options:
      ignore_empty_list: True
    filters:
    - filtertype: age
      source: name
```

```
      direction: older
      timestring: '%Y.%m.%d'
      unit: days
      unit_count: 300
  4:
    action: forcemerge
    options:
      max_num_segments: 1
      timeout_override:
      continue_if_exception: False
    filters:
    - filtertype: age
      source: name
      direction: older
      timestring: '%Y.%m.%d'
      unit: days
      unit_count: 1
      exclude:
```

그림 A.3에서 정의한 작업은 총 4개이기 때문에 코드 A.15에 정의된
actions도 총 4개가 된다. 특히 스냅샷 생성 작업은 그 이후 작업이 300
일이 지난 인덱스를 삭제하는 작업이기 때문에 완료될 때까지 기다려야
한다(❶). 그렇지 않으면 스냅샷을 생성하는 와중에 인덱스가 삭제되어
에러가 발생한다.

## A.8 마치며

curator는 ElasticSearch의 운영을 위해 필요한 다양한 작업을 코드로
정의할 수 있고 cron 데몬 등을 이용해서 주기적으로 실행할 수 있기 때
문에 운영 효율화와 자동화를 위해 빼놓을 수 없는 도구이다. 이번 장에
서는 주로 사용되는 몇 가지 작업들에 대해서만 다뤘지만 alias 생성, 오
래된 인덱스 close, rollover 등 더 많은 작업을 할 수 있기 때문에 반드
시 익혀서 사용하기 바란다. 이번 장에서 살펴본 내용을 정리하면 다음
과 같다.

• curator는 다양한 방법으로 설치할 수 있으나 파이썬 기반이기 때문
  에 pip를 사용해서 설치하는 것이 가장 간편하다. 특히 virtualenv

를 통해 독립적인 패키지 환경을 생성한 후 설치하면 두 개 이상의 curator 버전이 필요한 경우에도 효과적으로 사용할 수 있다.

- curator는 ElasticSearch 클러스터 접속 정보를 정의해 놓은 config 파일과 진행할 작업을 정의해 놓은 action 파일로 구성되어 있다.

- action 파일에는 하나의 작업을 정의할 수도 있고 여러 개의 작업을 순서대로 정의할 수도 있다.

# 부록 B

# 스냅샷 생성과 복원하기

12장에서 살펴본 것처럼 오래된 데이터를 보관하고 조회하기 위해서 hot/warmdata 구성을 사용하는 것도 좋은 방법이지만, Warm 노드를 구축하기 어려운 경우도 있다. 이럴 때는 스냅샷 기능을 이용해서 오래된 인덱스를 스냅샷으로 저장해 놓고, 필요할 경우 복원해서 사용할 수 있다. 이번 장에서는 ElasticSearch의 스냅샷을 생성하는 방법과 복원하는 방법에 대해서 살펴보자. 특히 AWS 환경이라면 S3 저장소가 ElasticSearch의 좋은 스냅샷 저장 장소가 될 수 있기 때문에 S3에 스냅샷을 저장하고 복원하는 방법을 알아볼 것이다.

## B.1 플러그인 설치하기

ElasticSearch의 스냅샷 저장소를 S3로 사용하기 전에 먼저 S3에 스냅샷을 저장할 수 있도록 플러그인을 설치해야 한다. 플러그인 설치는 코드 B.1과 같이 진행한다.

**코드 B.1 S3 플러그인 설치하기**

```
[root@ip-10-200-91-11 bin]# ./elasticsearch-plugin install
repository-s3 --batch
-> Downloading repository-s3 from elastic
@@@@@@@@@@@@@@@@@@@@@@@@@@@@@@@@@@@@@@@@@@@@@@@@@@@@@@@@@@@@@@@@@@@@@
```

```
@     WARNING: plugin requires additional permissions     @
@@@@@@@@@@@@@@@@@@@@@@@@@@@@@@@@@@@@@@@@@@@@@@@@@@@@@@@@@@@@@@
* java.lang.RuntimePermission accessDeclaredMembers
* java.lang.RuntimePermission getClassLoader
* java.lang.reflect.ReflectPermission suppressAccessChecks
* java.net.SocketPermission * connect,resolve
* java.util.PropertyPermission es.allow_insecure_settings read,write
See http://docs.oracle.com/javase/8/docs/technotes/guides/security/
permissions.html
for descriptions of what these permissions allow and the associated
risks.
-> Installed repository-s3
```

> ✅ --batch 옵션 없이 설치하면 권한 획득을 물어보는 프롬프트가 생성된다. 터미
> 널에서 설치하는 경우에는 상관 없겠지만 자동화 스크립트로 설치할 경우에는
> 반드시 --batch 옵션을 주어야 한다.

설치가 완료되면 플러그인이 잘 설치되었는지 확인해 본다(코드 B.2).

**코드 B.2 S3 플러그인 설치 확인하기**

```
[root@ip-10-200-91-11 bin]# ./elasticsearch-plugin list
analysis-nori
repository-s3
```

## B.2 리포지터리 생성하기

플러그인 설치 후 스냅샷을 생성하기 전에 먼저 스냅샷을 저장할 리포
지터리를 생성해야 한다. 코드 B.3과 같이 curl 명령을 이용해서 리포
지터리를 생성한다.

**코드 B.3 S3 리포지터리 생성하기**

```
curl -X PUT "localhost:9200/_snapshot/my_backup❶?pretty" -H 'Content-
Type: application/json' -d'
{
  "type" : "s3", ❷
  "settings" : {
    "bucket" : "repository", ❸
    "region" : "ap-northeast-2",
```

```
      "base_path" : "elasticsearch-snapshot-standard-ia", ❹
      "storage_class": "standard_ia" ❺
  }
}
'
```

❶ 스냅샷을 저장할 때 사용할 리포지터리의 이름이다. my_backup으로 설정해 놓았다.

❷ 리포지터리를 S3[1]에 생성한다.

❸ 스냅샷을 저장할 버킷의 이름을 설정해 준다.

❹ 스냅샷들의 prefix를 지정해 준다. 이 값을 지정하지 않으면 버킷에 스냅샷이 바로 저장되기 때문에 해당 버킷에 ElasticSearch 스냅샷 외에 다른 파일을 저장할 거라면 base_path를 설정하는 것이 좋다.

❺ storage_class를 설정하지 않을 경우 기본으로 standard 스토리지 클래스로 스냅샷이 저장된다. S3의 여러 가지 스토리지 클래스 중에 standard가 가장 성능이 좋고 내구성도 좋지만 비용이 비싸기 때문에 standard_ia 스토리지 클래스로 설정해서 저장하는 것도 효과적이다. 하지만 standard_ia 스토리지 클래스의 경우 한번 저장하면 최소 30일치의 비용이 발생하기 때문에 보관 기간을 고려해서 사용해야 한다.

## B.3 스냅샷 생성하기

이제 설정이 모두 끝났으니 스냅샷을 생성해 보자(코드 B.4).

**코드 B.4 스냅샷 생성하기**

```
curl -X PUT "localhost:9200/_snapshot/my_backup❶/snapshots-2020.05.13❷
" -H 'Content-Type: application/json' -d'
{
```

---

1  S3는 AWS에서 제공하는 데이터 저장소의 한 종류로 다양한 스토리지 클래스를 제공해 주기 때문에 사용 패턴별로 적합한 스토리지 클래스를 사용해서 데이터를 저장할 수 있다. 예를 들어 빈번하게 사용하게 되는 스토리지는 standard 클래스로, 자주 사용하진 않지만 오랫동안 보관해야 하는 경우에는 glacier 클래스로 저장할 수 있다.

```
    "indices": "*-2020.05.13" ❸
}
'
```

❶ 코드 B.3에서 생성한 리포지터리의 이름을 입력한다. 여기서는 my_backup으로 입력해 준다.

❷ 생성할 스냅샷의 이름이다. 이름은 유일해야 하고 가급적 의미 있는 이름으로 하는 것이 좋다. 예제의 이름을 통해 2020년 5월 13일날 생성된 인덱스들의 스냅샷임을 알 수 있다.

❸ 스냅샷의 대상이 되는 인덱스들을 지정해 준다. *를 적용했기 때문에 2020.05.13으로 끝나는 모든 인덱스가 대상이 된다. *가 아닌 인덱스를 하나하나 입력해 주어도 된다.

스냅샷 생성 작업은 시간이 많이 소요되기 때문에 기본적으로는 비동기로 작업을 진행한다. 그래서 스냅샷 생성을 위한 API를 curl 명령으로 호출하면 바로 터미널 프롬프트로 돌아오게 된다. 하지만 코드 B.5와 같이 wait_for_completion=true 파라미터를 붙이면 동기 작업으로 진행되어 끝날 때까지 curl 명령이 끝나지 않고 대기하게 된다. 하지만 단순히 curl 명령이 끝나지 않고 대기하는 것이며 ElasticSearch 클러스터 자체가 스냅샷 생성이 끝날 때까지 아무것도 못하는 건 아니니 오해해서는 안 된다.

**코드 B.5 wait_for_completion=true 파라미터**

```
curl -X PUT "localhost:9200/_snapshot/my_backup/snapshots-
2020.05.13&wait_for_completion=true " -H 'Content-Type: application/
json' -d'
{
  "indices": "*-2020.05.13"
}
'
```

wait_for_completion=true 옵션은 bash 스크립트와 비슷한 것으로 스냅샷 생성 작업을 할 경우 후속 작업이 스냅샷 생성 완료와 관련이 있을 때 도움이 된다.

    스냅샷 생성 작업이 어떻게 진행되고 있는지는 코드 B.6과 같이 확인
할 수 있다.

**코드 B.6 스냅샷 생성 작업 확인하기**

```
curl -X GET "localhost:9200/_snapshot/my_backup/snapshots-2020.05.13❶"
{
  "snapshots" : [
    {
      "snapshot" : "snapshots-2020.05.13", ❷
      "uuid" : "jWCQDXO1TL2_IUToZ4WgyA",
      "version_id" : 6070199,
      "version" : "6.7.1",
      "indices" : [ ❸
        "access-log-2020.05.13",
        "application-log-2020.05.13"
      ],
      "include_global_state" : true,
      "state" : "SUCCESS", ❹
      "start_time" : "2020-05-22T07:46:56.833Z",
      "start_time_in_millis" : 1590133616833,
      "end_time" : "2020-05-22T08:32:16.174Z",
      "end_time_in_millis" : 1590136336174,
      "duration_in_millis" : 2719341,
      "failures" : [ ],
      "shards" : {
        "total" : 942,
        "failed" : 0,
        "successful" : 942
      }
    }
  ]
}
```

❶, ❷ 스냅샷의 이름을 확인할 수 있다.

❸ 스냅샷의 대상이 된 인덱스들을 확인할 수 있다. 혹시 스냅샷에 포
    한되어야 하는데 빠진 인덱스가 있을 수도 있기 때문에 반드시 확인
    해 주어야 한다.

❹ 스냅샷의 상태를 확인할 수 있다. SUCCESS는 생성과 저장이 완료
    된 상태, IN_PROGRESS는 생성 중인 상태를 의미한다. FAILED는
    생성에 실패했음을 의미한다.

비동기로 스냅샷 생성 작업을 했을 경우 코드 B.6의 ❹번 항목을 잘 살펴서 정상적으로 완료되었는지 아니면 실패했는지를 확인해야 한다.

## B.4 스냅샷 복원하기

스냅샷을 생성한 후 스냅샷으로 저장한 인덱스는 지우는 경우가 많다. 향후 해당 인덱스가 다시 필요해지면 코드 B.6과 같이 스냅샷을 이용해 인덱스를 복원할 수 있다.

**코드 B.6 스냅샷으로 저장한 인덱스 복원하기**

```
curl -X POST "localhost:9200/_snapshot/benx-log-archive/
snapshots-2020.05.13/_restore"
```

코드 B.6은 해당 스냅샷으로 저장한 모든 인덱스를 복원하는 API이며, 스냅샷에 저장된 특정한 인덱스만 복원할 수도 있다.

**코드 B.7 특정 인덱스만 복원하기**

```
curl -X POST "localhost:9200/_snapshot/benx-log-archive/
snapshots-2020.05.13/_restore" -H 'Content-Type: application/json' -d'
{
  "indices": "application-log-2020.05.13" ❶
}
'
```

❶ 스냅샷에 저장된 인덱스들 중 application-log-2020.05.13 인덱스만 복원한다.

모든 인덱스가 필요한 것이 아니라면 코드 B.7처럼 특정 인덱스만 복원하는 방법을 사용하면 된다.

## B.5 마치며

ElasticSearch 클러스터에 데이터를 더 이상 저장하기 어려운 경우 스냅샷 기능을 이용해서 외부 저장소에 인덱스들을 저장할 수 있다. 특히 로그 보관 등의 이유로 장기간에 걸쳐서 데이터를 보관해야 할 경우 Warm 스토리지를 구축해서 보관하는 것보다 스냅샷 기능을 이용해서 외부 저장소에 저장해서 보관하는 것이 운영면에서 보다 효율적이다. 이번 장에서는 AWS 환경에서 ElasticSearch 클러스터를 구축해서 운영할 경우를 가정하여 S3를 스냅샷 저장소로 사용하는 과정을 살펴봤다. 이번 장에서 살펴본 내용을 정리하면 다음과 같다.

1. 스냅샷을 저장하기 전에 리포지터리를 먼저 생성해야 한다.
2. S3를 저장소로 사용할 경우 스토리지 클래스를 변경해 주는 것이 좋다.
3. 스냅샷은 생성할 때 대상이 되는 인덱스들을 지정해 주어야 한다.
4. 스냅샷을 복구할 때는 모든 인덱스를 복구할 수도 있고 특정 인덱스만 복구할 수도 있다.

# 부록 C

# ElasticSearch 7.x에서 변경된 사항

이 책을 집필하는 사이에도 ElasticSearch는 빠른 속도로 변해 왔다. ElasticSearch는 메이저 버전, 마이너 버전, 버그 픽스 버전, 이렇게 세 가지로 애플리케이션의 버전을 관리한다. 책을 쓰기 시작했을 때에는 6.6.0이 최신 버전이었으나, 현재에는 7.7.0 버전까지 릴리스된 상태다. 버그 픽스 버전은 해당 버전에서 보고된 버그를 수정하고 릴리스할 때마다 업그레이드되고, 마이너 버전은 해당 메이저 버전에서 기능이 추가될 때 업그레이드된다. 마이너 버전 업그레이드까지는 기존 버전에서 큰 변화가 없지만 메이저 버전 업그레이드는 마이너 버전 업그레이드에 비해 변화가 크다. 안정성 및 성능, 그리고 효율성을 위해 기존에 설정하던 설정 정보나 기본 동작에 대한 내용들이 크게 바뀌기도 한다. 지금까지 6.x 버전을 기준으로 살펴본 내용을 토대로 7.x 버전에서 변경된 사항에 대해 살펴보자.

이번 장에서 다루게 될 내용은 다음과 같다.

- 디스커버리 설정 변경 사항
- 인덱스 동작 방식 변경 사항
- 매핑 타입 변경 사항
- 그 외 변경 사항들

## C.1 디스커버리 설정 변경 사항

5장에서 elasticsearch.yml 파일을 통해 노드의 여러 가지 설정을 살펴 보았다. 그중 7.x에서 가장 큰 변화가 있었던 부분이 디스커버리 설정 이다. 기존 6.x 버전에서는 코드 C.1과 같이 디스커버리를 설정했다.

**코드 C.1 6.x 버전에서의 Discovery 설정**

```
discovery.zen.ping.unicast.hosts: ["master-1.es.com:9300", "master-2.
es.com:9300", "master-3.es.com:9300"]
discovery.zen.minimum_master_nodes: 2
```

하지만 7.x 버전에서는 코드 C.2와 같이 변경되었다.

**코드 C.2 7.x 버전에서의 Discovery 설정**

```
cluster.initial_master_nodes: ["master-1.es.com:9300", "master-2.
es.com:9300", "master-3.es.com:9300"] ❶
discovery.seed_hosts: ["master-1.es.com:9300", "master-2.es.com:9300",
"master-3.es.com:9300"] ❷
```

❶ 클러스터를 최초 실행할 때 마스터 역할을 하게 될 노드를 지정 해 준다. `discovery.zen.minimum_master_nodes` 설정이 없어지고, `cluster.initial_master_nodes`에 설정된 노드의 개수를 바탕으로 자동으로 계산하여 `discovery.zen.minimum_master_nodes` 값이 설정 된다. 코드 C.2를 예로 들면 총 3대의 마스터 노드가 설정되었으므 로 3 / 2 + 1이 자동으로 계산되어 `discovery.zen.minimum_master_ nodes`는 2로 설정된다. 이 설정은 master role을 부여할 노드에만 설 정하면 되고, master role을 부여하지 않을 노드에는 설정할 필요가 없다.

❷ 클러스터에 합류할 때 클러스터의 전체적인 정보를 받아올 노드를 지정해 준다. 새로운 노드를 클러스터에 추가할 때 현재 구성된 클러 스터의 다양한 메타 데이터를 필요로 하는데, 이 메타 데이터를 받아 올 노드를 의미한다. 이 설정은 모든 노드에 설정되어 있어야 하며, 상대적으로 대상 변경이 적은 마스터 노드를 설정하는 것이 좋다.

❶과 ❷의 설정이 헷갈릴 수 있는데, 최초 클러스터를 구축하기 위해서는 반드시 마스터 역할의 노드가 필요하기 때문에 ❶번 설정이 필요하고, 이미 구축되어 있는 클러스터에 합류하기 위해서는 클러스터의 메타 데이터를 필요로 하기 때문에 ❷번 설정이 필요하다. 또한 코드 C.2의 설정들은 path.data에 설정한 디렉터리에 저장되기 때문에 A 클러스터에서 사용 중이던 노드를 A 클러스터에서 제거하고 B 클러스터에 합류시키기 위해서는 path.data 디렉터리를 반드시 초기화해야 한다. 그렇지 않으면 남아 있는 설정 파일로 인해 B 클러스터에 합류할 수 없다.

## C.2 인덱스 동작 방식 변경 사항

4장에서 프라이머리 샤드와 레플리카 샤드에 대해 살펴보았다. 인덱스의 설정 없이 다이나믹 매핑으로 색인을 하면 프라이머리 샤드 5개, 레플리카 샤드 1개가 기본으로 생성된다는 것을 기억할 것이다. 7.x 버전부터는 프라이머리 샤드를 1개만 생성하고 레플리카 샤드는 동일하게 1개로 생성한다. 인덱스를 만들 때 미리 샤드의 개수를 지정한다면 문제가 없겠지만, 그렇지 않은 경우 이와 같은 기본 설정이 운영에 문제가 될 수 있다. 예를 들어, 데이터 노드 5대로 클러스터를 구성하였는데 변경 사항을 모른 채 다이나믹 매핑으로 인덱스를 생성했다고 가정해 보자. 기존 6.x 버전까지는 인덱스의 프라이머리 샤드가 노드에 고르게 퍼져 모든 노드에 샤드가 배치되었지만, 7.x 버전부터는 하나의 프라이머리 샤드만 생성되어 하나의 노드만 동작한다. 그렇기 때문에 7.x부터는 다이나믹 매핑을 통한 인덱스 생성을 지양하고 반드시 프라이머리 샤드 개수를 설정하여 인덱스를 생성해야 한다.

이외에도 4장에서 알아본 세그먼트의 동작 방식도 변경된 부분이 있다. 세그먼트는 10장에서 살펴본 refresh_interval로 설정한 시간 이후에 메모리에서 디스크로 쓰인다고 설명한 바 있다. 7.x 버전에서는 인덱스에 검색 요청이 30초 이상 들어오지 않으면 refresh_interval에 설정된 시간을 무시하고 문서를 메모리에 남겨둔다. 문서가 메모리에 남아 있을 때는 검색되지 않고 세그먼트 형태로 디스크에 저장되어야 검색이 가능하다. 어차피 검색되지 않을 문서를 디스크에 쓰지 않고 메모리에 모아둠으로써 디스크 I/O를 줄이는 것이다. 실제로 문서를 색인하였는데 인덱스의 문서 수가 늘지 않았다면 검색 요청이 30초 동안 들어오지 않아 문서는 메모리에만 저장해 놓고 실제 디스크에 쓰지는 않았기 때문에 색인된 문서의 수치가 반영되지 않은 것이니 이 부분을 염두에 두어야 한다. 이후에 검색이 들어올 때 메모리에 모아둔 문서는 바로 세그먼트로 저장되고 검색 결과를 보여준다. 만약 사용자가 강제로 문서를 세그먼트로 저장하고 싶다면 인덱스를 대상으로 refresh를 해도 되지만 검색 요청을 하여도 문서가 세그먼트로 저장되며, 다시 30초 동안 검색 요청이 들어오는지 확인하는 과정을 반복한다.

## C.3 매핑 타입의 변경 사항

7.x 버전에서 디스커버리와 함께 가장 크게 체감할 수 있는 변화가 매핑 타입의 변경 사항이다. 우리는 이미 4장 "ElasticSearch 기본 개념"에서 5.x 버전이 6.x 버전으로 업그레이드되면서 하나의 인덱스가 여러 개의 매핑 타입으로 구성될 수 없도록 변경된 부분을 살펴보았다. 7.x 버전에서는 6.x 버전의 변경 사항을 토대로 매핑 타입의 이름을 _doc로 고정시키고, 인덱스를 생성할 때 매핑 타입 이름 없이 인덱스를 생성하도록 바꾸었다. 코드 C.3을 통해 변경 사항을 비교해보자.

**코드 C.3 6.x 버전에서 매핑 타입을 정의하여 인덱스를 생성하는 방법**

```
[ec2-user@ip-172-31-2-60 ES-Tutorial-1]$ curl -s -H 'Content-Type:
application/json' -XPUT http://localhost:9200/es6test1?pretty -d '
{
  "mappings": {
    "_doc": { ❶
      "properties": {
        "es6": {
          "type": "text"
        }
      }
```

```
      }
    }
}'
{
  "acknowledged" : true,
  "shards_acknowledged" : true,
  "index" : "es6test1"
}

[ec2-user@ip-172-31-13-50 ~]$ curl -s -H 'Content-Type: application/
json' -XPUT http://localhost:9200/es7test1?pretty -d '
{
  "mappings": {
    "properties": { ❷
      "es7": {
        "type": "text"
      }
    }
  }
}'
{
  "acknowledged" : true,
  "shards_acknowledged" : true,
  "index" : "es7test1"
}
```

6.x 버전에서는 ❶과 같이 매핑 타입의 이름을 정의해야 하는 반면,
7.x에서는 매핑 타입의 이름이 정의되어야 하는 ❷ 부분에 해당 설
정이 없음을 확인할 수 있다. 이처럼 7.x 버전에서는 매핑을 정의하
여 인덱스를 생성할 때 매핑 타입의 이름을 정의하지 않고 생성하며,
ElasticSearch가 알아서 _doc이라는 이름으로 타입을 자동 생성한다.
7.x 버전에서 기존 방식대로 매핑 타입을 정의하여 인덱스를 생성하면
에러가 발생한다(코드 C.4).

**코드 C.4 7.x 버전에서 매핑 타입을 정의하여 인덱스를 생성하면 발생하는 에러**

```
[ec2-user@ip-172-31-13-50 ~]$ curl -s -H 'Content-Type: application/
json' -XPUT http://localhost:9200/es7error1?pretty -d '{
  "mappings": {
    "_doc": {
      "properties": {
        "es6": {
```

```
            "type": "text"
          }
        }
      }
    }
}'
{
  "error" : {
    "root_cause" : [
      {
        "type" : "illegal_argument_exception",
        "reason" : "The mapping definition cannot be nested under a
type [_doc] unless include_type_name is set to true."
      }
    ],
    "type" : "illegal_argument_exception",
    "reason" : "The mapping definition cannot be nested under a type [_
doc] unless include_type_name is set to true."
  },
  "status" : 400
}
```

위에서 설명했듯이, 매핑 타입이 완전히 사라진 것은 아니다. 여전히 문
서를 색인할 때에는 매핑 타입 이름을 지정해주어야 한다. 코드 C.5를
살펴보자.

**코드 C.5 7.x 버전에서 매핑 타입을 사용하는 사례**

```
[ec2-user@ip-172-31-13-50 ~]$ curl -s -H 'Content-Type: application/
json' -XPUT http://localhost:9200/es7test1/_doc/1?pretty❶ -d '
{
  "es7": "Document Indexing By PUT Method"
}'
{
  "_index" : "es7test1",
  "_type" : "_doc",
  "_id" : "1",
  "_version" : 2,
  "result" : "updated",
  "_shards" : {
    "total" : 2,
    "successful" : 1,
    "failed" : 0
  },
```

```
  "_seq_no" : 1,
  "_primary_term" : 1
}
[ec2-user@ip-172-31-13-50 ~]$ curl -s -H 'Content-Type: application/
json' -XPOST http://localhost:9200/es7test1/_doc?pretty❷ -d '
{
  "es7": "Document Indexing By POST Method"
}'
{
  "_index" : "es7test1",
  "_type" : "_doc",
  "_id" : "qBULUnIBiMTC1x1hHXup",
  "_version" : 1,
  "result" : "created",
  "_shards" : {
    "total" : 2,
    "successful" : 1,
    "failed" : 0
  },
  "_seq_no" : 2,
  "_primary_term" : 1
}
```

❶과 같이 PUT 메서드를 사용하여 문서의 아이디를 지정한 색인이나 ❷와 같이 POST 메서드를 사용한 문서의 색인 같은 경우에는 반드시 타입 이름을 지정해 주어야 하니 참고하자.

## C.4 read only 상태의 인덱스와 Disk Watermark 설정에 대한 변경 사항

6장에서 노드 디스크 사용률을 기반으로 샤드가 배치되는 설정인 Disk Watermark에 대해 살펴보았다. 이 설정 중 인덱스가 read only 상태가 되는 시점을 설정하는 `cluster.routing.allocation.disk.watermark.flood_stage` 설정을 기억할 것이다. 운영 중에 노드들의 디스크 사용률이 높아져 `cluster.routing.allocation.disk.watermark.flood_stage`에 지정한 수치에 도달하면, 인덱스는 자동으로 색인이 되지 않는 read only 상태로 변경되어 사용자가 별도로 변경하지 않는 이상 지속적으로 색인을 진행할 수 없게 된다. 이 설정은 비정상적인 상황을 오래 지속시키는 위험 요소가 있다. 7.4 버전부터는 `cluster.routing.allocation.disk.watermark.flood_stage`에 지정한 수치에 도달하여 read only 상태로 변경되었더라도 이후 노드의 디스크 사용률이 `cluster.routing.allocation.disk.watermark.high`에 지정한 수치까지 떨어진다면 자동으로 인덱스의 read only 상태가 해제된다. 물론, 인덱스의 read only 여부에 대해 색인의 주체가 되는 클라이언트나 ElasticSearch 클러스터에서 모니터링해야 하겠지만, 7.4 버전에서는 노드의 디스크 용량만 확보된다면 자동으로 read only를 해제하여 사용자에게 좀 더 편한 운영 환경을 제공하도록 했다.

## C.5 template API와 index_template API

앞서 6장에서 template API에 대해 살펴보았다. 이 기능을 통해 인덱스의 설정 정보를 미리 만들고, 패턴에 매칭되는 인덱스에 자동으로 원하는 설정을 적용하여 인덱스를 생성할 수 있었다. 그런데 이 기능이 7.8 버전부터 deprecated되었으며 추후 버전이 업그레이드되면서 API 자체를 점차 없애기로 했다. 대신, index_template API와 component_template API를 신규 기능으로 추가하였다. 신규로 생성된 API들이 기존의 template API를 대체할 예정인데, 문제는 이 두 개의 API 가 서로 호환이 되지 않는다. 어떤 문제가 있는지 살펴보고, 신규 기능으로 추가된 두 API 에 대해 살펴보자.

코드 C.6은 기존의 template API와 신규로 제공되는 index_template API를 함께 사용했을 때의 문제점을 보여준다.

**코드 C.6 template API와 index_template API가 함께 사용될 때의 문제점**

```
[ec2-user@ip-172-31-13-50 ~]$ curl -X PUT "http://localhost:9200/_
template❶/old-template?pretty" -H 'Content-Type: application/json' -d'
{
  "index_patterns" : ["test*"], ❷
  "order" : 2, ❸
  "settings" : {
    "number_of_shards" : 6 ❹
```

```
  }
}
'
{
  "acknowledged" : true
}

[ec2-user@ip-172-31-13-50 ~]$ curl -X PUT "http://localhost:9200/_
index_template/new-template❺?pretty" -H 'Content-Type: application/
json' -d'
{
  "index_patterns": ["te*"], ❻
  "priority": 1, ❼
  "template": {
    "mappings": {
      "properties": {
        "username": {
          "type": "keyword" ❽
        }
      }
    }
  }
}
'
{
  "acknowledged" : true
}
```

❶ 기존의 template API 를 활용하여 템플릿을 생성하였다.

❷ test* 패턴 매칭을 설정하였다.

❸ order 는 2로 설정하였다.

❹ 프라이머리 샤드를 6개로 설정하였다.

❺ 7.8 버전부터 새롭게 추가된 index_template API를 활용하여 템플릿을 생성하였다.

❻ te* 패턴 매칭을 설정하였다

❼ priority 를 1로 설정하였다.

❽ username 필드를 keyword 타입으로 설정하였다.

기존의 template API에서는 order를 활용하여 템플릿 간의 우선순위를 설정하였다. 6장에서 template API에 대해 살펴보았을 때, 동일 패턴에 대해 동일 설정은 order가 높은 쪽의 설정을 따라 인덱스가 생성된 것을 기억할 것이다. template API는 ❸과 같이 order를 써서 템플릿 간의 순서를 정했다면, index_template API는 ❼과 같이 priority를 설정하여 템플릿 간의 순서를 정하게 된다. 만약 test라는 인덱스를 생성하면 위 두 템플릿의 인덱스 패턴 매칭에 모두 적용되는 인덱스가 생성될 것이다. 기존에 배운 내용으로는 old-template 템플릿이 order 값이 높기 때문에 old-template의 내용이 먼저 적용되고, 그 다음으로 new-template의 내용이 적용될 것이다. 코드 C.6의 예제로 본다면 old-template이 먼저 적용되기 때문에 프라이머리 샤드 개수가 6개로 설정되고, old-template에는 없지만 new-template 템플릿에는 존재하는 매핑 설정이 적용되어 username이라는 필드가 keyword 타입으로 생성될 것이다. 그럼 이제 우리가 의도한 대로 잘 동작하는지 test 인덱스를 생성해서 결과를 확인해 보자(코드 C.7).

**코드 C.7 test 인덱스를 생성하여 템플릿 적용 결과 확인하기**

```
[ec2-user@ip-172-31-13-50 ~]$  curl -X GET "http://localhost:9200/_cat/
templates?v&s=name"
name                    index_patterns        order       version composed_of
... (중략) ...
new-template            [te*]                 1                   []  ❶
old-template            [test*]               2 ❷

curl -X PUT "http://localhost:9200/test?pretty" -H 'Content-Type:
application/json' ❸
{
  "acknowledged" : true,
  "shards_acknowledged" : true,
  "index" : "test"
}

[ec2-user@ip-172-31-13-50 ~]$  curl -X GET "http://localhost:9200/
test?pretty"
{
  "test" : {
    "aliases" : { },
    "mappings" : {
```

```
      "properties" : {
        "username" : {
          "type" : "keyword" ❹
        }
      }
    },
    "settings" : {
      "index" : {
        "creation_date" : "1605191327848",
        "number_of_shards" : "1", ❺
        "number_of_replicas" : "1",
        "uuid" : "gi2c_N-QQkuPGUuDkuhtgA",
        "version" : {
          "created" : "7080199"
        },
        "provided_name" : "test"
      }
    }
  }
}
```

❶ index_template API로 생성된 new-template의 **order**가 1로 설정되어 있다.

❷ template API로 생성된 old-template의 **order**가 2로 설정되어 있다.

❸ ❶과 ❷ 템플릿들에 동시에 인덱스 패턴이 매칭되도록 test라는 이름으로 인덱스를 생성하였다.

❹ index_template API 로 생성한 new-template 템플릿의 매핑 정보가 반영되어 인덱스가 생성되었다.

❺ template API 에 설정한 프라이머리 샤드 개수인 6개로 설정되지 않고 7.x 버전의 기본값인 한 개로 설정되었다.

위 코드를 보면 cat API를 통한 템플릿 조회에서는 order가 API 종류에 관계없이 0, 1로 보여지는데, 프라이머리 샤드 개수를 보면 기존과 다르게 동작함을 알 수 있다.

> ✅ index_template API의 priority는 template API의 order와 달리 하나의 템플릿에 하나의 숫자만 할당할 수 있는 고유한 값이다.

order가 더 높지만 template API로 작성한 old-template 템플릿은 new-template 템플릿에 영향을 주지 못하고 7.x 버전의 기본 프라이머리 샤드 개수인 1개의 샤드로 인덱스가 생성되었다. 이 부분을 미처 알지 못하고 두 개의 API를 함께 사용한다면 의도치 않게 인덱스의 샤드가 한 개로 생성되면서 성능에 영향을 줄 수 있다. 동일 패턴의 인덱스에는 order에 상관 없이 index_template API로 생성한 템플릿만 적용된다는 것을 기억하자. 그렇다면, 기존 템플릿 간의 연관성은 없어지는 것일까? 이 부분을 반영하기 위해 component_template API 기능이 함께 추가되었다. 코드 C.8을 살펴보자.

**코드 C.8 index_template API와 component_template API 사용법**

```
[ec2-user@ip-172-31-13-50 ~]$  curl -X PUT "http://localhost:9200/_
component_template/my-component-template1?pretty" -H 'Content-Type:
application/json' -d'
{
  "template": {
    "settings" : {
      "number_of_shards" : 3 ❶
    },
    "mappings": {
      "properties": {
        "age": {
          "type": "long" ❷
        }
      }
    }
  }
}
'
{
  "acknowledged" : true
}

[ec2-user@ip-172-31-13-50 ~]$  curl -X PUT "http://localhost:9200/_
component_template/my-component-template2?pretty" -H 'Content-Type:
application/json' -d'
{
  "template": {
    "mappings": {
      "properties": {
```

```
            "gender": {
              "type": "keyword" ❸
            }
          }
        }
      }
    }
  }
}
'
{
  "acknowledged" : true
}

[ec2-user@ip-172-31-13-50 ~]$  curl -X PUT "http://localhost:9200/_
index_template/my-index-template?pretty" -H 'Content-Type: application/
json' -d'
{
  "index_patterns": ["index*"],
  "priority": 3,
  "template": {
    "settings" : {
      "number_of_shards" : 6 ❹
    },
    "mappings": {
      "properties": {
        "username": {
          "type": "keyword" ❺
        }
      }
    }
  },
  "composed_of": ["my-component-template1", "my-component-template2"] ❻
}
'
{
  "acknowledged" : true
}
```

❶ my-component-template1 컴포넌트 템플릿의 설정에 프라이머리
샤드를 3으로 설정하였다.

❷ age 필드의 타입을 long으로 지정하여 매핑을 정의했다.

❸ my-component-template2 컴포넌트 템플릿 설정에 gender 필드의
타입을 keyword로 지정하여 매핑을 정의했다.

❹ my-index-template 인덱스 템플릿의 설정에 프라이머리 샤드를 6
으로 설정하였다.

❺ username 필드의 타입을 keyword로 지정하여 매핑을 정의했다.

❻ my-index-template 인덱스 템플릿을 생성할 때 my-component-
template1과 my-component-template2의 컴포넌트 템플릿으로 구
성되도록 정의했다.

index_template API 는 템플릿 간의 설정 관계를 컴포넌트 템플릿들을
포함시키는 형태로 정의한다. 이제 패턴에 맞게 index 인덱스를 생성해
보자(코드 C.9).

**코드 C.9 index 인덱스를 생성하여 템플릿 적용 결과 확인하기**

```
[ec2-user@ip-172-31-13-50 ~]$  curl -X PUT "http://localhost:9200/
index?pretty" -H 'Content-Type: application/json'
{
  "acknowledged" : true,
  "shards_acknowledged" : true,
  "index" : "index"
}
[ec2-user@ip-172-31-13-50 ~]$  curl -X GET "http://localhost:9200/
index?pretty"
{
  "index" : {
    "aliases" : { },
    "mappings" : {
      "properties" : {
        "age" : {
          "type" : "long" ❶
        },
        "gender" : {
          "type" : "keyword" ❷
        },
        "username" : {
          "type" : "keyword" ❸
        }
      }
    },
    "settings" : {
      "index" : {
        "creation_date" : "1605194751643",
```

```
        "number_of_shards" : "6", ❹
        "number_of_replicas" : "1",
        "uuid" : "d9RdSfsIS3iwL1Yy5twJ_A",
        "version" : {
          "created" : "7080199"
        },
        "provided_name" : "index"
      }
    }
  }
}
```

❶ my-component-template1 컴포넌트 템플릿으로 매핑을 생성했다.

❷ my-component-template2 컴포넌트 템플릿으로 매핑을 생성했다.

❸ my-index-template 인덱스 템플릿으로 매핑을 생성했다.

❹ my-index-template 인덱스 템플릿으로 프라이머리 샤드를 6개로 설정했다.

코드 C.9를 보면 인덱스의 설정은 index_template API를 통해 생성한 것보다 component_template API를 통해 생성한 것이 우선순위가 높다는 것을 알 수 있다. 단, 매핑의 경우는 index_template API를 통해 생성할 때 포함된 것과 동일한 이름의 필드가 있는 다른 탬플릿은 포함시킬 수 없다. 마지막으로 두 API를 통해 설정된 템플릿 정보를 확인하는 방법과 삭제하는 방법에 대해 살펴보자.

**코드 C.10 인덱스 템플릿과 컴포넌트 템플릿에 설정된 정보를 확인하는 방법과 삭제하는 방법**

```
[ec2-user@ip-172-31-13-50 ~]$  curl -X GET "http://localhost:9200/_
index_template?pretty"
{
  "index_templates" : [
    {
      "name" : "my-index-template",
      "index_template" : {
        "index_patterns" : [
          "index*"
        ],
        "template" : {
          "settings" : {
            "index" : {
```

```
            "number_of_shards" : "6"
          }
        },
        "mappings" : {
          "properties" : {
            "username" : {
              "type" : "keyword"
            }
          }
        }
      },
      "composed_of" : [
        "my-component-template1",
        "my-component-template2"
      ],
      "priority" : 3
    }
  }
]
}

[ec2-user@ip-172-31-13-50 ~]$  curl -X GET "http://localhost:9200/_
component_template?pretty"
{
  "component_templates" : [
    {
      "name" : "my-component-template2",
      "component_template" : {
        "template" : {
          "mappings" : {
            "properties" : {
              "gender" : {
                "type" : "keyword"
              }
            }
          }
        }
      }
    },
    {
      "name" : "my-component-template1",
      "component_template" : {
        "template" : {
          "settings" : {
            "index" : {
              "number_of_shards" : "3"
```

```
              }
            },
            "mappings" : {
              "properties" : {
                "age" : {
                  "type" : "long"
                }
              }
            }
          }
        }
      }
    ]
}

[ec2-user@ip-172-31-13-50 ~]$  curl -X DELETE "http://localhost:9200/_
index_template/my-index-template?pretty" -H 'Content-Type: application/
json' -d'
{
  "acknowledged" : true
}

[ec2-user@ip-172-31-13-50 ~]$  curl -X DELETE "http://localhost:9200/_
component_template/my-component-template1?pretty" -H 'Content-Type:
application/json' -d'
{
  "acknowledged" : true
}
```

코드 C.10과 같이 메서드만 GET/DELETE 로 변경하여 조회/삭제를 진행
할 수 있다. 이번 7.8 버전에서 해당 기능들을 추가하면서 추후 template
API 는 점차 없애는 방향으로 진행될 예정이다. 기존 template API를 무
시하는 부분은 7.8 이상 버전의 ElasticSearch 클러스터를 사용하기 위해
반드시 알아야 할 사항이니 잘 숙지하여 사용할 수 있도록 하자.

## C.6 그 외 변경된 사항들

그 외에도 운영에 크게 영향을 주지는 않지만 알아두어야 할 변경 사항
들이 있다. 먼저 bulk thread pool의 이름이 변경되었다. 버전 6.x 중간
부터 조회한 내용에 대한 이름은 이미 write thread pool로 변경하여 보

여주고 있었는데, 버전 7.x부터는 설정값까지 bulk 대신 write라는 이름을 사용하게 되었다. 한 가지 설정을 예로 들면, bulk 요청이 active로 처리되지 못한 요청을 저장하는 `thread_pool.bulk.queue_size` 설정이 `thread_pool.write.queue_size`로 변경되었다.

또 `elasticsearch.yml` 파일의 설정 중 node.name의 기본 설정값이 변경되었다. 버전 6.x까지는 node.name을 설정하지 않으면 랜덤한 문자열로 설정된 반면, 버전 7.x부터는 5장에서 살펴본 ${HOSTNAME} 설정이 기본으로 적용된다. 이로써 별도로 node.name 설정을 하지 않더라도 시스템의 호스트명과 노드 이름을 쉽게 식별할 수 있게 되었다.

## C.7 마치며

ElasticSearch의 버전 업그레이드는 굉장히 많은 변동을 수반한다. 이 책에서 그 내용을 전부 다룰 수 없으므로, ElasticSearch 공식 레퍼런스 사이트인 *https://elastic.co*의 Release Highlights, Breaking Changes, Release Notes를 추가로 살펴보는 것이 좋다. 이번 장에서 살펴본 내용을 정리하면 다음과 같다.

- 7.x 버전부터는 디스커버리의 설정 방법이 변경되었다.
- 7.x 버전부터는 인덱스 동작 방식이 변경되어 프라이머리 샤드의 개수를 반드시 설정하여 인덱스를 생성하도록 권고하며, 30초 동안 인덱스에 검색 요청이 들어오지 않는다면 이후에 검색 요청이 들어올 때까지 사용자가 색인한 문서를 메모리에만 저장한다.
- 7.x 버전부터는 매핑 타입을 설정할 때 매핑 타입의 이름을 정의하지 않아도 _doc이라는 이름을 자동 생성한다.
- 이전에는 디스크 풀로 인해 인덱스가 read only 상태로 바뀌면 수동으로 해지해야 했지만 7.4 버전부터는 공간이 확보되면 자동으로 read only 상태를 해제한다.
- 7.8 버전부터 _template API를 대체하기 위해 _index_template API 와 _component_template API 기능이 추가되었다.

# 찾아보기